KB140318

국제기준 회계원리

Principles of Accounting based on
International Standards

3판

이대선 · 송기신 · 정경만 · 이호갑 · 박성환

(한글판)

율곡출판사

제3판을 내면서

『국제기준 회계원리』를 발간한 지 7년이 지났다. 그동안 실시한 수차례의 수정이 미흡하다고 생각되어 이번에는 전반적인 대폭수정을 하게 되었다. 이번 작업에는 다음의 사항이 고려되었다.

1. 과거기준과 차이 나는 국제기준의 부각

그동안 본서는 국제기준을 전반적으로 소개하는 측면에서 집필·수정되었기 때문에 국제기준이 요구하는 구체적인 사항을 세부적으로 설명하는 데에는 미흡하였었다. 이번 개정은 국제기준이 과거기준과 달리 요구하는 아래의 사항을 자세히 부각시켰다.

	과거기준	국제기준	본문
대손추정	개별추정법, 일정비율법, 기간경과분석법 중 택일	개별추정법에 의한 정보가 불충분한 경우 기간경과분석법 적용	p.276
매출채권의 표시	매출채권총액에서 대손충당금을 차감 표시하는 간접법	매출채권순액만 표시하는 직접법과 간접법 둘 다 허용. 직접법으로 표시할 경우 대손충당금 잔액을 주석으로 표시	p.274
재고자산의 평가	개별법, 선입선출법, 후입선출법, 총평균법 중 택일	후입선출법 불허용. 개별법을 우선 적용해야 하며 재고자산이 교환가능한 경우에는 선입선출법 또는 총평균법 적용	p.326
감가상각비의 경제적 실질 반영 여부의 검토	기준 없음	매년마다 감가상각비가 경제적 실질을 반영하는지를 검토해야 하고 반영하지 않는 경우 감가상각방법, 내용연수, 잔존가치를 변경해야 함	p.371
감가상각누계액의 표시	감가상각누계액을 차감 표시하는 간접법	순액만 표시하는 직접법과 간접법 둘 다 허용. 직접법으로 표시할 경우 감가상각누계액을 주석으로 표시	p.376
사채의 표시	사채할인발행차금을 차감하는 간접법	상각 후 원가로 표시하는 직접법	p.428
현금흐름표에서 이자수취, 배당금수취, 이자지급의 분류	이론에서 벗어난 예외를 적용하여 영업활동으로 분류	예외적인 과거기준과 이자수취와 배당금수취는 투자활동, 이자지급을 재무활동으로 분류하는 이론 둘 다 허용(본서는 이론적 분류를 채택)	p.511
금융자산의 분류	단기매매, 매도가능, 만기보유금융자산	상각후원가, 공정가치측정 당기손익인식, 공정가치측정 기타포괄손익인식 금융자산	p.582

2. 용어의 수정 사용

손익계산서 계정과목(한글) 중 비용이나 수익으로 이해되기보다는 현금흐름으로 이해될 가능성이 있는 것은 다음과 같이 수정하여 사용하였다.

수정 전	수정 후
임차료	임차비용
보험료	보험비용
급여	급여비용
임대료	임대수익
서비스수수료	서비스수수료수익

3. 한국채택국제회계기준(K-IFRS) 주석 삽입

K-IFRS를 인용하거나 참고한 경우 주석을 달고 각 장의 마지막에 'K-IFRS 참조 (http://www.kasb.or.kr)' 부문을 설정하여 관련된 국제기준을 구체적으로 나열하였다. 따라서 주요 용어의 정의나 주요 회계처리방법이 K-IFRS에 의하여 결정되었다는 것이 분명해졌다. 학생들이 관련부분을 심도 있게 연구하고자 하는 경우 제공된 정보를 이용하여 관련기준을 쉽게 파악하여 효과적으로 연구를 진행할 수 있을 것이다. 또한 연구 결과물을 발간할 때 해당기준을 쉽게 인용 또는 참고할 수 있을 것이다.

수정을 서두르다 보니 편집상의 오류와 오기 등이 많이 나올 것 같다. 너그럽게 이해해 주시고 오류를 지적해 달라는 부탁의 말씀을 드린다. 아울러 앞으로 계속 수정해 나갈 것을 약속드린다. 그동안 수고하신 율곡출판사의 임직원께 감사의 말씀을 드린다.

2018년 8월 21일
저자들 씀

이 책을 내면서

회계정보의 국제화를 위하여 우리나라의 모든 상장기업은 2011년부터 한국채택국제회계기준(K-IFRS : Korean International Financial Reporting Standards)을 적용하여 재무제표를 작성·공시하여야 한다. 본서는 이에 발맞추어 국제기준에 기초한 회계원리를 소개한다. 소개과정에서 독자들이 국제기준과 회계원리를 쉽게 이해할 수 있도록 다음의 사항들을 고려하였다

1. 국제기준에 의한 재무제표의 양식과 구성요소를 실생활에서 접할 수 있는 간단한 사례를 통하여 설명하였다.

제1장과 제2장에서는 한 소매기업의 창업사례를 예로 들어 국제기준이 요구하는 재무제표, 즉 재무상태표, 포괄손익계산서, 자본변동표, 그리고 현금흐름표의 양식과 구성요소를 설명하였다. 이렇게 하여 독자들이 이들 재무제표가 어떠한 회계정보를 보고하는지를 실질적으로 이해할 수 있도록 하였다.

2. 회계정보작성 시스템인 복식부기를 3단계, 즉 1) 현금거래의 기록과 마감 2) 발생기준 적용에 따른 수정 3) 종합사례 등으로 구분·설명하였다. 이를 따라 독자들은 복식부기의 기본원리에 의한 재무제표(손익계산서, 재무상태표, 자본변동표, 현금흐름표)의 작성방법을 체계적이면서도 쉽게 배울 수 있을 것이다.

제3장에서는 현금거래만을 다루어 재무제표를 작성하는 방법과 장부마감방법을 쉽게 익힐 수 있도록 하였다. 제4장에서는 발생기준에 따라 재무제표를 작성할 때 나타나는 수정을 중점 검토하였다. 제5장에서는 종합사례를 통하여 사업개시 첫 회계연도와 그 다음 회계연도 각각의 회계기록과 재무제표 작성 과정을 종합적으로 다루었다. 또한

재무제표에 보고된 회계정보에 기초한 주요 재무비율을 소개하여 회계정보를 어떻게 활용할 수 있는지를 소개하였다.

3. 실제 공시되는 재무제표와 주석, 그리고 주요 재무비율을 사례로 소개하여 실무를 이해하고 보다 현장감 있는 회계공부를 할 수 있도록 하였다.

제5장과 제6장 사이에 실제 공시되는 재무제표와 주석, 그리고 주요 재무비율을 제시하여 독자들이 실제로 기업들이 작성하여 공시하는 재무제표는 어떻게 구성되어 있는지를 볼 수 있도록 하였다. 제6장부터 제11장, 그리고 부록에서 다루는 주제는 실제 사례로 제시한 재무제표와 주석의 어느 부분을 설명하고 있는지를 명확히 강조 표시하였다. 따라서 독자들이 실감나는 공부를 할 수 있을 것이다.

4. 재무상태표, 손익계산서와 현금흐름표 항목을 기업의 주요 활동인 영업활동, 투자활동, 재무활동으로 분류하여 검토하였다. 따라서 독자들이 기업활동이 재무제표에 어떻게 반영되는지를 이해할 수 있을 것이다. 또한 국제기준 중 회계원리 과목 수준에 적합한 내용을 발췌하여 소개하였다.

제6장과 제7장에서는 영업활동과 관련된 항목을 검토하였다. 구체적으로 제6장에서는 매출과 매출채권을 다루었으며, 국제기준에 근거한 대손처리방법을 소개하였다. 제7장에서는 영업활동과 관련된 매출원가와 재고자산, 그리고 매입채무를 다루었다. 또한 재고자산기록방법 및 국제기준이 허용하는 재고자산평가방법을 소개하였다.

제8장에서는 투자활동과 관련된 비유동자산을 다루었다. 구체적으로 국제기준이 허용하는 감가상각방법과 손상차손을 검토하였다.

제9장과 제10장에서는 재무활동과 관련된 항목을 다루었다. 제9장에서는 타인자본이라고 하는 부채를 검토하였다. 구체적으로 금융부채인 차입금과 사채를 소개하였다. 또한 국제기준에 의한 사채의 회계처리방법을 설명하였다. 그 다음 비금융부채인 충당

부채를 소개하였다. 제10장에서는 자기자본이라고 하는 자본을 검토하였다. 구체적으로 자본금, 자본잉여금, 이익잉여금을 검토하였다. 그리고 자본변동표를 소개하였다.

5. 현금흐름표를 이해하는 것은 쉬운 일이 아니다. 현금흐름표를 개념적으로 그리고 실질적으로 이해하고 작성할 수 있도록 본서의 각 장에서 현금흐름표와 관련된 내용을 소개하였다. 또한 별도의 장을 할애하여 현금흐름표의 작성방법을 종합적으로 다루었다.

제3장부터 제5장까지의 회계정보 산출과정을 다루는 장에서는 직접법에 의한 현금흐름표 작성방법이 개략적으로 소개되었다. 또한 제6장부터 제10장까지의 기업활동별 회계정보의 산출과 보고를 다루는 장에서는 재무상태표 및 손익계산서 항목과 현금흐름이 어떻게 관련되는지를 설명하였다. 마지막 제11장에서는 현금흐름표의 작성방법으로 직접법과 간접법에 의한 현금흐름표 작성법이 자세히 재검토되고 현금흐름표 정보의 활용방법도 설명된다.

6. 난이도가 높아 회계원리 과목에서 다루기 힘든 연결재무제표(국제기준이 기본적으로 요구)와 기타포괄손익(포괄손익계산서에 포함)은 최소한의 설명이 필요하다. 따라서 이들은 부록에 소개되었다.

부록에서는 관계기업 투자에 대한 지분법을 간략히 설명하고, 간단한 예제를 통하여 연결재무제표 작성방법을 소개하여 연결재무제표의 기본개념 및 구성요소가 이해될 수 있도록 하였다. 기타포괄손익항목으로는 매도가능금융자산평가이익과 유형자산재평가차익을 검토하였다. 또한 이들 손익을 유발시키는 금융자산과 유형자산의 평가와 처분에 대한 회계처리방법을 간단한 사례를 사용하여 소개하였다.

7. 회계원리 수강생 중 많은 학생들이 졸업 후 회계부서보다는 타 부서에 근무하여 회계정보 이용자가 될 것이라는 점을 감안하여 본서는 회계정보를 작성하는 쪽보다 회계정보를 이해하고 활용하는 데에 중점을 두었다.

회계정보작성기법은 회계정보의 이해를 돕는 수준에서 최소한으로 다루었으며, 전반적으로 본문은 독자들이 회계정보를 쉽게 이해할 수 있도록 쉬운 사례를 들거나 힘든 개념을 풀어 설명하는 방향으로 기술하였다. 회계정보를 이해하는 데는 필요하나 난이도가 높거나 또는 회계주제와 직접적인 연관성이 적은 항목들은 문서박스로 처리하였다. 그리하여 독자들이 본서의 주제를 파악하는 데 방해받지 않고 각 주제를 보다 효과적으로 이해할 수 있도록 하였다. 또한 독자들이 알아두어야 할 주요 회계용어는 괄호 속에 영어용어와 함께 각 장의 마지막 부분에 요약·정리하여 참고할 수 있도록 하였다. 각 장마다 제공된 연습문제는 본문의 이해를 위한 최소한의 수준으로 하였다. 정답은 해답집을 매입하여 확인할 수 있도록 하였다.

국제기준과 미국기준의 차이를 줄이려는 작업이 진행되고 있고 또한 향후에 국제기준에서 추가로 다루어야 할 주제도 많은 상황이다. 따라서 근간에 국제기준이 많이 변경될 것으로 생각된다. 저자들은 변경되는 국제기준을 반영하기 위하여 본서를 개정해 나갈 것이다. 만전을 기한다고 하였는데도 항상 출판 후에 편집상의 오류와 오기 등이 나올 때마다 독자들께 송구할 따름이다. 너그럽게 이해해 주시고 오류를 지적해 달라는 부탁을 드린다. 마지막으로 율곡출판사의 사장님 이하 여러 직원께 감사의 말씀을 드린다.

2011년 8월 25일
저자들 씀

차 례

1

기업활동과 재무제표

제1장 개요

본 장에서는 기업에 돈을 투자하는 투자자, 기업에 돈을 빌려주는 채권자, 그리고 기업을 운영하는 경영자들이 필요로 하는 기업에 대한 기본 정보는 무엇이며, 이러한 정보가 어떻게 제공되는지를 살펴본다. 먼저, 기업의 기본 활동인 투자활동, 재무활동, 영업활동을 설명하고, 이들이 어떻게 연계되어 있는지를 살펴본다. 그 다음, 각 활동의 내용과 결과를 집계하여 체계적으로 요약한 것이 회계정보이며, 이를 제공하는 수단이 재무제표임을 설명한다. 또한 이러한 회계정보가 왜 필요한지 그리고 회계정보를 통하여 무엇을 알 수 있는지를 살펴본다.

제1절

기업과 기업활동

1.1 기업이란?

회계는 기업에 돈을 투자하는 사람, 돈을 빌려주는 사람, 기업을 경영하는 사람들에게 기업에 관한 정보를 작성하여 제공하는 시스템이다. 따라서 회계를 올바로 이해하기 위해서는 먼저 기업이 무엇이며, 기업에 의하여 수행되고 있는 활동이 무엇인가에 대한 이해가 필요하다. 회계원리 수업을 듣는 학생들에게 기업에 대하여 알고 있느냐고 물어보면 대부분의 학생이 "예"라고 대답한다. 그러나 잠시 대화를 나누어 보면 기업에 대하여 정확하게 이해하고 있는 학생은 그리 많지 않고, 특히 기업활동을 체계적으로 알고 있는 학생은 거의 없다는 것을 알 수 있다. 기업 및 기업활동에 대한 이해를 돕기 위해 회계원리를 수강하고 있는 김 군의 예를 들어 보자.

(1) 오소서마트

김 군의 삼촌은 백화점에서 유능한 사원으로 평가받으면서 오랜 기간 동안 근무하여 왔으나 구조조정으로 인하여 명예퇴직을 했다. 삼촌은 명예퇴직 후 다른 직장에 취업하려고 하였으나 여의치 않았다. 그래서 백화점에 근무하면서 얻은 경험과 노하우를 최대한 활용할 수 있는 방안이 무엇인가를 고민한 결과 할인점을 내는 것이 적절하다는 결론을 얻었다. 삼촌은 퇴직금과 소유 부동산을 처분한 돈 100억원으로 일단 할인점을 내고 점차로 대형 할인점으로 확장하기로 하였다.

삼촌은 현재 살고 있는 동네 근처의 신흥 이프트단지 상가 내에 할인점을 설립하기로 하였다. 그리고 할인점 개점에 앞서 주민들의 소득수준과 잘 팔릴 수 있는 품목을 파악하기 위한 조사를 실시하였다. 또한 주변의 상권을 분석하고 인근 할인점들의 운영실태도 조사하였다. 그리고 점포 규모, 인테리어, 소요자금, 필요한 종업원 수에 이르기까지 상세하게 계획을 세웠다. 그 결과 백화점 또는 대형 할인점으로 가는 주민들을 유치하기 위해 상품가격을 낮추고 손님들을 친절하게 대한다면 성공할 수 있다는 자신감을 가지게 되었다. 할인점의 이름도 "우리 할인점으로 오십시요"라는 뜻을 담아 오소서마트라 하였다.

삼촌은 먼저 오소서마트 설립에 대한 기본 계획서를 작성하고, 600억원을 투자하기로 약속받고 공동투자자 2인을 영입하였다. 그리고 매장을 구입한 다음 법원에 주식회사 설립 등기를 하였다. 삼촌은 액면가 1,000원인 보통주 7,000만주를 발행하였다. 이 중 6,000만주를 600억원을 투자한 공동투자자 2인에게 배부하고 1,000만주를 자기가 투자한 100억원의 대가로 자기에게 배부하였다. 또한 은행으로부터 300억원을 차입하였다. 삼촌은 상품 진열대 및 제반 시설을 위한 매장 인테리어 공사를 하였다. 그리고 상품 운반용 차량을 구입하고 상품 보관용 창고를 별도로 마련하였다. 또한 컴퓨터를 비롯한 사무실 집기와 소모품도 구입하였다. 삼촌은 관리직 및 영업직 사원을 고용하고 할인점 운영방침, 판매방법, 고객을 대하는 자세, 장부기록방법 등을 교육하였다.

마지막으로 오소서마트라는 간판을 제작하여 단정하게 벽에 설치하였다. 그 다음 상품을 매입하여 매장에 진열하고 광고 및 판촉활동을 전개하면서 본격적인 영업을 시작하였다. 개업 후에도 수시로 손님들이 필요로 하는 품목을 조사하여 싼 가격으로 제공해 줌으로써 고객들로부터 좋은 반응을 얻고 있다. 삼촌의 할인점이 순조롭게 운영되고 있어 삼촌 가족은 물론 김 군도 아주 즐거워하고 있다.

(2) 기업의 유형

기업 중에는 오소서마트와 같이 다른 기업이 만든 상품을 구입하여 판매하는 기업이 있고, 직접 상품을 만들어 판매하는 기업도 있다. 다른 기업이 만든 상품을 구입하여 판매하는 기업을 상품매매기업(또는 매매기업)이라 한다. 이에 속하는 대표적인 예는 백화점이다. 또한 직접 상품을 만들어 판매하는 기업을 제조기업이라 하며, 삼성전자와 현대자동차가 이에 속한다. 한편, 상품을 판매하는 것이 아니라 용역을 제공하는 회사를 서비스기업이라 한다. 이에 속하는 예는 회계법인, 법률사무소, 의료기관, 컨설팅회사이다.

본 교과서는 상품매매기업을 중심으로 기업활동을 살펴보고 회계정보 산출과정을 설명한다. 제조기업의 회계처리방법은 상급 회계과목에서 다루어질 것이다.

〈박스 1-1〉 소유형태에 따른 기업의 분류

개인기업

개인기업(sole proprietorship)의 주체는 자연인인 기업소유주이다. 따라서 기업과 기업소유주가 분리·독립된 주체로 인정되지 않는다. 또한 2명 내지 그 이상이 자본을 출자하여 공동으로 기업을 운영하는 경우도 있는데, 이를 조합기업(partnership)이라 한다. 조합기업의 성격은 개인기업과 비슷하다.

법인기업

개인기업과 대조적인 기업형태가 법인기업이다. 법인기업은 자연인이 아니라 법인이 주체가 되는 기업이다. 즉, 법인기업은 법률상으로 인격('법인격'이라 함)을 부여받고 법인 자체의 활동을 전개한다. 한국에는 기업활동에 참여하는 사람들의 책임한계에 따라 합명회사, 합자회사, 유한회사, 주식회사(corporation) 네 종류의 법인기업이 있다. 주식회사는 주식을 발행해 기업활동에 필요한 자본을 여러 사람으로부터 조달할 수 있으며, 오늘날 가장 보편적인 기업형태이다.

1.2 기업 이해관계자의 관심사

오소서마트의 운영에 관심을 가지고 있는 대표적인 사람들은 자금을 출자한 투자자(삼촌과 공동투자자), 자금을 빌려준 채권자(은행), 그리고 마트의 운영을 맡고 있는 경영자(삼촌은 투자자이면서 경영자임)이다. 투자자, 채권자, 경영자는 기업과 경제적인 이해관계를 가지고 있기 때문에 이들을 이해관계자라 한다. 오소서마트의 이해관계자들은 어떠한 관심을 가지고 있을까?

투자자인 삼촌과 공동투자자들은 투자이익을 극대화시키고자 할 것이다. 예를 들면 동업자들은 마트의 영업이 잘되어 자신들이 투자한 600억원의 가치가 최대한도로 증가하기를 기대할 것이다. 채권자인 은행은 빌려준 돈과 그것에 대한 이자를 차질 없이 받으려 할 것이다. 즉, 오소서마트에 자금을 빌려준 은행은 원금 300억원과 이자를 제때에 받을 수 있기를 기대할 것이다. 오소서마트의 경영자인 삼촌은 마트가 계획한 대로 잘 운영되어 계속 성장하고 있는지를 알고 싶어 할 것이다.

이와 같이 오소서마트의 이해관계자들의 관심사는 각각 다르다. 이들 이해관계자들이 가지고 있는 관심사를 요약하면 다음과 같다.

첫째, 기업이 영업을 잘하여 이익을 내어 투자가치가 증가되고 있는지를 알고 싶어 할 것이다.

둘째, 기업이 빌린 돈의 원금과 이자를 제때에 지불할 수 있는지를 알고 싶어 할 것이다.

셋째, 기업이 계획대로 잘 운영되어 지속적으로 성장하고 있는지를 알고 싶어 할 것이다.

1.3 기업의 세 가지 활동

기업활동은 그 성격에 따라 여러 가지 형태로 분류될 수 있다. 앞에서 설명한 기업의 이해관계자의 관심사는 주로 다음의 세 가지 활동과 연계되어 있다. 첫째는 매장, 차량, 판매설비와 같은 기업활동에 필요한 자원을 획득하는 투자활동(investing activities)이며, 둘째는 획득한 자원을 활용하여 상품을 매입하고 고객에게 판매하는 영업활동(operating activities)이다. 그리고 셋째는 이러한 활동에 필요한 자금을 조달하는 재무활동(financing activities)이다. 오소서마트의 경우 매장, 할인점 운영에 필요한 차량, 비품과 같은 자원을 확보하는 활동이 투자활동이며, 영업활동은 상품을 매입하고 이를 고객에게 판매하는 활동이다. 그리고 삼촌 및 공동투자자로부터의 자금조달, 은행으로부터의 차입 등이 재무활동이다.

〈그림 1-1〉 투자활동 · 영업활동 · 재무활동의 관계

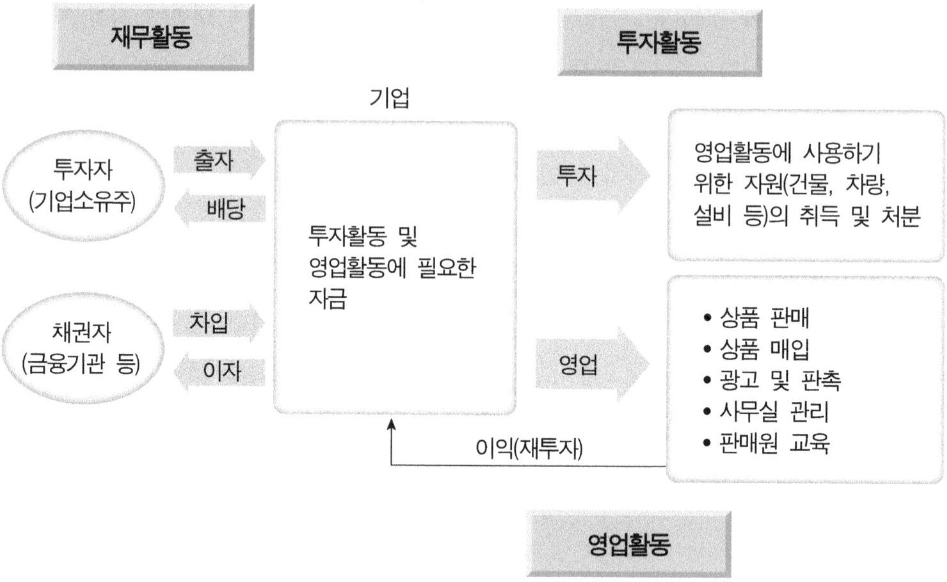

기업은 투자활동, 영업활동, 재무활동에 의하여 성장 · 발전한다. 이들 세 가지 활동은 각각 독립적으로 이루어지는 것이 아니고 〈그림 1-1〉에서 보는 것처럼 상호 밀접하게 연계되어 수행된다. 기업의 기본적 활동인 이 세 가지 활동을 좀 더 자세히 살펴보자.

1.3.1 기업활동의 정의

(1) 투자활동

투자활동은 〈그림 1-1〉에서 보는 것과 같이 기업활동을 수행하기 위해 필요한 자원, 즉 건물, 차량, 사무실 가구 및 비품 등을 취득하는 활동을 말한다. 오소서마트의 경우 매장, 차량, 사무실집기 등의 구입이 투자활동에 해당된다. 기업이 투자활동을 통하여 필요한 자원을 취득하면 기업이 보유하고 있는 자원의 양과 구성내용이 변한다.

(2) 영업활동

영업활동은 〈그림 1-1〉에서 보는 것과 같이 상품을 구입하고 이를 고객에게 판매하여 이익을 내는 것과 관련된 모든 판매 및 관리활동을 포함한다. 따라서 영업활동은 상품의 구입 및 판매, 상품판촉을 위한 광고, 사무실관리와 같은 활동을 포함한다. 기업이 이러한 영업활동을 잘 수행하면 이익을 얻는다. 그렇지 않으면 손실을 보게 된다. 이익을 많이 내는 기업은 이익을 재투자하여 계속 성장할 수 있고, 반대로 이익을 내지 못하는 기업은 자금이 모자라 결국 파산하고 만다. 사업의 성패는 영업활동에 달려 있기 때문에 영업활동이 기업의 핵심활동으로 간주된다.

(3) 재무활동

재무활동은 〈그림 1-1〉에서 보는 것과 같이 기업의 투자활동과 영업활동에 필요한 자금을 조달하는 활동이다. 기업은 건물이나 차량의 취득, 상품구입이나 판촉을 위해서 자금이 필요하다. 기업이 필요한 자금을 조달하는 모든 활동을 재무활동이라 한다.

기업이 필요한 자금을 조달하는 방법은 크게 두 가지로 나누어질 수 있다. 첫 번째 방법은 기업 소유주의 출자를 통하여 자금을 조달하는 방법이다. 두 번째 방법은 은행과 같은 금융기관으로부터 차입하는 방법이다. 오소서마트의 경우 보통주를 발행해주고 주주인 삼촌으로부터 받은 100억원과 공동투자자 2인으로부터 받은 600억원이 전자의 방법에 의한 자금조달이다. 은행으로부터 차입한 300억원이 후자의 방법에 의한 자금조달이다. 한편, 기업은 차입금에 대한 이자를 지급하는데, 이러한 이자지급 활동도 재무활동이다. (현금흐름표 작성 시 예외가 인정되어 이자지급이 영업활동으로 분류될 수도 있음. 자세한 내용은 제11장 '현금흐름표'에서 검토됨)

1.3.2 기업활동 분류의 예

다음의 〈표 1-1〉은 오소서마트의 제반 기업활동을 앞에서 정의한 3가지 기업활동으로 분류하여 요약한 것이다.

〈표 1-1〉 오소서마트의 기업활동의 분류

분 류	번 호	기업활동 내역
투자활동	①	매장 매입
	②	차량 매입
	③	인테리어 공사대금 지급
	④	책상, 컴퓨터, 복사기 등의 사무용 집기 및 비품 매입
영업활동	⑤	상품 매입
	⑥	상품 판매
	⑦	광고비 지급
	⑧	종업원 급여 지급
	⑨	전기료와 전화료 지급
	⑩	복사용지, 문구류 등의 사무용 소모품 매입
	⑪	매장수리비 지급
재무활동	⑫	보통주 발행에 의한 자금조달
	⑬	은행으로부터의 차입
	⑭	은행차입금에 대한 이자 지급

제2절

기업활동과 회계시스템

2.1 기업의 이해관계자가 필요한 정보

기업의 대표적인 이해관계자인 투자자, 채권자, 그리고 경영자가 공통적으로 필요로 하는 정보를 요약하면 다음과 같다.

첫째, 기업이 보유하고 있는 자원은 얼마이고, 갚아야 할 빚은 얼마인가에 대한 정보

둘째, 기업이 영업활동을 전개하여 얼마의 이익을 내었는가에 대한 정보

셋째, 기업활동에 필요한 자금의 조달은 어떻게 이루어졌으며, 어떻게 사용되었는가에 대한 정보

2.2 회계시스템이란?

회계시스템은 앞에서 검토한 이해관계자들이 필요로 하는 정보를 제공한다. 구체적으로 아래의 〈그림 1-2〉에서와 같이 회계시스템은 기업활동을 투자활동, 영업활동, 재무활동의 세 가지로 분류한다. 그리고 이들 활동을 기록한 다음 그 결과를 요약·집계하여 재무제표를 작성한다. 그 다음 이들 재무제표를 통하여 이해관계자들이 필요로 하는 정보를 제공한다.

〈그림 1-2〉 회계시스템의 역할

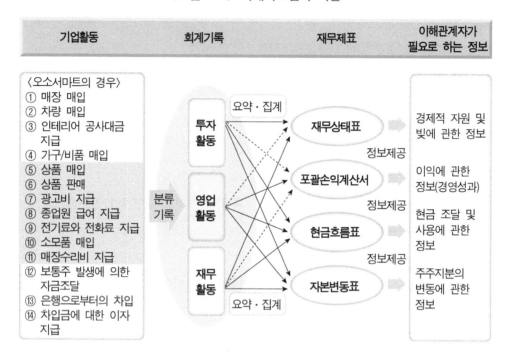

재무제표는 재무상태표, 포괄손익계산서, 현금흐름표, 자본변동표로 구성된다. 재무상태표는 기업의 보유자원 및 갚아야 할 빚에 관한 정보를 제공한다. 포괄손익계산서는 기업이 얼마의 이익을 내었는가에 관한 정보를 제공한다. 현금흐름표는 현금조달 및 사용에 관한 정보를 보여준다. 자본변동표는 주주 몫(주주지분)인 자본의 증가 또는 감소에 관한 정보를 제공한다.

〈박스 1-2〉 회계란?

회계는 투자자(주주), 채권자, 경영자, 기타 회계정보 이용자들이 합리적인 의사결정을 하도록 기업에 관한 재무정보를 식별(identify)하고, 측정(measure)하여 전달(communicate)하는 하나의 정보시스템이다.

2.3 재무제표

〈그림 1-2〉에서 볼 수 있는 것과 같이 주요 재무제표(financial statements)는 (투자활동과 재무활동을 요약한) 재무상태표, (영업활동을 요약한) 포괄손익계산서, (이들 3가지 활동으로부터의 현금흐름 내역을 요약한) 현금흐름표, (자본의 변동내역을 요약한) 자본변동표를 포함한다. 엄밀히 말하면 영업활동의 일부 항목이 재무상태표에 보고되고 투자활동과 재무활동의 일부 항목도 포괄손익계산서에 보고된다. 기업활동과 재무제표의 기본 관계를 부각시키기 위해 〈그림 1-2〉에서 이러한 관계는 점선으로 표시되었다. 여기에서는 재무제표가 어떤 내용을 보고하는지 개괄적으로 살펴본다. 각 재무제표에 대한 상세한 설명은 제2장에서 이루어진다.

(1) 재무상태표

재무상태표(statement of financial position)는 일정시점에서 기업의 재무상태를 표시하는 회계보고서로서 주로 투자활동과 재무활동의 결과를 요약한 것이다. 앞서 설명한 것과 같이 투자활동은 기업활동에 필요한 건물, 차량, 사무실 비품과 같은 자원을 획득하는 활동이다. 기업이 투자활동을 통하여 획득된 자원을 자산이라 한다. 재무활동은 투자활동과 영업활동에 필요한 자금을 확보하는 활동이다. 오소서마트의 경우 채권자인 은행으로부터 차입한 자금을 부채라 한다. 주주인 삼촌과 공동투자자의 출자를 통하여 확보한 자금을 자본이라 한다.

재무상태표는 연말에 기업의 투자활동 결과인 자산과 재무활동 결과인 부채와 자본을 보고한다. 따라서 기업의 재무상태표를 보면 연말 현재 그 기업이 영업활동을 위하여 사용할 수 있는 자산의 규모, 기업이 갚아야 할 부채 금액, 주주의 출자금액 등을 알 수 있다. 기업의 자산, 부채 및 자본의 현황을 재무상태(financial position)라 하며, 재무상태표는 이를 요약한 것이다. 과거에는 재무상태표를 대차대조표(B/S : balance sheet)라 하였다. 한국채택국제회계기준(K-IFRS)(세부 내용은 본 장 3.2 참조)이 도입되면서 이 명칭이 재무상태표로 변경되었다.

(2) 포괄손익계산서

기업은 상품을 구입하여 판매하는 일련의 영업활동을 수행한다. 기업은 이러한 영업활동을 통하여 이익을 얻는다. 포괄손익계산서(comprehensive income statement)는 기업이 일정기간 동안 영업활동을 통하여 벌어들인 금액에서 영업활동을 위하여 사용한 금액을 차감하여 이익이 발생하였는지 또는 손실이 발생하였는지를 보고한다. 벌어들인 금액이 사용한 금액보다 많을 경우 그 차액을 이익이라 한다. 반면에 사용한 금액이 벌어들인 금액보다 많을 경우 그 차액을 손실이라 한다. 기업이 영업활동을 통하여 벌어들인 돈을 '수익'이라 하며, 수익을 얻기 위해 사용한 돈을 '비용'이라 한다. 수익은 주로 상품판매에 의하여 발생된다. 비용은 상품 구입비, 인건비, 광고비, 전기료, 전화료 등을 포함한다.

포괄손익계산서는 기간을 1년으로 하여 작성된다. 이는 1년 동안의 총수익에서 그 기간의 총비용을 차감하여 포괄이익 또는 포괄손실을 보고한다. 포괄손익은 경영자가 달성한 성과라고 할 수 있기 때문에 포괄손익계산서를 '경영성과보고서'라고도 한다.

(3) 현금흐름표

현금은 기업뿐만 아니라 가계에서도 아주 소중하며, 특히 현금을 어떻게 조달하고 어떻게 사용하였는지를 아는 것은 기업과 개인 두 객체 모두에 있어서 매우 중요하다. 일반적으로 기업의 투자활동, 영업활동, 재무활동 각각은 현금의 유입 또는 유출을 모두 수반한다. 현금흐름표(statement of cash flows)는 일정기간(1년) 동안의 현금흐름을 기업의 세 가지 활동별로 분류한 다음 각 활동별로 현금이 얼마나 유입 또는 유출되었는가를 보고한다.

(4) 자본변동표

근래에 다양하고 복잡한 자본거래가 형성되기 때문에 기업의 주주들은 자기들의 지분 구성항목 각각이 어떻게 얼마나 증가 또는 감소하였는가에 대해 많은 관심을 갖게 되었다. 자본변동표(statement of changes in equity)는 1년 동안 주주지분 구성항목 각각이 왜, 얼마나 증가 또는 감소하였는가를 보고한다. 구성항목의 예는 주주의 납입자본과 기업이 유보시킨 이익을 포함한다.

〈박스 1-3〉 재무보고의 목적[1]

재무보고는 다양한 회계정보 이용자가 경제적 의사결정을 수행하는 데 필요한 기업의 재무상태, 경영성과, 그리고 재무상태의 변동에 관한 정보를 제공하는 것을 목적으로 한다. 이러한 목적을 충족시키기 위하여 다음과 같은 정보가 제공된다.

- 경제적 자원, 부채, 주주지분에 관한 정보
- 경영성과, 특히 수익성에 관한 정보
- 현금흐름에 관한 정보
- 주주지분의 변동에 관한 정보

2.4 기타 회계정보 이용자

다양한 개인 또는 집단들이 회계정보를 필요로 한다. 앞에서는 회계정보의 주된 이용자인 투자자(주주), 채권자, 경영자를 검토하였다. 그리고 그들의 관심사와 회계정보의 역할을 살펴보았다. 여기서는 이들 주요 회계정보 이용자 이외의 기타 회계정보 이용자들을 살펴본다. 기타 회계정보 이용자는 정부, 고객, 공급자, 종업원 및 노동조합 등을 포함한다. 이들도 회계정보를 이용하여 기업과의 이해관계를 조정하고 그들의 목적을 달성하기 위하여 의사결정을 한다. 다음의 〈그림 1-3〉은 회계정보의 주된 이용자 및 기타 이용자를 포함한 이해관계자와 이들의 관심사를 정리한 것이다.

〈그림 1-3〉 기업의 이해관계자 및 회계정보 이용목적

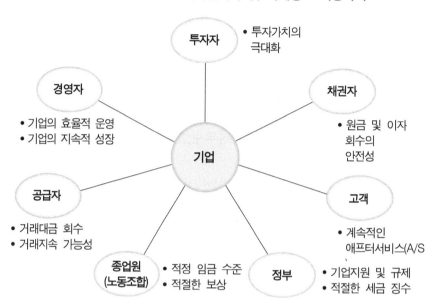

<박스 1-4〉 회계는 기업경영의 언어

회계는 오늘날 기업에 관한 종합적인 정보를 가장 체계적으로 제공하는 수단
으로 인정받고 있다. 이는 이해관계자들이 기업과 관련한 의사결정을 보다 합리적
으로 할 수 있도록 해주는 의사소통의 수단으로 널리 이용되고 있다. 이러한 관점
에서 회계정보를 기업경영의 언어(language of business)라고 한다.

(1) 정부

정부는 기업활동을 지원하고 때로는 규제하는 역할을 한다. 따라서 정부도 기업의
중요한 이해관계자이다. 정부가 당면하고 있는 문제 중의 하나는 기업에 대하여 어떠
한 지원사업과 규제를 펼칠 것인가이다. 또한 적정 규모의 세금을 거두어들이는 것은
정부의 중요한 과제이다. 정부는 기업활동을 규제하고, 조세정책, 자원의 효율적 분배

를 위한 정책, 기타 경제정책을 입안하기 위해 회계정보를 필요로 한다. 예를 들어 기업의 재무제표에 보고된 회계정보는 기업이 납부할 세금액을 결정할 때나 정부조달가격을 결정할 때에 중요한 판단근거가 된다. 또한 정부가 중소기업과 벤처기업 육성정책을 입안할 때나 독점사업을 규제할 때에도 회계정보가 이용된다.

(2) 종업원 및 노동조합

종업원 및 노동조합은 노사협상 시 임금인상폭을 얼마로 요구해야 할 것인가를 결정하여야 한다. 효과적으로 노사합의를 도출할 수 있는 임금인상 수준은 해당 기업의 실제 경영실적에 기초한 것이어야 한다. 따라서 회계정보는 임금인상 수준이 실질적이고 달성 가능한지를 판단할 수 있는 좋은 근거가 된다. 또한 회계정보는 종업원 및 노동조합이 기업이 계속 성장하여 미래에 퇴직금을 지불할 능력이 있는지를 판단하는 데 도움을 준다. 이외에도 회계정보는 취업할 사람들이 취업 대상 기업의 경영상태뿐만 아니라 그 기업의 미래 전망을 알아볼 수 있게 해준다.

(3) 공급자

공급자는 주로 거래대금의 안전한 회수 및 거래의 지속 여부에 관심을 갖는다. 공급자는 이러한 판단을 위해 회계정보를 이용한다. 따라서 공급자들은 기업 재무상태의 건전성과 수익성에 대하여 관심을 가지게 된다.

(4) 고객

기업이 제공하는 상품을 구매하는 고객은 구입한 상품에 대한 애프터서비스(A/S: after service)가 지속적으로 이루어지기를 바란다. 고객은 회계정보를 이용하여 애프터서비스가 지속적으로 제공 가능한지를 판단할 수 있다. 또한 상품의 가격이 원가에 비하여 비합리적으로 높은지의 여부도 회계정보를 통하여 알 수 있다.

〈박스 1-5〉 회계의 분류

- 재무회계 : 투자자, 채권자와 같은 기업 외부 정보이용자를 위한 정보를 다룸
- 관리회계 : 경영자를 비롯한 기업 내부 의사결정자를 위한 정보를 다룸
- 세무회계 : 세금의 계산 및 납부를 목적으로 하는 회계
- 비영리회계 : 정부, 학교, 장학재단과 같은 비영리법인을 위한 회계

〈박스 1-6〉 자본시장과 회계정보

자본시장이란 투자자와 채권자와 같은 자금공급자와 기업 경영자와 같은 자금수요자 간에 거래가 이루어지는 곳이다. 자금공급자들은 자금수요자들인 기업에 관한 다양한 정보를 바탕으로 하여 의사결정을 한다. 만약 자금공급자들에게 적절한 양과 질의 정보가 제공되지 않는다면 자금공급자들은 올바른 의사결정을 내릴 수 없다. 더 나아가 왜곡된 정보에 의하여 자금공급자들이 손해를 입게 된다면 이들 공급자들은 더 이상 자금을 공급하지 않으려 할 것이다. 이렇게 되면 자본시장은 자금이 부족하게 될 것이다. 그 결과 기업(자금수요자)은 투자기회를 상실하여 기업활동이 위축될 것이다. 이는 전체 경제에 영향을 미쳐 그 경제를 붕괴시킬 수도 있다. 따라서 자본시장이 제기능을 발휘하기 위해서는 자금공급자에게 적절한 정보가 제공되어야 한다. 회계정보가 그 정보의 핵심이다.

제3절

재무제표의 작성 및 공시

재무제표를 작성하는 것은 경영자의 책임이다. 경영자는 〈그림 1-4〉에서 볼 수 있는 것과 같이 투자·영업·재무활동의 결과를 회계시스템을 통해서 기록, 분류, 요약 하여 재무제표를 작성한다. 경영자가 재무제표를 작성할 때 적용하는 기준이 회계기준 이다. 경영자에 의해 작성된 재무제표는 공인회계사(CPA : certified public accountant) 의 감사를 거쳐 회계정보 이용자들에게 공시된다.

〈그림 1-4〉 재무제표의 작성 및 공시

3.1 회계기준의 필요성

재무제표 작성기준, 즉 회계기준은 결정적이다. 앞에서 설명한 것과 같이 이해관계자들의 회계정보에 대한 수요는 상당하다. 만약 기업이 자유롭게 재무제표를 작성하여 회계정보를 제공하도록 할 경우 각 기업은 자기에게 유리한 방법을 사용하여 작성한 재무제표를 이해관계자에게 보고할 것이다. 그렇게 되면 재무제표의 내용이 왜곡될 수 있고, 기업 간의 비교가 불가능하게 될 수 있다. 회계정보 이용자들은 재무제표를 불신하고 사용할 가치가 없다고 할 수 있다. 따라서 재무제표는 일정한 기준에 의해 작성되어야 한다.

오소서마트가 사업을 확장하기 위한 자금을 조달하는 과정을 살펴보자. 오소서마트는 개업 후 성실한 운영과 친절한 고객관리로 사업이 번창하고 있다. 더구나 주변에 대단위 아파트단지가 들어섬에 따라 삼촌은 매장을 크게 확장하려고 한다. 오소서마트가 사업확장에 필요한 자금을 외부로부터 조달하고자 할 경우 가장 먼저 기업의 재무상태와 경영성과를 보여주는 재무제표를 제공해야 한다. 자금을 제공할 은행이나 투자자는 이들 재무제표를 분석하여 자금의 대여 또는 투자 여부를 결정하게 된다.

회계기준이 없다면 오소서마트는 자기에게 유리하게 이익을 부풀린 재무제표를 작성하여 제출할 수 있다. 그 결과 투자자나 채권자들이 경제적 손실을 입게 되고 이러한 기업이 많게 되면 시장, 나아가 사회에 혼란이 야기될 수도 있다. 이러한 시장과 사회의 혼란을 예방하기 위해 각 나라는 회계기준을 제정하고 기업이 이를 준수하여 재무제표를 작성하도록 하고 있다.

3.2. 한국 회계기준 및 제정기관

회계기준은 앞에서 검토한 것과 같이 기업이 제공하는 회계정보에 일관성과 객관성을 부여하기 위한 것이다. 한국은 1999년 이전에는 정부가 주도하여 회계기준을 제정해 왔다. 일반적으로 정부가 주도하여 기준을 제정할 경우 기준의 제정과 개정이 탄력적이지 못하다. 따라서 기준이 기업과 기업환경, 특히 국제적 환경의 변화를 신속하게 반영하지 못할 가능성이 있다.

1997년 외환위기 때 국제통화기금(IMF : International Monetary Fund)은 구제금융을 제공하는 조건으로 국제기준에 의한 회계제도를 도입할 것을 제시하였다. 그 결과 한국 정부는 회계기준 제정기능을 민간기구로 이양하기로 하고 1999년에 한국회계기준원(KAI : Korea Accounting Institute, 2006년 3월까지 한국회계연구원이라는 명칭 사용)을 설립하고, 그 산하에 회계기준 제정 및 개정업무를 담당하는 회계기준위원회(KASB : Korea Accounting Standards Board)를 두게 하였다. KAI는 2007년 12월에 국제회계기준(아래의 〈박스 1-7〉)을 전면 채택하여 한국채택국제회계기준(K-IFRS : Korean International Financial Reporting Standards, 앞으로는 K-IFRS라 함)을 제정하였다. K-IFRS는 KAI가 번역한 국제회계기준(IAS)과 국제재무보고기준(IFRS)으로 구성되어 있다. 2011년부터 모든 상장기업은 K-IFRS를 적용하여 재무제표를 작성하게 되어 있다. 회계기준위원회 홈페이지(http://www.kasb.or.kr)를 접속하면 한국 기업회계기준에 대한 자세한 내용을 알아볼 수 있다.

〈박스 1-7〉 국제회계기준

경제환경의 차이가 있다는 이유로 각 국가는 서로 다른 회계기준을 갖고 있었다. 그 결과 회계정보의 국가 간 비교가 어려웠다. 따라서 기업이 국제자본시장에서 자금을 조달하고자 할 경우 어려움을 겪게 되었다. 국가 간 회계기준의 차이에서 오는 이러한 문제점을 해결하기 위하여 1973년에 미국, 영국 등 9개국이 IASC(International Accounting Standards Committee)를 만들었고, 국제회계기준(IAS : International Accounting Standards)을 제정하였다. 2001년에 IASC를 IASB(International Accounting Standards Board)로 개편하고 국제재무보고기준(IFRS : International Financial Reporting Standards)을 제정하고 있다. 한국은 1975년에 회원국이 되었다.

〈박스 1-8〉 한국 회계기준의 체계

한국 회계기준은 'K-IFRS', '일반기업회계기준', '중소기업회계기준', 그리고 '특수분야회계기준'으로 구성된다. 중소기업회계기준만 법무부가 제정하고 나머지 기준은 모두 KAI가 제정한다. K-IFRS는 주식상장기업에 적용된다. 일반기업회계기준은 비상장기업 중에 외부감사를 받아야 하는 기업에 적용된다. 중소기업회계기준은 비상장기업 중에 외부감사를 받지 않아도 되는 기업에 적용된다. 특수분야 회계기준은 관계 법령들의 요구나 한국의 고유한 거래나 기업환경을 반영하기 위한 회계기준이다. 중소기업회계기준을 제외한 회계기준 각각은 기업회계기준서, 기업회계기준해석서로 구성된다. 기업회계기준서는 회계처리방법, 표시 및 공시에 대한 포괄적인 지침을 제공할 뿐만 아니라 실무적용에 필요한 구체적인 방법을 제시한다. 해석서는 기준서에서 다루지 못한 새롭게 대두된 재무보고 문제에 대한 지침을 제시하며, 회계기준의 실무적 적용을 위한 해석과 지침을 제시한다.

〈박스 1-9〉 GAAP

제정된 회계기준보다 더 포괄적인 기준이 일반적으로 인정된 회계처리기준 (GAAP : generally accepted accounting principles)이다(과거에는 영어를 직역하여 '일반적으로 인정된 회계원칙'이라고 하였음). 기업의 활동은 다양하고 기업 간에도 환경적인 차이가 존재하기 때문에 회계기준을 제정하여 실무에서 나타나는 다양한 요구를 모두 충족시키는 데 한계가 있다. 따라서 그 사회에서 일반적으로 수용되고 있는 보편타당하고 합리적인 기준을 재무제표 작성에 적용하게 된다. '일반적으로 인정된'의 의미는 실무계의 광범위한 지지를 받아 오랫동안 사용되고 있다는 것을 의미한다. 따라서 일반적으로 인정된 회계처리기준은 '다수에 의해 지지되는, 실질적으로 권위 있는' 회계기준이라 할 수 있다.

3.3 회계감사

오소서마트가 사업확장에 필요한 자금을 조달하기 위해서 재무제표를 작성하여 은행에 제출하였더니 은행의 대출담당자는 그 재무제표를 어떻게 믿겠느냐며 회계감사를 받아 다시 제출할 것을 요구하였다. 회계감사(auditing)는 재무제표감사라고도 하는데, 기업이 작성한 재무제표가 회계기준에 의하여 적정하게 작성되었는지를 검증하는 것이다.

재무제표는 그 기업의 이해관계자는 물론 사회에 미치는 영향이 크기 때문에 정보이용자가 믿을 수 있도록 작성되어야 한다. 따라서 재무제표를 회계전문가인 공인회계사가 감사하도록 하고 있다. 공인회계사는 기업이 작성한 재무제표가 회계기준에 따라 적정하게 작성되었는지를 감사하고 감사의견을 표명한다. 감사과정에서 중대한 왜곡사실이 발견되면 회사는 적정의견을 받지 못하여 불이익을 받을 수도 있다. 공인회계사가 재무제표를 감사할 때 검토해야 할 내용 및 검토방법, 감사결과 보고방법은 회계감사기준에 열거되어 있다.

〈박스 1-10〉 감사의견의 종류

공인회계사가 재무제표를 감사하고 표명하는 의견은 다음의 4가지이다.

적정의견 : 기업이 작성한 재무제표가 회계기준을 준수하여 작성되었을 경우에 표명되는 의견

한정의견 : 기업이 작성한 재무제표 내용 중 일부가 회계기준에 어긋나거나 감사자료가 불충분한 경우에 표명되는 의견

부적정의견 : 기업이 작성한 재무제표가 전반적으로 회계기준을 심각하게 벗어난 경우에 표명되는 의견

의견 거절 : 감사인의 독립성 결여 또는 감사 실시가 불가능할 경우에 감사의견을 표명하지 않는 것

3.4 재무제표의 공시

재무제표는 회계정보 이용자에게 적시에 전달되어야 한다. K-IFRS[2]는 최소한 반기(6개월) 단위로 재무제표를 작성하여 공시하도록 권장하고 있고, 재무제표를 적어도 1년에 한 번 보고할 것을 요구하고 있다.

(1) 중간재무제표

중간재무제표는 회계기간의 중간에 작성하는 재무제표이다. 회계기간을 3개월 단위로 구분하여 작성하는 재무제표를 분기재무제표라고 하며, 2분기 말에 회계기간을 6개월로 하여 작성하는 재무제표를 반기재무제표라 한다. 중간재무제표는 기업의 경영성과와 재무상태를 기업 외부의 이해관계자들에게 적시에 알려주기 위해 작성된다. 중간재무제표도 아래에서 검토되는 연차재무제표와 동일한 형식으로 작성되어야 한다. 그러나 내용을 요약한 요약재무제표로 작성할 수 있다. 상장기업은 '자본시장과 금융투자업에 관한 법률'에 의하여 분기재무제표와 반기재무제표를 공시하고 있다.

(2) 연차재무제표

연차재무제표는 회계연도 말의 재무상태와 1년의 회계연도 동안의 경영성과와 재무상태의 변동을 기업 외부의 이해관계자들에게 알려주기 위해 작성되는 재무제표를 말한다. 일반적으로 이를 단순히 재무제표라 지칭한다. 연차재무제표에는 재무상태표, 포괄손익계산서, 현금흐름표, 자본변동표, 그리고 주석사항이 포함된다. 한국의 '주식회사의 외부감사에 관한 법률'은 회사의 규모가 일정규모 이상의 기업은 이들 재무제표를 공시하기 전에 반드시 공인회계사의 감사를 받아야 할 것을 요구하고 있다.

〈박스 1-11〉 별도재무제표와 연결재무제표

기업이 종속기업(투자기업으로부터 통제를 받는 피투자기업)을 소유하고 있지 않은 경우에는 연결재무제표(consolidated financial statements)의 작성 여부에 대해 문제가 거론되지 않는다. 그러나 기업이 종속기업을 소유하고 있어 지배기업이 된 경우 연결재무제표 작성 여부 자체가 문제가 된다. 지배기업은 지배기업만을 회계객체로 하는 별도재무제표(separate financial statements)를 작성할 수 있고, 또는 지배기업과 종속기업 전부를 회계객체로 하는 연결재무제표를 작성할 수도 있다. K-IFRS(KAI 제정)[3]는 한국의 '주식회사의 외부감사에 관한 법률'에 의하여 지배기업에게 둘 다 함께 요구되는 별도재무제표와 연결재무제표를 작성할 때 이들 재무제표에 대한 K-IFRS를 적용할 것을 요구하고 있다.

연결재무제표의 작성은 본서가 소개하는 회계주제보다 한 차원 높은 어려운 주제이기 때문에 중급회계 다음의 상급과목인 고급회계에서 다루어진다. 본서에서는 종속기업이 없는 기업의 재무제표를 주로 다루며 연결재무제표에 대한 간단한 예제만을 부록에 수록하였다.

(3) 전자공시시스템

과거에는 재무제표를 책자로 인쇄하여 금융감독원, 증권거래소, 한국공인회계사회에 제출하였다. 그러나 2001년부터는 금융감독원의 전자공시시스템을 사용하여 재무제표를 공시하고 있다.

금융감독원의 전자공시시스템인 DART(Data Analysis, Retrieval and Transfer System)에 접속(http://dart.fss.or.kr)하면 전자공시된 모든 재무제표(중간재무제표와 연차재무제표), 사업보고서, 공인회계사의 감사보고서 등을 찾아볼 수 있다. 필요한 경우 다운받아 사용할 수도 있다.

〈박스 1-12〉 회계정보의 질적 특성[4]

회계정보의 질적 특성이란 정보이용자의 의사결정에 유용하기 위해 회계정보가 갖추어야 할 주요 속성이다. 근본적인 것 2개, 보강적인 것 4개, 그리고 제약조건 1개가 있다.

근본적 질적 특성

■ **목적적합성** : 회계정보가 유용하기 위해서는 정보이용자의 의사결정에 차이가 나게 하여 목적 적합해야 한다. 목적 적합하기 위해서는 객체의 미래를 예측하는 가치와 이를 확인하는 가치가 있어야 한다.

■ **충실한 표현** : 회계정보가 유용하기 위해서는 그 정보가 나타내고자 하는 것을 충실하게 표현해야 한다. 이를 위해 회계정보는 필요한 모든 정보를 포함하여 완전해야 하고 다양한 정보이용자 간에 중립적이며 오류가 없어야 한다.

보강적 질적 특성

위에서 설명한 근본적 질적 특성을 보강해 주는 질적 특성이다.

■ **비교가능성** : 항목 간의 유사점과 차이점을 식별하고 이해하게 하는 질적 특성이다. 회계정보가 기업 간 또는 동일기업에서 기간 간에 비교될 수 있다면 더욱 유용하다.

■ **검증가능성** : 식견 있고 독립적인 관찰자들이 경제적 현상의 충실한 표현 여부에 의견의 일치를 가져올 수 있는 질적 특성이다.

■ **적시성** : 회계정보는 정보이용자에게 적절한 시기에 제공되어야 한다.

■ **이해가능성** : 회계정보가 간결·명료하게 분류되고 특징지어져 표시되어서 이용자가 이해 가능해야 한다.

정보비용 제약

정보비용은 회계보고에 있어서 포괄적 제약요인이다. 정보비용이 제공되는 회계정보로부터 기대되는 효익을 초과하면 그 정보는 보고될 수 없다.

K-IFRS 참조 (http://www.kasb.or.kr)

[1] '재무보고를 위한 개념체계', 문단 1.2, 1.4.

[2] 기업회계기준서 제1034호 '중간재무보고', 문단 1.

　　기업회계기준서 제1001호 '재무제표 표시', 문단 35.

[3] 기업회계기준서 제1027호 '별도재무제표', 문단 한1.1.

　　기업회계기준서 제1110호 '연결재무제표', 문단 한3.1.

[4] '재무보고를 위한 개념체계', 문단 2.1〜2.39.

주 요 용 어

상품매매기업(merchandising company) : 다른 기업이 만든 상품을 구입하여 판매하는 기업 (p.3)

서비스기업(service company) : 용역을 제공하는 기업 (p.3)

연차재무제표(annual financial statements) : 회계연도 말에 회계기간을 1년으로 하여 작성되는 재무제표 (p.22)

영업활동(operating activities) : 상품을 매입하고 판매하여 이익을 내는 것과 관련된 모든 판매 및 관리활동 (p.5)

재무제표(financial statements) : 기업활동의 결과를 요약·정리한 보고서이며, 재무상태표, 포괄손익계산서, 현금흐름표, 자본변동표로 구성됨 (p.11)

재무활동(financing activities) : 투자활동과 영업활동에 필요한 자금을 조달하는 활동 (p.5)

제조기업(manufacturing company) : 제품을 만들어 판매하는 기업 (p.3)

중간재무제표(interim financial statements) : 회계연도 도중 분기(3개월) 또는 반기(6개월)별로 작성되는 재무제표 (p.22)

채권자(creditors) : 기업에 자금을 대여한 사람 (p.4)

투자자(investors) : 기업에 자금을 출자한 사람 (p4)

투자활동(investing activities) : 기업활동을 위해 건물, 차량, 사무실 집기와 같은 자원을 취득하는 활동 (p.5)

한국채택국제회계기준(K-IFRS : Korean International Financial Reporting Standards) :
　　한국회계기준원(KAI)이 국제회계기준인 국제회계기준(IAS)과 국제재무보고기준(IFRS)
　　을 번역하여 제정한 기준 (p.19)

회계감사(auditing) : 재무제표가 회계기준에 의하여 적정하게 작성되었는지를 검증하는
　　것 (p.21)

연습문제

1. 기업활동—상품매매기업

다음은 상품매매업을 하는 대신상사의 활동내역이다.

① 액면가 1,000원인 보통주 3,000만주를 발행하고 300억원을 수취하였다.
② 은행으로부터 200억원을 차입하였다.
③ 사무실과 매장용 건물 임차료 100억원을 지급하였다.
④ 판매시설 설치 및 매장 인테리어비 60억원을 지급하였다.
⑤ 책상, 컴퓨터 등 사무용 가구와 비품을 매입하고 50억원을 지급하였다.
⑥ 관리직 사원 2명과 영업직 사원 3명을 채용하였다.
⑦ 복사용지, 문구류 등 사무용 소모품을 매입하고 10억원을 지급하였다.
⑧ 상품 1,000억원을 현금 매입하였다.
⑨ 상품 1,500억원을 현금 판매하였다.
⑩ 종업원 급여 500억원을 지급하였다.
⑪ 전기료 50억원을 지급하였다.
⑫ 전화료 20억원을 지급하였다.
⑬ 상품 300억원을 매입하고 200억원은 현금으로 지급하고 나머지 100억원은 외상으로 하였다.
⑭ 종업원 출장비 30억원을 지급하였다.
⑮ 판매촉진 광고비 70억원을 지급하였다.
⑯ 상품 외상매입 대금 100억원을 지급하였다.
⑰ 종업원에게 친절교육을 실시하고 교육비 10억원을 지급하였다.
⑱ 은행에 이자 20억원을 지급하였다.
⑲ 여유자금으로 증권시장에서 K-마트 주식을 50억원에 매입하였다.

《물음》
아래에 열거한 활동으로 보고되는 활동번호를 기입하라.

(1) 영업활동 : _____   (2) 투자활동 : _____

(3) 재무활동 : _____   (4) 재무제표에 보고 안 됨 : _____

2. 기업활동－서비스기업

다음은 서비스기업인 AC컨설팅의 활동내역이다.

① 액면가 1,000원인 보통주 5,000만주를 발행하고 500억원을 수취하였다.
② 은행으로부터 1,000억원을 차입하였다.
③ 사무실 임차료 100억원을 지급하였다.
④ 사무용 비품을 매입하고 200억원을 지급하였다.
⑤ 사무용 소모품을 매입하고 10억원을 지급하였다.
⑥ 고객에게 컨설팅을 해주고 용역수수료 3,000억원을 현금으로 받았다.
⑦ 종업원 급여 1,500억원을 지급하였다.
⑧ 종업원 출장비 20억원을 지급하였다.
⑨ 업무용 차량을 매입하고 40억원을 지급하였다.
⑩ 고객 접대비 10억원을 지급하였다.
⑪ 은행에 이자 100억원을 지급하였다.
⑫ 상하수도료, 전기료, 가스료 등 수도광열비 30억원을 지급하였다.
⑬ 전화료 20억원을 지급하였다.
⑭ 여유자금으로 증권시장에서 S－전자 주식을 50억원에 매입하였다.

《물음》
아래에 열거한 활동별로 보고되는 활동번호를 기입하라.

(1) 영업활동 : _____   (2) 투자활동 : _____   (3) 재무활동 : _____

3. 기업활동－제조기업

다음은 전자기기를 제조·판매하는 TS전자의 활동내역이다.

① 액면가 1,000원인 보통주 1억주를 발행하고 1,000억원을 수취하였다.
② 은행으로부터 2,000억원을 차입하였다.
③ 본사 건물 임차료 30억원을 지급하였다.
④ 토지와 공장을 매입하고 1,700억원을 지급하였다.
⑤ 전자기기제조기계를 매입하고 200억원을 지급하였다.
⑥ 원재료 500억원을 현금 매입하였다.
⑦ 공장 노무자 노무비 100억원을 지급하였다.

⑧ 공장 소모품을 매입하고 10억원을 지급하였다.

⑨ 공장 상하수도료, 전기료, 가스료 등 수도광열비 50억원을 지급하였다.

⑩ 판매 및 관리직 종업원 급여 150억원을 지급하였다.

⑪ 제품 3,300억원을 현금 판매하였다.

⑫ 업무용 차량을 매입하고 20억원을 지급하였다.

⑬ 재해보험료 80억원을 지급하였다.

⑭ 종업원 복지비 30억원을 지급하였다.

⑮ 은행에 이자 200억원을 지급하였다.

⑯ 여유자금으로 증권시장에서 H–상사 주식을 50억원에 매입하였다.

《물음》

아래에 열거한 활동별로 보고되는 활동번호를 기입하라.

(1) 영업활동 : _____   (2) 투자활동 : _____   (3) 재무활동 : _____

2

재무제표의 의의

제2장 개요

본 장에서는 기업의 여러 이해관계자들에게 회계정보를 제공하기 위하여 회계시스템이 작성하는 재무제표를 공부한다. 먼저 주요 재무제표인 재무상태표, 포괄손익계산서, 현금흐름표, 자본변동표의 구조, 각 재무제표에 적용되는 회계 개념이 검토된다. 그 다음 이들 재무제표가 제공하는 정보가 설명된다. 본 장을 공부하면서 금융감독원의 전자공시시스템(http://dart.fss.or.kr)으로부터 어느 한 기업의 재무제표를 다운로드하여 구성내용을 살펴보면 많은 도움이 될 것이다.

제1절

재무상태표

1.1 재무상태표란?

재무상태표(statement of financial position)는 회계연도 말에 기업의 자산, 부채 및 자본의 구성 내역, 즉 재무상태를 나타내는 표이다. 다시 말하면 기업이 경영활동을 위해 소유하고 있는 자산이 얼마인지, 기업이 상환해야 할 부채(채무)가 얼마인지, 기업의 자본(주주 지분)이 얼마인지를 보여주는 회계보고서이다.

재무상태를 더 잘 이해하기 위하여 다음의 간단한 예를 살펴보자. 최 사장이 운영하는 C 회사의 재산 총액이 1,000억원이고, 갚아야 할 채무(빛) 총액이 400억원이라 하자. C 회사의 재산이 얼마냐고 물었을 때 1,000억원이라 대답할 수도 있지만 총재산 1,000억원에서 채무 400억원을 제외한 순재산이 600억원이라고 대답하는 것이 C 회사의 재산과 채무에 대한 보다 나은 표현이라 할 수 있다. 여기서 C 회사의 재산 총액 1,000억원을 자산, 채무 400억원을 부채라 하며, 순재산 600억원을 자본이라 한다. 자산, 부채, 자본의 구성 내역을 회계에서 재무상태라 하고, 다음의 〈표 2-1〉과 같이 이러한 재무상태를 보여주는 표를 재무상태표라 한다.

〈표 2-1〉 재무상태 보고의 예

재무상태표

C 회사   (단위 : 억원)

총재산(자산)	1,000	채 무(부채)	400
		순재산(자본)	600
합　　　계	1,000	합　　　계	1,000

재무상태표가 기업의 재무상태를 보여주는 보고서이기 때문에 어떤 기업이 보유하고 있는 자산의 규모를 알고자 할 때는 재무상태표를 살펴보아야 한다. 은행이나 개인으로부터 차입한 채무가 얼마나 되는가를 알아보고자 할 때에도 재무상태표를 살펴보아야 한다. 또한 자산 중에서 부채를 모두 상환할 경우 주주지분으로 얼마나 남게 되는지도 재무상태표를 통하여 알 수 있다.

1.2 재무상태표의 구조

재무상태표는 머리말과 본문으로 구성된다. 머리말 부분은 보고서명(재무상태표), 작성대상 회사명 및 작성기준일을 포함한다. 그 아래의 본문에는 기업이 보유하고 있는 자산의 내역과 금액이 기재되고, 이 자산을 확보하는 데 소요된 자금의 원천이 부채와 자본으로 구분되어 기재된다.

재무상태표는 한 지면을 왼쪽과 오른쪽으로 나누어 왼쪽에는 취득재산, 즉 자산의 내역과 금액을 보고하고 오른쪽에는 자금조달 내역과 금액, 즉 부채와 자본을 보고하여 서로 대비시키는 표이다. 회계에서 전통적으로 오른쪽은 대변(Credit : Cr.), 왼쪽은 차변(Debit : Dr.)으로 지칭된다. 과거에는 재무상태표를 '대차대조표'라고 하였는데 이는 대변과 차변을 대조하는 표라는 뜻을 담고 있었다. [과거에는 재무상태표를 영어로 'B/S'(balance sheet)라고 하였는데, 이는 자산, 부채, 자본 항목의 잔액(balance)을 보고하여 대변과 차변이 균형(in balancing)을 이루고 있는 것을 보여주는 표(sheet)라는 뜻이다.]

재무상태표의 구조에 대한 이해를 위해 제1장에서 소개하였던 오소서마트의 예를 세부적으로 다시 살펴보기로 하자. 오소서마트의 20×1년 1월 1일 개업 당시의 자금조달 내역과 재산취득 내역은 다음의 〈예제 2-1〉과 같다.

〈예제 2-1〉에 의하면 삼촌은 액면가 1,000원인 보통주 7,000만주를 발행하여 주주인 삼촌 자신과 동업자에게 배부하고 총 출자금 700억원을 조달하여 오소서마트라는 주식회사를 설립하였다. 그리고 은행으로부터 300억원을 차입하여 총 1,000억원의 자금이 마련되었다. 이 자금으로 토지를 200억원, 매장용 건물 및 비품과 같은 설비를 370억원에 매입하였다. 그리고 장기투자로 K-마트 주식을 130억원에 매입하고 공정가치측정 기타포괄손익인식(공가기포익) 금융자산으로 분류하기로 결정하였고 공급자에

270억원을 단기대여하였다. 나머지 현금 잔액 30억원은 영업활동을 위해 수중에 남겨 놓았다.

〈예제 2-1〉 오소서마트의 재무상태(20×1년 1월 1일)

(단위 : 억원)

자금조달 내역

① 액면가 1,000원인 보통주 7,000만주를 발행하여 주주인 삼촌과 동업자로부터 조달한 자금 : 700

② 은행 차입금 : 300

재산취득 내역

① 토지 : 200

② 매장용 건물 및 비품과 같은 설비 : 370

③ 공가기포익(공정가치측정기타포괄손익인식)금융자산 : 130

④ 단기대여금 : 270

⑤ 보유 현금 : 30

다음 〈표 2-2〉는 〈예제 2-1〉의 자료를 이용하여 작성한 20×1년 1월 1일 현재의 오소서마트 재무상태표이다.

〈표 2-2〉 재무상태표(계정식)

오소서마트   20×1년 1월 1일 현재   (단위 : 억원)

과　목	금　액	과　목	금　액
자산		**부채**	
**　유동자산**		**　유동부채**	
현금	30	단기차입금	300
단기대여금	270		
**　비유동자산**			
공가기포익금융자산	130		
토지	200	**　자본**	
설비자산	370	보통주자본금	700
자산 총계	1,000	**부채 및 자본 총계**	1,000

오소서마트 재무상태표 머리말은 보고서명, 작성대상 회사명(오소서마트), 작성기준일(20×1년 1월 1일), 화폐단위를 보여준다. 그 아래의 본문은 왼쪽과 오른쪽으로 나뉘어 있다. 왼쪽에는 자산의 구성항목과 금액이 나열되어 있고 맨 아래에 자산 총계 금액이 표시되어 있다. 오른쪽에는 부채와 자본의 구성항목과 금액이 나열되어 있고 맨 아래에는 부채 및 자본 총계 금액이 표시되어 있다. 본 예제에서는 부채와 자본의 구성항목이 각각 1개이기 때문에 부채 총계와 자본 총계가 표시되지 않았다. 그러나 각각의 구성항목이 2개 이상일 경우에는 부채 총계와 자본 총계 각각이 별도로 표시되어야 한다.

〈표 2-2〉의 재무상태표는 오소서마트가 20×1년 1월 1일 현재 소유하고 있는 자산은 현금, 단기대여금, 공가기포익금융자산, 토지, 설비자산 등 5가지 종류가 있으며, 자산 총액은 1,000억원임을 알려준다. 또한 자산을 구입하는 데 소요된 1,000억원 중 300억원은 채권자로부터, 나머지 700억원은 주주로부터 조달되었음을 알려준다.

오소서마트의 재무상태표를 보면 왼쪽(차변)의 합계액이 오른쪽(대변)의 합계액과 같다는 것을 알 수 있다. 차변합계액과 대변합계액이 같은 이유는 기업이 소유한 자산의 총액인 차변금액은 이들 자산을 취득하기 위하여 소요된 자금의 원천인 대변금액과 같을 수밖에 없기 때문이다. 이를 식으로 표현하면 다음과 같다.

자산	=	부채	+	자본
1,000억원		300억원		700억원

위의 식을 재무상태표 등식 혹은 회계등식이라 하는데, 자산 총액은 부채와 자본을 합한 총액과 일치한다는 뜻이다.

재무상태표에는 작성하는 날짜, 즉 재무상태표 작성일이 항상 보고된다. 오소서마트의 경우 재무상태표의 구조를 설명하기 위해 개업일인 20×1년 1월 1일을 재무상태표 작성일로 하였다. 그러나 일반적으로 회계연도 마지막 날짜(보통의 경우 12월 31일)를 기준으로 재무상태표를 작성한다. 회계연도 말을 기준으로 하는 이유는 기업이 일정기간(1년) 동안 제반 활동을 전개한 후 그 기간 말의 재무상태를 보고하기 위해서이다.

재무상태표는 두 가지 양식으로 작성될 수 있다. 〈표 2-2〉의 오소서마트 재무상태표는 표를 좌우로 나누어 왼쪽에 자산을 표시하고 오른쪽에 부채와 자본을 표시하는 전통적인 양식으로 작성되었다. 이러한 양식의 재무상태표는 좌우 양쪽으로 나누어진 모양이 거래를 기록하는 계정의 양식과 같아 계정식이라 한다(계정은 제3장에서 자세히 설명됨). 이와는 달리 자산, 부채 및 자본의 내역과 금액을 〈표 2-3〉과 같이 위에서부터 아래로 펼치는 형태로 재무상태표를 작성할 수도 있다. 이러한 양식을 보고식이라 한다. 재무상태표에 표시할 내용이 많고 복잡해짐에 따라 오늘날에는 이 보고식양식이 일반화되고 있다. 금융감독원의 전자공시시스템에 수록된 재무상태표 양식도 보고식이다.

〈표 2-3〉 재무상태표(보고식)

오소서마트   20×1년 1월 1일 현재   (단위 : 억원)

과　　　　목	금　　액
자산	
유동자산	
현금	30
단기대여금	270
비유동자산	
공가기포익금융자산	130
토지	200
설비자산	370
자산 총계	1,000
부채	
유동부채	
단기차입금	300
자본	
보통주자본금	700
부채 및 자본 총계	1,000

1.3 재무상태표 항목의 분류

재무상태표 구성항목을 과목이라 하며, 과목은 그 성격에 따라 〈표 2-4〉에서와 같이 배열된다. 자산은 유동자산과 비유동자산으로, 부채는 유동부채와 비유동부채로, 자본은 자본금, 자본잉여금, 이익잉여금, 기타포괄손익누계액, 기타자본구성요소로 구분되어 표시된다. 그 다음 각각의 항목에 속하는 세부과목과 금액이 표시된다.

〈표 2-4〉 재무상태표 항목의 분류

구분		세부과목	구분		세부과목
자 산	유동 자산	현금 및 현금성자산 매출채권 미수수익 원가금융자산 : 　단기대여금 선급비용 재고자산 : 　상품	부 채	유동부채	매입채무 미지급비용 선수수익 원가금융부채 : 　단기차입금
				비유동부채	원가금융부채 : 　장기차입금 상각후원가금융부채 : 　사채 충당부채
	비유동 자산	원가금융자산 : 　장기대여금 공가기포익금융자산 유형자산 : 　토지 　설비자산 　건설중인 자산 무형자산 : 　산업재산권	자 본	자본금	보통주자본금 우선주자본금
				자본잉여금	보통주자본잉여금
				이익잉여금	이익잉여금
				기타포괄 손익누계액	공가기포익금융자산평가손익 누계액
				기타자본 구성요소	자기주식

한국 기업(미국, 일본 기업 포함) 대부분은 재무상태표에 유동항목을 먼저, 그리고 비유동항목을 그 다음에 표시한다. 그러나 유럽 기업들은 비유동항목을 먼저 표시한다. 〈표 2-5〉는 이러한 유럽식 표시법에 의해 작성한 오소서마트의 재무상태표이다.

〈표 2-5〉 재무상태표(유럽식)

오소서마트   20×1년 1월 1일 현재   (단위 : 억원)

과　　　　　목	금　액
자산	
비유동자산	
공가기포익금융자산	130
토지	200
설비자산	370
유동자산	
현금	30
단기대여금	270
자산 총계	1,000
자본	
보통주자본금	700
부채	
유동부채	
단기차입금	300
자본 및 부채 총계	1,000

〈박스 2-1〉 유동/비유동의 구분 기준

재무상태표 작성 시 자산을 유동자산과 비유동자산으로, 그리고 부채를 유동부채와 비유동부채로 분류하기 위하여 1년 기준(one-year rule)이 사용된다. 이 기준에 의하여 재무상태표 작성일로부터 1년 이내에 현금으로 전환되거나 영업활동에 활용될 수 있는 자산은 유동자산으로 분류되고, 1년이 경과한 후에 현금화되거나 1년 이상의 장기간에 걸쳐 영업활동에 사용되는 자산은 비유동자산으로 분류된다. 부채의 경우에는 상환기한이 재무상태표 작성일로부터 1년 이내에 도래하는 채무는 유동부채, 1년 이후에 도래하는 채무는 비유동부채로 분류된다.

<박스 2-2> 재무상태표 과목의 보고순서

K-IFRS[1]은 자산과 부채를 유동/비유동으로 구분할 것을 요구하고 있다. 다만, 유동/비유동 구분을 하지 않고 단지 유동성 기준으로 표시하는 것이 신뢰할 수 있고 보다 더 목적 적합한 경우에는 유동/비유동 구분을 하지 않아도 된다. 이경우에도 유동성이 높은 항목을 먼저 표시하거나 또는 유동성이 낮은 것을 먼저 표시할 수 있다. 유동성(liquidity)이란 자산의 경우 현금전환용이성을 뜻하고, 그리고 부채의 경우 현금지급의 시급성을 뜻한다.

1.4 재무상태표의 구성과목

1.4.1 자산의 개념 및 주요 과목

자산(assets)이란 기업이 경영활동을 수행하는 데 사용할 수 있는 경제적 자원을 말한다. K-IFRS[2]에 의하면 자산은 "과거 사건의 결과로 기업이 통제하고 있는 현재의 경제적 자원"으로 정의된다. 그리고 경제적 자원은 "경제적 효익을 창출할 가능성이 있는 권리"로 정의된다. 이러한 자산의 정의에 의하여 자산으로 보고되어야 할 것과 그렇지 않은 것을 식별할 수 있다. 그러나 회계를 처음 배우는 학생들은 자산을 기업이 소유하고 있는 재산으로 이해하더라도 큰 무리가 없다.

(1) 유동자산

유동자산은 재무상태표 작성일로부터 1년 이내에 현금으로 회수되거나 영업활동을 위해 판매하거나 소비할 자산과 단기매매목적으로 보유하고 있거나 1년 이내에 판매될 것으로 예상되는 자산을 말한다.

① 현금 및 현금성자산 : 통화(돈)와 같은 현금, 은행이 발행한 자기앞수표, 다른 기

업이 발행한 당좌수표, 당좌예금·보통예금 등의 현금과 유동성이 높아 현금 전환이 아주 쉽고 가치변동위험이 극히 낮은 금융상품을 포함한다. (현금 및 현금성자산은 금융자산이지만 다른 금융자산과 구분되어 재무상태표에 별도로 표시된다.)

② 매출채권 : 상품의 외상판매대금을 미래에 받을 수 있는 권리를 말하며, 외상매출금과 받을어음을 포함한다. 상품이 외상으로 판매되면 외상매출금으로 기록되지만, 상품이 외상으로 판매되면서 고객으로부터 약속어음을 받게 되면 이는 받을어음으로 기록된다. (매출채권은 금융자산이지만 다른 금융자산과 구분되어 재무상태표에 별도로 표시된다.)

③ 미수수익 : 용역을 고객에게 제공하여 수익이 발생하였으나 아직 현금으로 회수되지 않아 미래에 현금으로 회수될 것으로 기대되는 수익을 말한다.

④ 단기금융자산 : 금융자산은 거래상대방에게서 현금 또는 다른 금융자산을 수취할 수 있는 계약상 권리를 말한다. K-IFRS[3]에 의하면 금융자산은 상각후원가금융자산, 공정가치측정 당기손익인식(공가당손익) 금융자산, 공정가치측정 기타포괄손익인식(공가기포익) 금융자산으로 분류된다. 본서는 교육목적으로 원가금융자산을 상각후원가금융자산으로부터 분리하였다. 금융자산 중 1년 이내에 현금으로 회수될 수 있는 금융자산은 유동자산으로 분리된다. 여기서는 단기금융자산을 설명하기 위하여 원가금융자산인 단기대여금을 예로 들었다. 상각후원가금융자산, 공가당손익금융자산, 그리고 공가기포익금융자산은 본서의 부록에서 검토된다. (장기간 보유되는 공가기포익금융자산은 아래의 비유동자산 중 장기금융자산의 예로 제시됨)

● 단기대여금 : 대여금이란 다른 기업 또는 타인에게 빌려준 금액을 말하며, 미래에 그 대금을 돌려받을 권리를 나타낸다. 회수기한이 1년 이내에 도래하는 대여금이 단기대여금으로 분류된다. 단기대여금은 원가로 보고되기 때문에 원가금융자산으로 분류된다.

⑤ 선급비용 : 미래에 발생될 비용을 미리 지급하여 미래에 경제적 효익을 얻을 수 있을 것으로 기대되는 것을 말한다. 예를 들어 건물을 임차하면서 향후 1년간의 임차료를 미리 지급한 경우 이는 선급임차료라는 선급비용으로 보고된다.

⑥ 상품(재고자산): 판매를 목적으로 다른 기업으로부터 매입한 상품(재화)을 말한다. 백화점의 경우 판매목적으로 진열대에 진열한 에어컨은 상품이다. 그러나 사무실에 설치된 에어컨은 판매목적이 아니라 사용목적으로 보유한다. 따라서 집기라는 설비자산으로 분류된다.

〈박스 2-3〉 제조기업의 재고자산

- 제 품: 판매를 목적으로 기업이 제조한 생산품을 말한다.
  매매기업의 상품과 구분하여 제품이라 한다.
- 원재료: 제품생산에 사용하기 위한 재료를 말한다.
- 재공품: 제조공정 중에 있는 미완성품을 말한다.

(2) 비유동자산

비유동자산은 유동자산 이외의 모든 자산으로서 재무상태표 작성일로부터 1년 이상의 장기간에 걸쳐 기업이 보유하는 자산을 말하며, 다음과 같은 과목으로 구성된다.

① 장기금융자산: 1년이 경과한 후에 현금으로 전환될 것으로 기대되는 금융자산을 말한다. 여기서는 공가기포익금융자산과 원가금융자산인 장기대여금을 예로 들어 장기금융자산을 설명한다.
- 공가기포익금융자산: 공정가치로 측정하여 평가손익을 기타포괄이익으로 평가하겠다고 회사가 취득 시에 결정한 장기투자주식과 '만기보유'뿐 아니라 '매도'의 목적으로 취득한 장기투자사채가 포함된다. 금융자산의 구성과 분류는 본서의 부록에서 자세히 검토된다.
- 장기대여금: 기업이 다른 기업 또는 개인에게 대여한 대여기간이 1년을 초과하는 대여금을 말한다. 장기대여금은 원가로 보고되기 때문에 원가금융자산으로 분류된다.

② 유형자산 : 물리적 형태가 있는 자산을 말한다.

- 토지 : 경영활동에 사용되는 대지, 임야를 말한다.
- 설비자산 : 경영활동에 사용되는 건물, 기계장치, 선박, 항공기, 차량운반구, 집기, 사무용비품을 포함한다.
- 건설중인 자산 : 회사가 자가건설하는 설비자산 중 미완성 상태에 있는 자산을 말한다.

③ 무형자산 : 물리적 형태가 없는 자산을 말한다.

- 산업재산권 : 기업이 소유하고 있는 특허권, 상표권, 실용신안권, 의장권 등을 포함한다.

1.4.2 부채의 개념 및 주요 과목

부채(liabilities)는 기업이 다른 기업 또는 타인에게 갚아야 할 채무이다. K-IFRS[4]에 의하면 부채는 "과거 사건으로 생긴 기업의 현재의무"로 정의된다. 부채는 유동부채와 비유동부채로 분류된다.

(1) 유동부채

상환기일이 재무상태표 작성일로부터 1년 이내에 도래하는 단기채무를 유동부채라 하며, 주요 과목은 다음과 같다.

① 매입채무 : 아직 지급되지 않은 외상매입금과 지급어음을 매입채무라 한다. 상품을 외상으로 매입하면 매입대금을 외상매입금에 기록한다. 상품을 외상으로 매입하되 약속어음을 발행해 주면 매입대금을 지급어음에 기록한다. 그러나 판매목적이 아닌 기계장치, 차량운반구 등의 설비자산을 외상으로 매입하면 매입대금을 미지급금에 기록한다. (매입채무는 금융부채이지만 다른 금융부채와 구분되어 재무상태표에 별도로 표시된다.)

② 미지급비용 : 이미 발생된 비용이지만 아직 지급되지 않은 비용을 말한다. 예를

들면 은행으로부터의 차입금에 대한 이자비용이 발생하였으나 지급일이 도래하지 않아 지급되지 않은 경우 그 이자금액이 미지급이자라는 미지급비용으로 보고된다.

③ 선수수익 : 미래에 벌게 될 수익금액을 미리 받음으로써 미래에 용역을 제공해야 하는 의무를 말한다. 예를 들어 건물을 임대하면서 향후 1년간의 임대료를 미리 받은 경우 이는 선수임대료라는 선수수익으로 보고된다.

④ 단기금융부채 : 금융부채는 거래상대방에게 현금 또는 금융자산을 인도하기로 한 계약상 의무를 말한다. K-IFRS[5]에 의하면 금융부채는 상각후원가금융부채, 공정가치측정 당기손익인식(공가당손익) 금융부채로 분류된다. 본서는 교육목적으로 원가금융부채를 상각후원가금융부채로부터 분리하였다. 단기금융부채는 1년 이내에 현금으로 지급되어야 할 금융부채이다. 여기서는 단기금융부채를 설명하기 위하여 원가금융부채인 단기차입금을 예로 들었다. 상각후원가금융부채와 공가당손익금융부채는 제9장에서 검토된다. (상각후원가금융부채로 보고되는 사채는 아래의 비유동부채 중 장기금융부채의 예로 제시됨)

● 단기차입금 : 금융기관 등으로부터 차입한 자금 중 1년 이내에 갚아야 할 차입금을 말한다. 단기차입금은 원가로 보고되기 때문에 원가금융부채로 분류된다.

⑤ 기타유동부채 : 당좌차월, 미지급배당금, 미지급법인세와 같은 1년 이내에 지급되어야 할 부채를 포함한다.

(2) 비유동부채

상환기일이 재무상태표 작성일로부터 1년 이후에 도래하는 장기채무는 비유동부채로 분류된다. 주요 과목은 장기금융부채와 충당부채이다.

① 장기금융부채 : 1년이 경과된 후에 지급되어야 할 금융부채이다. 여기서는 원가금융부채인 장기차입금과 상각후원가금융부채인 사채를 예로 들어 설명한다.

● 장기차입금 : 상환기일이 1년 이후에 도래하는 금융기관 등으로부터의 차입금을 말한다. 장기차입금은 원가로 보고되기 때문에 원가금융부채로 분

류된다.

- 사채 : 사채를 발행하여 조달한 자금을 뜻한다. 사채란 기업이 증권시장을 통하여 다수의 사람들로부터 장기간 돈을 빌리기 위하여 발행한 증서이다. 사채는 할증(할인) 발행되기도 한다. 그러한 경우 사채는 할증(할인) 발행차금을 상각한 후의 원가로 보고된다. 따라서 사채는 상각후원가금융부채로 분류된다. (상각방법 등에 대한 자세한 내용은 제9장을 참조)

② 충당부채 : 충당부채는 판매보증과 같은 과거 거래로 인해 발생한 현재의 의무로서 지급해야 할 가능성이 높고, 지급되어야 할 금액을 신뢰성 있게 측정할 수 있는 경우에 보고된다. 충당부채가 1년 이내에 지급될 것으로 기대되는 경우에는 유동부채로 분류되어야 한다.

1.4.3 자본의 개념 및 주요 과목

자본(equity)이란 기업의 자산 총액으로부터 부채 총액을 차감하고 남은 잔여부분을 말한다. 따라서 자본은 기업의 자산 중 소유주(주주)의 몫(지분)을 나타낸다고 할 수 있다. K-IFRS[6]에 의하면 자본은 "기업의 자산에서 모든 부채를 차감한 후의 잔여지분"으로 정의된다. 자본을 잔여청구권으로 정의하면 재무상태표 등식(자산 = 부채 + 자본)이 다음과 같이 변한다.

$$\text{자본} \quad = \quad \text{자산} \quad - \quad \text{부채}$$

이렇게 계산된 금액을 순자산(net assets)이라 하는데, 그 이유는 총자산에서 부채를 차감하여 계산된 순액이기 때문이다.

자본은 소유주로부터 납입된 자금과 이익 중 사내에 유보된 부분을 포함한다. 주식회사의 경우에 자본은 발생원천에 따라 재무상태표에 분류 표시된다. 주주에게 발행한 주식의 액면가는 자본금으로 보고되고, 액면가를 초과하는 납입자본은 자본잉여금으로 보고된다. 배당하지 않고 기업 내에 유보시킨 이익은 이익잉여금으로 보고된다. 그러나 개인기업의 경우에는 소유주의 출자금과 유보이익이 구분되지 않고 자본금으로 보고된다. 우리가 빈번히 접하는 기업의 형태는 주식회사이므로 본서에서는 주식회사의 자본이 검토된다.

(1) 자본금

자본금은 기업이 발행한 주식 액면가 합계액을 말한다. 액면가는 기업이 정한 1주당 법정금액이다. 대부분은 5,000원이지만, 일부는 1,000원, 500원, 100원이기도 하다.

① 보통주자본금 : 발행된 보통주의 액면가 합계액을 말한다.
② 우선주자본금 : 발행된 우선주의 액면가 합계액을 말한다.
　　　　　　　　　(보통주와 우선주의 차이는 〈박스 2-4〉 참조)

(2) 자본잉여금

자본잉여금은 주주가 납입한 자본 중 액면가를 초과하는 부분이다. 대표적인 자본잉여금 항목은 보통주자본잉여금이다.

① 보통주자본잉여금 : 발행 보통주의 액면가를 초과하는 보통주주의 납입자본을 뜻한다.

(3) 이익잉여금

기업은 영업활동을 통하여 얻은 이익을 주주에게 배당(이익을 나누어주는 것)하거나, 배당을 하지 않고 재투자를 위해 기업 내에 유보시킬 수 있다. 기업 내에 유보시킨 이익을 이익잉여금 또는 유보이익이라 한다.

(4) 기타포괄손익누계액

배당하지 않은 이익의 누적금액이 이익잉여금으로 보고되는 것과 같이 기타포괄손익의 누적금액은 기타포괄손익누계액으로 보고된다(당기순이익과 기타포괄손익은 아래의 포괄손익계산서에서 자세히 설명됨). 대표적인 기타포괄손익누계액의 예는 공가기포익금융자산평가이익누계액과 재평가잉여금이다.

① 공가기포익금융자산평가이익(또는 손실)누계액 : 보유하고 있는 공가기포익금융자산의 연초와 연말시가 차액의 누계액을 뜻한다.
② 재평가잉여금 : 보유하고 있는 유형자산의 연말시가가 연초시가보다 증가한 경우 그 차액의 누계액을 뜻한다.

(5) 기타자본구성요소

기타자본구성요소는 자본금, 자본잉여금, 이익잉여금, 기타포괄손익누계액 이외에 자본의 가감 성격을 가진 항목들을 포함한다. 대표적인 예는 자기주식이다.

① 자기주식 : 기업이 다시 사들여 보유하고 있는 당해 기업 자신이 발행한 주식을 뜻한다.

〈박스 2-4〉 보통주와 우선주

■ 보통주
보통주는 주식회사가 발행하는 가장 일반적인 주식이다. 보통주주는 주주총회에서 의결권을 행사할 수 있다.

■ 우선주
우선주는 일반적으로 보통주에 비해 우선적으로 배당을 받을 수 있는 권리가 부여된 주식을 말한다. 우선주주는 주주총회에서 의결권이 없다. (유형별 우선주 : 제10장의 2.1 '주식의 유형' 참조)

제2절

포괄손익계산서

2.1 포괄손익계산서란?

포괄손익계산서(comprehensive income statement)는 일정기간, 일반적으로 1년 동안의 경영성과인 이익을 보고하는 보고서이다. 즉, 기업이 1년 동안 영업활동을 통해서 얼마의 이익을 냈는가를 보여준다. 구체적으로 포괄손익계산서는 기업이 1년 동안 상품을 판매한 수익 금액에서 판매한 상품의 원가, 판매원 급여비용, 관리활동과 관련된 제반 비용 등을 차감하여 이익이 얼마인지를 보여준다. 따라서 포괄손익계산서를 살펴보면 기업이 영업활동을 잘하여 이익을 내고 있는지, 다른 기업에 비하여 더 많은 이익을 내고 있는지 또는 그렇지 않은지를 알 수 있다.

수익이란 재화 또는 용역을 고객에게 제공하고 받았거나 받을 대가이며, 비용이란 수익을 얻기 위하여 사용한 재화와 용역의 매입금액이다(자세한 용어의 정의는 다음의 2.3 '포괄손익계산서의 구성과목'에서 다룰 것임). 수익이 비용보다 많은 경우 이익이 보고되며, 수익이 비용보다 적을 경우에는 손실이 보고된다.

실무에서는 손익계산서를 P/L(p and l)이라고도 한다. 이는 손익계산서가 이익(P: profit) 또는 손실(L: loss)을 보고한다는 것을 뜻하는 것이다. 과거에는 income statement를 statement of profit or loss라고 하였다. 손익계산서는 statement of profit or loss와 일치한다.

2.2 포괄손익계산서의 구조

포괄이익(comprehensive income)이란 기업활동을 통해 벌어들인 모든 이익을 말한다. 어떤 이익은 포괄손익에는 포함되지만 당기순이익에 포함되지 않는다. 이를 기타포괄이익(OCI : other comprehensive income)이라 한다. 따라서 포괄이익은 당기순이익과 기타포괄이익을 합한 금액이다. (여기에서는 편의상 이익만을 다룬다. 손실이 나는 경우에는 이익 대신 손실이 기록되어야 한다.)

　　포괄손익계산서는 〈표 2-6〉에서 보는 바와 같이 기업이 회계기간 동안에 창출한 수익과 발생한 비용, 그리고 이들의 차이를 계산하여 당기순이익으로 보고한다. 그리고 당기순이익에 기타포괄이익을 가산하여 총포괄이익이 보고된다. 포괄손익계산서는 〈표 2-6〉의 (1)과 같이 당기순이익과 기타포괄이익을 함께 보고하는 단일보고서로 작성될 수 있고, 또는 〈표 2-6〉의 (2)와 같이 당기순이익과 기타포괄이익을 구분하여 보고하는 두 개의 보고서로 작성될 수 있다.

〈표 2-6〉 포괄손익계산서의 구조

(1) 단일보고서 형식

포괄손익계산서

××회사　　　　　20×1년 1월 1일부터 20×1년 12월 31일까지　　　　(단위 : 억원)

수　　　　익	×××
(-) 비　　　용	(-) ×××
당 기 순 이 익	×××
기타포괄이익	×××
총 포 괄 이 익	×××

(2) 2개의 보고서 형식

손익계산서

××회사　　　　　20×1년 1월 1일부터 20×1년 12월 31일까지　　　　(단위 : 억원)

수　　　　익	×××
(-) 비　　　용	(-) ×××
당 기 순 이 익	×××

포괄손익계산서

××회사	20×1년 1월 1일부터 20×1년 12월 31일까지 (단위 : 억원)
당 기 순 이 익	×××
기타포괄이익	×××
총 포 괄 이 익	×××

2.2.1 비용의 분류

손익계산서 작성 시 비용을 두 가지 방법으로 분류할 수 있다. 첫 번째 방법은 비용을 매출원가, 영업비용(판매비와 관리비), 기타비용 등과 같이 기능별로 분류하는 방법이다. 두 번째 방법은 비용을 상품의 매입, 운송비, 종업원 급여비용, 광고비, 감가상각비와 같이 성격별로 분류하는 방법이다.

K-IFRS[7]은 포괄손익계산서 형식에 대하여 엄격하게 규정하고 있지 않고 단지 포괄손익계산서를 이용자들이 기업의 경영성과를 이해하는 데 도움이 될 수 있는 형식으로 작성할 것을 요구하고 있다. 따라서 기업은 비용을 기능별 또는 성격별로 분류하여 작성할 수 있다. 기능별 분류법은 과거 기업회계기준이 요구한 방법이었고 현재 대부분의 매매기업과 제조기업이 사용하고 있다. 따라서 아래에서는 비용을 기능별로 분류하는 방식을 중점 검토한다. 비용을 성격별로 분류하는 방법은 예제를 이용하여 아래의 2.4.2에서 간략하게 검토된다. 본서 제3장 이하에서는 기능별 분류법만을 다룬다.

2.3 포괄손익계산서의 구성과목

위에서 간략하게 검토한 바와 같이 포괄손익계산서는 수익, 비용, 기타포괄손익을 보고한다. 여기에서는 이들 각각의 개념과 세부 구성항목을 검토한다.

2.3.1 수익의 개념 및 주요 과목

수익(revenue)이란 기업이 일정기간 동안 고객에게 재화 또는 용역을 제공하고 받았거나 받을 대가를 말한다. K-IFRS[8]에 의하면 수익은 "기업의 통상적인 활동에 의한 이익의 창출"로 정의된다. 이익은 "자산의 증가나 부채의 감소로서 지분청구권소유자의 출연과 관련된 것을 제외한 자본의 증가를 가져오는 것"으로 정의된다. 수익에 대한 이해를 돕기 위해서 간단한 〈예제 2-2〉를 아래에 든다.

〈예제 2-2〉 수익 vs 이익

A 회사가 어떤 상품 Q를 8,000원에 매입하여 고객으로부터 10,000원을 받고 판매하였다면 수익은 얼마인가?

상품을 고객에게 제공하고 받은 대가가 10,000원이기 때문에 수익은 10,000원이다. 수익 10,000원에서 상품매입대금 8,000원(매출원가, 아래의 2.3.2 (1)에서 검토됨)을 차감하여 계산된 2,000원을 이익이라 한다. 그러나 실생활에서 혹자는 이익을 수익이라 하여 혼란을 초래하기도 한다(아래의 〈박스 2-5〉 '수익 vs 이익 vs 수입' 참조). 수익은 (1) 영업수익과 (2) 기타수익으로 구분된다.

(1) 영업수익

영업수익은 주된 영업활동에서 얻은 수익이며, 상품을 판매하여 얻은 매출수익이 이에 속한다. 매출수익은 수익항목 중에서 가장 금액이 크고, 이익을 창출하는 주된 원천이 된다. 회계법인, 법률사무소, 컨설팅회사와 같은 서비스기업이 서비스(용역)를 고객에게 제공하고 얻은 영업수익은 용역수수료수익이라 한다. (일부 서비스기업은 용역수수료수익을 용역수익이라고도 하며 용역수익을 매출수익이라고도 함) 자산을 임대해서 받는 임대수익과 같이 부수적인 영업활동에서 발생하는 수익은 기타영업수익으로 분류된다.

(2) 기타수익

기타수익은 투자활동과 재무활동에서 발생하는 수익을 말한다. 돈을 대여하고 받는 이자수익, 타회사 주식을 보유함으로써 받는 배당수익 등이 기타수익의 예이다.

〈박스 2-5〉 수익 vs 이익 vs 수입

수익, 이익, 수입(receipt)이라는 용어가 혼동되어 사용되는 경우가 많이 있는데 회계에서는 이들이 엄격히 구분되어 사용된다. 수익은 판매된 상품의 판매금액을 말하며, 이익은 수익에서 비용을 차감한 후의 순액을 말한다. 즉, 수익은 **총액**(gross amount)이고, 이익은 순액(net amount)이다. 수입은 현금의 수취와 같은 의미이며, 현금의 유입을 지칭하는 용어이다. 따라서 상품을 현금으로 판매한 경우에는 '수익'과 '수입'이 동일하지만, 일부를 현금으로 받고 일부를 외상으로 판매한 경우에는 '수익'과 '수입' 간에 외상판매대금만큼 차이가 난다.

2.3.2 비용의 개념 및 주요 과목

비용(expense)은 수익을 얻기 위하여 소비한 재화와 용역을 말한다. K-IFRS[9]는 비용을 "자산의 감소 또는 부채의 증가로서 지분청구권소유자에 대한 분배와 관련된 것을 제외한 자본의 감소를 초래하는 것"으로 정의한다. 비용은 (1) 매출원가, (2) 영업비용, (3) 기타비용 그리고 (4) 법인세비용으로 분류된다.

(1) 매출원가

매출수익을 얻고자 상품을 판매하면 상품이라는 자산이 소비(기업 외부로 유출)된다. 이때 소비된 자산의 매입금액, 즉 원가를 매출원가(cost of goods sold 또는 cost of sales)라 한다. 한글 '매출원가'는 영어 'cost of sales'와 일치한다. 위의 〈예제 2-2〉에서 판매된 상품 Q의 매입대금 8,000원이 매출원가이다. 매출원가는 매매기업의 대표적인 비용이며, 비용항목 중에서 금액이 가장 큰 경우가 많다.

(2) 영업비용

영업비용은 물류비용을 포함한 판매비와 시설의 수리 및 유지를 위해 발생하는 관리비로 구성된다. 판매사원 급여비용, 광고비 (또는 광고선전비), 판매촉진비, 접대비와 같은 판매비와 관리직원 급여비용, 건물임차비용, 수도광열비, 수리유지비와 같은 관리비가 이에 속한다.

(3) 기타비용

기타비용은 주된 영업활동이 아닌 투자활동과 재무활동에서 발생하는 비용을 말한다. 금융비용인 차입금에 대한 이자비용이 기타비용의 대표적인 예이다. K-IFRS[10]는 금융비용을 별도로 표시할 것을 요구하고 있다. (본서에서는 금융비용이 별도로 보고되어야 한다는 것을 부각시키기 위하여 '금융비용'이라는 캡션을 표시하였다. 금융비용을 별도로 표시하는 한 캡션을 생략하여도 된다.)

(4) 법인세비용

법인세비용은 기업의 소득인 이익에 대하여 부과되는 세금이다. 개인이 돈을 벌면 정부에 소득세를 내야 한다. 법인세는 법인으로서 기업이 정부에 내는 소득세이다. 이러한 법인세는 정부가 제공하는 제반 사회간접자본을 사용한 비용이다.

〈박스 2-6〉 임대료 vs 임대수익
임차료 vs 임차비용

우리가 임대인으로서 건물을 임대하면 임대료를 받는다. 그리고 우리가 임차인으로서 건물을 임차하면 임차료를 지급한다. 받은 임대료 전액이 항상 수익이 아니다. 당해연도에 번 임대료만이 임대수익으로 보고된다. 지급한 임차료 전액이 항상 비용이 아니다. 당해연도에 소진된 임차료만 임차비용으로 보고된다. 이렇게 임대와 임차료는 현금을 수취하거나 현금을 지급할 때 사용하는 용어이지 손익계산서에 수익과 비용으로는 적합한 용어가 아니다. 이와 같은 혼동은 보험료와 급여를 손익계산서 용어로 사용할 때에도 발생한다. 따라서 본서는 이러한 혼동을 초래하지 않도록 다음의 〈표 2-7〉에 제시된 용어를 손익계산서에 사용한다.

〈표 2-7〉 손익계산서 용어의 조정

현행 용어(한국)	본서 사용 용어
임대료	임대수익
임차료	임차비용
보험료	보험비용
급여	급여비용

2.3.3 기타포괄이익의 개념 및 주요 과목

포괄이익은 당기순이익과 기타포괄이익을 합한 총이익이다. 기타포괄이익은 당기순이익에 포함하면 당기순이익이 왜곡되거나 또는 기간 간에 당기순이익의 변동이 심할 것 같아 당기순이익에 포함하지 않는 이익을 말한다. 주로 자산의 공정가치평가에 의한 평가이익이 이에 속하며 예는 공가기포익금융자산평가이익과 유형자산재평가차익이다.

기타포괄손익은 힘든 주제이기 때문에 여기서 더 이상의 설명은 생략하고 본서의 부록에서 기본개념과 간단한 예가 검토될 것이다.

2.3.4 포괄손익계산서의 단계별 이익

앞에서 다양한 포괄손익계산서 양식을 살펴보았다. 여기에서는 포괄손익계산서의 단계별 이익이 제공하는 정보를 살펴본다(참고: 위에서 검토한 비용을 기능별로 분류한 포괄손익계산서는 각 단계별로 이익을 보고하는 다단계 포괄손익계산서임. 반면에 성격별로 분류한 포괄손익계산서는 당기순이익 하나만을 보고하는 단일단계 포괄손익계산서임).

〈표 2-8〉은 포괄손익계산서의 각 단계별 이익이 다양한 기업활동의 결과라는 것을 보여주고 있다.

〈표 2-8〉 포괄손익계산서 단계별 이익과 기업활동

포괄손익계산서

××회사   20×1년 1월 1일부터 20×1년 12월 31일까지   (단위: 억원)

과 목	금 액		기업활동	
매출액	x,xxx			
매출원가	(-)xxx	⟺	상품판매	영업활동
매출총이익	xxx			
영업비용:	(-)xxx	⟺	판매 및 관리활동	
영업이익	xxx			
기타수익	xx			
기타비용	(-)xx	⟺	투자와 재무활동	
법인세비용차감전순이익	xxx			
법인세비용	(-)xx	⟺	법인세	
당기순이익	xxx			
기타포괄손익	xx	⟺	경영성과	
총포괄이익	xxx			
주당이익	xx			

포괄손익계산서의 각 단계별로 보고된 각 이익의 개념과 의미를 구체적으로 살펴보자.

(1) 매출총이익

　매출총이익은 상품판매 수익인 매출액에서 판매된 상품의 매입원가인 매출원가를 차감하여 계산된다. 매출총이익을 총이익이라고 지칭하는 이유는 순이익을 계산하려면 이 금액에서 비용을 추가로 차감하여야 하기 때문이다.

(단위 : 억원)

매출액	x,xxx
매출원가	(−)xxx
매출총이익	xxx

　매출총이익은 판매마진(sales margin)이라고도 하며, 기업의 수익성을 판단할 수 있는 가장 기본적인 자료이다.

(2) 영업이익

　영업이익은 매출총이익에서 영업비용을 차감하여 계산된다. 이를 영업이익이라 하는 이유는 기업의 영업활동의 결과를 나타내기 때문이다. 영업비용은 기업의 판매활동과 관리활동의 효율성을 평가할 수 있는 자료이다.

(단위 : 억원)

매출총이익	xxx
영업비용	(−)xxx
영업이익	xxx

　기업의 주 활동인 영업활동과 비영업활동(투자활동과 재무활동)의 성과를 통합하여 표시하면 기업 간 영업성과의 비교가능성이 떨어진다. K-IFRS(KAI 제정)[11]는 포괄손익계산서에 영업이익을 구분하여 표시하도록 하고 있다. (IFRS[12]는 영업이익의 공시를 요구하고 있지 않으나 영업활동이 명백히 정의된다면 기업의 재량에 의하여 영업이익을 공시할 수 있도록 하였다.)

(3) 법인세비용차감전순이익

법인세비용차감전순이익은 영업이익에 기타수익을 가산하고 기타비용을 차감하여 계산된 이익이다. 기타수익과 기타비용은 기업의 투자와 재무활동에서 발생하기 때문에 영업이익과 구분하여 보고된다.

(단위 : 억원)

영업이익	×××
기타수익	××
기타비용	(-)××
법인세비용차감전순이익	×××

(4) 당기순이익과 주당이익

1) 당기순이익

법인세비용차감전순이익에서 법인세비용을 차감하여 계산된 이익이다. 법인세비용은 기업의 소득인 당기순이익에 부과되는 법인소득세와 이에 부가되는 주민세를 포함한다. 법인세의 계산은 세무회계 과목에서 다루어진다.

(단위 : 억원)

법인세비용차감전순이익	×××
법인세비용	(-)××
당기순이익	×××
주당이익	××

당기순이익은 회계기간 동안 발생한 수익 총액에서 각종 비용 총액을 모두 차감한 것이기 때문에 기업의 최종 경영성과를 나타낸다. 기업은 당기순이익을 주주에게 배당할 수 있고, 사내에 유보시켜 재투자할 수도 있다.

2) 주당이익

주당이익(EPS : earnings per share)은 당기순이익을 유통보통주식수로 나누어 계산된다. 유통보통주식수란 사외보통주주가 소유하고 있어 유통되는 회사가 발행한 보통주식의 수를 뜻한다. 자세한 계산방법은 5장에서 검토된다.

주식가격, 그리고 배당금은 한 주당 금액으로 표시된다. 따라서 주당이익은 주가와 배당금과 1대 1로 직접 비교가 가능하여 기업가치를 평가할 때 유용하게 사용할 수 있다. 예를 들면 가장 많이 사용되는 기업가치평가기법은 주가가 이익의 몇 배로 형성되었는가를 타진하는 주가이익배수법이다. 이 주가이익배수법에서 사용되는 이익이 주당이익이다. [PER(price earnings ratio : 주가이익비율) 등 다양한 주가배수는 제5장에서 검토된다.] 이러한 이유 때문에 K-IFRS[13]은 포괄손익계산서에 주당이익을 공시하도록 하고 있다.

〈박스 2-7〉 당기순이익 vs 주당이익

당기순이익은 기업의 규모나 기업의 주식수를 고려하지 않은 총액이다. 오소서마트의 경쟁기업인 A기업의 20×1년 당기순이익이 오소서마트의 당기순이익과 같이 210억원이라고 하자. 이 경우에 정보이용자는 오소서마트와 A기업의 경영성과가 똑같다고 평가할 수 있는가? 그렇지 않다. 오소서마트의 유통보통주주식수가 7,000만주이고 A기업의 유통보통주주식수가 3,500만주라고 하자. 오소서마트의 경우에는 보통주 1주당 300원의 이익이 귀속된다. 그러나 A기업의 경우에는 1주당 600원의 이익이 귀속된다. 따라서 A기업 주주는 오소서마트 주주에 비해 주당 2배의 이익을 향유하게 된다.

오소서마트의 당기순이익이 20×2년에 250억원으로 증가하였다고 하자. 그런데 20×2년에 보통주 3,000만주가 추가 발행되어 유통보통주식수가 1억주가 되었다면 20×2년의 주당이익은 250원으로 하락한다. 당기순이익의 절대금액은 증가하였지만 보통주 1주를 가진 주주에 대한 이익은 감소하였음을 알 수 있다. 이와 같이 주당이익은 기업 간에 그리고 한 기업의 기간 간에 경영성과를 비교하는 데 유용하게 사용될 수 있다.

(5) 총포괄이익

총포괄이익은 당기순이익에 기타포괄이익을 가산하여 계산된다.

(단위 : 억원)

당기순이익	×××
기타포괄손익	××
총포괄이익	×××

총포괄이익은 당기순이익뿐만 아니라 자산의 공정가치평가에 의한 기타포괄이익까지 포함한 이익이다. 따라서 이 이익은 기업의 주주와의 거래 이외에서 발생된 모든 이익을 망라한 포괄적인 성과를 알려주는 지표라 할 수 있다.

2.4 포괄손익계산서 작성

포괄손익계산서의 구조를 이해하기 위해 오소서마트의 예를 들어 보기로 한다. 다음은 오소서마트가 20×1년 1월 초에 개업한 후 1년 동안 영업활동을 전개하여 얻은 수익의 내역과 그 수익을 얻기 위해서 발생한 비용의 내역을 정리한 것이다.

〈예제 2-3〉 오소서마트의 수익과 비용의 내역(20×1년)

(단위 : 억원)

수익 내역
　① 상품판매 금액(매출액) : 1,180
　② 단기대여금에 대한 이자수익 : 20

비용 내역
　① 판매된 상품의 매입금액(매출원가) : 650
　② 종업원 급여비용 : 150
　③ 차량임차비용 : 70
　④ 은행차입금에 대한 이자비용 : 30
　⑤ 법인세비용 : 90

기타포괄손익 내역
　① 공가기포익금융자산평가이익 : 20

위의 자료를 보면 오소서마트가 20×1년에 얻은 수익은 상품판매를 통한 매출수익 1,180억원과 단기대여금에 대한 이자수익 20억원이다. 비용은 판매된 상품의 매출원가 650억원, 급여비용 150억원, 임차비용 70억원, 은행차입금에 대한 이자비용 30억원, 그리고 법인세비용 90억원이다. 기타포괄손익 항목인 공가기포익금융자산평가이익은 20억원이다.

2.4.1 비용을 기능별로 분류하는 경우

(1) 단일 포괄손익계산서

다음의 〈표 2-9〉는 비용을 기능별로 분류한 오소서마트의 20×1년 단일 포괄손익계산서이다.

〈표 2-9〉 오소서마트의 단일 포괄손익계산서(비용을 기능별로 분류)

포괄손익계산서

오소서마트   20×1년 1월 1일부터 20×1년 12월 31일까지   (단위 : 억원)

과 목	금	액
매출액		1,180
매출원가		(−)650
매출총이익		530
영업비용		(−)220
급여비용	(−)150	
임차비용	(−)70	
영업이익		310
기타수익		20
이자수익	20	
기타비용		(−)30
금융비용:		
이자비용	(−)30	
법인세비용차감전순이익		300
법인세비용		(−)90
당기순이익		210
기타포괄손익		20
공가기포익금융자산평가이익	20	
총포괄이익		230
주당이익		300원

위에 제시된 단일 포괄손익계산서의 구조를 보면 포괄손익계산서도 재무상태표와 마찬가지로 머리말과 본문으로 구성되어 있음을 알 수 있다. 머리말은 재무상태표의 것과 같으나 단지 작성기준일 대신 작성대상 기간(20×1년 1월 1일부터 20×1년 12월 31일까지)을 표시해야 한다. 그리고 본문에는 수익과 비용이 기능별로 구분되어 표시된다.

오소서마트의 경우 주된 영업활동인 상품판매를 통하여 얻은 총이익인 매출총이익은 530억원이며, 이 매출총이익에서 급여와 임차료로 구성된 영업비용 220억원을 차감하면 영업이익 310억원을 구할 수 있다. 이 영업이익에 기타수익인 단기대여금에 대한 이자수익 20억원과 기타비용으로 금융비용인 차입금에 대한 이자비용 30억원을 가감하면 법인세비용차감전순이익 300억원을 구할 수 있다. 이 금액에서 법인으로서 회사가 내야 하는 세금인 법인세비용 90억원을 차감하면 당기순이익 210억원을 구할 수 있다. 당기순이익에 기타포괄이익 20억원을 가산하여 계산된 총포괄이익은 230억원이다. 당기순이익 210억원을 유통보통주식수 7천만주로 나누어 계산된 주당이익은 300원이다. 단일 포괄손익계산서를 작성할 때에는 주당이익은 총포괄손익 다음 포괄손익계산서 맨 밑줄에 표시된다.

(2) 손익계산서와 포괄손익계산서 두 개의 보고서로 작성

다음의 〈표 2-10〉은 위의 오소서마트 단일 포괄손익계산서를 손익계산서와 포괄손익계산서 두 개의 보고서로 구분하여 작성한 것이다. 이 경우 주당이익은 손익계산서 맨 밑줄에 표시된다.

〈표 2-10〉 오소서마트의 포괄손익계산서(비용을 기능별로 분류─두 개의 보고서)

손익계산서

오소서마트　　　　　20×1년 1월 1일부터 20×1년 12월 31일까지　　　　(단위 : 억원)

과　　　목	금	액
매출액		1,180
매출원가		(−)650
매출총이익		530
영업비용		(−)220
급여비용	(−)150	
임차비용	(−)70	
영업이익		310
기타수익		20
이자수익	20	
기타비용		(−)30
금융비용 :		
이자비용	(−)30	
법인세비용차감전순이익		300
법인세비용		(−)90
당기순이익		210
주당이익		300원

포괄손익계산서

오소서마트　　　　　20×1년 1월 1일부터 20×1년 12월 31일까지　　　　(단위 : 억원)

과　　　목	금	액
당기순이익		210
기타포괄손익		20
공가기포익금융자산평가이익	20	
총포괄이익		230

2.4.2 비용을 성격별로 분류하는 경우

(1) 단일 포괄손익계산서

다음의 〈표 2-11〉은 비용을 성격별로 분류한 오소서마트의 20×1년 단일 포괄손익계산서이다.

〈표 2-11〉 오소서마트의 단일 포괄손익계산서(비용을 성격별로 분류)

포괄손익계산서

오소서마트   20×1년 1월 1일부터 20×1년 12월 31일까지   (단위: 억원)

과 목	금	액
수익		1,200
매출수익	1,180	
기타수익	20	
비용		(−)900
매입한 상품	(−)650	
급여비용	(−)150	
임차비용	(−)70	
금융비용 :		
이자비용	(−)30	
법인세비용차감전순이익		300
법인세비용		(−)90
당기순이익		210
기타포괄손익		20
공가기포익금융자산평가이익	20	
총포괄이익		230
주당이익		300원

비용을 성격별로 분류할 때에는 〈표 2-11〉에서 볼 수 있는 바와 같이 총수익에서 총비용을 차감하여 법인세비용차감전순이익이 계산된다. 따라서 매출총이익과 영업이익이 구분 표시되지 않는다.

(2) 손익계산서와 포괄손익계산서 두 개의 보고서 작성

비용을 성격별로 분류하는 포괄손익계산서도 손익계산서와 포괄손익계산서 2개의 보고서로 분리하여 작성할 수 있다. 그 경우 손익계산서는 〈표 2-11〉과 같이 작성하고 포괄손익계산서는 〈표 2-10〉과 같이 작성하면 된다. 따라서 두 개의 보고서 작성예시는 생략한다.

위에서 설명한 바와 같이 기업은 단일포괄손익계산서를 작성할 수 있고 또는 포괄손익계산서를 두 개의 보고서로 나누어 작성할 수도 있다. 본서는 기장방법이 소개되는 제3장, 제4장, 제5장에서는 손익계산서만을 다루고 기타포괄이익은 부록에서 다룬다. 제5장과 제6장 사이에 제시되는 사례 포괄손익계산서는 단일 포괄손익계산서이다.

제3절

현금흐름표

3.1 현금흐름표란?

현금흐름표(statement of cash flows)는 일정기간, 일반적으로 1년 동안의 현금흐름을 보여주는 재무보고서이다. 구체적으로 현금흐름표는 기업의 현금흐름을 영업활동, 투자활동, 재무활동으로 분류하고 각 활동별로 현금유입과 현금유출 내역을 보고한 후 한 회계기간 동안 현금잔액이 얼마나 증가 또는 감소하였는가를 보고한다.

앞서 설명한 재무상태표와 포괄손익계산서는 세 가지 기업활동의 결과인 재무상태와 경영성과를 보고하고 있지만 각 활동별 현금흐름의 내역을 보고하지 않는다. 현금흐름표는 기업의 각 활동별로 현금흐름의 내역을 보고함으로써 정보이용자가 기업이 얼마만큼의 현금을 어떻게 조달하여 어디에 사용하였는지를 판단할 수 있게 해준다.

기업이 이익을 내고도 현금흐름이 원활하지 못한 경우 자금압박을 받게 되어 도산하는 경우가 있다. (이러한 도산을 흑자도산이라 한다. 흑자는 이익을 적자는 손실을 뜻한다.) 현금흐름표를 통하여 제공되는 현금흐름 정보를 포괄손익계산서가 제공하는 정보와 함께 사용하면 이러한 도산 가능 기업들을 사전에 보다 효과적으로 식별할 수 있다. 현금흐름표의 작성방법은 제11장 '현금흐름표'에서 자세히 살펴보기로 하고 여기서는 현금흐름표의 구조와 내용을 검토한다.

3.2 현금흐름표 작성에 있어서의 이슈

(1) 개별보고 항목

이자수취와 배당금수취는 투자활동이며 이자지급과 배당금지급은 재무활동이다. 그러나 K-IFRS[14]에 의하여 예외가 허용되어 이들 항목은 영업활동으로도 분류될 수 있다. 이들 항목이 어느 활동으로 분류되든지 개별보고 항목으로 보고되어야 한다. 이들 이외의 개별보고 항목으로는 영업활동으로 보고되는 법인세납부가 있다. 본서 전반에 걸쳐 이들 개별보고 항목의 분류에 예외가 허용되지 않는 것으로 가정하였다. (본서에서는 이들 항목이 개별로 보고되어야 한다는 것을 부각시키기 위하여 '개별보고 항목'이라는 캡션을 표시하였다. 이들 항목을 개별로 보고하는 한 캡션을 생략하여도 된다.) 이들 항목의 분류 및 보고 방법에 대한 자세한 내용은 제11장에서 설명할 것이다.

(2) 직접법과 간접법

영업활동으로 인한 현금흐름은 영업에서 창출된 현금을 계산한 다음 개별보고 항목인 법인세납부를 차감하여 계산된다. 영업에서 창출된 현금은 직접법 또는 간접법으로 계산될 수 있다. 직접법에 의하면 영업에서 창출된 현금은 상품을 판매한 결과 고객으로부터 유입된 현금에서 상품매입에 따른 공급자에 대한 현금유출과 종업원 급여 등의 영업비용 지급에 의한 현금유출을 차감하여 직접 계산된다. 간접법은 포괄손익계산서에 보고된 이익을 조정하여 간접적으로 영업에서 창출된 현금을 계산한다.

직접법은 현금흐름의 발생내역을 보여주기 때문에 이해하기가 쉽다. 그러나 간접법이 적용하기 편리하여 대부분의 기업(한국의 경우 상장기업의 100%)이 이 방법을 사용하고 있다. 본 장과 기본적인 재무제표 작성방법을 소개하는 제3, 4, 5장에서는 직접법만을 검토한다. 간접법은 제11장에서 다룬다.

3.3 현금흐름표 작성

현금흐름표에 대한 이해를 위해 여기서 오소서마트의 20×1년 현금흐름표를 작성한다. 오소서마트가 보통주 1주당 100원씩 총 70억원의 배당금을 주주들에게 지급했다고 가정하자. 그리고 현금흐름표 작성을 위한 예제를 〈예제 2-1〉(앞에서 오소서마트의 재무상태표를 작성할 때 사용)과 〈예제 2-3〉(앞에서 포괄손익계산서를 작성할 때 사용)을 종합한 다음의 〈예제 2-4〉로 하자. 여기서 〈예제 2-3〉의 모든 수익과 비용 내역은 현금으로 결제되었다고 가정한다.

〈예제 2-4〉 오소서마트의 현금흐름 내역(20×1년)

(단위 : 억원)

■ 영업활동으로 인한 현금흐름 내역
① 상품 판매 : 1,180
② 상품 매입 : (−)650
③ 종업원 급여 지급 : (−)150
④ 임차료 지급 : (−)70
⑤ 법인세납부 : (−)90

■ 투자활동으로 인한 현금흐름 내역
① 대여금 이자수취 : 20
② 거래처에 자금대여 : (−)270
③ 공가기포익금융자산 매입 : (−)130
④ 토지 매입 : (−)200
⑤ 설비자산 매입 : (−)370

■ 재무활동으로 인한 현금흐름 내역

   ① 은행으로부터 차입 : 300

   ② 보통주 발행 : 700

   ③ 차입금 이자지급 : (-)30

   ④ 배당금의 지급 : (-)70

〈표 2-12〉는 오소서마트의 20×1년 현금흐름표이다. 〈표 2-12〉를 보면 현금흐름표도 다른 재무제표와 마찬가지로 머리말과 본문으로 구성되어 있다는 것을 알 수 있다. 머리말은 위에서 검토한 포괄손익계산서의 것과 같다. 본문에는 작성대상 기간 동안 발생된 현금흐름이 영업활동, 투자활동, 재무활동으로 분류되고 있다. 오소서마트의 경우 영업활동으로 인한 순현금유입이 220억원, 투자활동으로 인한 순현금유출이 950억원, 재무활동으로 인한 순현금유입이 900억원이 있었으며 그 결과 20×1년 현금의 순증가가 170억원이 있었음을 알 수 있다.

오소서마트의 경우 20×1년에 창업하였기 때문에 기초현금 잔액이 '0'이어서 현금순증가액 140억원이 기말잔액이 된다. 〈표 2-2〉의 재무상태표는 학습을 위하여 임의적으로 회계연도 말이 아닌 20×1년 1월 1일을 기준으로 하여 작성한 것이기 때문에 재무상태표 현금액(30억원)이 현금흐름표의 기말현금액(170억원)과 일치하지 않는다. 그리고 모든 수익과 비용이 현금으로 결제된 것으로 가정하였기 때문에 현금흐름표의 영업에서 창출된 현금과 포괄손익계산서의 영업이익이 같다. 그러나 실제에 있어서는 수익과 비용거래의 일부가 외상 또는 선금으로 이루어져 두 금액이 동일하지 않다. 보다 자세한 내용은 제5장에서 검토될 것이다.

〈표 2-12〉 현금흐름표(직접법)

오소서마트 20×1년 1월 1일부터 20×1년 12월 31일까지 (단위 : 억원)

항 목	금	액
영업활동 현금흐름		
고객으로부터의 수취현금	1,180	
공급자와 종업원에게 지급된 현금	(−)870	
영업에서 창출된 현금	310	
개별보고 항목 :		
법인세납부	(−)90	
영업활동 순현금		220
투자활동 현금흐름		
개별보고 항목 :		
이자수취	20	
단기대여금의 대여	(−)270	
공가기포익금융자산의 매입	(−)130	
토지의 매입	(−)200	
설비자산의 매입	(−)370	
투자활동 순현금		(−)950
재무활동 현금흐름		
단기차입금의 차입	300	
보통주의 발행	700	
개별보고 항목 :		
이자지급	(−)30	
배당금지급	(−)70	
재무활동 순현금		900
현금의 순증가		170
기초 현금		0
기말 현금		170

제4절

자본변동표

4.1 자본변동표란?

자본변동표(statement of changes in equity)는 일정기간, 일반적으로 1년 동안의 자본(주주지분)의 변동을 구성항목별로 구분하여 보여주는 재무보고서이다. 구체적으로 자본변동표는 자본금, 자본잉여금, 이익잉여금, 기타포괄손익누계액, 기타자본구성요소의 변동을 보고한다.

앞서 설명한 재무상태표와 포괄손익계산서는 기업의 재무상태와 경영성과를 보고하고 있지만 주주의 지분인 자본의 포괄적인 변동내역을 보여주지는 못한다. 자본변동표는 자본의 각 구성항목이 기초잔액으로부터 기말까지 어떻게 변화했는지를 보여준다. 따라서 정보이용자들은 자본변동표를 통하여 주주로부터의 추가 납입자본, 배당, 자본에 반영된 당기순이익과 기타포괄이익, 주주와의 기타 거래에 대한 정보를 파악할 수 있다.

4.2 자본변동표의 구조

자본변동표는 자본 구성항목별로 기초잔액, 변동내용과 금액, 기말잔액을 표시하는 형태로 작성된다. 자본변동표에 대한 이해를 위해 오소서마트의 20×1년 자본변동표를 작성해 보기로 한다. 다음의 〈예제 2-5〉는 오소서마트의 20×1년 자본변동 내역을 앞에서 살펴본 재무상태표, 포괄손익계산서, 현금흐름표에서 발췌하여 정리한 것이다.

〈예제 2-5〉 오소서마트의 20×1년 자본변동 내역

(단위 : 억원)

■보통주자본금의 변동
　액면가 1,000원인 보통주 7,000만주를 발행하고 수납한
　현금 : 700

■총포괄이익에 의한 이익잉여금과 기타포괄이익누계액의 변동

　▲이익잉여금의 변동
　　당기순이익 : 210

　▲기타포괄이익누계액(공가기포익금융자산평가이익누계액)의 변동
　　공가기포익금융자산평가이익 : 20

■배당금지급에 의한 이익잉여금의 변동
　현금배당 지급 : (-)70

　〈표 2-13〉은 〈예제 2-5〉의 자료를 이용하여 작성한 20×1년 오소서마트의 자본변동표이다. 〈표 2-13〉을 보면 자본변동표도 다른 재무제표와 마찬가지로 머리말과 본문으로 구성되어 있다는 것을 알 수 있다. 머리말은 위에서 검토한 포괄손익계산서와 현금흐름표의 것과 같다. 본문에는 작성대상 기간 동안 자본의 변동내역이 항목별로 구분되어 표시되고 있다.

　오소서마트의 경우 보통주 발행에 의하여 보통주자본금이 700억원 증가되었다. 총포괄이익 230억원은 이익잉여금과 기타포괄이익누계액을 변화시켰다. 이익잉여금은 당기순이익에 의하여 210억원 증가되었고 공가기포익금융자산평가이익누계액은 공가기포익금융자산평가이익에 의하여 20억원 증가되었다. 또한 이익잉여금은 현금배당에 의하여 70억원 감소되었다. 20×1년은 창업연도여서 연초에 모든 자본계정의 잔액이 없다. 따라서 연말잔액은 연중 자본항목의 증감의 결과이다. 보통주자본금, 이익잉여금, 공가기포익금융자산평가이익누계액 연말잔액은 각각 700억원, 140억원, 20억원이고 연말 총자본은 860억원이다.

〈표 2-13〉 자본변동표

오소서마트　　　　　20×1년 1월 1일부터 20×1년 12월 31일까지　　　　(단위 : 억원)

항 목	자본금	이익 잉여금	기타포괄 손익누계액	총 계
	보통주		공가기포익금융자산 평가이익누계액	
20×1년 1월 1일 현재 잔액	–	–	–	–
20×1년 자본변동 :				
보통주발행	700			700
총포괄이익		210	20	230
현금배당		(–)70		(–)70
20×1년 12월 31일 현재 잔액	700	140	20	860

　　위의 자본변동표의 자본총액 860억원과 〈표 2-2〉의 재무상태표 자본 총액 700억원이 일치하지 않는 것은 〈표 2-2〉의 재무상태표는 학습을 위하여 임의적으로 회계연도 말이 아닌 20×1년 1월 1일을 기준으로 하여 작성한 것이기 때문이다. 자본변동표에 대한 보다 자세한 내용은 제10장에서 설명된다.

〈박스 2-8〉 이익잉여금처분계산서의 공시

　　이익잉여금처분계산서(statement of retained earnings)는 포괄손익계산서상의 당기순이익을 포함한 이익잉여금의 처분계획을 기록하여 예상되는 차기이월 미처분이익잉여금잔액을 보고하는 보고서이다. 앞서 설명한 바와 같이 자본변동표는 이익잉여금을 포함한 모든 자본 구성항목의 변동을 보고한다. 따라서 과거에 기본 재무제표의 하나로 작성되던 이익잉여금처분계산서는 현재 주석으로 공시되고 있다. [K-IFRS(KAI 제정)[15] 참조] 이익잉여금처분계산서에 대한 자세한 내용은 제10장 〈박스 10-3〉에서 검토된다.

제5절

재무제표의 기본 가정 및 한계점

5.1 재무제표의 기본 가정 : 계속기업

재무제표의 기본 가정이란 재무제표를 작성하여 보고하는 데 있어서 별도의 검증을 거치지 않고 수용되는 개념이다. 수용을 하는 이유는 다른 회계원칙이나 기준의 근간이 되기 때문이다. K-IFRS[16]는 기본 가정으로 계속기업의 가정을 들고 있다. 계속기업의 가정은 기업이 망하지 않고 예상 가능 기간 동안 영업을 계속할 것이라는 가정이다. 이 가정은 공정가치평가와 역사적 원가평가를 가능하게 한다.

대부분의 경우 재무제표는 계속기업의 가정 하에 작성된다. 따라서 자산과 부채를 공정가치나 역사적 원가로 측정하는 것이 가능하다. 공정가치란 1) 활동화된 시장이 있는 경우 시가(부록에서 검토) 2) 순실현가치 : 처분하여 회수할 수 있는 가치(제7장에서 검토) 3) 현재가치 : 미래현금흐름을 할인한 가치(제9장에서 검토) 4) 전문 감정기관의 감정가(부록에서 검토) 등이다. 역사적 원가란 취득원가 : 지급한 매입가격(본서 전반에 걸쳐 적용)을 말한다. 그러나 계속기업의 가정을 지킬 수 없을 때에는 계속기업을 전제로 한 기준과는 다른 기준을 적용하여 재무제표를 작성해야 한다. 예를 들면 기업이 자산을 청산하거나 경영활동을 심각하게 축소시킬 의도나 필요가 있다면 자산은 강제처분가치, 즉 청산가치에 의하여 평가되어야 한다.

5.2 재무제표의 한계점

지금까지 살펴본 것과 같이 재무상태표, 포괄손익계산서, 현금흐름표, 자본변동표는 투자자, 채권자를 비롯한 여러 이해관계자들의 의사결정에 필요한 유용한 정보를 제공하고 있음을 알 수 있다. 그러나 재무제표는 몇 가지의 한계점을 지니고 있다. 이를 정리하면 다음과 같다.

(1) 질적 정보의 누락

재무제표는 화폐금액으로 표시된 정보를 주로 제공하며, 화폐금액으로 표시하기 어려운 질적 정보는 제공하지 않고 있다. 예를 들어 종업원의 자질과 경영진의 능력 등 인력자원에 대한 정보는 기업의 미래 성장성과 수익성을 판단하는 데 중요한 요소이지만 재무상태표에는 보고되지 않는다. 또한 신제품의 개발, 산업 내 경쟁우위 확보, 기업 이미지의 개선 등도 중요한 경영성과 지표라 할 수 있으나 이들 역시 재무제표에 보고되지 않는다.

(2) 비교가능성의 저해

재무제표에 보고되는 항목과 수치들은 회계기준에 따라 회계처리된 결과이다. 그런데 회계기준은 각 기업이 처한 환경과 사업내용이 다양하다는 이유로 동일한 기업활동에 대해 2개 이상의 다른 회계방법을 허용하기도 한다. 그 결과 기업 간 회계정보의 비교가능성이 떨어질 수 있다. 그 이유는 사업내용이 동일한 두 개 기업이 서로 다른 회계처리 방법을 적용하는 경우 재무제표에 보고되는 수치가 다르기 때문이다.

(3) 물가변동 반영의 한계

취득원가에 기초하여 재무상태표가 작성되면 신뢰성은 높지만 물가변동을 반영하지 못하는 문제가 있다. 예를 들어 물가변동에 의하여 몇 년 전에 50억원을 지급하고 구입한 토지의 공정가치가 70억원이라 하더라도 취득원가에 기초한 재무상태표에는 50억원으로 계속 보고된다. K-IFRS[17]는 설비자산을 공정가치 또는 취득원가로 평가할 수 있도록 하고 있다. 따라서 일부 자산이 취득원가로 보고되어 물가변동을 반영하지 못한다는 한계점이 있다.

이러한 한계점들은 현행 재무제표의 유용성에 비하면 극히 미미한 것이다. 그러나 이러한 한계점을 극복하기 위한 노력을 계속하여 재무제표의 유용성을 더욱 높여야 할 것이다.

K-IFRS 참조 (http://www.kasb.or.kr)

[1] 기업회계기준서 제1001호 '재무제표 표시', 문단 60.

[2] '재무보고를 위한 개념체계', 문단 4.3, 4.4.

[3] 기업회계기준서 제1109호 '금융상품', 문단 4.1.2, 4.1.2A, 4.1.4.

[4] '재무보고를 위한 개념체계', 문단 4.26.

[5] 기업회계기준서 제1109호 '전게서', 문단 4.2.1, 4.2.2.

[6] '재무보고를 위한 개념체계', 문단 4.63.

[7] 기업회계기준서 제1001호 '전게서', 문단 99.

[8] 기업회계기준서 제1115호 '고객과의 계약에서 생기는 수익', 부록 A. 용어의 정의 : 수익.
   '재무보고를 위한 개념체계', 문단 4.68.

[9] '재무보고를 위한 개념체계', 문단 4.69.

[10] 기업회계기준서 제1001호 '전게서', 문단 82.

[11] 기업회계기준서 제1001호 '전게서', 문단 한138.2, 138.3.

[12] 기업회계기준서 제1001호 '전게서', 문단 BC55, 56.

[13] 기업회계기준서 제1033호 '주당이익', 문단 9.

[14] 기업회계기준서 제1007호 '현금흐름표', 문단 31.

[15] 기업회계기준서 제1001호 '전게서', 문단 한138.1.

[16] '재무보고를 위한 개념체계', 문단 3.9.

[17] 기업회계기준서 제1018호 '유형자산', 문단 29.

주요 용어

기타포괄이익(OCI : other comprehensive income) : 공정가치 평가이익항목으로서 당기
   순이익에 포함하면 당기순이익이 왜곡되거나 변동이 심할 가능성이 있어 당기순이익
   에 포함하지 않고 총포괄이익에만 포함하는 이익 (p.53)

무형자산(intangible assets) : 물리적인 형태가 없는 비유동자산 (p.42)

부채(liabilities) : 다른 기업 또는 타인에게 갚아야 할 채무(빚) (p.42)

비용(expense) : 수익을 얻기 위해서 소비한 재화와 용역의 취득원가 (p.51)

비유동부채(non-current liabilities) : 상환기일이 1년 이후에 도래하는 장기부채 (p.43)

비유동자산(non-current assets) : 유동자산 이외의 자산으로 1년 이상 보유하는 자산 (p.41)

설비자산(plant assets) : 경영활동에 사용되는 건물, 기계장치, 차량, 비품과 같은 유형자산 (p.42)

수익(revenue) : 기업이 고객에게 재화 또는 용역을 제공하고 받았거나 받을 대가 (p.50)

순자산(net assets) : 총자산에서 부채를 차감한 금액, 즉 자본 (p.44)

유동부채(current liabilities) : 상환기일이 1년 이내에 도래하는 채무 (p.42)

유동자산(current assets) : 1년 이내에 현금으로 회수되거나 사용될 자산 (p.39)

유형자산(tangible assets) : 물리적 형태가 있는 비유동자산 (p.42)

이익잉여금(retained earnings) : 주주에게 배당하지 않고 기업 내에 유보시킨 이익 (p.45)

자본(equity) : 자산 총액에서 부채 총액을 차감하여 계산된 순자산 또는 잔여청구권, 즉 주주의 지분 (p.44)

자본금(share capital) : 회사가 발행한 주식 액면가의 합계액 (p.45)

자본변동표(statement of changes in equity) : 한 회계기간 동안에 자본금, 자본잉여금, 이익잉여금, 기타포괄손익누계액, 기타자본구성요소와 같은 자본 구성항목의 변동을 보고하는 보고서 (p.69)

자본잉여금(share premium) : 액면가를 초과하는 주주 납입자본 (p.45)

자산(assets) : 기업활동을 수행하는 데 사용할 수 있는 경제적 자원 (p.39)

재고자산(inventories) : 판매할 목적으로 보유하고 있는 자산 (예 : 상품) (p.41)

재무상태표(statement of financial position) : 회계기간 말 기업의 재무상태, 즉 자산, 부채, 그리고 자본을 보고하는 보고서 (p.32)

포괄손익계산서(comprehensive income statement) : 당기순이익에 기타포괄손익을 합하여 한 회계기간 동안의 총포괄손익을 보고하는 보고서 (p.47)

현금흐름표(statement of cash flows) : 회계기간 동안 영업활동, 투자활동, 재무활동별 현금유입과 유출을 보여주는 보고서 (p.64)

회계등식(accounting equation) : 자산 총액은 부채와 자본의 합계라는 것을 식으로 표현한 것 (자산 = 부채 + 자본) (p.35)

연 습 문 제

1. 재무상태표 과목의 분류

다음의 계정이 대일상사의 20×1년 말 재무상태표에 보고되었다.

① 현금　　　　② 상품　　　　③ 단기대여금　　④ 장기대여금
⑤ 매출채권　　⑥ 매입채무　　⑦ 단기차입금　　⑧ 미지급비용
⑨ 토지　　　　⑩ 설비자산　　⑪ 장기차입금　　⑫ 사채
⑬ 보통주자본금　　　　　　　⑭ 이익잉여금
⑮ 보통주자본잉여금　　　　　⑯ 공가기포익금융자산평가이익누계액
⑰ 공가기포익금융자산(장기투자)

《물음》
아래에 열거한 항목으로 보고되는 계정번호를 기입하라.

(1) 유동자산 : ＿＿＿＿＿　　　(2) 비유동자산 : ＿＿＿＿＿

(3) 유동부채 : ＿＿＿＿＿　　　(4) 비유동부채 : ＿＿＿＿＿

(5) 자본 : ＿＿＿＿＿

2. 포괄손익계산서 과목의 분류

다음의 계정이 우성상사의 20×1년 포괄손익계산서에 보고되었다.

① 매출액　　　　② 매출원가　　③ 급여비용　　　④ 임차비용
⑤ 이자수익　　　⑥ 이자비용　　⑦ 광고비　　　　⑧ 복리후생비
⑨ 배당금수익　　⑩ 임대수익　　⑪ 접대비　　　　⑫ 유형자산처분이익
⑬ 세금과 공과　　⑭ 보험비용　　⑮ 공가기포익금융자산평가이익
⑯ 토지재평가차익

《물음》
아래에 열거한 항목으로 보고되는 계정번호를 기입하라.

(1) 영업수익 : ＿＿＿＿＿　　　(2) 기타수익 : ＿＿＿＿＿

(3) 매출원가 : ＿＿＿＿＿　　　(4) 영업비용 : ＿＿＿＿＿

(5) 기타비용 : ＿＿＿＿＿　　　(6) 기타포괄손익 : ＿＿＿＿＿

3. 재무상태표의 작성 ①

다음은 진주상사의 20×1년 12월 31일 현재의 재무상태표 계정이다.

(단위 : 억원)

과　목	금　액	과　목	금　액
현　　　　　금	180	매　출　채　권	4,450
상　　　　　품	2,500	단　기　대　여　금	230
선　급　보　험　료	50	토　　　　　지	3,180
설　비　자　산	6,600	산　업　재　산　권	760
매　입　채　무	2,600	단　기　차　입　금	1,400
미　지　급　이　자	40	선　수　임　대　료	700
장　기　차　입　금	2,320	사　　　　　채	4,000
보　통　주　자　본　금	7,000	이　익　잉　여　금	1,710
공가기포익금융자산평가 이　익　누　계　액	30	공 가 기 포 익 금 융 자 산 (장　　기　　투　　자)	1,850

《물음》 재무상태표를 계정식으로 작성하라.

4. 재무상태표의 작성 ②

다음은 부일(주)의 20×1년 12월 31일 현재의 재무상태표 계정이다.

(단위 : 억원)

과　목	금　액	과　목	금　액
현　　　　　금	80	매　출　채　권	480
단　기　대　여　금	210	미　수　이　자	80
선　급　보　험　료	60	상　　　　　품	350
장　기　대　여　금	300	토　　　　　지	840
설　비　자　산	980	산　업　재　산　권	120
매　입　채　무	450	단　기　차　입　금	280
미　지　급　이　자	80	선　수　임　대　료	70
사　　　　　채	600	장　기　차　입　금	310
보　통　주　자　본　금	750	보 통 주 자 본 잉 여 금	350
이　익　잉　여　금	460	토 지 재 평 가 잉 여 금	150

《물음》 재무상태표를 보고식으로 작성하라.

5. **포괄손익계산서의 작성 ①**

다음은 연암(주)의 20×1년 포괄손익계산서 계정이다.

(단위 : 억원)

과 목	금 액	과 목	금 액
매 출 원 가	3,900	급 여 비 용	920
광 고 비	300	임 차 비 용	150
보 험 비 용	200	수 도 광 열 비	100
이 자 비 용	480	이 자 수 익	350
매 출 액	6,300	공가기포익금융자산평가이익	40
토 지 재 평 가 차 익	30	법 인 세 비 용	200

참고 : 연암(주)의 유통 보통주식수는 2,000만주이었음

《물음》

(1) 단일 포괄손익계산서를 작성하라.

(2) 포괄손익계산서를 2개의 보고서로 구분하여 작성하라.

6. **포괄손익계산서의 작성 ②**

다음은 코리아상사의 20×1년 포괄손익계산서 계정이다.

(단위 : 억원)

과 목	금 액	과 목	금 액
매 출 액	2,300	매 출 원 가	1,500
급 여 비 용	560	광 고 비	50
보 험 비 용	40	접 대 비	10
이 자 비 용	90	이 자 수 익	80
법 인 세 비 용	20	공가기포익금융자산평가이익	10
토 지 재 평 가 차 익	30		

참고 : 코리아상사의 유통 보통주식수는 400만주이었음

《물음》

(1) 단일 포괄손익계산서를 작성하라.

(2) 포괄손익계산서를 2개의 보고서로 구분하여 작성하라.

7. 현금흐름표의 작성 ①

다음은 온천상사의 20×1년 현금유입 및 유출내역이다.

현금유입 및 유출내역

온천상사 　　　 20×1년 1월 1일부터 20×1년 12월 31일까지 　　　 (단위 : 억원)

항　　　　　목	금　　액	
현금유입		3,830
상품의 판매	2,600	
설비자산의 처분	700	
이자수취	30	
단기차입금의 차입	500	
현금유출		(−)3,780
상품매입 및 종업원 급여	(−)2,400	
법인세납부	(−)20	
단기대여금의 대여	(−)350	
설비자산의 매입	(−)900	
이자지급	(−)60	
배당금지급	(−)50	
현금의 순증가		50
기초 현금		60
기말 현금		110

《물음》 현금흐름표(직접법)를 작성하라.

　　　　(이자수취, 이자지급, 그리고 배당금지급 분류에 예외가 허용되지 않는 것으로
　　　　가정함)

8. 현금흐름표의 작성 ②

다음은 대한상사의 20×1년 현금흐름내역이다.

(단위 : 억원)

항 목	금 액	항 목	금 액
고객으로부터의 수취현금	2,500	공급자와 종업원에게 지급된 현금	1,900
이 자 수 취	200	이 자 지 급	300
배 당 금 수 취	150	단기차입금의 차입	240
설 비 자 산 의 처 분	350	토 지 의 매 입	1,100
사 채 의 발 행	200	보 통 주 의 발 행	300
단 기 차 입 금 의 상 환	300	기 초 현 금	50
법 인 세 납 부	250	배 당 금 지 급	20

《물음》 현금흐름표(직접법)를 작성하라.

(이자수취, 배당금수취, 이자지급, 그리고 배당금지급 분류에 예외가 허용되지 않는 것으로 가정함)

9. 자본변동표의 작성

다음은 대구상사의 20×1년 초 자본계정잔액과 20×1년 자본의 변동내역이다.

20×1년 초 자본계정잔액

(단위 : 억원)

과 목	금 액	과 목	금 액
보 통 주 자 본 금	500	보 통 주 자 본 잉 여 금	30
이 익 잉 여 금	80	공가기포익금융자산평가 이 익 누 계 액	10
토 지 재 평 가 잉 여 금	20		

20×1년 자본의 변동내역

(단위 : 억원)

항 목	금	액
주식발행 (액면가 1,000원인 보통주 1,000만주)		120
총포괄이익		90
당기순이익	60	
공가기포익금융자산평가이익	20	
토지재평가차익	10	
현금배당		(−)50

《물음》 자본변동표를 작성하라.

3

거래의 기록과 재무제표
작성—현금거래

제3장 개요

본 장에서는 우선 회계에서 '거래'가 무엇인가를 알아본다. 그리고 거래를 기록하는 방법으로 단식부기와 복식부기를 검토한다. 그 다음 기업이 사용하고 있는 복식부기에서의 거래 기록방법이 상세히 설명된다. 거래를 기록하는 목적은 재무제표의 작성이므로 본 장의 마지막 절에서는 모든 거래가 현금으로 이루어지는 경우에 재무제표가 작성되는 회계시스템인 회계순환과정(현금)이 검토된다.

제1절

거래와 부기

1.1 거래

회계에서 거래(transaction)는 기업의 재무상태에 영향을 미치는 측정 가능한 경제적 사건을 의미한다. 기업에서는 매일 수많은 경제적 사건이 발생한다. 예를 들면 공급자로부터 상품 매입에서, 고객에게 상품 판매까지, 그리고 유능한 경영자 영입 등 기업 경영활동 하나하나가 경제적 사건이라고 할 수 있다. 그러나 이 중에서 거래는 기업의 재무상태, 즉 자산, 부채, 자본의 상태에 영향을 미치면서 화폐단위로 측정 가능한 경제적 사건이다. 따라서 유능한 경영자를 영입하는 것은 거래로 간주되지 않는데 그 이유는 경영자는 기업의 소유물이 아니어서 기업의 자산이 될 수 없기 때문이다. 또한 설령 그들을 자산으로 간주하더라도 그들의 가치를 화폐단위로 측정하기 어렵기 때문이다.

1.2 부기

부기(bookkeeping)란 거래를 회계장부에 기록하는 것을 말한다. 우리의 일상생활에서도 부기를 자주 볼 수 있다. 예컨대 우리가 가정에서 사용하는 가계부도 하나의 회계장부이고, 이 장부에 수입과 지출을 기록하는 것도 일종의 부기이다. 거래를 가계부에 기록한다면 어떤 결과가 나타나는지를 다음 예제를 이용하여 살펴보자.

〈예제 3-1〉 거래

　　다음은 대한컨설팅의 설립연도인 20×1년 현금거래이다.

　① 액면가 1,000원인 보통주 1억주를 연초에 발행하고 1,000억원을 수취
　　하였다.

　② 은행에서 2,000억원을 5년간 차입하였다.

　③ 토지를 매입하고 2,900억원을 지급하였다.

　④ 컨설팅 용역을 제공하고 1,100억원을 수취하였다.

　⑤ 20×1년 종업원 급여 500억원을 지급하였다.

　⑥ 20×1년 사무실 임차료 200억원을 지급하였다.

　⑦ 은행차입금에 대한 20×1년 이자 100억원을 지급하였다.

　⑧ 20×1년 법인세 120억원을 지급하였다.

가계부는 양식이 통일되어 있는 것은 아니지만 대체로 현금수입을 기록하는 난과 현금지출을 기록하는 난, 그리고 현금잔액을 기록하는 난으로 구성되어 있다. 〈표 3-1〉은 〈예제 3-1〉의 거래가 기록된 가계부를 보여준다.

〈표 3-1〉 가계부

(단위 : 억원)

거래번호	거 래 내 용	수 입	지 출	잔 액
①	보　　통　　주　　발　　행	1,000		1,000
②	장　　기　　차　　입	2,000		3,000
③	토　　지　　매　　입		2,900	100
④	용　역　수　수　료　수　취	1,100		1,200
⑤	급　　여　　지　　급		500	700
⑥	임　차　료　지　급		200	500
⑦	이　자　지　급		100	400
⑧	법　인　세　지　급		120	280

①번 보통주를 발행한 거래, ②번 은행에서 차입한 거래, 그리고 ④번 컨설팅 용역을 제공한 거래는 현금수입이 있는 거래이다. 이들 거래에 의한 현금수입 금액은 현금수입 난에 기록되어야 한다. ③번 토지를 매입한 거래, ⑤번 종업원 급여를 지급한 거래, ⑥번 사무실 임차료를 지급한 거래, ⑦번 차입금 이자를 지급한 거래, 그리고 ⑧번 법인세를 지급한 거래는 현금지출이 있는 거래이다. 따라서 이들 거래에 의한 현금지출 금액은 현금지출 난에 기록되어야 한다. 이들 현금수입 금액 각각을 더하고 현금지출 금액 각각을 차감하여 계산된 잔액은 잔액 난에 기록되어야 한다. ①번 거래에서부터 ⑧번 거래까지 거래를 전부 기록한 후에 계산된 잔액은 280억원이다.

위와 같이 가계부에 기록하는 방법은 거래가 발생하였을 때 수입이나 지출 어느 한 쪽 난에만 기록한다. 이렇게 거래를 한 번만 기록하는 장부기록방법을 단식부기(single-entry bookkeeping)라고 한다. 정부, 학교, 종교단체, 친목모임 등과 같은 비영리단체의 수입지출보고서가 단식부기에 의한 전형적인 회계보고의 예이다. 이러한 단식부기는 현금수입과 지출이 원인별로 분류되지 않기 때문에 수입지출보고서를 이용하여 이들 단체의 재무상태와 경영성과를 파악하기 힘들다.

수백 년 전부터 상업에 종사하는 사람들은 소위 복식부기를 이용하여 거래를 기록하여 왔다. 복식부기(double-entry bookkeeping)란 현금의 수입이나 지출을 기록한 후 이들 수입이나 지출의 발생원인을 추가로 기록하는 회계장부 기장방법이다. 예를 들면 〈예제 3-1〉에서 ①번 거래의 경우 '현금'이 1,000억원 증가하였는데, 그 원인은 보통주 발행에 의한 '보통주자본금'의 증가에 있었다. 따라서 복식부기에서는 이 거래가 발생하면 우선 '현금' 증가를 한 번 기록하고 그 다음 '보통주자본금' 증가를 추가로 기록한다. 이렇게 한 거래를 두 번 기록하기 때문에 복식부기라 하는 것이다.

제2절

복식부기에 의한 거래의 기록

복식부기는 원래 재무상태표와 손익계산서를 작성하기 위하여 고안되었다. 그러므로 복식부기에 대한 설명은 이 두 재무제표에 국한하여 이루어진다. 현금흐름표와 자본변동표는 근래에 추가로 요구되는 재무제표이다. 추가된 이들 두 재무제표도 복식부기의 결과를 사용하여 작성되나 이들 재무제표는 복식부기의 기본원리와 직접 연관되지는 않는다. 현금흐름표와 자본변동표의 작성방법은 제2절에서 복식부기를 전부 검토한 후에 제3절에서 설명된다.

2.1 회계등식

복식부기에 의한 거래의 기록 및 집계방법은 제2장에서 학습한 다음과 같은 회계등식에 기초하고 있다.

$$\text{자산} \quad = \quad \text{부채} \quad + \quad \text{자본}$$

자본은 그 발생원천에 따라 납입자본과 이익잉여금으로 구분될 수 있다. 납입자본은 주주들에게 주식을 발행하는 것과 같은 자본거래에 의하여 발생된 것이고, 이익잉여금은 이익창출활동으로부터 발생된다. 따라서 위의 식은 다음과 같이 표현될 수 있다.

$$\text{자산} \quad = \quad \text{부채} \quad + \quad \text{납입자본} \quad + \quad \text{이익잉여금}$$

재무상태표의 구성은 거래가 기록됨에 따라 계속 변동한다. 따라서 기말 재무상태는 기초 재무상태와 다르다.

다음은 납입자본의 변동을 발생원천별로 분류한 식이다.

$$\text{기초납입자본 + 증자 − 감자 = 기말납입자본}$$

증자는 주식을 추가로 발행하여 이루어진다. 감자는 발행주식을 소각하여 이루어진다.

다음은 이익잉여금의 변동내역을 발생원천별로 분류한 것이다.

$$\text{기초이익잉여금 + 순이익 − 배당금 = 기말이익잉여금}$$

위 식에서 볼 수 있는 바와 같이 순이익은 이익잉여금을 증가시키고 배당금은 이익잉여금을 감소시킨다.

순이익은 수익에서 비용을 차감하여 계산된다. 다음은 이들 항목의 관계를 표현한 식이다.

$$\text{순이익 = 수익 − 비용}$$

〈그림 3-1〉은 위의 등식을 종합한 것이다.

〈그림 3-1〉 회계등식의 종합

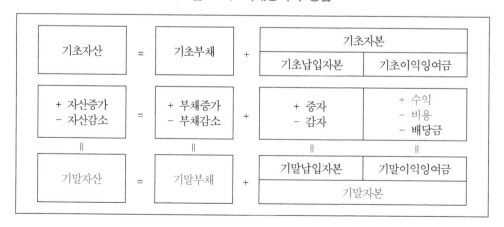

〈그림 3-1〉은 재무상태표와 손익계산서가 무엇을 보고하는지를 보여준다. 그림의 밑부분에 제시하는 바와 같이 재무상태표는 기말의 자산, 부채, 자본을 보고한다. 그림의 오른쪽 부분에 제시된 바와 같이 손익계산서는 이익잉여금의 변동내역의 일부인 수익과 비용을 보고한다.

〈박스 3-1〉 회계등식의 응용

아래의 〈예제 3-2〉를 통하여 회계등식 구성요소의 관계를 보다 세부적으로 살펴보자.

〈예제 3-2〉 회계등식

아래 〈표 3-2〉는 K 회사(사례 ⓐ)와 Y 회사(사례 ⓑ)를 감사하고 있는 김 회계사가 입수한 자료를 보여준다. ①, ②, ③에 해당하는 금액을 계산해 보자.

〈표 3-2〉 회계등식

(단위 : 억원)

사 례	기초			증자	감자	수익	비용	배당금	기말		
	자산	부채	자본						자산	부채	자본
ⓐ K 회사	300	200	100	20	10	①	400	30	400	250	150
ⓑ Y 회사	500	300	200	40	20	700	600	50	600	③	②

사례 ⓐ는 K 회사의 수익을 검증하기 위하여 회계등식을 이용하는 경우이다. 이 경우 ①번 난인 수익은 다음과 같이 검증될 수 있다. 〈그림 3-1〉의 〈기초자본 + 증자 – 감자 + 수익 – 비용 – 배당금 = 기말자본〉이라는 식은 〈수익 = 기말자본 – 기초자본 – 증자 + 감자 + 비용 + 배당금〉이라는 식으로 재나열될 수 있다. 이 재나열된 식을 이용하면 ①번 난의 수익은 470억원(150 – 100 – 20 + 10 + 400 + 30)으로 계산된다.

사례 ⓑ는 Y 회사의 기말자본과 기말부채를 검증하기 위하여 회계등식을 이용하는 경우이다. 이 경우 ②번 난의 기말자본은 다음과 같이 검증될 수 있다. 〈그림 3-1〉의 〈기말자본 = 기초자본 + 증자 – 감자 + 수익 – 비용 – 배당금〉이라는 식을 이용하면 ②번 난의 기말자본은 270억원(200 + 40 – 20 +

700 - 600 - 50)으로 계산된다. 〈기말부채 = 기말자산 - 기말자본〉이라는 식을
이용하면 ③번 난의 기말부채 금액은 330억원(600 - 270)으로 계산된다.

2.2 회계등식을 이용한 거래의 기록

여기에서는 〈예제 3-1〉의 거래를 회계등식에 기록한 결과를 이용하여 재무제표
를 작성하는 방법을 살펴보기로 하자. 다음의 〈표 3-3〉은 〈예제 3-1〉의 거래가 재무
제표에 미치는 영향을 분석한 것이다.

〈표 3-3〉 거래의 분석

거래번호	거래내역	거래의 영향	
		현금 증감	현금 증감 발생원인
①	보 통 주 발 행	1,000억원 증가	보통주자본금(자본) 1,000억원 증가
②	장 기 차 입	2,000억원 증가	장기차입금(부채) 2,000억원 증가
③	토 지 매 입	2,900억원 감소	토지(자산) 2,900억원 증가
④	용역수수료수취	1,100억원 증가	용역수수료수익 1,100억원 발생
⑤	급 여 지 급	500억원 감소	급여비용 500억원 발생
⑥	임 차 료 지 급	200억원 감소	임차비용 200억원 발생
⑦	이 자 지 급	100억원 감소	이자비용 100억원 발생
⑧	법 인 세 지 급	120억원 감소	법인세비용 120억원 발생

①번 거래에 의하여 현금이 증가하였는데 그 원인은 보통주자본금(자본)이 증가하
였기 때문이다.

②번 거래에 의하여 현금이 증가하였는데 그 원인은 장기차입금(부채)이 증가하였
기 때문이다.

③번 거래에 의하여 현금이 감소하였는데 그 원인은 토지(자산)가 증가하였기 때문
이다. (토지가 영업활동으로 사용되지 않는 경우 투자부동산으로 보고되어야 한다. 그러
나 여기서는 토지가 영업활동으로 사용된다고 가정하고 토지로 분류하였다.)

④번 거래에 의하여 현금이 증가하였는데 그 원인은 용역수수료수익이 발생하였기

때문이다.

⑤, ⑥, ⑦, ⑧번 거래에 의하여 현금이 감소하였는데 그 원인은 각각 급여비용, 임차비용, 이자비용, 법인세비용이 발생하였기 때문이다.

다음의 〈그림 3-2〉는 회계등식을 이용하여 〈예제 3-1〉의 거래를 기록한 것이다.

〈그림 3-2〉 회계등식을 이용한 거래의 기록

(단위 : 억원)

	자 산		=	부 채	+	자 본					
							이익잉여금				
	현금	+ 토지	=	장기차입금	+ 보통주자본금	+ 용역수수료수익	- 급여비용	- 임차비용	- 이자비용	- 법인세비용
기초잔액	0	+ 0	=	0	+ 0	+ 0	- 0	- 0	- 0	- 0
①	+1,000		=		+1,000					
②	+2,000		=	+2,000						
③	-2,900	+2,900	=							
④	+1,100		=			+1,100				
⑤	-500		=				+500			
⑥	-200		=					+200		
⑦	-100		=						+100	
⑧	-120		=							+120
기말잔액	280	+ 2,900	=	2,000	+ 1,000	+ 1,100	- 500	- 200	- 100	- 120

20×1년은 영업을 시작한 첫 해이기 때문에 〈그림 3-2〉의 모든 항목에 기초잔액이 없다. ①번 거래에서부터 ⑧번 거래까지 현금의 증감은 자산의 현금 난에 '+'와 '-'로 기록되었다. 그리고 현금증감 원인이 아래와 같이 추가로 기록되었다. ①번 거래에서는 자본의 보통주자본금 난에 '+1,000억원'이, ②번 거래에서는 부채의 장기차입금 난에 '+2,000억원'이, ③번 거래에서는 자산의 토지 난에 '+2,900억원'이 기록되었다. ④번 거래에서는 이익잉여금의 용역수수료수익 난에 '+1,100억원'이 기록되었다. ⑤, ⑥, ⑦, ⑧번 거래에서는 각각 이익잉여금의 급여비용 난에 '+500억원', 임차비용 난에 '+200억원', 이자비용 난에 '+100억원', 법인세비용 난에 '+120억원'이 기록되었다. 거래를 전부 기록한 후에는 각 항목별로 기말잔액이 계산되었다.

이제 〈그림 3-2〉의 각 항목의 잔액을 이용하여 재무제표를 작성할 수 있다. 우선 이익잉여금의 수익과 비용 난의 기말잔액을 나열하여 〈표 3-4〉와 같은 손익계산서를 작성할 수 있다.

〈표 3-4〉 손익계산서

대한컨설팅　　　20×1년 1월 1일부터 20×1년 12월 31일까지　　　(단위 : 억원)

과　　　　　목	금　　　額	
용역수수료수익		1,100
영업비용		(−)700
급여비용	(−)500	
임차비용	(−)200	
영업이익		400
기타비용		(−)100
금융비용 :		
이자비용	(−)100	
법인세비용차감전순이익		300
법인세비용		(−)120
당기순이익		180
주당이익		180원

〈표 3-4〉의 손익계산서의 용역수수료수익은 ④번 거래에서 발생한 1,100억원이다. 영업비용은 700억원인데, 이는 ⑤번 거래에 의한 500억원의 급여비용과 ⑥번 거래에 의한 200억원의 임차비용으로 구성된다. 영업이익 400억원은 용역수수료수익 1,100억원에서 영업비용 700억원을 차감하여 계산된다. ⑦번 거래에서 발생한 이자비용 100억원은 재무활동에서 발생한 것이므로 기타비용 중 금융비용으로 분류된다. 법인세비용차감전순이익 300억원은 영업이익 400억원에서 기타비용 100억원을 차감하여 계산된다. 당기순이익 180억원은 법인세비용차감전순이익 300억원에서 ⑧번 거래의 법인세비용 120억원을 차감하여 계산된다. 주당이익은 당기순이익 180억원을 유통보통주식수 1억주로 나누어 계산된다.

다음의 〈표 3-5〉는 대한컨설팅의 재무상태표이다. 이는 〈그림 3-2〉의 자산, 부채, 자본항목의 기말잔액을 분류하여 작성된다.

현금 280억원은 유동자산으로 분류되고, 토지 2,900억원은 비유동자산 중 유형자산으로 분류된다. 총자산 3,180억원은 이 두 자산을 합한 것이다. 장기차입금 2,000억원은 원가로 보고되기 때문에 원가금융부채이며 비유동부채로 분류된다. 이 장기차입금이 유일한 부채이기 때문에 부채총액은 2,000억원이다. 보통주자본금 1,000억원은 자본금으로 분류된다. 그리고 이익잉여금은 손익계산서에서와 같이 이익잉여금 난의 세부항목을 가감하여 계산된 당기순이익 180억원이다. 자본 총계는 보통주자본금 1,000억원과 이익잉여금 180억원을 합한 1,180억원이다. 부채 및 자본 총계는 부채 총계 2,000억원과 자본 총계 1,180억원을 합한 3,180억원이다.

〈표 3-5〉 재무상태표

대한컨설팅		20×1년 12월 31일 현재			(단위 : 억원)
과 목	**금 액**		**과 목**	**금 액**	
자산			**부채**		
유동자산		280	**비유동부채**		2,000
현금	280		**원가금융부채 :**		
비유동자산		2,900	장기차입금	2,000	
유형자산 :			**부채 총계**		2,000
토지	2,900		**자본**		
			자본금		1,000
			보통주	1,000	
			이익잉여금		180
			자본 총계		1,180
자산 총계		3,180	**부채 및 자본 총계**		3,180

〈박스 3-2〉 자산평가

〈표 3-5〉의 대한컨설팅 재무상태표에 토지는 취득 시 지불금액인 2,900억 원으로 평가되었다. 취득 시 지불한 금액, 즉 취득원가로 자산을 평가하는 것을 취득원가원칙(acquisition cost principle)이라 한다. 취득원가는 과거(역사) 자산 취득시점에 지급된 금액을 의미하기 때문에 이 원칙을 역사적 원가원칙 (historical cost principle)이라고도 한다. K-IFRS[1]에서는 이를 원가모형이라고 한다.

자산을 취득한 후 자산의 공정가치(fair value)가 변동하여 취득원가와 다른 경우 공정가치를 신뢰성 있게 측정할 수 있다면 공정가치로 자산을 평가할 수 있다. 예를 들어 대한컨설팅 토지에 대한 전문감정기관의 감정금액이 3,000억원이라면 재무상태표에 3,000억원으로 표시할 수 있다. K-IFRS[2]에서는 이를 공정가치모형이라고 한다. (더 자세한 내용은 본서의 부록 참조)

2.3 계정

〈그림 3-2〉와 같이 회계등식에 거래를 기록하는 방법은 한계가 있다. 앞의 〈예제 3-1〉과 같이 거래의 수가 적고 거래의 유형이 간단한 경우에는 별 문제가 없다. 그러나 거래의 수가 많고 거래의 유형이 다양하여 보고되어야 하는 항목이 많은 경우에는 회계등식에 거래를 일일이 기록하는 것은 물리적으로 거의 불가능하다. 그래서 재무제표에 보고되어야 할 항목별로 장부를 준비하는 방법이 개발되었다. 이제는 거래를 회계등식 대신 회계장부에 기록한다. 이렇게 재무제표에 보고되어야 할 항목별로 준비된 회계장부를 계정(accounts)이라 한다.

〈그림 3-2〉에서는 증가되는 것은 '+'로 기록하고, 감소되는 것은 '-'로 기록하였다. 그러나 계정을 사용할 때에는 '+', '-'보다 왼쪽, 오른쪽 개념을 사용한다. 즉, 계정을 왼쪽과 오른쪽으로 구분하여 각 항목의 증가와 감소를 기록한다. 이와 같은 계정의 예는 아래의 〈그림 3-3〉에 제시되어 있다.

〈그림 3-3〉 T 계정의 예

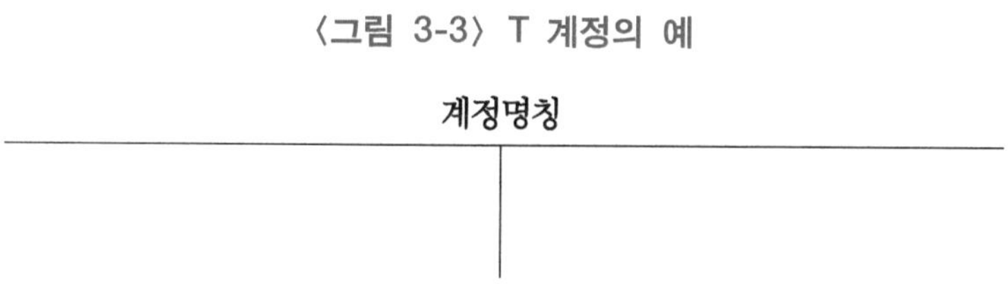

계정명칭

〈그림 3-3〉의 계정은 형태가 영문 알파벳 T자의 형태로 생겼기 때문에 이를 T 계정이라고 한다. 계정명칭은 자산, 부채, 자본, 수익, 비용을 구성하는 항목별로 책정된다. 예를 들면 자산을 구성하는 항목인 현금을 기록하기 위하여 현금이라는 과목명칭을 가진 계정이 책정된다. 계정들을 모아놓은 장부를 총계정원장(general ledger)이라 부른

다. 계정의 왼쪽 부분을 차변(Dr. : debit)이라 하고, 오른쪽 부분을 대변(Cr. : credit)이라 한다.

위에서 검토한 〈그림 3-1〉은 회계등식의 종합이다. 자산 합계와 부채 및 자본 합계가 같다는 등식은 기초와 기말 모두에서 볼 수 있다. 이 등식을 계정형식으로 표시하면 자산은 등식의 차변에, 부채와 자본은 등식의 대변에 보고된다. 회계기간 중에 발생하는 거래에 의하여 변동되는 부분도 다음과 같은 등식을 이룸을 알 수 있다.

> + 자산증가 − 자산감소 = + 부채증가 − 부채감소 + 증자 − 감자 + 수익 − 비용 − 배당금

위의 식에서 자본의 증감거래 중 1) 수익과 비용을 별도로 표시하고 2) 수익 이외의 자본의 증가(위의 식에서는 증자)를 자본증가로 표시하고 3) 비용 이외의 자본의 감소(위의 식에서는 감자와 배당금)를 자본감소로 표시하면 다음과 같은 식이 도출된다.

> + 자산증가 − 자산감소 = + 부채증가 − 부채감소 + 자본증가 − 자본감소 + 수익 − 비용

계정을 사용하여 재무제표 항목의 증감을 기록하려면 증가를 계정의 어느 쪽에 기록해야 할 것인가를 정해야 한다. 회계등식의 차변에 있는 항목의 증가는 계정의 차변에 기록하는 것이 회계관습이다. 그렇게 하여 계정잔액이 계정의 차변에 나타나게 하는 것이다. (참고 : 계정잔액은 증가가 감소보다 많아 형성됨) 자산은 회계등식 차변쪽에 있기 때문에 자산의 증가는 계정의 차변에, 그리고 자산의 감소는 계정의 대변에 기록한다. 같은 논리에 의해 부채와 자본의 증가는 계정의 대변에 기록하고, 이들의 감소는 계정의 차변에 기록한다. 비용은 자본의 하나인 이익잉여금을 감소시키기 때문에 계정의 차변에 기록한다. 수익은 이익잉여금을 증가시키기 때문에 계정의 대변에 기록한다. 다음의 등식은 등식상의 각 항목이 계정의 어느 쪽에 기록되는지 보여준다.

자산증가 – 자산감소 = 부채증가 – 부채감소 + 자본증가 – 자본감소 + 수익 – 비용
　(차변)　　　(대변)　　　(대변)　　　(차변)　　　(대변)　　　(차변)　　(대변)(차변)

계정의 차변에 기록하는 사항을 등식의 왼쪽에, 그리고 계정의 대변에 기록하는
항목을 등식의 오른쪽에 보고되게 하려면, 앞의 식에서 '–' 부호가 붙은 항들을 등식의
반대편으로 이항하면 된다. 이항 후 등식은 다음과 같다.

자산증가 + 부채감소 + 자본감소 + 비용 = 자산감소 + 부채증가 + 자본증가 + 수익
　(차변)　　　(차변)　　　(차변)　　(차변)　　(대변)　　　(대변)　　　(대변)　　(대변)

다음의 〈그림 3-4〉는 계정의 차변에 기록한 항목과 계정의 대변에 기록한 항목을
T 계정 형식으로 요약한 것이다. 위의 이항 후 등식은 어느 때나 성립되어야 하기 때
문에 〈그림 3-4〉 계정의 차변에 기록되는 항목의 합계, 즉 위의 등식 차변과 〈그림
3-4〉계정의 대변에 기록되는 항목의 합계, 즉 위의 등식 대변은 같아야 한다.

따라서 거래가 발생하면 위의 〈그림 3-4〉의 차변항목 중 하나를 선택하여 기록하
고 〈그림 3-4〉의 대변항목 중 하나를 선택하여 기록해야 한다(차변의 비용의 발생과
대변의 수익의 발생의 조합은 예외임). 예를 들면 거래가 발생하여 한 계정의 차변에
자산증가를 기록하면 반드시, 자산감소, 부채증가, 자본증가, 수익발생 중의 한 항목을,
다른 계정 대변에 기록해야 한다. 이와 같이 차변에 한 번, 그리고 대변에 또 한 번,
즉 두 번 기록하는 것이 복식부기의 핵심이다.

〈그림 3-4〉 계정에의 기입법칙

자산의 증가	자산의 감소
부채의 감소	부채의 증가
자본의 감소	자본의 증가
비용의 발생	수익의 발생

2.4 분개

거래를 계정에 직접 기록하면 어떤 거래가 언제 발생했는지를 알아보기 어렵고 거래 기록의 정확성을 확인하기도 힘들다. 따라서 거래를 계정에 기록하기 전에 분개의 작성이라는 추가 절차를 밟게 된다. 분개(journal entry)는 계정기입법칙에 따라 어느 계정, 어느 쪽에 얼마를 기록하라는 지시이다. 이러한 분개를 기록한 장부를 분개장(journal)이라 한다. 분개를 작성하는 행동을 표현하는 동사로 '분개하다'(journalize)가 사용된다. 다음의 〈표 3-6〉은 〈예제 3-1〉의 거래의 분개를 수록한 분개장이다.

〈표 3-6〉 분개장

(단위 : 억원)

①	(차)	현　　　　금	1,000	(대)	보 통 주 자 본 금		1,000
②	(차)	현　　　　금	2,000	(대)	장 기 차 입 금		2,000
③	(차)	토　　　　지	2,900	(대)	현　　　　금		2,900
④	(차)	현　　　　금	1,100	(대)	용 역 수 수 료 수 익		1,100
⑤	(차)	급　여　비　용	500	(대)	현　　　　금		500
⑥	(차)	임　차　비　용	200	(대)	현　　　　금		200
⑦	(차)	이　자　비　용	100	(대)	현　　　　금		100
⑧	(차)	법　인　세　비　용	120	(대)	현　　　　금		120

분개는 아래와 같이 복식부기 원칙을 적용하여 작성되었다. 현금이 자산이고 자산의 증가는 차변에 그리고 자산의 감소는 대변에 기록해야 하기 때문에 ①번 거래에서 ⑧번 거래까지의 현금의 증가와 현금의 감소는 각각 현금계정 차변과 대변에 분개되었다. ①번 거래는 보통주자본금이라는 자본이 증가한 거래이다. 자본의 증가는 대변에 기록되어야 하기 때문에 보통주자본금 계정 대변에 1,000억원이 분개되었다. ②번 거래는 장기차입금이라는 부채가 증가한 거래이다. 부채의 증가는 대변에 기록되어야 하기 때문에 장기차입금 계정 대변에 2,000억원이 분개되었다. ③번 거래는 토지라는 자산이 증가한 거래이다. 자산의 증가는 차변에 기록되어야 하기 때문에 토지 계정 차변에 2,900억원이 분개되었다. ④번 거래는 용역수수료수익이라는 수익이 발생한 거래이다. 수익의 발생은 대변에 기록되어야 하기 때문에 용역수수료수익 계정 대변에 1,100

억원이 분개되었다. ⑤, ⑥, ⑦, ⑧번 거래는 모두 비용이 발생한 거래이다. 비용의 발생은 차변에 기록해야 하기 때문에 급여비용, 임차비용, 이자비용, 그리고 법인세비용 계정 각각의 차변에 500억원, 200억원, 100억원 그리고 120억원이 분개되었다.

2.5 전기

거래가 발생하면 일단 분개장에 분개한다. 그 다음 분개를 총계정원장에 있는 계정에 옮겨 적는다. 이와 같이 분개장의 분개를 계정에 옮겨 적는 행위를 전기(posting)라고 한다.

여기서는 〈예제 3-1〉의 ①번 거래의 분개를 계정에 전기하는 방법을 살펴보기로 한다. ①번 거래에서는 현금이 1,000억원 증가하고 보통주자본금이 1,000억원 증가했는데, 이 거래의 분개는 다음의 〈그림 3-5〉와 같이 전기된다.

〈그림 3-5〉 분개의 전기

(단위 : 억원)

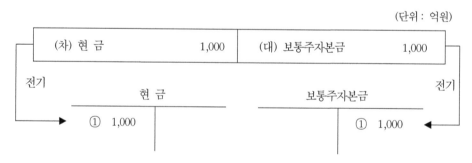

거래를 계정에 직접 기록하지 않고 이러한 방식으로 분개장에 분개를 하고 그 분개를 계정에 전기하면 계정에 기록된 내용을 분개장으로 추적하여 그 거래내용을 쉽게 확인할 수 있다. 이러한 추적을 보다 효과적으로 수행할 수 있도록 분개를 전기할 때에 거래번호나 거래날짜를 추가로 기입하기도 한다.

2.6 계정잔액의 산출

분개를 전기한 다음에는 계정잔액을 산출해야 한다. T 계정을 사용할 경우 계정잔액은 계정의 차변합계와 대변합계의 차액을 계산하는 식으로 산출한다. 예를 들면 대한컨설팅의 현금계정 잔액은 다음과 같이 계산된다. (〈그림 3-6〉부터 〈그림 3-8〉까지의 단위는 억원임)

〈그림 3-6〉 T 계정 잔액계산―일반식

현금

	① 1,000	③ 2,900	
	② 2,000	⑤ 500	
	④ 1,100	⑥ 200	
		⑦ 100	
		⑧ 120	
합계	4,100	3,820	
		280	
	4,100	4,100	
잔액	280		

〈그림 3-6〉에서 볼 수 있는 바와 같이 현금계정의 차변합계는 4,100억원이고, 대변합계는 3,820억원이다. 이 두 합계의 차액은 280억원이다. 관습상 이 차액 280억원을 합계가 적은 쪽에 기록하여 양쪽의 합계를 같게 한 후에 두 줄을 긋는다. 그리고 〈그림 3-6〉에서 볼 수 있는 바와 같이 계정잔액을 그 다음 줄에 표시한다.

그러나 편의상 잔액계산 과정을 생략하고 〈그림 3-7〉에서와 같이 맨 밑에 한 줄을 긋고 그 다음 줄에 잔액만을 표시하기도 한다.

〈그림 3-7〉 T 계정 잔액계산―약식

현금

① 1,000		③ 2,900	
② 2,000		⑤ 500	
④ 1,100		⑥ 200	
		⑦ 100	
		⑧ 120	
잔액	280		

T 계정은 복식부기의 기본원리를 설명하거나 각 계정의 차변분개와 대변분개를 간단하게 정리할 필요가 있는 경우에 사용된다. 실무에서는 잔액식 계정이 보다 널리 사용되고 있다. 잔액식 계정은 〈그림 3-8〉에서 볼 수 있는 바와 같이 T 계정에 계정잔액을 기록하기 위하여 칸을 오른쪽에 한 개 더 추가한 것이다. 앞으로 본서는 실무 현장감이 있는 사례를 보여주기 위해 잔액식 계정을 사용한다.

〈그림 3-8〉 잔액식 계정

현금

① 1,000		1,000(차)
② 2,000		3,000(차)
	③ 2,900	100(차)
④ 1,100		1,200(차)
	⑤ 500	700(차)
	⑥ 200	500(차)
	⑦ 100	400(차)
	⑧ 120	280(차)

잔액식 계정을 사용하면 분개를 계정에 전기할 때마다 계정잔액을 계산해야 한다. 실무에서 회계기록 업무가 전산화되어 있기 때문에 이러한 잔액 계산업무는 컴퓨터가 대신한다. 대한컨설팅의 경우를 예로 들면, 거래번호 ①의 차변 분개 1,000억원이 현금계정에 전기되면 차변잔액 1,000억원이 잔액 난에 기록되어야 한다[차변잔액이기 때문에 '1,000(차)'로 표시되었음. 만일 대변잔액인 경우에는 '1,000(대)'로 표시되어야 함].

으로 제6단계에서는 재무제표가 작성된다.

제1단계와 제2단계는 회계기간 중에 거래가 발생할 때마다 수행된다. 3단계부터 마지막 단계인 6단계까지는 기말에 재무제표를 작성할 때 수행된다. 이와 같은 절차는 매 기간 반복되기 때문에 이를 순환과정이라고 한다.

첫 번째 사업연도에는 각 계정의 기초잔액이 없기 때문에 모든 계정은 잔액 '0'에서 출발한다. 그러나 두 번째 사업연도부터는 기초잔액이 있는 상태에서 회계거래의 기록이 이루어진다. 따라서 이하에서는 이 두 가지 경우 각각에 있어서의 각 단계별 회계기록과정을 간단한 예제를 중심으로 상세히 설명한다. 여기서는 제2장에서 검토한 포괄손익계산서 중 손익계산서 부분을 작성하기 위한 기록과정만 다룬다. 기타포괄이익을 보고하기 위한 기록과정은 본서의 부록에서 다룬다.

3.1 기초잔액이 없는 경우(설립연도)

〈예제 3-3〉 회계순환과정(현금)―상품매매기업 : 기초잔액이 없는 경우

새한백화점의 설립연도인 20×1년 현금거래는 다음과 같다.

① 액면가가 1,000원인 보통주 1억주를 20×1년 초에 발행하고 1,000억원을 수취하였다.

② 은행에서 2,000억원을 3년간 차입하였다.

③ 건물을 임차하고 20×1년 임차료 300억원을 지급하였다.

④ 상품 1,200억원을 매입하였다.

⑤ 매입원가가 1,000억원인 상품을 2,500억원에 판매하였다.

⑥ 토지를 매입하고 2,200억원을 지급하였다.

⑦ 거래처에 800억원을 3년간 대여하였다.

⑧ 20×1년 종업원 급여 400억원을 지급하였다.

⑨ 차입금에 대한 20×1년 이자 200억원을 지급하였다.

⑩ 대여금에 대한 20×1년 이자 40억원을 수취하였다.

⑪ 배당금 100억원을 지급하였다.

⑫ 20×1년 법인세 150억원을 납부하였다.

1 분 개

첫 번째 단계는 거래를 찾아내어 분개하는 일이다. 다음의 〈표 3-7〉은 〈예제 3-3〉의 거래를 분개한 것을 보여준다.

〈표 3-7〉 분개

(단위 : 억원)

①		(차) 현 금	1,000	(대) 보통주자본금	1,000
②		(차) 현 금	2,000	(대) 장 기 차 입 금	2,000
③		(차) 임 차 비 용	300	(대) 현 금	300
④		(차) 상 품	1,200	(대) 현 금	1,200
⑤	⑤a	(차) 현 금	2,500	(대) 매 출	2,500
	⑤b	(차) 매 출 원 가	1,000	(대) 상 품	1,000
⑥		(차) 토 지	2,200	(대) 현 금	2,200
⑦		(차) 장기대여금	800	(대) 현 금	800
⑧		(차) 급 여 비 용	400	(대) 현 금	400
⑨		(차) 이 자 비 용	200	(대) 현 금	200
⑩		(차) 현 금	40	(대) 이 자 수 익	40
⑪		(차) 배 당 금	100	(대) 현 금	100
⑫		(차) 법인세비용	150	(대) 현 금	150

〈표 3-7〉의 분개 중 앞의 〈예제 3-1〉에서 설명되지 않은 형태의 분개는 ④, ⑤, ⑦, ⑩, ⑪번 거래의 분개이다. 현금의 증감의 분개는 앞에서 설명되었기 때문에 나머지 부분만 설명한다.

④번 거래는 상품이라는 자산이 증가한 거래이다. 자산의 증가는 차변에 기록되어야 하기 때문에 상품계정 차변에 1,200억원이 분개되었다.

⑤번 거래에서는 매입원가가 1,000억원인 상품이 현금 2,500억원에 판매되었다. 이 거래는 2,500억원의 판매수익 창출거래 (⑤a번 거래)와 1,000억원의 상품이 감소한

거래(⑤b번 거래)로 구분하여 분석된다.

　⑤a번 거래에서는 매출이라는 수익이 발생하였다. 수익의 발생은 대변에 기록되어야 하므로 매출계정 대변에 2,500억원이 분개되었다.

　매출을 얻기 위하여 제공된 상품의 매입원가를 매출원가(비용)라고 한다. ⑤b번 거래는 매출원가라는 비용이 발생하고 상품이라는 자산이 감소한 거래이다. 비용의 발생은 차변에 기록되어야 하기 때문에 매출원가 계정 차변에 1,000억원이 분개되었다. 자산의 감소는 대변에 기록되어야 하기 때문에 상품계정 대변에 1,000억원이 분개되었다.

　⑦번 거래에서는 장기대여금이라는 자산이 증가하였다. 자산의 증가는 차변에 기록되어야 하기 때문에 장기대여금계정 차변에 800억원이 분개되었다.

　⑩번 거래에서는 이자수익이라는 수익이 발생하였다. 수익의 발생은 대변에 기록되어야 하기 때문에 이자수익계정 대변에 40억원이 분개되었다.

　⑪번 거래에서는 배당금이 지급되었다. 배당금의 지급은 차변에 기록되어야 하기 때문에 배당금계정 차변에 100억원이 분개되었다.

| 2 | 전기 |

　두 번째 단계는 분개를 계정에 전기하는 일이다. 다음의 〈그림 3-11〉은 〈표 3-7〉의 분개를 잔액식 계정에 전기한 후 총계정원장을 보여준다.

〈그림 3-11〉 전기 후 총계원장

(단위 : 억원)

현금			
① 1,000		1,000(차)	
② 2,000		3,000(차)	
	③ 300	2,700(차)	
	④ 1,200	1,500(차)	
⑤a 2,500		4,000(차)	
	⑥ 2,200	1,800(차)	
	⑦ 800	1,000(차)	
	⑧ 400	600(차)	
	⑨ 200	400(차)	
⑩ 40		440(차)	
	⑪ 100	340(차)	
	⑫ 150	190(차)	

상품		
④ 1,200		1,200(차)
	⑤b 1,000	200(차)

장기대여금		
⑦ 800		800(차)

토지		
⑥ 2,200		2,200(차)

장기차입금		
	② 2,000	2,000(대)

보통주자본금		
	① 1,000	1,000(대)

배당금		
⑪ 100		100(차)

매출		
	⑤a 2,500	2,500(대)

이자수익		
	⑩ 40	40(대)

매출원가		
⑤b 1,000		1,000(차)

급여비용		
⑧ 400		400(차)

임차비용		
③ 300		300(차)

이자비용		
⑨ 200		200(차)

법인세비용		
⑫ 150		150(차)

---

3 │ 시산표 작성

세 번째 단계는 시산표를 작성하는 일이다. 시산표는 재무제표를 작성하기 전에 거래가 오류 없이 정확하게 기록되었는지를 알아보기 위한 것이다. (T 계정이 사용되는 경우 시산표가 작성되기 전에 〈그림 3-6〉이나 〈그림 3-7〉의 방법을 사용하여 각 계정의 잔액이 계산되어야 한다.)

시산표에는 총계정원장의 계정순서, 즉 위에서부터 자산, 부채, 자본, 수익, 비용의 순으로 계정과 계정잔액이 나열된다. 일반적으로 자산과 비용은 차변잔액을 갖고, 부채와 자본, 그리고 수익은 대변잔액을 갖는다. 모든 거래를 정확하게 분개하고 전기하였다면, 시산표의 차변합계와 대변합계는 일치되어야 한다. 물론 시산표의 차변합계와 대변합계가 일치한다고 해서 기록상의 오류가 전혀 없었다고 단정할 수는 없다. 예를 들어 어떤 거래 자체를 빠뜨리고 분개를 하지 않았다든지, 아니면 분개하면서 차변과 대변 금액을 동일하게 잘못 기록한 경우에도 시산표의 차변합계와 대변합계는 일치한다.

다음의 〈표 3-8〉은 새한백화점의 20×1년 말 시산표이다.

〈표 3-8〉 시 산 표

새한백화점   20×1년 12월 31일   (단위 : 억원)

차 변	계 정 과 목	대 변
190	현 금	
200	상 품	
800	장 기 대 여 금	
2,200	토 지	
	장 기 차 입 금	2,000
	보통주자본금	1,000
100	배 당 금	
	매 출	2,500
	이 자 수 익	40
1,000	매 출 원 가	
400	급 여 비 용	
300	임 차 비 용	
200	이 자 비 용	
150	법 인 세 비 용	
5,540	합 계	5,540

시산표 작성 결과 차변합계와 대변합계가 5,540억원으로 일치하는 것을 알 수 있다. 이는 기록과정에서 오류가 없었다는 사실을 일차적으로 입증(추가로 검증해 봐야 확실히 알겠지만)해 주는 것이다.

마감분개 작성 및 전기

네 번째 과정은 마감분개를 작성하고 전기하여 다음 회계기간의 거래를 기록할 수 있도록 계정을 정리하는 것이다.

다음의 〈그림 3-12〉는 수익과 비용계정, 그리고 배당금계정이 이익잉여금계정에 마감되는 과정을 보여주고 있다. 수익과 비용계정의 마감은 관습적으로 집합손익 (income summary)계정을 사용하여 이루어진다. 그 이유는 수익과 비용의 요약결과만 을 이익잉여금계정에 반영되게 하여 이익잉여금계정을 간결하게 유지하기 위해서이다.

〈그림 3-12〉 수익, 비용, 배당금과 이익잉여금

(단위 : 억원)

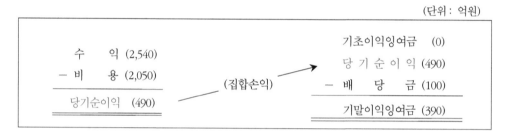

(1) 수익과 비용계정의 마감 : 마감분개 및 전기

마감의 첫 단계는 수익과 비용계정을 마감하고 이들 계정잔액을 집합손익계정에 대 체하는 것이다.

마감분개 Ⓐ : 다음의 〈표 3-9〉는 매출과 이자수익 계정을 마감하고 이들 계정잔 액을 집합손익계정에 대체시키는 분개를 보여준다. (이 분개는 복합분개이다. 바람직하 지는 않지만 2개의 개별분개를 작성해도 된다. 참조 : 〈박스 3-3〉 '복수의 개별분개 vs 하나의 복합분개') 계정마감은 이들 수익계정 각각의 차변에 이들 계정 각각의 대변 잔액을 기록하여 이루어진다. 잔액대체는 이들 계정잔액 합계를 집합손익계정 대변에 기록하여 이루어진다.

〈표 3-9〉 수익계정 마감분개

(단위 : 억원)

Ⓐ	(차) 매 출	2,500	(대) 집합손익	2,540
	이자수익	40		

〈박스 3-3〉 복수의 단일분개 vs 하나의 복합분개

단일분개는 하나의 계정의 차변과 다른 하나의 계정의 대변에 기록하는 분개
이다. 복합분개는 동일한 차변분개나 대변분개가 있는 두 개 이상의 단일분개를
합한 분개로서 분개의 작성과 전기 작업을 단순하게 한다. 예를 들면, 〈표 3-9〉
의 분개는 다음에 제시된 두 개의 단일분개를 합한 복합분개이다.

(차) 매출	2,500	(대) 집합손익	2,500

(차) 이자수익	40	(대) 집합손익	40

마감분개 Ⓑ : 다음의 〈표 3-10〉은 매출원가, 급여비용, 임차비용, 이자비용, 법
인세비용 계정을 마감하고 이들 계정잔액을 집합손익계정에 대체시키는 분개를 보여준
다. 계정마감은 이들 비용계정 각각의 대변에 이들 계정 각각의 차변잔액을 기록하여
이루어진다. 잔액대체는 이들 계정잔액 합계를 집합손익계정 차변에 기록하여 이루어
진다.

〈표 3-10〉 비용계정 마감분개

(단위 : 억원)

Ⓑ	(차) 집합손익	2,050	(대) 매 출 원 가	1,000
			급 여 비 용	400
			임 차 비 용	300
			이 자 비 용	200
			법인세비용	150

다음의 〈그림 3-13〉은 〈표 3-9〉와 〈표 3-10〉의 마감분개를 전기한 후의 집합손익계정과 수익과 비용계정을 보여준다.

〈그림 3-13〉 수익계정 비용계정 마감분개의 전기

(단위 : 억원)

매출원가		
⑤b 1,000		1,000(차)
	Ⓑ 1,000	0

집합손익		
	Ⓐ 2,540	2,540(대)
Ⓑ 2,050		490(대)

매출		
	⑤a 2,500	2,500(대)
Ⓐ 2,500		0

급여비용		
⑧ 400		400(차)
	Ⓑ 400	0

이자수익		
	⑩ 40	40(대)
Ⓐ 40		0

임차비용		
③ 300		300(차)
	Ⓑ 300	0

이자비용		
⑨ 200		200(차)
	Ⓑ 200	0

법인세비용		
⑫ 150		150(차)
	Ⓑ 150	0

〈그림 3-13〉에서 볼 수 있는 바와 같이 수익계정과 비용계정을 마감하면 이들 계정잔액이 집합손익계정에 대체되어 '0'이 된다. 이와 같이 수익과 비용 계정은 한 회계기간의 수익과 비용을 집계하기 위해 임시로 사용하는 명목상의 계정이므로 이들을 임시계정(temporary accounts) 또는 명목계정(nominal accounts)이라고 한다. 〈그림 3-13〉에서 이들 임시계정을 마감한 후 밑줄 두 줄을 그은 것을 볼 수 있다. 이는 이들 계정을 마감하였다는 것을 나타내는 실무관습이다.

집합손익계정 잔액을 보면 이익이 발생하였는지 손실이 발생하였는지를 알 수 있다. 만일 집합손익계정 잔액이 대변잔액이면 당기순이익이 발생한 것이고, 차변잔액이면 당기순손실이 발생한 것이다. 〈그림 3-13〉의 집합손익계정에 대변잔액 490억원이 있기 때문에 490억원의 당기순이익이 보고되었다는 것을 알 수 있다.

(2) 집합손익과 배당금계정의 마감 : 마감분개 및 전기

마감의 두 번째 단계는 집합손익계정잔액과 배당금계정잔액을 이익잉여금계정에 대체시키는 것이다. 집합손익계정의 대변잔액으로 나타나는 당기순이익은 이익잉여금계정의 대변에 대체되어야 하고 배당금은 이익잉여금계정의 차변에 대체되어야 한다. 이러한 대체를 위한 마감분개 ⓒ와 ⓓ가 〈표 3-11〉에 제시되어 있다. 참고로, 집합손익계정의 차변잔액으로 나타나는 당기순손실은 이익잉여금계정 차변에 대체되어야 한다. 마감 후 이익잉여금계정잔액이 차변잔액인 경우 결손금이라 한다.

〈표 3-11〉 **집합손익계정 배당금계정 마감분개**

(단위 : 억원)

ⓒ	(차) 집 합 손 익	490	(대) 이익잉여금	490
ⓓ	(차) 이익잉여금	100	(대) 배　당　금	100

〈표 3-11〉의 마감분개에 의하여 집합손익계정잔액과 배당금계정잔액이 이익잉여금계정에 대체되면, 두 계정의 잔액은 〈그림 3-14〉와 같이 '0'이 된다.

〈그림 3-14〉 **집합손익계정 배당금계정 마감분개의 전기**

(단위 : 억원)

배당금				이익잉여금				집합손익			
⑪ 100		100(차)				ⓒ 490	490(대)			ⓐ 2,540	2,540(대)
	ⓓ 100	0		ⓓ 100			390(대)	ⓑ 2,050			490(대)
								ⓒ 490			0

이와 같은 마감분개를 통하여 수익과 비용계정은 물론 집합손익계정과 배당금계정 잔액이 '0'으로 된다. 이렇게 이들 계정의 잔액이 '0'이 되어 다음 회계기간의 회계기록이 가능해진다.

자산, 부채, 자본 계정과 같은 재무상태표 계정은 마감분개가 전기된 후에도 계속 잔액을 갖게 된다. 이와 같이 재무상태표 계정은 손익계산서 계정과는 달리 계정마감 후에도 계속 잔액을 갖고 있기 때문에 이를 영구계정(permanent accounts) 또는 실질계정(real accounts)이라고 한다. 이들 계정은 마감할 필요가 없다. (〈박스 3-4〉 '영구계정의 마감?' 참조)

〈박스 3-4〉 영구계정의 마감?

임시계정은 손익계산서 계정, 집합손익계정, 배당금계정과 같이 한 회계기간 동안 사용하기 위하여 설정한 계정이다. 시계에 비유한다면 임시계정은 스톱워치와 같다. 스톱워치는 육상 100m 레이스에 한 번 사용하고 다음 레이스를 위하여 바늘을 '0'으로 돌려놓아야 한다. 이렇게 임시계정의 바늘을 '0'으로 돌려놓는 역할을 하는 것이 마감분개이다.

영구계정은 재무상태표 계정과 같이 회계기간에 관계없이 영구하게 잔액을 갖는 계정이다. 영구계정은 시계에 비유하면 우리가 매일 사용하는 보통시계와 같다. 우리가 한 레이스가 끝났다고 보통시계 바늘을 '0'으로 돌릴 필요가 없듯이 영구계정 잔액은 '0'으로 돌릴 필요가 없다. 따라서 영구계정은 마감할 필요가 없다.

T 계정은 정식 회계장부가 아니고 임시로 만들어 사용하는 계정이다. T 계정을 사용하는 경우 다음 연도가 되면 임시계정은 물론 영구계정도 새로운 T 계정으로 설정되어야 한다. 영구계정에 기초잔액이 있는 경우에는 분개를 전기하기 전에 기초잔액을 새로 설정된 T 계정에 기록해야 한다. (T 계정과 잔액식 T 계정에 기초잔액을 기록하는 방법은 본 장의 3.2 '기초잔액이 있는 경우', 2. '전기'에 설명되어 있음) 실무에서는 거의 모든 기업이 T 계정이 아닌 잔액식 계정원장을 해를 거듭해서 계속 사용하고 있기 때문에 다음 연도에 영구계정을 새로 설정할 필요가 없다. 영구계정의 당해연도 기말잔액이 자동으로 다음 연도 기초잔액이 된다.

| 5 | 마감후시산표 작성 |

다섯 번째 단계는 마감후시산표를 작성하는 일이다. 마감후시산표는 마감과정이 오류가 없이 정확하게 이루어졌는지를 확인하기 위하여 작성된다.

다음의 〈표 3-12〉는 새한백화점의 20×1년 말 마감후시산표를 보여준다.

〈표 3-12〉 **마감후시산표**

새한백화점   20×1년 12월 31일   (단위 : 억원)

차 변	계 정 과 목	대 변
190	현　　　　　　　금	
200	상　　　　　　　품	
800	장　기　대　여　금	
2,200	토　　　　　　　지	
	장　기　차　입　금	2,000
	보　통　주　자　본　금	1,000
	이　익　잉　여　금	390
3,390	합　　　　　　　계	3,390

〈표 3-12〉의 마감후시산표에 있는 차변합계와 대변합계가 일치하므로 이는 마감분개 작성 및 전기의 과정에서 오류가 없었다는 점을 일차적으로 입증해 주는 것이다.

| 6 | 재무제표 작성 |

마지막 단계인 여섯 번째 단계는 손익계산서, 재무상태표, 현금흐름표, 자본변동표를 포함하는 재무제표를 작성하는 일이다. 우선 시산표의 계정잔액을 사용하여 손익계산서를 작성하고 마감후시산표의 계정잔액을 사용하여 재무상태표를 작성한다. 그 다음 과정은 현금계정을 분석하여 현금흐름표를 작성하고 자본계정을 분석하여 자본변동

표를 작성하는 것이다.

(1) 손익계산서

다음의 〈표 3-13〉은 새한백화점의 20×1년 손익계산서를 보여준다. 주당이익 490원은 당기순이익 490억원을 유통보통주식수 1억주로 나누어 계산된 것이다.

〈표 3-13〉 손익계산서

새한백화점   20×1년 1월 1일부터 20×1년 12월 31일까지   (단위 : 억원)

과 목	금 액	
매출액		2,500
매출원가		(−)1,000
매출총이익		1,500
영업비용		(−)700
급여비용	(−)400	
임차비용	(−)300	
영업이익		800
기타수익		40
이자수익	40	
기타비용		(−)200
금융비용 :		
이자비용	(−)200	
법인세비용차감전순이익		640
법인세비용		(−)150
당기순이익		490
주당이익		490원

(2) 재무상태표

다음 〈표 3-14〉는 20×1년 12월 31일 현재 새한백화점의 재무상태표를 보여준다.

〈표 3-14〉 재무상태표

새한백화점   20×1년 12월 31일 현재   (단위 : 억원)

과　　목	금　　액		과　　목	금　　액	
자산			부채		
유동자산		390	비유동부채		2,000
현금	190		원가금융부채 :		
재고자산 :			장기차입금	2,000	
상품	200		부채 총계		2,000
비유동자산		3,000	자본		
원가금융자산 :			자본금		1,000
장기대여금	800		보통주	1,000	
유형자산 :			이익잉여금		390
토지	2,200				
			자본 총계		1,390
자산 총계		3,390	부채 및 자본 총계		3,390

(3) 현금흐름표

현금흐름표는 현금계정을 〈표 3-15〉와 같이 분석하여 작성된다.

〈표 3-15〉 현금계정분석

현 금

(단위 : 억원)

거래번호	기업활동	상대계정	금 액	거래번호	기업활동	상대계정	금 액
①	재무활동	보통주자본금	1,000	③	영업활동	임 차 비 용	300
②	재무활동	장 기 차 입 금	2,000	④	영업활동	상　　품	1,200
⑤a	영업활동	매　　출	2,500	⑥	투자활동	토　　지	2,200
⑩	투자활동	이 자 수 익	40	⑦	투자활동	장 기 대 여 금	800
				⑧	영업활동	급 여 비 용	400
				⑨	재무활동	이 자 비 용	200
				⑪	재무활동	배　당　금	100
				⑫	영업활동	법 인 세 비 용	150

〈표 3-15〉의 기업활동 난은 각 거래가 기업의 무슨 활동인지를 나타낸다. 참고목

적으로 제시한 상대계정은 분개에서 현금계정 상대 쪽에 기록되는 계정명칭이다.

〈박스 3-5〉 실무에서는 직접법 현금흐름표가 어떻게 작성되나?

〈예제 3-3〉에 수록된 거래는 회계순환과정을 설명하기 위한 최소한의 현금 거래이다. 따라서 〈표 3-15〉와 같은 현금계정분석을 실시하여 직접법 현금흐름표를 작성할 수 있다.

그러나 실무에서는 1년 동안 발생하는 현금거래의 수가 너무 커서 현금계정 분석을 실시하는 것이 거의 불가능하다. 따라서 제11장 '현금흐름표'에 설명된 바와 같이 손익계산서와 재무상태표를 이용하여 간접법 현금흐름표를 작성한 다음 이를 직접법 현금흐름표로 전환한다. (11장 5. 6 '간접법에 의한 직접법 현금흐름표의 작성' 참조)

---

①번 거래와 ②번 거래는 각각 주주와 채권자로부터 자금을 조달한 전형적인 재무활동이다. 그리고 ⑨번 거래에 의하여 지급된 이자는 ②번 거래에 의한 차입금에 대한 대가이고 ⑪번 거래에 의하여 지급된 배당금은 ①번 거래에 의한 주주로부터의 납입자본에 대한 대가이기 때문에 이들 두 거래도 재무활동이다.

④번 거래와 ⑥번 거래는 자산을 매입한 거래이다. ④번 거래에 의하여 매입된 상품은 영업활동에 의하여 고객에게 판매될 것이기 때문에 ④번 거래는 영업활동으로 분류된다. ⑥번 거래에 의하여 매입된 토지는 회사가 장기간 사용할 것이기 때문에 ⑥번 거래는 투자활동으로 분류된다. 자산인 소모품을 매입하는 것도 영업활동으로 분류된다. 그 이유는 소모품은 단기간 내에 사용하여 없어져 영업비용이 될 것이기 때문이다.

⑦번 장기대여 거래와 장기대여에 따른 ⑩번 이자수취 거래는 투자활동이다.

⑤번 거래는 매출수익을 수취한 전형적인 영업활동이다. ③번과 ⑧번 거래는 영업비용을 지불한 전형적인 영업활동이다.

⑫번 법인세 지급거래도 영업활동으로 분류되었다. 그 이유는 사례를 단순하게 하기 위하여 법인세를 기업활동별로 구분하는 것이 불가능하다고 가정을 하였기 때문이다. 만일 이러한 활동별 구분이 가능하다면 각 활동별로 법인세를 보고할 수도 있다.

K-IFRS[3]는 이자수취, 이자지급과 배당금지급의 분류에 예외를 허용하였기 때문에 이들을 영업활동으로도 분류할 수 있다. 또한 이들 항목과 법인세납부를 개별 보고하도록 요구하고 있다. (예외 분류와 개별보고 항목은 제11장에서 자세히 검토된다.)

다음의 〈표 3-16〉은 새한백화점의 20×1년 현금흐름표이다.

〈표 3-16〉 현금흐름표

새한백화점   20×1년 1월 1일부터 20×1년 12월 31일까지   (단위 : 억원)

항 목	금	액
영업활동 현금흐름		
고객으로부터의 수취현금	2,500	
공급자와 종업원에게 지급된 현금	(−)1,900	
영업에서 창출된 현금	600	
개별보고 항목:		
법인세납부	(−)150	
영업활동 순현금		450
투자활동 현금흐름		
개별보고 항목:		
이자수취	40	
장기대여금의 대여	(−)800	
토지의 매입	(−)2,200	
투자활동 순현금		(−)2,960
재무활동 현금흐름		
보통주의 발행	1,000	
장기차입금의 차입	2,000	
개별보고 항목:		
이자지급	(−)200	
배당금지급	(−)100	
재무활동 순현금		2,700
현금의 순증가		190
기초 현금		0
기말 현금		190

영업활동 현금흐름은 고객으로부터의 수취현금에서 공급자와 종업원에게 지급된 현금을 차감하여 계산된 영업에서 창출된 현금에서 법인세납부를 차감하여 계산된다. 고객으로부터의 수취현금은 ⑤a번 거래에 의한 매출액 2,500억원이다. 공급자와 종업

원에게 지급된 현금은 1,900억원이다. 이는 ③번 거래에 의한 임차료 지급액 300억원과 ④번 거래에 의한 상품매입액 1,200억원, 그리고 ⑦번 거래에 의한 급여지급액 400억원의 합계이다. 따라서 영업에서 창출된 현금은 600억원이다. 그 다음 개별보고 항목인 ⑩번 거래의 법인세납부 150억원을 차감하면 영업활동 순현금 450억원이 계산된다.

투자활동 현금흐름은 투자활동 현금유입액에서 투자활동 현금유출액을 차감하여 계산된다. 투자활동 현금유입액은 ⑩번 거래 이자수익 40억원이다. 투자활동 현금유출액은 ⑥번 거래 토지의 매입 2,200억원과 ⑦번 거래 장기대여금의 대여 800억원이다. 따라서 투자활동 순현금은 (-)2,960억원이다. ⑩번 거래에 의한 이자수취는 개별보고 항목이다.

재무활동 현금흐름은 재무활동 현금유입액에서 재무활동 현금유출액을 차감하여 계산된다. 재무활동 현금유입액은 ①번 거래 보통주발행 1,000억원과 ②번 거래 장기차입금의 차입 2,000억원이다. 재무활동 현금유입액은 이 두 유입액의 합계 3,000억원이다. 재무활동 현금유출액은 ⑧번 거래의 이자지급 200억원과 ⑨번 거래 배당금지급 100억원의 합계 300억원이다. 재무활동 순현금은 2,700억원이다. ⑧번 거래에 의한 이자지급과 ⑨번 거래에 의한 배당금지급은 개별보고 항목이다.

현금 순증가 190억원은 영업활동 순현금 450억원에서 투자활동 순현금 2,960억원을 차감하고 재무활동 순현금 2,700억원을 가산하여 계산된다. 기초현금이 없기 때문에 기말현금은 현금 순증가액 190억원이다.

(4) 자본변동표

자본변동표는 자본계정 각각에 대하여 아래의 〈그림 3-15〉와 같은 T 계정분석을 실시하여 작성된다. T 계정분석은 해당 계정의 차변분개와 대변분개를 추적하여 분개의 발생원인을 파악하는 작업이다.

〈그림 3-15〉 자본계정의 T 계정분석

(단위 : 억원)

보통주자본금

① 보통주발행 1,000		1,000(대)

이익잉여금

	ⓒ 당기순이익 490	490(대)
ⓓ 배당금지급 100		390(대)

다음의 〈표 3-17〉은 새한백화점의 20×1년 자본변동표이다.

〈표 3-17〉 자본변동표

새한백화점 20×1년 1월 1일부터 20×1년 12월 31일까지 (단위 : 억원)

항 목	자본금 보통주	이익잉여금	총 계
20×1년 1월 1일 현재 잔액	-	-	-
20×1년 자본의 변동 :			
보통주발행	1,000		1,000
당기순이익		450	450
배당금지급		(−)100	(−)100
20×1년 12월 31일 현재 잔액	1,000	350	1,350

새한백화점의 보통주자본금의 경우 기초잔액은 없으나, 기중에 보통주발행에 의하여 1,000억원이 증가되어 보통주자본금 기말잔액이 1,000억원이 되었다. 이익잉여금의 경우 기초잔액은 없으나, 기중에 당기순이익이 450억원 발생되고, 배당금이 100억원 지급되어 이익잉여금 기말잔액이 350억원이 되었다. 따라서 새한백화점의 총자본 기말잔액은 1,350억원이 되었다.

3.2 기초잔액이 있는 경우(설립연도 이후)

〈예제 3-3〉에서는 설립연도에 재무제표를 작성하기 위한 회계순환과정(현금)을 설명하였다. 설립연도에는 모든 계정에 기초잔액이 없다. 그러나 설립 두 번째 연도부터는 재무상태표 계정인 자산, 부채, 자본 계정에 기초잔액이 있다. 다음 〈예제 3-4〉는 〈예제 3-3〉의 연속으로 새한백화점의 설립 두 번째 연도의 거래이다.

〈예제 3-4〉 회계순환과정(현금)—상품매매기업 : 기초잔액이 있는 경우

새한백화점 설립 2차년도인 20×2년 현금거래는 다음과 같다.

① 액면가 1,000원인 보통주 1억주를 20×2년 초에 발행하고 1,000억원을 수취하였다.

② 은행에서 900억원을 3년간 차입하였다.

③ 상품 1,600억원을 매입하였다.

④ 매입원가가 1,500억원인 상품을 3,200억원에 판매하였다.

⑤ 거래처에 2,000억원을 3년간 대여하였다.

⑥ 20×2년 종업원 급여 500억원을 지급하였다.

⑦ 20×2년 건물 임차료 400억원을 지급하였다.

⑧ 차입금에 대한 20×2년 이자 300억원을 지급하였다.

⑨ 대여금에 대한 20×2년 이자 200억원을 수취하였다.

⑩ 배당금 150억원을 지급하였다.

⑪ 20×2년 법인세 250억원을 납부하였다.

1	분 개

〈표 3-18〉 거래의 분개

(단위 : 억원)

①		(차) 현　　　금	1,000	(대) 보통주자본금	1,000
②		(차) 현　　　금	900	(대) 장 기 차 입 금	900
③		(차) 상　　　품	1,600	(대) 현　　　금	1,600
④	④a	(차) 현　　　금	3,200	(대) 매　　　출	3,200
	④b	(차) 매 출 원 가	1,500	(대) 상　　　품	1,500
⑤		(차) 장 기 대 여 금	2,000	(대) 현　　　금	2,000
⑥		(차) 급 여 비 용	500	(대) 현　　　금	500
⑦		(차) 임 차 비 용	400	(대) 현　　　금	400
⑧		(차) 이 자 비 용	300	(대) 현　　　금	300
⑨		(차) 현　　　금	200	(대) 이 자 수 익	200
⑩		(차) 배 당 금	150	(대) 현　　　금	150
⑪		(차) 법 인 세 비 용	250	(대) 현　　　금	250

〈표 3-18〉의 모든 분개는 〈예제 3-3〉에서 설명된 형태의 분개이다. 따라서 여기서 분개의 자세한 설명은 생략한다.

2	전 기

실무에서는 거의 모든 기업이 잔액식 계정원장을 해가 지나도 계속 사용하기 때문에 추가 작업 없이 20×2년 분개의 전기가 될 수 있다. 그러나 T 계정 또는 잔액식 T 계정 (본서와 같이)을 사용하는 경우에는 새해가 되면 T 계정을 새로 설정하고 20×2년 분개를 전기하기 전에 〈그림 3-16〉 또는 〈그림 3-17〉과 같이 기초잔액을 기록해야 한다. 기록되어야 할 기초잔액은 〈표 3-12〉 20×1년 말 마감후시산표에 나타나 있는 재무상태표 계정잔액이다.

〈그림 3-16〉 기초잔액의 기록—T 계정

현금

기초 190	

〈그림 3-17〉 기초잔액의 기록—잔액식 T 계정

현금

		기초 190(차)

또는

현금

기초		190(차)

아래의 〈그림 3-18〉은 재무상태표 계정에 20×2년 기초잔액을 기록한 다음 〈표 3-18〉의 분개를 전기한 후의 총계정원장이다.

〈그림 3-18〉 전기 후 총계정원장

(단위 : 억원)

현금

기초			190(차)
①	1,000		1,190(차)
②	900		2,090(차)
		③ 1,600	490(차)
④a	3,200		3,690(차)
		⑤ 2,000	1,690(차)
		⑥ 500	1,190(차)
		⑦ 400	790(차)
		⑧ 300	490(차)
⑨	200		690(차)
		⑩ 150	540(차)
		⑪ 250	290(차)

상품

기초			200(차)
③	1,600		1,800(차)
		④b 1,500	300(차)

토지

기초		2,200(차)

보통주자본금

기초			1,000(대)
		① 1,000	2,000(대)

장기대여금

기초			800(차)
⑤	2,000		2,800(차)

장기차입금

기초			2,000(대)
		② 900	2,900(대)

이익잉여금

기초		390(대)

배당금

⑩	150		150(차)

매출

		④a 3,200	3,200(대)

이자수익

		⑨ 200	200(대)

매출원가

④b 1,500		1,500(차)

급여비용

⑥	500		500(차)

임차비용

⑦	400		400(차)

이자비용

⑧	300		300(차)

법인세비용

⑪	250		250(차)

3 | 시산표 작성

〈표 3-19〉 시 산 표

새한백화점   20×2년 12월 31일   (단위 : 억원)

차 변	계 정 과 목	대 변
290	현 금	
300	상 품	
2,800	장 기 대 여 금	
2,200	토 지	
	장 기 차 입 금	2,900
	보 통 주 자 본 금	2,000
	이 익 잉 여 금	390
150	배 당 금	
	매 출	3,200
	이 자 수 익	200
1,500	매 출 원 가	
500	급 여 비 용	
400	임 차 비 용	
300	이 자 비 용	
250	법 인 세 비 용	
8,690	합 계	8,690

4~6 | 나머지 단계

나머지 단계는 제4단계 마감, 제5단계 마감후시산표 작성, 그리고 제6단계 재무제표의 작성 단계이다. 이들 단계는 기초잔액이 없는 회계순환과정(현금)을 다룬 〈예제 3-3〉을 참조하여 수행할 수 있다. 단지, 다음의 세 항목만 〈예제 3-3〉과 다르다. 다른 항목은 1) 손익계산서의 주당이익을 계산할 때 유통보통주식수가 전년도보다 당해연도 발행주식수만큼 증가되었고, 2) 현금흐름표에 기초현금 잔액이 보고되고, 3) 자본변동표에 보통주자본금과 이익잉여금 기초잔액이 보고된다.

K-IFRS 참조 (http://www.kasb.or.kr)

[1] 기업회계기준서 제1016호 '유형자산', 문단 30.

[2] '상게서', 문단 31.

[3] 기업회계기준서 제1007호 '현금흐름표', 문단 31.

주요 용어

거래(transaction) : 기업의 재무상태에 영향을 미치는 측정 가능한 경제적 사건 (p.84)

계정(account) : 자산, 부채, 자본, 수익, 비용의 각 항목별로 증가와 감소 거래를 차변과
　　　대변으로 나누어 기록하도록 만든 회계장부 (p.94)

마감분개(closing journal entries) : 손익계산서 계정과 배당금 계정을 마감하기 위한 분개
　　　(p.108)

마감후시산표(post-closing trial balance) : 마감분개를 전기한 후 작성하는 시산표
　　　(p.113)

복식부기(double-entry bookkeeping) : 현금거래의 경우 현금의 수입 및 지출을 한 번 기
　　　록하고 추가로 그 발생원인을 두 번째로 기록하는 것과 같이 하나의 거래를 두 가지
　　　측면에서 분류·기록하는 장부 기록방법 (p.86)

부기(bookkeeping) : 거래를 회계장부에 기록하는 것 (p.84)

분개(journal entry) : 계정기입법칙에 따라 각 거래별로 어떤 계정, 어느 쪽(차변 또는 대
　　　변)에, 얼마가 기록되어야 하는지를 보여주는 거래기록 지시 (p.97)

시산표(trial balance) : 기말에 각 계정의 잔액을 나열하고 차변잔액 합계와 대변잔액 합
　　　계가 일치하는지를 확인하여 회계기록의 정확성을 검증하는 표 (p.106)

역사적 원가원칙(historical cost principle) : 취득원가원칙을 뜻하며, 취득원가가 과거(역
　　　사)에 지급한 금액이기에 역사적 원가라 한 것임 (p.93)

전기(posting) : 분개를 계정에 적는 과정 (p.98)

집합손익(income summary) : 회계장부 마감과정에서 수익과 비용계정잔액을 요약하기
　　　위하여 임시로 설정해 놓은 계정 (p.108)

취득원가원칙(acquisition cost principle) : 재무상태표상에 보고되는 자산을 자산취득 시
　　　교환가격인 취득원가에 의하여 평가한다는 원칙 (p.93)

T 계정분석(T account analysis) : T 계정을 이용하여 일정 계정의 차변분개와 대변분개의

발생원인을 파악하는 작업 (p.118)

회계순환과정(accounting cycle) : 재무제표 작성을 위하여 매 기간 반복해서 수행하는 장
　　부 기록 과정 (p.102)

연습문제

1. 회계등식 ①

다음 표의 빈칸에 들어갈 금액을 계산하라.

(단위 : 억원)

사례	기초			기말			증자	감자	수익	비용	배당금
	자산	부채	자본	자산	부채	자본					
A	300	①	100	②	250	150	20	10	③	400	30
B	④	300	200	600	⑥	⑤	40	20	700	600	50

2. 회계등식 ②

다음 표의 빈칸에 들어갈 금액을 계산하라.

(단위 : 억원)

사례	기초자본	기말자본	증자	감자	수익	비용	배당금
A	①	350	120	90	450	400	30
B	200	②	40	50	250	210	20
C	500	450	③	80	340	320	60
D	650	550	80	④	700	770	50
E	270	310	30	20	⑤	80	10
F	900	1,060	240	280	1,500	⑥	100
G	460	740	60	50	960	600	⑦

3. 회계등식 ③

다음 표의 빈칸에 들어갈 금액을 계산하라. 증자 및 감자는 없다.

(단위 : 억원)

사례	기초자산	기초부채	기말부채	기말자본	수익	비용	배당금
A	3,000	1,800	1,900	①	2,000	1,700	600
B	4,000	②	2,900	1,900	3,000	1,900	600
C	③	2,500	2,800	3,500	5,000	5,700	200
D	5,300	3,200	3,500	2,600	④	3,000	1,000
E	5,900	2,400	2,500	3,300	2,700	⑤	700
F	6,500	2,500	3,500	4,200	4,800	3,400	⑥

4. 회계등식을 이용한 거래의 기록

다음은 20×1년 대한택배의 현금거래이다.

① 액면가 5,000원인 보통주 1,000만주를 20×1년 초에 액면가에 발행하고 500억원을 수취하였다.

② 은행에서 300억원을 5년간 차입하였다.

③ 사무실을 임차하고 20×1년 임차료 60억원을 지급하였다.

④ 택배서비스를 제공하고 200억원을 수취하였다.

⑤ 토지를 매입하고 400억원을 지급하였다.

⑥ 20×1년 종업원 급여 90억원을 지급하였다.

⑦ 차입금에 대한 20×1년 이자 10억원을 지급하였다.

《물음》

(1) 아래의 회계등식표에 거래를 기록하라.

(단위 : 억원)

거래 번호	자 산		=	부 채	+	자 본				
						보통주 자본금	이익잉여금			
	현금	+ 토지	=	장기 차입금	+		+ 용역수수료 수익	- 급여 비용	- 임차 비용	- 이자 비용
①			=							
②			=							
③			=							
④			=							
⑤			=							
⑥			=							
⑦			=							
기말 잔액		+	=	+	+		-	-	-	

(2) 대한택배의 20×1년 손익계산서를 작성하라.

(3) 대한택배의 20×1년 말 재무상태표를 작성하라.

5. 거래의 분석

다음은 20×1년 코리아컨설팅의 현금거래이다.

① 액면가 1,000원인 보통주 1억주를 액면가에 발행하고 1,000억원을 수취하였다.

② 은행에서 1,700억원을 5년간 차입하였다.

③ 사무실을 임차하고 20×1년 임차료 120억원을 지급하였다.

④ 토지를 매입하고 2,000억원을 지급하였다.

⑤ 컨설팅 용역을 제공하고 900억원을 수취하였다.

⑥ 건물을 매입하고 500억원을 지급하였다.

⑦ 차입금에 대한 20×1년 이자 150억원을 지급하였다.

⑧ 광고서비스를 받고 수수료 50억원을 지급하였다.

⑨ 20×1년 종업원 급여 400억원을 지급하였다.

《물음》

위의 거래를 분석하여 다음 표를 완성하라. (예로 제시한 ①번 거래분석방법과 동일한 방법으로 ②번 거래부터 작성할 것)

거래번호	거래가 미치는 영향			
	차 변		대 변	
	계 정 과 목	증 감	계 정 과 목	증 감
①	현 금	증	보통주자본금	증
②				
③				
④				
⑤				
⑥				
⑦				
⑧				
⑨				

6. 시산표 작성

다음은 20×1년 말 한국(주)의 회계장부에서 추출한 자료이다.

(단위 : 억원)

계 정 과 목	금 액	계 정 과 목	금 액
현 금	60	매 출	650
단 기 대 여 금	170	이 자 수 익	40
상 품	260	매 출 원 가	300
토 지	250	급 여 비 용	100
단 기 차 입 금	150	보 험 비 용	20
장 기 차 입 금	80	광 고 비	50
보 통 주 자 본 금	200	이 자 비 용	10
이 익 잉 여 금	?	법 인 세 비 용	30

《물음》

한국(주)의 20×1년 말 시산표를 작성하라.

7. 시산표를 활용한 재무제표 작성

다음은 20×1년 말 대한(주)의 시산표이다.

시산표

대한(주)	20×1년 12월 31일	(단위 : 억원)

차　　변	계 정 과 목	대　　변
170	현　　　　　　　　금	
120	단 기 대 여 금	
530	상　　　　　　　품	
3,000	토　　　　　　　지	
	단 기 차 입 금	340
	장 기 차 입 금	800
	보 통 주 자 본 금	1,500
	이 익 잉 여 금	550
20	배　　　　　　　당	
	매　　　　　　　출	2,700
	이 자 수 익	10
1,350	매 출 원 가	
320	급 여 비 용	
20	광 고 비	
30	보 험 비 용	
40	이 자 비 용	
300	법 인 세 비 용	
5,900	합　　　　　　　계	5,900

《물음》

(1) 대한(주)의 20×1년 손익계산서를 작성하라. 20×1년 유통보통주식수는 1억주이었다.

(2) 대한(주)의 20×1년 말 재무상태표를 작성하라.

8. 분개와 전기

다음은 (주)한국상사의 20×1년 현금거래이다.

① 액면가 5,000원인 보통주 1,000만주를 액면가에 발행하고 500억원을 수취하였다.

② 은행에서 700억원을 5년간 차입하였다.

③ 상품 500억원을 매입하였다.

④ 원가가 200억원인 상품을 450억원에 판매하였다.

⑤ 토지를 매입하고 900억원을 지급하였다.

⑥ 20×1년 건물 임차료 60억원을 지급하였다.

⑦ 원가가 150억원인 상품을 300억원에 판매하였다.

⑧ 광고서비스를 받고 120억원을 지급하였다.

⑨ 20×1년 종업원 급여 200억원을 지급하였다.

《물음》

(1) 위의 거래를 분개하라.

(2) 분개를 잔액식 T 계정에 전기하라.

9. 거래의 추정 ①

다음은 대명(주)의 총계정원장에서 추출한 자료이다.

(단위 : 억원)

	현금		
①	100		100(차)
②	200		300(차)
		③ 160	140(차)
④a	250		390(차)
		⑤ 150	240(차)
		⑥ 80	160(차)
		⑦ 40	120(차)
		⑧ 10	110(차)

	상품		
③	160		160(차)
		④b 100	60(차)

	토지		
⑤	150		150(차)

	장기차입금		
		② 200	200(대)

	보통주자본금		
		① 100	100(대)

	매출		
		④a 250	250(대)

	매출원가		
④b	100		100(차)

	급여비용		
⑥	80		80(차)

	임차비용		
⑦	40		40(차)

	이자비용		
⑧	10		10(차)

《물음》 거래번호별로 (1) 분개를 작성하고, (2) 거래를 설명하라.

10. 거래의 추정 ②

다음은 코리아컨설팅의 분개이다.

(단위 : 억원)

①	(차)	현 금	200	(대)	보통주자본금	200
②	(차)	현 금	190	(대)	용역수수료수익	190
③	(차)	토 지	100	(대)	현 금	100
④	(차)	현 금	150	(대)	단 기 차 입 금	150
⑤	(차)	임 차 비 용	30	(대)	현 금	30
⑥	(차)	이 자 비 용	20	(대)	현 금	20
⑦	(차)	급 여 비 용	80	(대)	현 금	80
⑧	(차)	보 험 비 용	40	(대)	현 금	40

《물음》 거래번호별로 거래를 설명하라.

11. 마감분개―용역회사

다음은 마산 컨설팅의 20×1년 12월 31일 시산표를 요약한 것이다.

시산표 요약

(단위 : 억원)

과 목	금 액	과 목	금 액
현 금	20	토 지	530
단 기 차 입 금	100	보통주자본금	400
배 당 금	10	용역수수료수익	560
임 차 비 용	120	광 고 비	50
급 여 비 용	250	보 험 비 용	40
이 자 비 용	10	법 인 세 비 용	30

참고 : 모든 계정잔액은 정상잔액임

《물음》 마감분개를 작성하라.

12. 마감분개—상품매매업

다음은 광주상회의 20×1년 12월 31일 시산표를 요약한 것이다.

시산표 요약

(단위 : 억원)

과　　목	금　액	과　　목	금　액
현　　　　　금	20	상　　　　　품	800
토　　　　　지	2,000	장 기 차 입 금	1,500
보 통 주 자 본 금	1,000	배　　당　　금	60
매　　　　　출	4,100	매 출 원 가	1,880
임　차　비　용	600	급　여　비　용	800
광　　고　　비	50	보　험　비　용	40
이　자　비　용	120	법 인 세 비 용	230

참고 : 모든 계정잔액은 정상잔액임

《물음》 마감분개를 작성하라.

13. 회계순환과정(현금)—용역회사 : 기초잔액이 없는 경우 ①

다음은 한국컨설팅의 20×1년 현금거래이다.

① 액면가 1,000원인 보통주 2,000만주를 20×1년 초에 액면가에 발행하고 200억원을 수취하였다.
② 은행에서 100억원을 1년간 차입하였다.
③ 토지를 매입하고 270억원을 지급하였다.
④ 사무실을 임차하고 20×1년 임차료 20억원을 지급하였다.
⑤ 컨설팅 용역을 고객에게 제공하고 100억원을 수취하였다.
⑥ 광고서비스를 제공받고 30억원을 지급하였다.
⑦ 20×1년 종업원 급여 50억원을 지급하였다.
⑧ 컨설팅 용역을 고객에게 제공하고 60억원을 수취하였다.
⑨ 20×1년 이자 10억원을 지급하였다.
⑩ 20×1년 법인세 30억원을 납부하였다.
⑪ 배당금 10억원을 지급하였다.

13-1. 분개, 전기, 시산표 작성

《물음》

(1) 분개를 작성하라.

(2) 분개를 잔액식 T 계정에 전기하라.

(3) 시산표를 작성하라.

13-2. 마감분개, 전기, 마감후시산표 작성

다음은 시산표를 요약한 것이다.

시산표 요약

(단위 : 억원)

과 목	금 액	과 목	금 액
현 금	40	토 지	270
단 기 차 입 금	100	보 통 주 자 본 금	200
배 당 금	10	용 역 수 수 료 수 익	160
임 차 비 용	20	광 고 비	30
급 여 비 용	50	이 자 비 용	10
법 인 세 비 용	30		

참고 : 모든 계정잔액은 정상잔액임

《물음》

(1) 마감분개를 작성하라.

(2) 마감분개를 전기하라.

(3) 마감후시산표를 작성하라.

13-3. 재무제표 작성

《물음》

(1) 손익계산서를 작성하라.

(2) 재무상태표를 작성하라.

(3) 1) 현금계정을 분석하고 2) 현금흐름표를 작성하라.

  (보고항목 분류에 예외가 허용되지 않는 것으로 가정함)

(4) 1) 자본계정에 대한 T 계정분석을 하고 2) 자본변동표를 작성하라.

14. 회계순환과정(현금)—상품매매기업 : 기초잔액이 없는 경우 ②

다음은 한국백화점의 20×1년 현금거래이다.

① 액면가 1,000원인 보통주 1억주를 20×1년 초에 액면가에 발행하고 1,000억원을 수취하였다.
② 은행에서 1,500억원을 5년간 차입하였다.
③ 건물을 임차하고 20×1년 임차료 120억원을 지급하였다.
④ 상품을 매입하고 1,000억원을 지급하였다.
⑤ 매입원가가 600억원인 상품을 1,100억원에 판매하였다.
⑥ 토지를 매입하고 2,000억원을 지급하였다.
⑦ 20×1년 보험료 40억원을 지급하였다.
⑧ 광고서비스를 제공받고 50억원을 지급하였다.
⑨ 20×1년 종업원 급여 300억원을 지급하였다.
⑩ 20×1년 이자 70억원을 지급하였다.

14-1. 분개, 전기, 시산표 작성

《물음》

(1) 분개를 작성하라.
(2) 분개를 잔액식 T 계정에 전기하라.
(3) 시산표를 작성하라.

14-2. 마감분개, 전기, 마감후시산표 작성

다음은 시산표를 요약한 것이다.

시산표 요약

(단위 : 억원)

과 목	금 액	과 목	금 액
현 금	20	상 품	400
토 지	2,000	장 기 차 입 금	1,500
보 통 주 자 본 금	1,000	매 출	1,100
매 출 원 가	600	급 여 비 용	300
광 고 비	50	보 험 비 용	40
임 차 비 용	120	이 자 비 용	70

참고 : 모든 계정잔액은 정상잔액임

《물음》

(1) 마감분개를 작성하라.

(2) 마감분개를 전기하라.

(3) 마감후시산표를 작성하라.

14-3. 재무제표 작성

《물음》

(1) 손익계산서를 작성하라.

(2) 재무상태표를 작성하라.

(3) 1) 현금계정을 분석하고 2) 현금흐름표를 작성하라.

　　(보고항목 분류에 예외가 허용되지 않는 것으로 가정함)

(4) 1) 자본계정에 대한 T 계정분석을 하고 2) 자본변동표를 작성하라.

15. 회계순환과정(현금)—상품매매기업 : 기초잔액이 있는 경우

다음은 조국백화점의 20×1년 말 재무상태표와 20×2년 현금거래이다.

재무상태표

조국백화점(주)　　　　　20×1년 12월 31일 현재　　　　　(단위 : 억원)

과　목	금　액		과　목	금　액	
자산			부채		
유동자산		40	비유동부채		200
현금	40		원가금융부채 :		
비유동자산		300	장기차입금	200	
유형자산 :			부채 총계		200
토지	300		자본		
			자본금		100
			보통주	100	
			이익잉여금		40
			자본 총계		140
자산 총계		340	부채 및 자본 총계		340

〈20×2년 현금거래〉

① 액면가 1,000원인 보통주 2,000만주를 20×2년 초에 액면가에 발행하고 200억원을 수취하였다.

② 은행에서 차입금 250억원을 10년간 차입하였다.

③ 상품을 매입하고 420억원을 지급하였다.

④ 매입원가가 270억원인 상품을 550억원에 판매하였다.

⑤ 토지를 매입하고 290억원을 지급하였다.

⑥ OS마트에게 100억원을 10개월간 대여하였다.

⑦ 건물을 임차하고 20×2년 임차료 50억원을 지급하였다.

⑧ 20×2년 종업원 급여 90억원을 지급하였다.

⑨ 20×2년 이자 10억원을 수취하였다.

⑩ 20×2년 이자 30억원을 지급하였다.

⑪ 20×2년 법인세 40억원을 납부하였다.

⑫ 배당금 20억원을 지급하였다.

15-1. 분개, 전기, 시산표 작성

《물음》

(1) 20×2년 거래를 분개하라.

(2) 잔액식 T 계정을 만들고 기초잔액을 기록한 후 20×2년 분개를 전기하라.

(3) 시산표를 작성하라.

15-2. 재무제표 작성

다음은 시산표를 요약한 것이다.

시산표 요약

(단위 : 억원)

과 목	금 액	과 목	금 액
현 금	10	단 기 대 여 금	100
상 품	150	토 지	590
장 기 차 입 금	450	보통주 자본금	300
이 익 잉 여 금	40	배 당 금	20
매 출	550	이 자 수 익	10
매 출 원 가	270	임 차 비 용	50
급 여 비 용	90	이 자 비 용	30
법 인 세 비 용	40		

참고 : 모든 계정잔액은 정상잔액임

《물음》

(1) 손익계산서를 작성하라.

(2) 재무상태표를 작성하라.

(3) 1) 현금계정을 분석하고 2) 현금흐름표를 작성하라.

　　 (보고항목 분류에 예외가 허용되지 않는 것을 가정함)

(4) 1) 자본계정에 대한 T 계정분석을 하고 2) 자본변동표를 작성하라.

4

발생주의와 재무제표 작성

제4장 개요

　본 장에서는 (1) 손익계산서의 바탕이 되고 있는 발생주의와 (2) 현금흐름표의 바탕이 되고 있는 현금주의를 비교·설명한다. 그 다음 발생주의에 의한 수익과 비용의 인식기준과 발생주의를 적용할 때 기말에 수정분개가 필요한 이유를 검토한다. 그리고 수정분개 유형에 대하여 알아본다. 마지막으로 발생주의를 적용하는 경우 회계순환과정(발생)을 설명한다.

제1절

이익의 측정 : 현금주의와 발생주의

이익은 기업의 경영성과를 나타내 주는 매우 중요한 정보이다. 이익을 측정하는 방법으로 발생주의(accrual basis)와 현금주의(cash basis) 두 방법이 있다.

〈박스 4-1〉 인식이란?

회계에서 인식(recognition)은 거래를 장부에 기록하는 행위를 뜻한다. 이를 위해서는 거래를 언제, 얼마의 금액으로 기록할 것인가를 결정해야 한다. 종합하면, 인식이란 회계거래를 화폐금액으로 측정하고 이를 자산, 부채, 자본, 수익, 비용 등으로 구분하여 장부에 기록함으로써 재무제표에 보고하는 행위를 말한다.

발생주의에서는 영업활동에서 현금의 수입과 지출의 원인이 발생한 시점에서 수익과 비용이 인식된다. 따라서 발생주의에서 이익은 이렇게 인식된 수익에서 비용을 차감하여 계산된다. 만일 수익이 비용보다 크면 순이익(net income)이 보고되고, 수익이 비용보다 작으면 순손실(net loss)이 보고된다.

반면에 현금주의에서는 영업활동에서 발생한 현금수취에서 현금지출을 차감하여 현금주의이익(또는 순영업현금)이 계산된다. 만일 현금수취가 현금지출보다 많으면 현금주의이익(또는 순영업현금유입)이 보고된다. 만일 현금수취가 현금지출보다 작으면 현금주의손실(또는 순영업현금유출)이 보고된다.

그러면 어떠한 방법이 보다 의미있는 이익을 보고하는가? 이를 아래의 예제에서 설명한다.

〈예제 4-1〉 현금주의와 발생주의 비교

　　김나라 군은 편의점에서 아르바이트를 하고 있으며 아르바이트에서 얼마나 재무적 성과를 거두었는가를 평가하려고 한다. 김 군의 재무적 성과는 아르바이트로부터 얻은 수익에서 아르바이트에 소요된 비용을 차감하여 계산될 수 있다. 아르바이트 수익은 김 군이 근무한 시간에 시간당 수당을 곱하여 계산된다. 아르바이트 비용은 교통비, 식비 등을 포함한다.

　　김 군은 아르바이트 수당을 실제로 근무한 다음 달 1일에 수령한다. 김 군은 1월부터 아르바이트를 시작하였다. 김 군은 그 달에 200시간 근무하였으며, 시간당 수당은 4,000원이었다. 아르바이트를 위한 비용은 200,000원이며 모두 1월에 현금 지급되었다.

　　발생주의에서는 실제로 아르바이트 용역을 제공한 시점에 수익을 인식하므로 1월 아르바이트 수익은 800,000원(200시간 × 4,000원)이다. 실제로 1월 급여를 현금으로 받은 시점은 2월 1일이기 때문에 현금주의를 적용하면 1월 아르바이트에 의한 현금수취는 보고되지 않는다. 아르바이트 비용 200,000원은 1월에 발생하여 1월에 지급되었기 때문에 발생주의에서는 1월 비용으로, 현금주의에서도 1월 현금지출로 인식된다. 따라서 발생주의의 경우 수익이 800,000원 그리고 비용이 200,000원이므로 1월 성과는 600,000원의 순이익으로 평가된다. 현금주의에 의한 1월 성과는 현금지출 200,000원만 보고되어 200,000원의 순손실(즉, 순영업현금유출)로 평가된다. 반면에 현금주의에 의한 2월 성과는 현금수취 800,000원이 보고되어 800,000원의 순이익(즉 순영업현금유입)으로 평가된다.

　　이와 같이 발생주의이익은 투입된 노력의 결과인 성과를 적절하게 반영시키는 반면, 현금주의이익(즉, 순영업현금)은 이를 적절하게 반영시키지 못하고 있다. 따라서 오늘날의 손익계산서는 발생주의로 작성되고 있다. 그러나 현금주의 정보도 중요한 보조정보로 인식되어 현금흐름표에 순영업현금이 보고되고 있다.

　　다음 절에서는 상품매매기업과 용역회사 각각에서 발생주의와 현금주의의 차이를 설명한다. 위의 사례는 발생주의와 현금주의 차이 중 한 유형만을 보여주었다. 다음 절에서 발생주의와 현금주의의 차이를 4가지 유형으로 분류하여 각 유형을 구체적으로 설명한다.

1.1 상품매매기업

상품매매기업에 있어서 발생주의에 의한 수익은 상품매출액(현금매출과 외상매출 모두 포함)이며 비용은 판매된 상품의 매입원가(매출원가)이다. (매출은 제6장에서 매출원가는 제7장에서 세부적으로 검토됨) 반면에 현금수취는 상품을 판매하고 회수한 현금금액이며, 현금지출은 상품을 매입하고 지급한 현금금액이다. 이러한 관계가 〈그림 4-1〉에 표현되어 있다.

〈그림 4-1〉 상품매매기업에서 발생주의와 현금주의

구 분	1월	2월	3월	4월	4월 말 재무상태표
경제적 사건	상품외상매입	매입채무지급	상품외상판매	매출채권회수	
매출채권			매출 : 120억원	(−)70억원	50억원
상품	100억원		매출원가 : 80억원		20억원
매입채무	100억원	(−)60억원			40억원
발생주의 (손익계산서)			수익 : 120억원(매출) 비용 : 80억원(매출원가)		
현금주의 (현금흐름표)		지출 : 60억원 (현금유출)		수납 : 70억원 (현금유입)	

〈그림 4-1〉에서 볼 수 있는 바와 같이 1월에 상품 100억원을 외상으로 매입하여

매입채무가 100억원 기록되었다. 2월에 매입채무 60억원이 지급되었다. (상품과 매입채무는 제7장에서 세부적으로 검토됨) 3월에는 매입원가 80억원의 상품을 120억원에 외상으로 판매하여 매출채권이 120억원 기록되었다. 4월에 매출채권 70억원이 회수되었다. (매출채권은 제6장에서 세부적으로 검토됨)

이러한 경우 발생주의에 의하면 1월과 2월, 그리고 4월에는 수익과 비용이 인식되지 않는다. 단지 판매가 이루어진 3월에 매출 120억원과 매출원가 80억원이 각각 수익과 비용으로 인식된다. 그 결과 4월에 순이익 40억원이 보고된다. (수익인식과 비용인식에 대한 이론은 아래의 제2절에서 세부적으로 검토됨)

현금주의에 의하면 1월과 3월에는 현금수취와 현금지출이 없으므로 수취와 지출이 보고되지 않는다. 2월에는 수취는 없고 지출만 60억원이 있어 순영업현금유출 60억원이 보고된다. 4월에는 지출이 없고 수취만 70억원이 있어 순영업현금유입 70억원이 보고된다.

1.2 용역회사

다음 〈예제 4-2〉는 용역회사에 있어서 발생주의와 현금주의의 차이를 보여준다.

〈예제 4-2〉 용역회사에서 발생주의와 현금주의의 차이

20×1년 1월 초에 설립된 대한컨설팅회사는 1월에 140억원 컨설팅 용역을 외상으로 제공하였다. 1월에 현금 회수한 외상용역대금은 80억원이었다. 따라서 1월 말에 회수되지 않은 외상용역대금은 60억원이었다. 회사가 2월에는 150억원 컨설팅 용역을 외상으로 제공하였다. 현금 회수한 외상용역대금은 180억원이었다. 2월 말에 회수되지 않은 외상용역대금은 30억원이었다.

〈예제 4-2〉에서 1월과 2월 각각의 발생주의 용역수익과 현금주의 용역수입은 다음의 〈표 4-1〉과 같다.

〈표 4-1〉 발생주의 용역수익과 현금주의 용역수익

(단위 : 억원)

구 분	재무제표	1월	2월
용역수익-(발생주의)	손익계산서	140	150
현금수취-(현금주의)	현금흐름표	80	180
미수용역수수료	재무상태표(월말)	60	30

1월과 2월 각각의 발생주의 용역수익은 해당 월에 제공된 용역의 대가로 140억원과 150억원이다. 이들은 각 월별 손익계산서에 용역수익(실무에서는 매출이라고도 함)으로 보고된다. 1월과 2월 각각의 현금주의 용역수익인 현금수취는 해당 월에 현금으로 회수된 금액으로 80억원과 180억원이다. 이들은 현금흐름표에 '영업활동에 의한 현금유입'으로 보고된다. 1월 말과 2월 말 각각에 현금 회수되지 않은 외상용역대금은 60억원과 30억원이다. 이들은 각각의 월말 재무상태표에 미수용역수수료(실무에서는 매출채권이라고도 함)라는 자산으로 보고된다. (용역회사의 용역수익과 미수용역수수료는 상품매매기업의 매출과 매출채권과 같이 회계처리된다. 단지, 용역회사의 경우 매출원가가 기록되지 않는다는 것이 다르다.)

제2절

발생주의에 의한 수익과 비용의 인식

앞에서 설명한 바와 같이 오늘날 회계에서는 수익과 비용을 인식함에 있어서 발생주의를 적용하고 있다. 그러면 발생주의에 의한 수익과 비용은 어떤 기준에 의하여 인식되고 있는가? 이와 같은 기준은 손익계산서에 보고될 수익금액과 비용금액을 결정해 주는 매우 중요한 역할을 한다. 수익을 인식하기 위한 기준을 수익인식기준이라 하고, 비용을 인식하기 위한 기준을 수익·비용대응기준이라고 한다.

2.1 수익인식기준

발생주의에서는 영업활동에서 수익발생원인이 나타난 시점을 기준으로 수익을 기록한다. 이러한 시점을 판단하는 기준을 수익인식기준(revenue recognition principle)이라 한다. K-IFRS[1]에 의하면 수익을 인식하려면 다음의 두 가지 조건을 만족하여야 한다.

ⓐ 수익금액을 신뢰성 있게 측정할 수 있어야 하고,
ⓑ 수익과 관련된 경제적 대가의 유입가능성이 높아야 한다.

실무에서는 수익은

① (a) '실현되었거나'(realized) 또는 (b) '실현 가능하고'(realizable),
② '벌었을'(earned) 때 인식한다는 지침을 적용하여 수익인식시점을 정하고 있다.

첫 번째 지침인 ①의 (a) '실현되었다'는 것은 판매자와 매입자 사이에 교환이 있어 현금유입이나 또는 매출채권과 같은 현금청구권이 발생하였다는 것이다. ①의 (b) '실현 가능하다'는 것은 활성화된 시장이 있어 판매자와 매입자 사이에 교환이 없더라도 항시 시장가격을 알 수 있다는 것이다. 이 두 경우 재화의 교환가격이나 시장가격이 있어

K-IFRS의 조건 ⓐ-수익금액을 신뢰성 있게 측정 가능한 것이다.

두 번째 지침인 ② '벌었다'는 것은 수익을 창출하기 위해 수행되어야 할 과정이 거의 모두 진행되었다는 것이다. 그 결과 K-IFRS의 조건 ⓑ-수익의 대가를 받을 가능성이 높다는 것을 의미한다.

수익창출과정이란 기업이 수익을 얻기 위하여 수행하는 일련의 활동을 말한다. 상품매매기업의 경우 수익창출과정은 〈그림 4-2〉와 같이 표현될 수 있다.

〈그림 4-2〉 상품매매기업의 수익창출과정

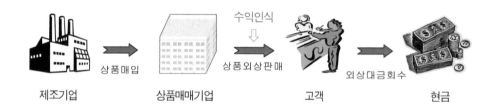

〈그림 4-2〉에서 볼 수 있는 바와 같이 상품매매기업의 수익창출과정은 상품을 제조기업에서 매입하여 고객에게 외상판매하고 외상판매대금을 현금 회수하는 활동으로 구성되어 있다. 일반적으로 〈그림 4-2〉에 표시된 것과 같이 상품매매기업은 상품판매가 이루어진 시점에서 수익을 인식한다. 그 이유는 1) 판매자와 매입자 간의 교환가격, 즉 매매가격이 형성되어 실무지침 ①의 (a) '실현되었다'는 것을 만족하여 수익금액을 신뢰성 있게 측정할 수 있고, 2) 매입, 매장 진열, 외상판매 등의 중요한 수익창출과정이 수행되어 실무지침 ② '벌었다'는 것을 만족하여 판매대금의 회수가능성이 높기 때문이다.

판매시점은 판매대금회수과정이 수행되지 않은 시점인데도 불구하고 실무지침 ② '벌었다'를 만족하는 시점으로 하였다. 그 이유는 일반적으로 상품을 외상 판매할 때까지의 과정이 중요하고 외상대금회수과정은 전체 수익창출과정의 미미한 부분이기 때문이다. 그런데도 불구하고 만일 외상대금회수 시점에서 수익을 인식한다면 중요한 수익창출과정이 수행된 시점이 아닌 현금수납시점에서 수익이 보고된다. 따라서 이러한 수익인식은 앞의 발생주의와 현금주의의 비교에서 제시한 바와 같이 경영성과를 왜곡 보고하는 문제점을 발생시킨다.

상품의 판매대금을 판매 전에 선수금으로 미리 받은 경우에 수익을 인식할 수 있을까? 상품을 매입자에게 배달을 한 다음에 수익을 인식해야 한다. 그 이유는 1) 매입자에게 상품을 배달하는 것이 수익창출과정 중에 중요한 부분을 차지하여 이를 수행하기 전까지 '벌었다'고 할 수가 없고, 2) 수납된 판매대금은 상품배달을 하지 않으면 환불해 주어야 하기 때문에 궁극적으로 유입되었다고 할 수 없다.

상품을 매입하여 정가표를 부치고, 매장에 진열한 다음에 수익을 인식할 수 있을까? 상품을 판매한 다음에만 수익을 인식해야 한다. 그 이유는 1) 정가표에 있는 가격은 매가할인 등으로 조정될 수 있기 때문에 신뢰성 있는 수익금액이 아니고 2) 고객을 만나 상품을 판매하는 과정이 수익창출과정 중 중요한 비중을 차지하여 판매 전에는 '벌었다'고 할 수 없기 때문이다.

위의 상품 외상판매의 경우는 판매자와 매입자 간에 교환이 이루어져 실무지침 ①의 (a) '실현되었다'를 만족한 경우이다. 이러한 교환이 일어나지 않았는데도 수익을 신뢰성 있게 측정할 수 있는 경우가 실무지침 ①의 (b) '실현 가능하다'의 경우이다. 활성화된 시장이 있는 경우에는 시장가격이 항상 형성되어 있어 교환이 없었어도 시장가격으로 수익이 신뢰성 있게 측정될 수 있다. 제2장에서 간략하게 소개되었고 부록에서 자세히 검토될 공정가치측정 당기손익인식(공가당손익)금융자산평가이익이 이렇게 인식되는 수익의 예이다. 공가당손익금융자산을 매각하지 않았는데도 불구하고 활성화된 시장의 시장가격(공정가치)으로 수익금액이 신뢰성 있게 측정될 수 있기 때문에 수익이 인식되는 것이다. (아래의 〈박스 4-2〉 '판매시점 이외의 수익인식 시점' 중 〈생산종료 시점〉에서 수익을 인식하는 산업실무가 또 하나의 예임)

〈박스 4-2〉 판매시점 이외의 수익인식 시점

산업의 특성상 판매시점 이외에 생산도중, 생산완료, 현금수납시점에서 수익이 인식되는 경우가 있다. 이러한 산업별 실무도 일반적인 수익인식기준을 적용한 결과이다.

〈생산 도중〉
장기건설공사의 경우 공사가 완공된 다음에 공사수익을 인식하면 수년간 공사수익을 보고하지 않고 있다가 공사가 완공된 해에 총공사수익을 보고하는 문제점이 발생한다. 따라서 공사진행률을 신뢰성 있게 측정할 수 있다면 생산과정 도중에 수익을 인식한다. 장기건설공사에서 총공사수익금액은 이미 정해져 있는 공사계약금액이다. 따라서 언급한 바와 같이 공사진행률을 신뢰성 있게 측정할 수 있다면 매년 인식되어야 할 공사수익금액을 신뢰성 있게 측정할 수 있다. 1년 간의 건설공사는 수익창출과정의 중요한 부분이라고 할 수 있고 또한 공사진척 도에 따라 공사대금을 청구하기 때문에 공사수익대금의 유입가능성이 높다. 따라서 공사진행률을 신뢰성 있게 측정할 수 있다면 공사 진행 정도에 따라 수익을 인식한다. 이를 공사진행기준이라 한다. (K-IFRS[2])

공사진행률 또는 공사원가를 신뢰성 있게 측정할 수 없는 경우에는 이익을 내지 않는 범위 내에서 공사대금청구에 의하여 회수 가능한 공사금액을 공사수익으로 인식한다. (K-IFRS[3])

〈생산종료 시점〉

금이나 은 등 귀금속 채굴업에서는 생산이 종료되는 시점에서 수익을 인식한다. 예를 들어 금광채굴제련기업의 경우 제련된 금의 시장가격이 항상 형성되어 있어서 수익이 '실현 가능하여' 수익금액을 객관적으로 측정할 수 있다. 그리고 금광을 채굴·제련하는 과정은 수익창출과정에서 중요한 과업이라고 할 수 있다. 따라서 금채굴기업은 생산이 완료된 시점, 즉 제련시점에서 수익을 인식한다. (같은 이유로 시장가격이 항상 형성되어 있는 가공된 육류를 생산하는 육가공업체나 정부의 수매가가 공표되어 있는 곡물을 다루는 농산물 업체도 생산완료시점에서 수익을 인식한다.) (K-IFRS[4])

〈현금수납 시점〉

상품을 장기할부 판매하는 기업은 현금수취 시점에서 수익을 인식한다. 장기할부 판매의 경우 판매대금의 수금과정이 전체 수익창출과정에서 중요한 비중을 차지하기 때문에 장기할부 판매가 되었다고 하더라도 '벌었다'고 할 수가 없다. 또한 판매시점에서 판매대금의 회수가능성이 낮다고 할 수 있다. 따라서 판매시점에서 수익을 인식하지 않고 판매대금 수취시점에서 수익을 인식한다. (K-IFRS[5])

이와 같은 판매시점 이외의 수익인식시점에 대한 세부적인 내용은 중급회계에서 다루어진다.

2.2 수익·비용 대응기준 : 비용인식기준

수익·비용 대응기준(revenue-expense matching principle)이란 일정수익을 창출하기 위하여 발생한 비용은 당해 수익이 인식된 회계기간에 인식되어야 한다는 기준이다. 예를 들어 A 회사가 20×1년에 현금 100억원을 지급하고 상품을 매입하고, 20×2년에 이를 150억원에 외상판매한 후 20×3년에 매출채권을 회수하였다고 하자. 이 경우에 상품판매로 인한 수익, 즉 매출수익 150억원은 20×2년에 기록된다. 그리고 수익·비용 대응기준에 의하여 매출수익을 얻기 위하여 제공된 상품의 원가 100억원은 당해 매출수익이 인식된 20×2년에 매출원가라는 비용으로 인식된다. 그 결과 20×2년 매출총이익 50억원이 보고된다.

위의 A 회사의 경우 20×1년에 매입한 상품 100억원은 20×1년 말 재무상태표에 상품이라는 재고자산으로 보고된다. 그리고 20×2년 외상매출대금 150억원은 20×2년 말 재무상태표에 매출채권으로 보고된다. 이렇게 수익·비용 대응기준을 적용하게 되면 자산(또는 부채)이 인식된다. 이렇게 발생한 자산 또는 부채가 자산 또는 부채의 평가기준에 맞지 않는 경우 어느 기준이 우선하는가? 과거에 손익계산서를 중요시할 때에는 수익·비용 대응기준을 우선시하였다. K-IFRS[6]는 자산·부채 평가기준을 우선시하고 있다. K-IFRS[7]가 재고자산의 실제 가치를 반영하지 못하는 후입선출원가계산식을 허용하지 않는 것은 이러한 이유 때문이다. (후입선출을 포함한 다양한 원가계산식은 제7장에서 검토됨)

비용을 수익에 대응하는 요령은 아래의 〈표 4-2〉와 같이 다음의 6가지로 요약할 수 있다. 1) 위에서 검토한 매출원가는 특정수익과 직접 대응되어 비용으로 처리된다. 매출의 일정비율로 지급되는 판매수수료가 또 하나의 예이다. 2) 이자는 기간의 경과에 따라 발생되기 때문에 기간의 경과에 따라 비용을 인식한다. 이를 기간대응이라 한다. 임차비용이 또 하나의 예이다. 3)ⓐ 소모품과 같은 경우 사용하여 없어지면 비용 처리한다. 여비교통비, 통신비, 수도광열비 등이 이에 속한다. 3)ⓑ 광고비, 접대비 등은 그 효과와 효과의 지속기간이 불확실하다는 이유로 발생 시(광고 또는 접대 시점) 직접 비용으로 인식한다. 4) 한 회계기간 동안 비유동자산의 사용 비용인 감가상각비는 자산의 원가를 자산 사용가능기간에 걸쳐 배분하여 계산된다(제8장에서 검토). 5) 자산의 가치가 감소한 경우 그 가치감소는 해당 가치감소가 발생한 기간에 비용으로 보고되어야 한다. 대손상각비가 예이다(제6장에서 검토). 6) 법인세비용은 이익에 비용을 대응한 결과이다.

〈표 4-2〉 비용대응요령

	대응요령		예
1)	수익과 대응		매출원가, 판매수수료(매출액기준)비용
2)	기간대응		이자비용, 임차비용
3)	직접 비용처리	ⓐ 소모 또는 사용	소모품비용, 여비교통비, 통신비, 수도광열비
		ⓑ 불확실성	광고비, 접대비
4)	원가배분		감가상각비, 무형자산상각비
5)	자산평가		대손상각비
6)	이익과 대응		법인세비용

제3절

수정분개

3.1 수정분개의 의의

앞에서 검토한 바와 같이 손익계산서와 재무상태표는 발생주의에 기초하고 있다. 기업들은 발생주의를 매일매일 적용하기보다는 다음의 단계를 거쳐 수행한다.

단계 1) 현금거래(제3장에서 검토하였음)와 상품의 외상매입과 외상매출거래(제6 장과 제7장에서 세부적으로 검토될 것임)를 연말까지 일단 분개 및 전기를 한다.

단계 2) 연말에 수정분개를 작성하여 단계 1)의 결과를 발생주의 정보로 전환한 후에 재무제표를 작성한다.

이와 같이 수정분개는 연말에 현금흐름정보(상품의 외상매입과 외상매출 포함)를 발생주의 정보(손익계산서와 재무상태표에 보고되어야 할 정보)로 전환시키는 분개이다.

일반 분개는 주로 현금거래와 외상거래를 분개하는 것이기 때문에 입금전표나 출금전표 또는 송장 등 다양한 객관적 자료를 이용하여 쉽게 작성할 수 있다. 그러나 수정분개를 작성하기 위해서는 1) 수정을 해야 하는 항목을 식별하고 2) 각 수정항목에 대한 약정서, 계약서 등의 자료를 입수하여 필요정보를 발췌해야 한다.

3.2 수정분개의 유형

수정분개는 현금주의 정보를 발생주의 정보로 전환하는 것이기 때문에 그 자체가 현금주의 이익, 즉 순영업현금과, 발생주의 이익, 즉 손익계산서에 보고되는 당기순이익과의 차이이다. 순영업현금과 당기순이익과의 차이가 발생하는 이유는 현금흐름시점이 수익이나 비용의 인식시점과 다르기 때문이다. 이들 차이는 다음의 〈표 4-3〉과 같이 4가지 유형으로 분류된다. 우선 이들 차이는 수익과 관계되는 것과 비용과 관계되는 것으로 분류된다. 그 다음 이들 차이는 현금흐름이 수익 또는 비용 인식의 '후'에 있는 그룹과 '전'에 있는 그룹으로 분류된다.

수익의 경우 현금흐름이 수익인식 '후'에 있는 경우, 즉 후수취인 경우 '후취'로 구분되었고, 수익인식 '전'에 있는 경우, 즉 선수취인 경우 '선취'로 구분되었다. 이때 발생하는 재무상태표 항목이 전자의 경우 미수수익이고 후자의 경우 선수수익이다.

비용의 경우 수익과 같은 요령으로 현금흐름이 비용인식 '후'에 있는 경우, 즉 후지급인 경우 '후급'으로 구분되었고, 비용인식 '전'에 있는 경우, 즉 선지급인 경우 '선급'으로 구분되었다. 이때 발생하는 재무상태표 항목이 전자의 경우 미지급비용이고 후자의 경우 선급비용이다.

각 유형별로 수정분개를 설명하기 위하여 〈예제 4-3〉에서부터 〈예제 4-6〉까지 4개의 예제를 제시한다. 이들 예제는 수익이나 비용이 시간의 함수로 인식되어 계산이 비교적 수월한 이자수익 또는 이자비용을 다루고 있다.

〈표 4-3〉 수정분개의 유형

구 분	발생주의 인식 '후'에 현금흐름	발생주의 인식 '전'에 현금흐름
수 익	'후취'	'선취'
	3.2.1 미수수익 〈예제 4-3〉	3.2.2 선수수익 〈예제 4-4〉
비 용	'후급'	'선급'
	3.2.3 미지급비용 〈예제 4-5〉	3.2.4 선급비용 〈예제 4-6〉

3.2.1 미수수익

미수수익은 재화나 용역을 제공하여 발생한 수익이지만 아직 현금수취가 안 된 것을 말한다. 미수수익은 수익 발생에 의한 현금청구권이기에 자산으로 분류된다. 매출채권, 미수용역수수료, 미수이자, 미수임대료가 그 예이다. 여기에서는 미수이자를 예제로 하여 미수수익에 따른 수정분개를 설명한다.

〈예제 4-3〉 미수이자

　　DH 종합상사(주)는 20×1년 6월 1일에 2,400억원을 거래처인 AR 제조 회사에게 대여하였다. 대여기간은 1년이었고, 이자율은 연리 20%이었으며, 이자는 '후취'이었다. 따라서 DH 종합상사(주)는 1년분 이자를 대여금 원금과 같이 대여기간 만기일에 회수하였다. 회사의 회계연도는 12월 31일에 끝난다.

(1) 거래의 분석

아래의 〈그림 4-3〉은 이자수익과 이자수취거래를 분석하기 위하여 작성한 것이다.

〈그림 4-3〉 이자수익, 미수이자 그리고 이자수취

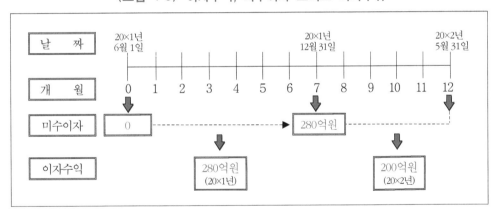

위의 〈그림 4-3〉에 제시된 바와 같이 발생주의 이자수익은 대여기간 경과에 따라 벌어들인 이자이다. 따라서 20×1년 이자수익은 6월 1일부터 12월 31일까지 7개월분 이자 280억원(2,400억원 × 20% × 7/12)이다. 20×2년 이자수익은 1월 1일부터 5월 31일까지 5개월분 이자 200억원(2,400억원 × 20% × 5/12)이다. 이들 금액은 각각 20×1년과 20×2년 손익계산서에 이자수익으로 보고된다. 이자수취는 20×1년에는 없고, 20×2년에 480억원이다. 이 금액은 20×2년 현금흐름표에 '투자활동으로 인한 현금유입'으로 보고된다. 20×1년 이자수익 280억원은 20×1년 말 현재 현금수취가 안 되었기 때문에 20×1년 말 재무상태표에 미수이자라는 자산으로 보고된다. 이 미수이자 280억원은 20×2년 이자수익 200억원과 함께 20×2년 5월 31일에 현금으로 받게 되면 없어진다. 아래의 〈표 4-4〉는 이러한 분석내용을 정리한 것이다.

〈표 4-4〉 거래분석 요약─미수이자

(단위 : 억원)

구 분	재무제표	20×1년	20×2년
이자수익(발행주의)	손익계산서	280	200
이자수취(현금주의)	현금흐름표	-	480
미수이자	재무상태표(연말)	280	-

(2) 분개

〈예제 4-3〉에서부터 〈예제 4-6〉까지의 모든 분개는 아래와 같이 1) 수정분개 전에 20×1년에 작성하는 분개, 2) 20×1년 말에 작성하는 수정분개, 그리고 3) 이듬해인 20×2년에 작성하는 분개로 구분하였다. 모든 분개의 단위는 억원이다.

1) 수정 전 20×1년 분개
20×1년 6월 1일 2,400억원 단기대여는 아래와 같이 분개된다.

20×1년 6월 1일 :

(차) 단기대여금	2,400	(대) 현　　　금	2,400

2) 수정분개
20×1년 말에 미수되어 있는 20×1년 이자수익은 280억원이다. 따라서 다음의 수정분개가 작성되어야 한다.

20×1년 12월 31일 :

(차) 미 수 이 자	280	(대) 이 자 수 익(20×1년)	280

이자수익 280억원은 20×1년에 집합손익계정에 마감된다.

3) 20×2년(다음 연도)의 분개

미수이자 280억원과 20×2년 이자수익 200억원의 합계 480억원이 20×2년 5월 31일에 수취된다. 또한 단기대여금 2,400억원이 같은 날 회수된다. 다음은 이들 거래를 분개한 것이다.

20×2년 5월 31일 :

(차) 현 금	480	(대) 이 자 수 익(20×2년)	200
		미 수 이 자	280

(차) 현 금	2,400	(대) 단기대여금	2,400

(참고 : 위의 두 분개를 합하여 현금계정에 2,880억원을 차기(차변에 기록)하는 하나의 복합분개를 작성할 수도 있음)

〈박스 4-3〉 역분개―미수수익

역분개(우리나라 실무에서는 **환원분개**라고도 함)는 전년도 수정분개의 차변과 대변을 거꾸로 하여 작성하는 분개이다. 역분개는 전년도 장부를 마감한 후 당해연도에 작성하여 전기한다. 역분개의 작성은 옵션이다. 즉, 역분개는 회계기록 업무를 간편하게 해주지만 반드시 해야 하는 것은 아니다. 모든 수정분개가 역분개 대상이 아니다. 단지 현금수취를 수익으로 기록하고 현금지급을 비용으로 기록하는 거래와 연관된 수정분개(미수수익과 미지급비용)만이 역분개 대상이다. 현금수취를 부채로 기록하고 현금지급을 자산으로 기록하는 거래와 연관된 수정분개(선수수익과 선급비용)는 역분개를 하면 안 된다.

20×2년에 작성해야 할 DH 종합상사의 미수이자에 대한 역분개는 다음과 같다.

(단위 : 억원)

| (차) 이자수익(20×2년) | 280 | (대) 미수이자 | 280 |

20×2년 5월 31일에 이자 480억원을 수취하였을 때 다음과 같은 분개를 작성해야 한다.

| (차) 현금 | 480 | (대) 이자수익(20×2년) | 480 |

위의 두 분개를 전기하면 역분개를 하지 않았을 때와 같이 미수이자 280억원이 상쇄되고 20×2년 이자수익 200억원이 인식되는 결과를 얻는다. 역분개를 하지 않았을 때는 20×2년 5월 31일 현금수취 분개를 작성하기 위하여 미수이자를 확인해야 한다. 그러나 역분개를 한 경우에는 미수이자의 확인 없이 수취된 현금 전액을 이자수익(20×2년)으로 기록하는 편리함이 있다.

3.2.2 선수수익

선수수익은 미수수익과는 반대로 재화나 용역을 제공하기 전, 즉 수익을 인식하기 전에 미리 받은 현금이다. 선수수익은 앞으로 재화나 용역을 제공하여야 할 의무를 뜻하기 때문에 부채로 분류된다. 선수수익은 향후에 수익이 실질적으로 발생하면 수익으로 전환된다. 선수금, 선수용역수수료, 선수이자, 선수임대료가 선수수익의 예이다. 선수금은 재화를 제공하기 전에 고객으로부터 미리 받은 매출대금이다. 선수용역수수료는 용역을 제공하기 전에 고객으로부터 미리 받은 용역대금이다. 이들은 앞에서 검토한 매출채권, 미수용역수수료와 현금수취 시점을 반대로 달리한 것이다. 여기에서는 선수이자를 예로 하여 선수수익에 따른 수정분개를 설명한다.

〈예제 4-4〉 선수이자

　　　DH 종합상사(주)는 20×1년 10월 1일에 3,000억원을 거래처인 ST 제조
회사에게 대여하였다. 대여기간은 1년이었고, 이자율은 연리 20%이었으며,
이자는 '선취'이었다. 따라서 DH 종합상사(주)는 대여금에서 1년분 이자를 차
감한 금액을 대여일에 지급하였다.

---

(1) 거래의 분석

아래의 〈그림 4-4〉는 이자수익과 이자수취거래를 분석하기 위하여 작성한 것이다.

〈그림 4-4〉 이자수취, 선수이자 그리고 이자수익

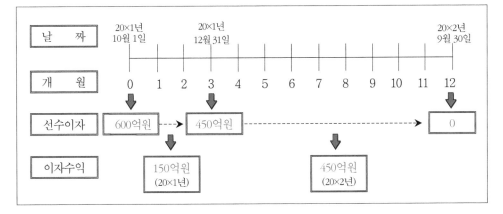

위의 〈그림 4-4〉에 제시된 바와 같이 발생주의에 의한 이자수익은 대여기간 경과
에 따라 벌어들인 이자이다. 따라서 20×1년 이자수익은 10월 1일부터 12월 31일까지
3개월분 이자 150억원(3,000억원 × 20% × 3/12)이다. 20×2년 이자수익은 1월 1일부
터 9월 30일까지 9개월분 이자 450억원(3,000억원 × 20% × 9/12)이다. 이들 금액은
각각 20×1년과 20×2년 손익계산서에 이자수익으로 보고된다. 이자수취는 20×1년에
600억원이고, 20×2년에는 없다. 이 금액은 20×1년 현금흐름표에 '투자활동으로 인한

현금유입'으로 보고된다. 20×1년 말 현재 선수이자로 받은 현금 600억원 중 150억원
은 20×1년 이자수익이다. 그리고 나머지 450억원은 20×2년 이자수익을 미리 받은 것
이므로 20×1년 말 재무상태표에 선수이자라는 부채로 보고된다. 이 선수이자는 대여기
간이 만료되면 20×2년 이자수익으로 전환된다. 다음의 〈표 4-5〉는 이러한 분석을 정
리한 것이다.

〈표 4-5〉 거래분석 요약─선수이자

(단위 : 억원)

구 분	재무제표	20×1년	20×2년
이자수익(발행주의)	손익계산서	150	450
이자수취(현금주의)	현금흐름표	600	–
선수이자	재무상태표(연말)	450	–

(2) 분개

1) 수정전 20×1년 분개

20×1년 10월 1일 3,000억원 단기대여와 선수이자 600억원 수취는 다음과 같이
분개된다.

20×1년 10월 1일 :

(차) 단기대여금	3,000	(대) 현　　　　　금	3,000

(차) 현　　　　　금	600	(대) 선 수 이 자	600

(참고 : 현금계정에 2,400억원을 대기(대변에 기록)하는 하나의 복합분개를 작성
할 수 있음)

2) 수정분개

선수이자 600억원 중에 20×1년 이자수익은 150억원이다. 따라서 다음의 수정분개가 작성되어야 한다.

20×1년 12월 31일 :

(차) 선 수 이 자	150	(대) 이 자 수 익(20×1년)	150

20×1년 이자수익 150억원은 20×1년에 집합손익계정에 마감된다.

3) 20×2년(다음 연도)의 분개

20×2년 9월 30일 선수이자 450억원이 20×2년 이자수익이 되고 단기대여금 3,000억원이 회수된다. 다음은 이들 거래를 분개한 것이다.

20×2년 9월 30일 :

(차) 선 수 이 자	450	(대) 이 자 수 익(20×2년)	450
(차) 현 금	3,000	(대) 단 기 대 여 금	3,000

3.2.3 미지급비용

미지급비용은 발생된 비용이나 아직 현금으로 지급하지 않은 것을 뜻한다. 미지급비용은 미래에 현금으로 지급되어야 할 의무이기 때문에 부채로 분류된다. 미지급임차료, 미지급급여, 미지급이자가 미지급비용의 예이다. 여기서는 미지급이자의 예제를 통해서 미지급비용에 따른 수정분개를 검토한다.

> 〈예제 4-5〉 미지급이자
>
> DH 종합상사(주)는 20×1년 5월 1일에 1,000억원을 AE 은행에서 차입하였다. 차입기간은 1년이었고, 이자율은 연리 12%이었으며, 이자는 '후급'이었다. 따라서 회사는 1년분 이자를 만기일에 원금과 같이 지급하였다.

(1) 거래의 분석

아래의 〈그림 4-5〉는 이자비용과 이자지급거래를 분석하기 위하여 작성한 것이다.

〈그림 4-5〉 이자비용, 미지급이자 그리고 이자지급

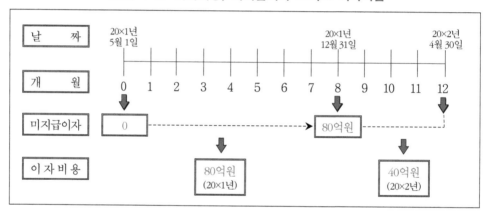

위의 〈예제 4-5〉는 차입한 경우이고 앞에서 검토한 〈예제 4-3〉은 대여한 경우이기 때문에 모든 용어가 상호 대칭을 이룬다. 대칭 용어는 대여 vs 차입, 이자수익 vs 이자비용, 미수이자 vs 미지급이자, 이자수취 vs 이자지급 등이다.

위의 〈그림 4-5〉에 제시된 바와 같이 발생주의 이자비용은 차입기간 경과에 따라 발생한 이자이다. 따라서 20×1년 이자비용은 20×1년 5월 1일부터 12월 31일까지 8개월분의 이자 80억원(1,000억원 × 12% × 8/12)이다. 20×2년 이자비용은 20×2년 1월 1일부터 4월 30일까지 4개월분의 이자 40억원(1,000억원 × 12% × 4/12)이다. 이들 금액은 각각 20×1년과 20×2년 손익계산서에 이자비용으로 보고된다. 이자지급은 20×1년에는 없고, 20×2년에는 120억원이다. 이 금액은 현금흐름표에 '재무활동으로 인한 현금유출'로 보고된다. 20×1년 이자비용 80억원은 20×1년 말 현재 현금지급이 안 되었기 때문에 20×1년 말 재무상태표에 미지급이자라는 부채로 보고된다. 이 미지급이자 80억원은 20×2년 이자비용 40억원과 함께 20×2년 4월 30일에 현금으로 지급되면 없어진다. 아래의 〈표 4-6〉은 이러한 분석내용을 정리한 것이다.

〈표 4-6〉 거래분석 요약－미지급이자

(단위 : 억원)

구 분	재무제표	20×1년	20×2년
이자비용(발행주의)	손익계산서	80	40
이자지급(현금주의)	현금흐름표	－	120
미지급이자	재무상태표(연말)	80	－

(2) 분개

1) 수정전 20×1년 분개

20×1년 5월 1일 1,000억원 단기차입은 아래와 같이 분개된다.

20×1년 5월 1일 :

(차) 현　　　　금	1,000	(차) 단 기 차 입 금	1,000

2) 수정분개

20×1년 말에 미지급되어 있는 20×1년 이자비용이 80억원이다. 따라서 다음의 수정분개가 작성되어야 한다.

20×1년 12월 31일 :

(차) 이자비용(20×1년)	80	(대) 미 지 급 이 자	80

이자비용 80억원은 20×1년에 집합손익계정에 마감된다.

3) 20×2년(다음 연도)의 분개

미지급이자 80억원과 20×2년 이자비용 40억원의 합계 120억원이 20×2년 4월 30일에 지급된다. 또한 단기차입금 1,000억원이 같은 날 지급·상환된다. 다음은 이들 거래를 분개한 것이다.

20×2년 4월 30일:

(차) 이자비용(20×2년)	40	(대) 현　　　　금	120
미　지　급　이　자	80		

(차) 단　기　차　입　금	1,000	(대) 현　　　　금	1,000

(참고 : 현금계정에 1,120억원을 대기하는 하나의 복합분개를 작성할 수 있음)

〈박스 4-4〉 역분개─미지급비용

20×2년 DH 종합상사의 미지급이자에 대한 역분개는 다음과 같다.

(차) 지급이자	80	(대) 이자비용(20×2년)	80

20×2년 4월 30일에 이자 120억을 지급하였을 때 다음과 같이 분개한다.

(차) 이자비용(20×2년)	120	(대)현금	120

이 두 분개의 결과 미지급이자 80억원이 상쇄되고 20×2년 이자비용이 40억원 인식되어 역분개를 하지 않았을 때와 같은 결과를 얻는다. 역분개를 하지 않았을 때는 20×2년 4월 30일에 현금을 지급하였을 때에 미지급이자가 얼마나 있는지를 확인해야 분개의 작성이 가능하다. 그러나 역분개를 한 경우에는 미지급이자의 확인 없이 지급된 현금 전액을 이자비용(20×2년)으로 기록하는 편리함이 있다.

3.2.4 선급비용

　선급비용은 미지급비용과 반대로 향후 발생할 비용을 현금으로 미리 지급한 것이다. 선급비용은 대가를 미리 지급한 재화나 용역을 제공받을 수 있는 권리를 뜻하기 때문에 자산으로 분류된다. 선급비용은 향후에 비용이 실질적으로 발생하면 없어진다. 선급임차료, 선급보험료, 선급이자가 선급비용의 예이다. 여기서는 선급이자를 예로 들어 선급비용에 따른 수정분개를 검토한다.

〈예제 4-6〉 선급이자

　DH 종합상사(주)는 20×1년 4월 1일에 800억원을 PE 은행에서 차입하였다. 차입기간은 1년이었고, 이자율은 연리 10%이었으며, 이자는 '선급'이었다. 따라서 회사는 차입금에서 1년분 이자를 차감한 금액을 차입일에 수납하였다.

---

(1) 거래의 분석

　아래의 〈그림 4-6〉은 이자비용과 이자지급거래를 분석하기 위하여 작성한 것이다.

〈그림 4-6〉 이자지급, 선급이자 그리고 이자비용

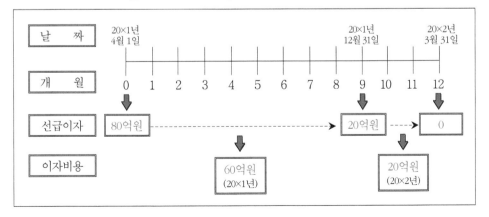

　앞에서 〈예제 4-5〉 미지급이자와 〈예제 4-3〉 미수이자가 대칭을 이루듯이 아래

의 〈예제 4-6〉 선급이자는 〈예제 4-4〉 선수이자와 대칭을 이룬다.

위의 〈그림 4-6〉에 제시된 바와 같이 발생주의 이자비용은 차입기간 경과에 따라 발생한 이자이다. 20×1년 이자비용은 20×1년 4월 1일부터 12월 31일까지 9개월분의 이자 60억원(800억원 × 10% × 9/12)이다. 20×2년 이자비용은 20×2년 1월 1일부터 3월 31일까지 3개월분의 이자 20억원(800억원 × 10% × 3/12)이다. 이들 금액은 각각 20×1년과 20×2년 손익계산서에 이자비용으로 보고된다. 이자지급은 20×1년에 80억원이고, 20×2년에는 없다. 이 금액은 현금흐름표에 '재무활동으로 인한 현금유출'로 보고된다. 20×1년 초에 지급한 현금 80억원 중 20억원은 20×2년 이자비용을 미리 지급한 것이기 때문에 20×1년 말 재무상태표에 선급이자라는 자산으로 보고된다. 선급이자는 20×2년에 차입기간이 경과되면 이자비용으로 전환된다. 아래의 〈표 4-7〉은 이러한 분석내용을 정리한 것이다.

〈표 4-7〉 거래분석 요약―선급이자

(단위 : 억원)

구 분	재무제표	20×1년	20×2년
이자비용(발행주의)	손익계산서	60	20
이자지급(현금주의)	현금흐름표	80	―
선급이자	재무상태표(연말)	20	―

(2) 분개

1) 수정 전 20×1년 분개

20×1년 4월 1일 800억원의 차입과 선급된 이자 80억원은 다음과 같이 분개된다.

20×1년 4월 1일 :

(차) 현 금	800	(대) 단 기 차 입 금	800

(차) 선 급 이 자	80	(대) 현 금	80

(참고 : 현금계정에 720억원을 차기하는 복합분개를 작성할 수 있음)

2) 수정분개

선급이자 80억원 중 20×1년 이자비용은 60억원이다. 따라서 다음의 수정분개가
작성되어야 한다.

20×1년 12월 31일 :

(차) 이자비용(20×1년)	60	(대) 선 급 이 자	60

이자비용 60억원은 20×1년에 집합손익계정에 마감된다.

3) 20×2년(다음 연도)의 분개

20×2년 3월 31일 선급이자 20억원이 20×2년 이자비용이 되고 단기대차입금 800
억원이 상환된다. 다음은 이들 거래를 분개한 것이다.

20×2년 3월 31일 :

(차) 이자비용(20×2년)	20	(대) 선 급 이 자	20
(차) 단 기 차 입 금	800	(대) 현 금	800

제4절

회계순환과정(발생)

　수정분개가 있는 회계순환과정(발생)은 아래의 〈그림 4-7〉에 제시된 바와 같이 수정분개가 없는 회계순환과정(현금)보다 두 단계가 추가되어 있다. 그 두 단계는 제4단계 '수정분개 작성 및 전기'와 제5단계 '수정후시산표 작성'이다. 제4단계는 기말에 시산표를 작성한 다음에 수정항목들을 찾아내고 이를 분개장에 분개한 후 계정에 전기하는 작업을 말한다. 제5단계는 수정분개가 전기된 후에 시산표를 작성하는 것을 말한다. 따라서 여기에서는 수정분개와 연관된 제1단계부터 제5단계까지만 검토하고 제3장 회계순환과정(현금)에서 다룬 제6단계부터 제8단계까지의 설명은 생략한다. 그리고 수정분개가 영향을 미치는 손익계산서와 재무상태표만이 검토된다. 추가자료에서는 손익계산서 정보와 현금흐름표 정보의 차이가 설명된다.

〈그림 4-7〉 회계순환과정(발생)

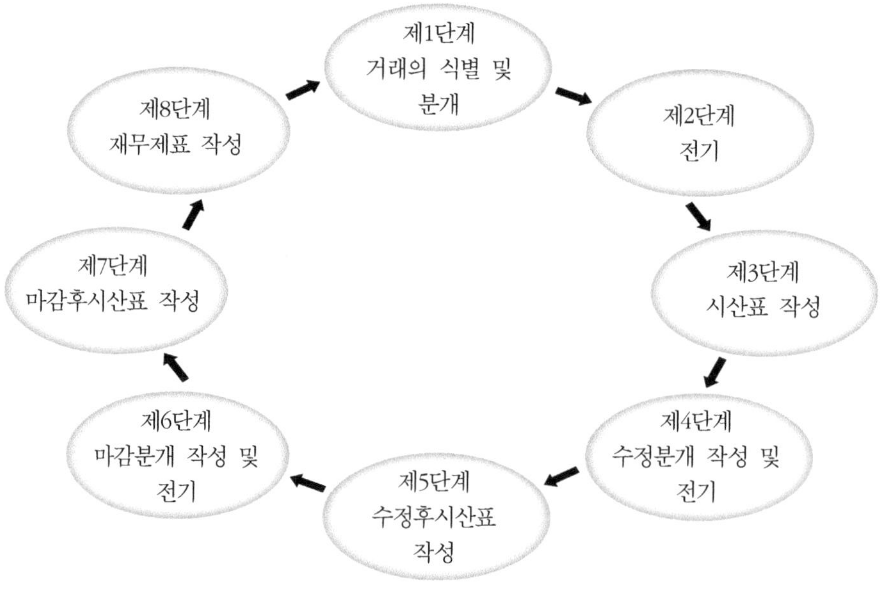

아래의 〈예제 4-7〉은 기초잔액이 없으나 수정분개가 있는 경우의 회계순환과정
(발생)을 다루고 있다. 기초잔액과 수정분개 둘 다 있는 경우의 회계순환과정(발생)은
제5장의 종합예제에서 검토된다.

〈예제 4-7〉 회계순환과정(발생)—용역회사 : 기초잔액이 없는 경우

　　코리아부동산은 20×1년에 설립되었는데, 다음의 〈표 4-8〉은 20×1년
거래이다.

〈표 4-8〉 20×1년 거래

거래번호	날 짜	거 래
①	1월 2일	액면가 5,000원인 보통주를 1,000만주를 액면가로 발행하고 현금 500억원을 수취하였다.
②	2월 1일	1,000억원을 은행에서 1년간 차입하였다.
③	3월 1일	건물을 임차하고 임차료 1,200억원을 미리 지급하였다.
④	10월 1일	건물의 사무실을 임대하고 임대료 2,400억원을 미리 수취하였다.
⑤	12월 30일	20×1년 종업원 급여 800억원을 현금으로 지급하였다.

1 거래의 식별 및 분개

〈표 4-9〉 분개

(단위 : 억원)

①	(차) 현	금	500	(대) 보통주자본금		500
②	(차) 현	금	1,000	(대) 단 기 차 입 금		1,000
③	(차) 선 급 임 차 료		1,200	(대) 현	금	1,200
④	(차) 현	금	2,400	(대) 선 수 임 대 료		2,400
⑤	(차) 급 여 비 용		800	(대) 현	금	800

현금수취와 현금지급 분개는 앞에서 검토되었다. 여기에서는 앞의 제3장에서 검토되지 않은 유형의 거래인 ③번과 ④번 거래만을 분석한다.

③번 거래는 건물을 임차하고 임차료 1,200억원을 미리 지급한 거래이다. 이 거래로 인하여 (선급임차료라는) 자산이 증가한다. 자산의 증가는 차변에 기록되어야 하기 때문에 선급임차료 계정 차변에 1,200억원이 분개되었다.

④번 거래는 사무실을 임대하고 임대료 2,400억원을 미리 받은 거래이다. 이 거래로 인하여 (선수임대료라는) 부채가 증가한다. 부채의 증가는 대변에 기록되어야 하기 때문에 선수임대료 계정 대변에 2,400억원이 분개되었다.

2 | 전 기

〈그림 4-8〉 전기 후 총계정원장

(단위 : 억원)

현금

①	500			500(차)
②	1,000			1,500(차)
		③	1,200	300(차)
④	2,400			2,700(차)
		⑤	800	1,900(차)

선급임차료

③	1,200	1,200(차)

선수임대료

④	2,400	2,400(대)

단기차입금

②	1,000	1,000(대)

보통주자본금

①	500	500(대)

급여비용

⑤	800		800(차)

3 │ 시산표 작성

〈표 4-10〉 시산표

코리아부동산 · 20×1년 12월 31일 · (단위 : 억원)

차 변	계 정 과 목	대 변
1,900	현 금	
1,200	선 급 임 차 료	
	선 수 임 대 료	2,400
	단 기 차 입 금	1,000
	보 통 주 자 본 금	500
800	급 여	
3,900	합 계	3,900

4 │ 수정분개 작성 및 전기

수정분개를 작성하기 위해 필요한 정보는 수정항목이 시산표에 수록되어 있는지 아닌지에 따라 다르다. 선수수익이나 선급비용은 시산표에 수록되어 있기 때문에 이들 항목을 별도로 찾을 필요가 없다. 단지 이들 항목을 수정하는 데 필요한 정보만 수집하면 된다. 미수수익이나 미지급비용은 시산표에 나타나지 않는다. 따라서 수익구조와 비용구조를 잘 이해하여 수정이 필요한 항목을 찾는 절차가 추가로 필요하다. 대부분의 경우 수정분개는 매년 반복되기 때문에 전년도 수정분개가 당해연도 수정분개 작성에 좋은 참고자료가 될 수 있다.

다음의 〈표 4-11〉은 수정분개 작성을 위해 수집된 추가정보를 정리한 것이다.

〈표 4-11〉 수정분개 작성을 위한 추가정보

	추가정보
ⓐ	10월 1일에 기록된 선수임대료 2,400억원은 1년 임대료이다.
ⓑ	3월 1일에 기록된 선급임차료 1,200억원은 1년 임차료이다.
ⓒ	5월 1일에 건물의 사무실을 임대하였다. 임대기간은 1년이고 1년 임대료 2,400억원은 1년 후인 20×2년 4월 30일에 받는다.
ⓓ	2월 1일에 차입한 차입금 1,000억원의 차입기간은 1년이고 이자율은 연 12%이며 이자는 차입 만기일에 지급된다.
ⓔ	20×1년도 법인세는 80억원이며 20×2년에 지급된다.

〈표 4-11〉의 ⓐ 선수임대료의 경우와 ⓑ 선급임차료의 경우에는 이들 항목의 수정에 필요한 정보를 해당 임대차계약서에서 수집해야 한다. ⓒ와 같은 미수임대료의 경우에는 우선 수익구조를 검토하여 미수임대료가 발생할 수 있다는 것을 인식하여야 한다. 그 다음 연관된 임대계약서를 검토하여 세부정보를 수집해야 한다. ⓓ와 같은 미지급이자의 경우에는 회사의 단기차입금 때문에 미지급이자가 발생할 수 있다는 것을 인식하고 그 다음 연관된 차입약정서에서 세부정보를 수집해야 한다. ⓔ와 같은 미지급법인세의 경우에는 추정법인세 정보를 입수해야 한다.

(1) 수정분개

위의 추가정보에 기초한 수정분개는 다음과 같다. 모든 분개의 단위는 억원이다.

1) 수정분개 ⓐ—선수임대료

〈그림 4-9〉 임대료 수취, 선수임대료 그리고 임대수익

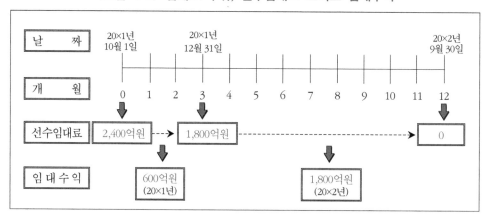

선수임대료 2,400억원 중 20×1년 임대수익은 3개월간(20×1년 10월 1일부터 20×1년 12월 31일까지) 임대료 600억원(2,400억원 × 3/12)이다. 따라서 다음의 수정분개가 작성되어야 한다.

ⓐ	(차) 선 수 임 대 료	600	(대) 임 대 수 익	600

2) 수정분개 ⓑ—선급임차료

〈그림 4-10〉 임차료 지급, 선급임차료 그리고 임차비용

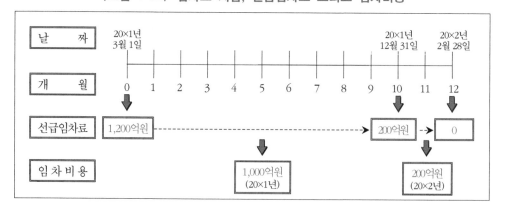

선급임차료 1,200억원 중 20×1년 임차비용은 10개월간(20×1년 3월 1일부터

20×1년 12월 31일까지) 임차료 1,000억원(1,200억원 × 10/12)이다. 따라서 다음의 수정분개가 작성되어야 한다.

ⓑ	(차) 임 차 비 용	1,000	(대) 선 급 임 차 료	1,000

3) 수정분개 ⓒ—미수임대료

〈그림 4-11〉 임대수익과 미수임대료

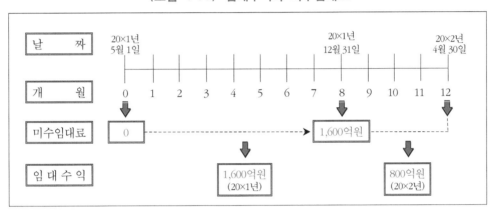

20×1년 말 미수되어 있는 20×1년 임대수익은 8개월간(20×1년 5월 1일부터 20×1년 12월 31일까지) 임대료 1,600억원(2,400억원 × 8/12)이다. 따라서 다음의 수정분개가 작성되어야 한다.

ⓒ	(차) 미 수 임 대 료	1,600	(대) 임 대 수 익	1,600

4) 수정분개 ⓓ—미지급이자

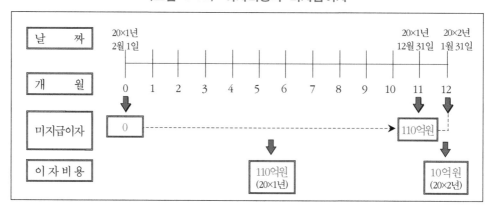

〈그림 4-12〉 이자비용과 미지급이자

20×1년 말에 미지급되어 있는 20×1년 이자비용은 11개월간(20×1년 2월 1일부터 20×1년 12월 31일까지) 이자 110억원(120억원 × 11/12)이다. 따라서 다음의 수정분개가 작성되어야 한다.

ⓓ	(차) 이 자 비 용	110	(대) 미 지 급 이 자	110

5) 수정분개 ⓔ—미지급법인세

20×1년 법인세비용이 80억원으로 추정되었다. 따라서 다음의 수정분개가 작성되어야 한다. (참고: 제3장은 미지급법인세와 같은 미지급비용을 기록하는 수정분개가 없는 경우의 회계순환과정(현금)을 다루었기 때문에 그 장에서는 법인세비용 전액을 당기에 현금으로 납부하였다고 가정하였음)

ⓔ	(차) 법인세비용	80	(대) 미지급법인세	80

다음의 〈표 4-12〉는 수정분개를 요약한 것이다.

〈표 4-12〉 수정분개

(단위 : 억원)

ⓐ	(차) 선수임대료	600	(대) 임 대 수 익	600
ⓑ	(차) 임 차 비 용	1,000	(대) 선 급 임 차 료	1,000
ⓒ	(차) 미수임대료	1,600	(대) 임 대 수 익	1,600
ⓓ	(차) 이 자 비 용	110	(대) 미 지 급 이 자	110
ⓔ	(차) 법인세비용	80	(대) 미지급법인세	80

(2) 수정분개의 전기

〈그림 4-13〉 수정분개 전기 후 총계정원장

(단위 : 억원)

미수임대료

ⓒ	1,600	1,600(차)

선급임차료

③	1,200	1,200(차)
ⓑ	1,000	200(차)

미지급이자

	ⓓ	110	110(대)

미지급법인세

	ⓔ	80	80(대)

선수임대료

	④	2,400	2,400(대)
ⓐ	600		1,800(대)

임대수익

	ⓐ	600	600(대)
	ⓒ	1,600	2,200(대)

임차비용

ⓑ	1,000	1,000(차)

이자비용

ⓓ	110	110(차)

법인세비용

ⓔ	80	80(차)

5 수정후시산표 작성

〈표 4-13〉 수정후시산표

코리아부동산   20×1년 12월 31일   (단위 : 억원)

차 변	계 정 과 목	대 변
1,900	현 금	
1,600	미 수 임 대 료	
200	선 급 임 차 료	
	미 지 급 이 자	110
	미 지 급 법 인 세	80
	선 수 임 대 료	1,800
	단 기 차 입 금	1,000
	보 통 주 자 본 금	500
	임 대 수 익	2,200
800	급 여 비 용	
1,000	임 차 비 용	
110	이 자 비 용	
80	법 인 세 비 용	
5,690	합 계	5,690

6	손익계산서와 재무상태표 작성

다음 〈표 4-14〉는 수정후시산표를 이용하여 작성된 손익계산서이다.

〈표 4-14〉 손익계산서

코리아부동산   20×1년 1월 1일부터 20×1년 12월 31일까지   (단위 : 억원)

과 목	금 액	
임대수익		2,200
영업비용		(−)1,800
급여비용	(−)800	
임차비용	(−)1,000	
영업이익		400
기타비용		(−)110
금융비용 :		
이자비용	(−)110	
법인세비용차감전순이익		290
법인세비용		(−)80
당기순이익		210
주당이익*		2,100원*

* 210억원/1천만주 = 2,100원

일반적으로 재무상태표는 마감후시산표를 이용하여 작성된다. 그러나 여기에서는 마감후시산표 작성이 생략되었기 때문에 아래의 〈표 4-15〉 재무상태표는 수정후시산표와 손익계산서를 이용하여 작성되었다.

〈표 4-15〉 재무상태표

코리아부동산 20×1년 12월 31일 현재 (단위 : 억원)

과 목	금 액		과 목	금 액	
자산			부채		
유동자산		3,700	유동부채		2,990
현금	1,900		미지급이자	110	
미수임대료	1,600		미지급법인세	80	
선급임차료	200		선수임대료	1,800	
			원가금융부채 :		
			단기차입금	1,000	
			부채 총계		2,990
			자본		
			자본금		500
			보통주	500	
			이익잉여금		210*
			자본 총계		710
자산 총계		3,700	부채 및 자본 총계		3,700

* 손익계산서의 당기순이익

◎ 제4절 추가자료

현금흐름표 정보와 손익계산서 정보의 차이 : 기초잔액이 없는 경우

1) 현금흐름표
다음의 〈표 4-16〉은 〈예제 4-7〉 코리아부동산의 현금계정분석이고 〈표 4-17〉은 현금흐름표이다.

〈표 4-16〉 현금계정 분석

현금   (단위 : 억원)

거래번호	기업활동	상대계정	금액	거래번호	기업활동	상대계정	금액
①	재무활동	보통주자본금	500	③	영업활동	선급임차료	1,200
②	재무활동	단기차입금	1,000	⑥	영업활동	급여비용	800
⑤	영업활동	선수임대료	2,400				

〈표 4-17〉 현금흐름표

코리아부동산   20×1년 1월 1일부터 20×1년 12월 31일   (단위 : 억원)

항 목	금	액
영업활동 현금흐름		
고객으로부터의 수취현금	2,400	
공급자와 종업원에게 지급된 현금	(−)2,000	
영업에서 창출된 현금	400	
영업활동 순현금		400
재무활동 현금흐름		
보통주의 발행	500	
단기차입금의 차입	1,000	
재무활동 순현금		1,500
현금의 순증가		1,900
기초 현금		−
기말 현금		1,900

2) 현금흐름표 정보와 손익계산서 정보의 차이 : 기초잔액이 없는 경우

다음의 〈표 4-18〉은 〈예제 4-7〉 코리아부동산의 현금흐름표 정보와 손익계산서 정보의 차이와 그 차이의 발생원인을 보여주고 있다.

〈표 4-18〉 현금흐름표 정보와 손익계산서 정보의 차이 : 기초잔액이 없는 경우

(단위 : 억원)

현금흐름표			손익계산서		차 이* Ⓐ－Ⓑ		차이원인
항목(거래번호)		금액 Ⓐ	과목	금액 Ⓑ			과목
고객으로 부터의 현금수취	임대료수취 ⑤	2,400	임 대 수 익	2,200	200	(-)1,600	미 수 임 대 료
						1,800	선 수 임 대 료
거래처와 종업원에게 지급된 현금	임차료지급 ③	(-)1,200	임 차 비 용	(-)1,000	(-)200		선 급 임 차 료
	급여지급 ⑥	(-)800	급 여 비 용	(-)800	-		
법인세납부		-	법인세비용	(-)80	80		미지급법인세
이자지급		-	이 자 비 용	(-)110	110		미 지 급 이 자

* 음수인 경우 차이원인이 자산임. 양수인 경우 차이원인 부채임

현금흐름표의 고객으로부터의 수취현금으로 보고된 수취임대료 2,400억원은 손익계산서의 임대수익 2,200억원과 다르다. 그 이유는 선수임대료가 1,800억원(현금으로 수취되었으나 20×1년 임대수익에 포함되지 않은 것)이 있고 미수임대료가 1,600억원(20×1년 임대수익에 포함되었으나 아직 현금으로 수취되지 않은 것)이 있기 때문이다. 이 선수임대료와 미수임대료는 재무상태표에 각각 유동부채와 유동자산으로 보고되었다. 현금흐름표의 공급자와 종업원에 지급된 현금 2,000억원은 손익계산서의 영업비용 1,800억원과 다르다. 그 이유는 선급임차료가 200억원(현금으로 지급되었으나 20×1년 임차비용에 포함되지 않은 것)이 있기 때문이다. 이 선급임차료는 재무상태표에 유동자산으로 보고되었다. 또한 손익계산서에는 이자비용과 법인세비용이 보고되었으나 현금흐름표에는 이자지급과 법인세납부가 보고되지 않았다. 그 이유는 이자비용과 법인세비용이 20×1년 말 현재 미지급되어 있기 때문이다. 미지급이자와 미지급법인세는 재무상태표에 유동부채로 보고되었다.

〈예제 4-7〉에서와 같이 창업연도여서 재무상태표 계정에 기초잔액이 없는 경우 현금흐름과 손익정보 간의 차이는 미수수익, 선수수익, 미지급비용, 선급비용 등의 계정잔액으로 나타난다. 창업연도 후의 연도에 재무상태표 계정에 기초잔액이 있는 경우 현금흐름과 손익정보 간의 차이는 제5장 제1절 '추가자료'에서 자세히 검토된다.

K-IFRS 참조 (http://www.kasb.or.kr)

[1] '재무보고를 위한 개념체계', 문단 4.47.

[2] 기업회계기준서 제1115호 '고객과의 계약에서 생기는 수익', 문단 31, 35(2).

[3] '상계서', 문단 45.

[4] 기업회계기준서 제1002호 '재고자산', 문단 3(1).

[5] 기업회계기준서 제1115호 '전게서', 문단 9(5), 15.

[6] '재무보고를 위한 개념체계', 문단 4.50.

[7] 기업회계기준서 제1002호 '전게서', 문단 BC9, 14.

주요 용어

기간대응(period matching) : 비용을 기간의 경과에 따라 인식하여 당해 기간 동안의 수익에 대응시키는 것 (p.149)

미수수익(accrued revenue) : 발생한 수익인데 아직 현금수취가 안 된 것으로 자산으로 보고됨 (p.152)

미지급비용(accrued expense) : 발생한 비용인데 아직 현금지급이 안 된 것으로 부채로 보고됨 (p.159)

발생주의(accrual basis) : 발생원인이 나타난 시점에서 수익과 비용을 인식하여 순손익을 계산하는 회계처리방법 (p.140)

선급비용(prepaid expense) : 비용이 인식되기 전에 지급된 현금으로 자산으로 보고됨 (p.163)

선수수익(unearned revenue) : 수익이 인식되기 전에 수취된 현금으로 부채로 보고됨 (p.156)

수익·비용 대응기준(revenue-expense matching principle) : 일정수익을 창출하기 위하여 발생된 비용은 그 수익이 인식된 기간에 인식되어야 한다는 원칙 (p.149)

수익인식기준(revenue recognition principle) : 수익은 ⓐ 금액을 신뢰성 있게 측정할 수 있고, ⓑ 경제적 대가의 유입가능성이 높을 때 인식되어야 한다는 원칙 (p.145)

수정분개(adjusting journal entries) : 수익과 비용 및 이와 관련된 자산, 부채 계정잔액을
　　발생주의에 기초한 손익계산서와 재무상태표에 보고되어야 할 금액으로 조정하기 위
　　한 분개 (p.151)
수정후시산표(adjusted trial balance) : 수정분개를 전기한 후 작성하는 시산표 (p.176)
인식(recognition) : 장부에 언제, 얼마의 금액으로 기록하여 재무제표에 보고할 것인가를
　　결정하는 행위 (p.140)
현금주의(cash basis) : 현금유입과 현금유출 시점에서 수익과 비용을 인식하여 순손익을
　　계산하는 회계처리방법 (p.140)

연습문제

1. **현금주의와 발생주의**

대한컨설팅은 20×1년 4월 1일에 창업하였다. 다음의 영업활동이 20×1년 4월에 발생하
였다.

① 4월에 제공한 컨설팅 용역은 400억원이었는데, 이 중 350억원을 4월에 현금으로 받
　았다.
② 4월 급여는 150억원이었는데, 이 중 120억원을 4월에 현금으로 지급하였다.
③ 4월 임차료는 60억원이었는데, 이는 5월에 지급될 것이다.
④ 4월 보험료 30억원을 4월 1일에 지급하였고, 5월 보험료 40억원을 4월 말에 미리
　지급하였다.
⑤ 4월에 80억원의 광고료를 지급하였는데, 25%는 4월분, 그리고 나머지 75%는 5월분
　이었다.

《물음》

(1) 20×1년 4월 발생주의 순이익을 계산하라.
(2) 20×1년 4월 현금주의 순이익을 계산하라.

2. **수정분개 ①**

다음은 한국부동산의 20×1년 분개의 일부이다. 한국부동산의 회계연도는 12월 31일에 끝난다.

(단위 : 억원)

거래번호	날 짜	차 변		대 변	
①	4월 1일	선급보험료	60	현　　　금	60
②	6월 1일	현　　　금	480	선수임대료	480

(추가정보)

(a) 4월 1일 ①번 거래에 의하여 지급한 건물 보험료는 3월 1일부터 다음 해 2월 28일까지 1년분이다.

(b) 6월 1일 ②번 거래에 의하여 수취한 건물 임대료는 6월 1일부터 다음 해 5월 31일까지 1년분이다.

(c) 7월 1일에 1,000억원을 대여하였으며 이자율은 연 12%이다. 이자는 대여금 만기일인 다음 해 6월 30일에 수취될 것이다.

(d) 10월 1일에 2,000억원을 차입하였으며 이자율은 연 10%이다. 이자는 차입금 만기일인 다음 해 9월 30일에 지급될 것이다.

《물음》 한국부동산이 20×1년 12월 31일에 작성해야 할 수정분개를 제시하라.

3. **수정분개 ②**

아래에 제시되는 기업 모두의 회계연도는 12월 31일에 끝난다.

(1) 한국회사는 20×1년 4월 1일 사무실용 건물을 임차하고, 1년분 임차료 360억원을 미리 지급하였다. 회사는 지급한 임차료를 선급임차료 계정에 기록하였다.

(2) 대한회사는 20×1년 5월 1일 건물을 임대하고, 1년분 임대료 120억원을 미리 수취하였다. 회사는 수취한 임대료를 선수임대료 계정에 기록하였다.

(3) 코리아회사는 20×1년 6월 1일에 2,400억원을 1년간 차입하였다. 이자율은 연 10%이고 이자는 차입금 만기일에 지급된다.

(4) 남한회사는 20×1년 8월 1일에 4,800억원을 1년간 대여하였다. 이자율은 연 10%이고 이자는 대여금 만기일에 수취된다.

《물음》 각 회사가 아래의 지정된 날짜에 작성해야 할 분개를 제시하라.

(1) 한국회사

    1) 20×1년 4월 1일   2) 20×1년 12월 31일(수정)

(2) 대한회사

    1) 20×1년 5월 1일   2) 20×1년 12월 31일(수정)

(3) 코리아회사

    1) 20×1년 6월 1일   2) 20×1년 12월 31일(수정)   3) 20×2년 5월 31일

(4) 남한회사

    1) 20×1년 8월 1일   2) 20×1년 12월 31일(수정)   3) 20×2년 7월 31일

4. 수정분개의 추정

다음은 우주마트의 20×1년 말 시산표와 손익계산서 및 재무상태표이다.

시산표

우주마트   20×1년 12월 31일   (단위 : 억원)

차 변	계 정 과 목	대 변
120	현　　　　　　　　금	
230	매　출　채　권	
400	단　기　대　여　금	
90	선　급　보　험　료	
110	상　　　　　품	
800	토　　　　　지	
	매　입　채　무	260
	선　수　임　대　료	100
	단　기　차　입　금	200
	보　통　주　자　본　금	550
	이　익　잉　여　금	490
	매　　　　　출	820
460	매　출　원　가	
150	급　여　비　용	
60	광　고　비	
2,420	합　　　　　계	2,420

손익계산서

우주마트   20×1년 1월 1일부터 20×1년 12월 31일   (단위 : 억원)

과 목	금 액	
매출액		820
매출원가		(−)460
매출총이익		360
영업비용		(−)250
급여비용	(−)150	
광고비	(−)60	
보험비용	(−)40	
기타영업수익		40
임대수익	40	
영업이익		150
기타수익		30
이자수익	30	
기타비용		(−)20
금융비용 :		
이자비용	(−)20	
당기순이익		160
주당이익		1,600원

재무상태표

우주마트   20×1년 12월 31일 현재   (단위 : 억원)

과 목	금 액		과 목	금 액	
자산			부채		
유동자산		940	유동부채		540
현금	120		매입채무	260	
매출채권	230		미지급이자	20	
미수이자	30		선수임대료	60	
원가금융자산 :			원가금융부채 :		
단기대여금	400		단기차입금	200	
선급보험료	50		부채 총계		540
재고자산 :			자본		
상품	110		자본금		550
비유동자산		800	보통주	550	
유형자산 :			이익잉여금		650
토지	800		자본 총계		1,200
자산 총계		1,740	부채 및 자본 총계		1,740

《물음》

우주마트의 20×1년 수정분개를 추정하라.

5. 수정분개와 재무제표 작성

다음은 한국부동산의 20×1년 말 시산표이다.

시산표

한국부동산   20×1년 12월 31일   (단위 : 억원)

차 변	계 정 과 목	대 변
780	현　　　　　금	
3,500	선 급 임 차 료	
	선 수 임 대 료	1,000
	단 기 차 입 금	1,200
	보 통 주 자 본 금	1,900
	임 대 수 익	1,400
1,100	급 여 비 용	
120	광 고 비	
5,500	합 계	5,500

수정분개 작성을 위한 추가정보는 다음과 같다.

ⓐ 20×1년 말 미지급된 이자비용이 220억원이다.
ⓑ 선급임차료 중 비용으로 인식되어야 할 금액이 1,200억원이다.
ⓒ 20×1년 말 미수된 임대수익이 2,000억원이다.
ⓓ 선수임대료 중 수익으로 인식되어야 할 금액이 400억원이다.

《물음》

(1) 수정분개를 작성하라.
(2) 수정후시산표를 작성하라.
(3) 손익계산서를 작성하라.
(4) 재무상태표를 작성하라.

6. 회계순환과정(발생)—용역회사 : 기초잔액이 없는 경우

오성컨설팅은 20×1년에 설립되었다. 다음의 거래가 20×1년에 발생하였다.

날 짜	거 래
1월 2일	액면가 1,000원인 보통주 1억주를 액면가에 발행하고 현금 1,000억원을 수취하였다.
3월 1일	건물을 임차하고 향후 1년분 임차료 120억원을 미리 지급하였다.
4월 15일	2월 15일부터 2개월간 컨설팅 용역을 제공하고 용역대금 200억원을 현금으로 받았다.
4월 20일	토지를 매입하고 현금 400억원을 지급하였다.
4월 30일	서울산업에 500억원을 3년간 대여하였다. 이자율은 연 12%이었고, 대여시 1년분 이자 60억원을 미리 받았다.
5월 1일	대한방송사와 1년간 광고계약을 체결하였다. 연 광고료는 60억원인데 20×2년 4월 30일에 지급된다.
11월 1일	향후 3개월 동안 경영컨설팅 용역을 제공하고 용역대금 120억원을 20×2년 1월 31일에 받는 계약을 바다케미컬(주)과 체결하였다. 20×1년에 전체 용역의 2/3를 제공하였다.
12월 31일	20×1년 종업원 급여 90억원을 현금으로 지급하였다.

6-1. 분개, 전기, 시산표 작성

《물음》

(1) 위의 거래를 분개하라.

(2) 분개를 잔액식 T 계정에 전기하라.

(3) 시산표를 작성하라.

6-2. 수정분개, 전기, 수정후시산표 작성

다음은 시산표를 요약한 것이다.

시산표 요약

(단위 : 억원)

과 목	금 액	과 목	금 액
현 금	150	선 급 임 차 료	120
장 기 대 여 금	500	토 지	400
선 수 이 자	60	보통주 자본금	1,000
용역수수료수익	200	급 여 비 용	90

참고 : 모든 계정잔액은 정상잔액임

《물음》

(1) 수정사항을 찾아 분개하라. (20×1년 법인세는 30억원으로 추정되었고, 다음 해인 20×2년에 지급될 예정임)
(2) 수정분개를 전기하라.
(3) 수정후시산표를 작성하라.

6-3. 손익계산서와 재무상태표 작성

다음은 수정후시산표를 요약한 것이다.

수정후시산표 요약

(단위 : 억원)

과 목	금 액	과 목	금 액
현 금	150	미수용역수수료	80
선 급 임 차 료	20	장 기 대 여 금	500
토 지	400	미 지 급 광 고 료	40
미 지 급 법 인 세	30	선 수 이 자	20
보 통 주 자 본 금	1,000	용역수수료수익	280
이 자 수 익	40	급 여 비 용	90
임 차 비 용	100	광 고 비	40
법 인 세 비 용	30		

참고 : 모든 계정잔액은 정상잔액임

《물음》

(1) 손익계산서를 작성하라.
(2) 재무상태표를 작성하라.

6-4. 현금흐름표 정보와 손익계산서 정보의 차이원인

《물음》

(1) 1) 현금계정을 분석하고 2) 현금흐름표를 작성하라.
   (현금흐름표에서 보고항목 분류에 예외가 허용되지 않는 것으로 가정함)
(2) 현금흐름표 정보와 손익계산서 정보의 차이를 계산하고 차이의 발생 원인을 재무상태표 계정을 이용하여 설명하라.*

* 난이도가 높음

5

재무제표 작성 및 활용 종합예제

제1절 재무제표 작성 종합예제
제2절 재무제표 활용 종합예제

제5장 개요

　　본 장에서는 종합예제를 이용하여 기초잔액이 있고 수정분개를 작성해야 하는 경우의 재무제표 작성과정이 검토된다. 재무제표가 작성된 후에는 현금흐름표 정보와 손익계산서 정보의 차이가 수정분개의 유형별로 검토된다. 그 다음 재무제표를 분석할 수 있는 기본 재무비율을 설명한다.

제1절

재무제표 작성 종합예제

아래 〈표 5-1〉에 요약되어 있듯이 제3장에서는 수정분개가 없는 여러 유형의 회계순환과정(현금)을 검토하였다. 검토된 유형은 용역회사(기초잔액이 없는 경우)와 상품매매기업(기초잔액이 없는 경우와 있는 경우)이다. 제4장에서는 용역회사의 수정분개(기초잔액이 없는 경우)를 주로 검토하였다. 본 장에서는 수정분개가 있는 상품매매기업(기초잔액이 있는 경우)의 회계순환과정(발생)을 검토한다. 검토되는 재무제표는 수정분개의 영향을 받는 손익계산서와 재무상태표이다. 추가로 현금흐름표 정보와 손익계산서 정보 차이의 발생원인을 수정분개의 유형별로 설명한다.

〈표 5-1〉 검토된 유형

용역회사			
유형		수정분개	
		–	추가됨
		회계순환과정(현금)	회계순환과정(발생)
기초잔액	없음	제3장	제4장
	있음	–	–
상품매매기업			
유형		수정분개	
		–	추가됨
		회계순환과정(현금)	회계순환과정(발생)
기초잔액	없음	제3장	–
	있음	제3장	본 장

〈예제 5-1〉 회계순환과정(발생)—상품매매기업 : 기초잔액이 있는 경우

　　다음의 〈표 5-2〉와 〈표 5-3〉 각각은 20×1년 말 현재 한국백화점의 재무상태표와 20×2년에 발생한 거래를 요약한 것이다. 한국백화점은 설립연도인 20×1년 초에 액면가 5,000원인 보통주 1천만주를 발행하였다.

〈표 5-2〉 재무상태표

한국백화점　　　　　　　　20×1년 12월 31일 현재　　　　　　　　(단위 : 억원)

과 목	금	액	과 목	금	액
자산			**부채**		
유동자산		420	**유동부채**		370
현금	60		매입채무	150	
매출채권	220		미지급이자	100	
미수이자	20		미지급법인세	60	
선급임차료	20		선수임대료	60	
재고자산 :			**비유동부채**		1,000
상품	100		원가금융부채 :		
비유동자산		1,600	장기차입금	1,000	
원가금융자산 :			**부채 총계**		1,370
장기대여금	400		**자본**		
유형자산 :			**자본금**		500
토지	1,200		보통주	500	
			이익잉여금		150
			자본 총계		650
자산 총계		2,020	**부채 및 자본 총계**		2,020

〈표 5-3〉 거래 요약

거래번호	날짜	거 래 내 역
①	2월 1일	상품 1,720억원을 외상으로 매입하였다.
②	2월 10일	매입원가가 1,000억원인 상품을 1,500억원에 현금 매출하였다.
③	2월 20일	상품 700억원을 현금으로 매입하였다.
④	2월 28일	A 은행 차입금 1,000억원에 대한 20×1년 3월 1일부터 1년간의 이자 120억원을 현금으로 지급하였다. 20×1년 말 미지급이자 100억원이 기록되었다.
⑤	3월 1일	20×2년 3월 1일부터 1년간의 매장 임차료 180억원을 현금으로 미리 지급하였다.
⑥	3월 2일	매입원가가 1,400억원인 상품을 1,600억원에 외상으로 판매하였다.
⑦	4월 15일	20×1년 법인세 60억원을 현금으로 납부하였다.
⑧	4월 16일	배당금 20억원을 현금으로 지급하였다. (보통주 1주당 200원 × 1천만주)
⑨	4월 30일	매출채권 1,430억원을 현금 회수하였다.
⑩	5월 15일	매입채무 1,650억원을 지급하였다.
⑪	6월 30일	P 거래처에 대한 장기대여금 400억원에 대한 20×1년 7월 1일부터 1년간의 이자 40억원을 현금으로 수취하였다. 20×1년 말 미수이자 20억원이 기록되었다.
⑫	7월 1일	Q 거래처에게 200억원을 5년간 대여하였다.
⑬	7월 1일	B 은행으로부터 200억원을 5년간 차입하였다.
⑭	10월 1일	20×2년 10월 1일부터 1년간의 임대료 120억원을 미리 수취하였다.
⑮	10월 30일	토지를 매입하고 100억원을 현금으로 지급하였다.
⑯	12월 30일	20×2년 종업원 급여 250억원을 현금으로 지급하였다.

1 분개

〈표 5-4〉 분개

(단위 : 억원)

①		(차) 상　　　　품	1,720	(대) 매 입 채 무	1,720			
②	②a	(차) 현　　　　금	1,500	(대) 매　　　　출	1,500			
	②b	(차) 매 출 원 가	1,000	(대) 상　　　　품	1,000			
③		(차) 상　　　　품	700	(대) 현　　　　금	700			
④		(차) 미 지 급 이 자 이 자 비 용	100 20	(대) 현　　　　금	120			
⑤		(차) 선 급 임 차 료	180	(대) 현　　　　금	180			
⑥	⑥a	(차) 매 출 채 권	1,600	(대) 매　　　　출	1,600			
	⑥b	(차) 매 출 원 가	1,400	(대) 상　　　　품	1,400			
⑦		(차) 미 지 급 법 인 세	60	(대) 현　　　　금	60			
⑧		(차) 배　　당　　금	20	(대) 현　　　　금	20			
⑨		(차) 현　　　　금	1,430	(대) 매 출 채 권	1,430			
⑩		(차) 매 입 채 무	1,650	(대) 현　　　　금	1650			
⑪		(차) 현　　　　금	40	(대) 미 수 이 자 이 자 수 익	20 20			
⑫		(차) 장 기 대 여 금	200	(대) 현　　　　금	200			
⑬		(차) 현　　　　금	200	(대) 장 기 차 입 금	200			
⑭		(차) 현　　　　금	120	(대) 선 수 임 대 료	120			
⑮		(차) 토　　　　지	100	(대) 현　　　　금	100			
⑯		(차) 급 여 비 용	250	(대) 현　　　　금	250			

　　제4장에서 검토되지 않는 유형의 거래는 ①번 거래(상품의 외상매입), ⑩번 거래(매입채무의 지급), ⑥번 거래(상품의 외상판매), ⑨번 거래(매출채권의 회수), ④번 거래(미지급이자의 지급), ⑪번 거래(미수이자의 수취), 그리고 ⑦번 거래(미지급법인세의 지급)이다.

　　①번과 ⑩번 거래는 상품을 외상으로 매입하여 매입채무가 발생한 다음 그 매입채

무를 갚는 거래이다. 이 거래에서 발생하는 매입채무는 미지급비용과 같은 성격의 부채이다. 부채의 증가는 대변에 기록되어야 하고 감소는 차변에 기록되어야 한다. (매입채무는 제7장에서 세부적으로 검토됨)

⑥번과 ⑨번 거래는 상품을 외상으로 판매하여 매출채권이 발생한 다음 그 매출채권을 회수하는 거래이다. 이 거래에서 발생하는 매출채권은 미수수익과 같은 성격의 자산이다. 자산의 증가는 차변에 기록되어야 하고 감소는 대변에 기록되어야 한다. (매출채권은 제6장에서 세부적으로 검토됨)

④번 거래는 A 은행으로부터의 차입금 1,000억에 대한 20×1년 3월 1일부터 20×2년 2월 28일까지 1년간의 이자 120억원을 지급한 거래이다. 지급된 이자 120억원 중에 20×1년 3월 1일부터 12월 31일까지 10개월간의 이자 100억원은 20×1년 이자비용이다. 이는 20×1년 말 재무상태표에 미지급이자로 보고되어 있다. 120억원 중에 20×2년 1월 1일부터 2월 28일까지 2개월간의 이자 20억원은 20×2년 이자비용이다. 종합하면 120억원의 이자지급은 20×1년 말 미지급이자 100억원과 20×2년 이자비용 20억원을 지급한 것이다. 따라서 미지급이자 계정 차변에 100억원 그리고 이자비용 계정 차변에 20억원이 기록되어야 한다.

⑪번 거래는 P 거래처에 대한 장기대여금 400억원에 대한 20×1년 7월 1일부터 20×2년 6월 30일까지 1년간의 이자 40억원을 수취한 거래이다. 수취한 40억원 중에 20×1년 7월 1일부터 20×1년 12월 31일까지 6개월간의 이자 20억원은 20×1년 이자수익이고 20×1년 말 재무상태표에 미수이자로 보고되어 있다. 수취한 40억원 중에 20×2년 1월 1일부터 20×2년 6월 30일까지 6개월간의 이자 20억원은 20×2년 이자수익이다. 종합하면 이자수취 40억원은 20×1년 말 미수이자 20억원과 20×2년 이자수익 20억원을 수취한 것이다. 따라서 미수이자 계정 대변에 20억원 그리고 이자수익 계정 대변에 20억원이 기록되어야 한다.

⑦번 거래는 20×1년 법인세 60억원을 지급한 거래이다. 20×1년 법인세는 20×1년 말 재무상태표에 미지급법인세로 보고되었다. 따라서 미지급법인세 계정 차변에 60억원이 기록되어야 한다.

2 전기

<그림 5-1> 분개의 전기

(단위 : 억원)

현금

		60(차)
기초		
②a 1,500		1,560(차)
	③ 700	860(차)
	④ 120	740(차)
	⑤ 180	560(차)
	⑦ 60	500(차)
	⑧ 20	480(차)
⑨ 1,430		1,910(차)
	⑩ 1,650	260(차)
⑪ 40		300(차)
	⑫ 200	100(차)
⑬ 200		300(차)
⑭ 120		420(차)
	⑮ 100	320(차)
	⑯ 250	70(차)

매출채권

		220(차)
기초		
⑥a 1,600		1,820(차)
	⑨ 1,430	390(차)

미수이자

		20(차)
기초		
	⑪ 20	-

선급임차료

		20(차)
기초		
⑤ 180		200(차)

상품

		100(차)
기초		
① 1,720		1,820(차)
	②b 1,000	820(차)
③ 700		1,520(차)
	⑥b 1,400	120(차)

장기대여금

		400(차)
기초		
⑫ 200		600(차)

토지

		1,200(차)
기초		
⑮ 100		1,300(차)

매입채무

		150(대)
기초		
	① 1,720	1,870(대)
⑩ 1,650		220(대)

미지급이자

		100(대)
기초		
④ 100		-

미지급법인세

기초			60(대)
	⑦	60	–

선수임대료

기초			60(대)
	⑭	120	180(대)

장기차입금

기초			1,000(대)
	⑬	200	1,200(대)

보통주자본금

기초			500(대)

이익잉여금

기초			150(대)

배당금

⑧	20		20(차)

매출

②a	1,500		1,500(대)
⑥a	1,600		3,100(대)

이자수익

	⑪	20	20(대)

매출원가

②b	1,000		1,000(차)
⑥b	1,400		2,400(차)

급여비용

⑯	250		250(차)

이자비용

④	20		20(차)

3 시산표 작성

〈표 5-5〉 시 산 표

한국백화점   20×2년 12월 31일   (단위 : 억원)

차 변	계 정 과 목	대 변
70	현 금	
390	매 출 채 권	
200	선 급 임 차 료	
120	상 품	
600	장 기 대 여 금	
1,300	토 지	
	매 입 채 무	220
	선 수 임 대 료	180
	장 기 차 입 금	1,200
	보 통 주 자 본 금	500
	이 익 잉 여 금	150
20	배 당 금	
	매 출	3,100
	이 자 수 익	20
2,400	매 출 원 가	
250	급 여 비 용	
20	이 자 비 용	
5,370	합 계	5,370

| 4 | 수정분개 작성 및 전기 |

(1) 수정분개

다음의 〈표 5-6〉은 수정분개를 작성하기 위하여 추가정보가 필요한 사항을 정리한 것이다.

〈표 5-6〉 수정분개 작성을 위해 추가정보가 필요한 사항

	추가정보가 필요한 사항
ⓐ	선급임차료 200억원으로부터의 임차비용
ⓑ	장기차입금 1,200억원에서 발생한 미지급이자
ⓒ	장기대여금 600억원에서 발생한 미수이자
ⓓ	선수임대료 180억으로부터의 임대수익
ⓔ	20×2년 법인세비용

1) 수정분개 ⓐ : 선급임차료

(추가정보)

시산표에 보고된 선급임차료 200억원은 20×1년 말 잔액 20억원과 20×2년 3월 1일에 지급된 180억원으로 구성되어 있다. 20×1년 말 잔액 20억원은 20×1년 3월 1일에 미리 지급되었던 임차료 120억원 중에 20×2년 1월 1일부터 20×2년 2월 28일까지 2개월간의 임차료이다. 20×2년 3월 1일에 지급한 임차료 180억원은 20×2년 3월 1일부터 20×3년 2월 28일까지 1년간의 임차료이다.

(임차비용 계산)

아래의 〈표 5-7〉에서와 같이 임차기간에 기준하여 계산된 20×2년 임차비용은 170억원이다.

〈표 5-7〉 임차비용 계산

(단위 : 억원)

수정 전 선급임차료		임차기간	20×2년 임차비용		
20×1년 말	20	2개월 (20×2년 1월 1일 ~ 20×2년 2월 28일)	2개월 (좌와 동일)	20	20
20×2년 3월 1일 지급	180	12개월 (20×2년 3월 1일 ~ 20×3년 2월 28일)	10개월 (20×2년 3월 1일 ~ 20×2년 12월 31일)	180 × 10/12	150
합계	200				170

(수정분개)

따라서 다음과 같은 수정분개가 작성되어야 한다.

ⓐ	(차) 임 차 비 용	170	(대) 선 급 임 차 료	170

2) 수정분개 ⓑ : 미지급이자

(추가정보)

시산표에 보고된 장기차입금은 A 은행으로부터 1,000억원 그리고 B 은행으로부터 200억원의 합계 1,200억원이다. A 은행 차입금의 만기일은 20×6년 2월 28일이다. 이자는 연 12%이며 당해연도 3월 1일부터 다음 연도 2월 28일까지 1년간의 이자가 다음 연도 2월 28일에 매년 지급된다. B 은행 차입금의 만기일은 20×7년 6월 30일이다. 이자는 연 10%이며 (당해연도 7월 1일부터 다음 연도 6월 30일까지) 1년간의 이자가 다음 연도 6월 30일에 매년 지급된다.

〈표 5-8〉 미지급이자 계산

(단위 : 억원)

장기차입금		이자 미지급기간	20×2년 말 미지급이자	
A 은행	1,000	10개월 (20×2년 3월 1일 ~ 20×2년 12월 31일)	$1,000 \times 12\% \times 10/12$	100
B 은행	200	6개월 (20×2년 7월 1일 ~ 20×3년 12월 31일)	$200 \times 10\% \times 6/12$	10
합계	1,200			110

(수정분개)

ⓑ	(차) 이 자 비 용	110	(대) 미 지 급 이 자	110

3) 수정분개 ⓒ : 미수이자

(추가정보)

시산표에 보고된 장기대여금은 P 거래처에 대한 400억원 그리고 Q 거래처에 대한 200억원의 합계 600억원이다. P 거래처 대여금의 만기일은 20×6년 6월 30일이고 Q 거래처 대여금의 만기일은 20×7년 6월 30일이다. 두 대여금 모두 이자는 연 10%이며 (당해연도 7월 1일부터 다음 연도 6월 30일까지) 1년간의 이자가 다음 연도 6월 30일에 매년 지급된다.

〈표 5-9〉 미수이자 계산

(단위 : 억원)

	장기대여금	이자 미수기간	20×2년 말 미수이자	
P 거래처	400	6개월 (20×2년 7월 1일 ～ 20×2년 12월 31일)	$400 \times 10\% \times 6/12$	20
Q 거래처	200	6개월 (20×2년 7월 1일 ～ 20×2년 12월 31일)	$200 \times 10\% \times 6/12$	10
합계	600			30

(수정분개)

ⓒ	(차) 미 수 이 자	30	(대) 이 자 수 익	30

4) 수정분개 ⓓ : 선수임대료

(추가정보)

　시산표에 보고된 선수임대료 180억원은 20×1년 말 잔액 60억원과 20×2년 10월 1일에 수취된 120억원으로 구성되어 있다. 20×1년 말 잔액 60억원은 20×1년 10월 1일에 미리 수취되었던 임대료 80억원 중 20×2년 1월 1일부터 20×2년 9월 30일까지 9개월간의 임차료이다. 20×2년 10월 1일에 수취한 120억원은 20×2년 10월 1일부터 20×3년 9월 30일까지 1년간의 임대료이다.

〈표 5-10〉 임대수익 계산

(단위 : 억원)

선수임대료		임대기간	20×2년 임대수익		
20×1년 말	60	9개월 (20×2년 1월 1일 ~ 20×2년 9월 30일)	9개월 (좌와 동일)	60	60
20×2년 10월 1일 수취	120	12개월 (20×2년 10월 1일 ~ 20×3년 9월 30일)	3개월 (20×2년 10월 1일 ~ 20×2년 12월 31일)	120 × 3/12	30
합계	180				90

(수정분개)

ⓓ	(차) 선 수 임 대 료	90	(대) 임 대 수 익	90

5) 수정분개 ⓔ : 미지급법인세

(추가정보)

20×2년 법인세는 70억원으로 추정되었으며 20×3년에 납부될 예정이다.

(수정분개)

ⓔ	(차) 법 인 세 비 용	70	(대) 미 지 급 법 인 세	70

다음의 〈표 5-11〉은 위의 수정분개를 정리한 것이다.

〈표 5-11〉 수정분개

(단위 : 억원)

ⓐ	(차) 임 차 비 용	170	(대) 선 급 임 차 료	170
ⓑ	(차) 이 자 비 용	110	(대) 미 지 급 이 자	110
ⓒ	(차) 미 수 이 자	30	(대) 이 자 수 익	30
ⓓ	(차) 선 수 임 대 료	90	(대) 임 대 수 익	90
ⓔ	(차) 법 인 세 비 용	70	(대) 미 지 급 법 인 세	70

〈박스 5-1〉 선급비용을 애초에 비용으로 기록한 경우의 수정분개

일반적으로 비용을 선지급한 경우 선급비용 계정에 기록하였다가 당해연도에 발생한 비용을 연말에 수정한다. 그러나 선지급한 금액이 당해연도에 거의 다 소진되는 경우에는 선급비용 계정에 기록하지 않고 비용 계정에 기록한다. 다만 연말에 선지급한 금액 중 당해연도에 소진되지 않은 부분이 중요한 경우에만 이를 선급비용으로 기록하기 위한 수정분개를 작성한다.

아래에 제시된 소모품의 경우가 좋은 예가 될 수 있다. 일반적으로 소모품은 매입하면 거의 다 사용하여 남는 것이 별로 없다. 따라서 소모품을 매입하면 소모품 계정에 기록하지 않고 소모품비용 계정에 기록한다. 그리고 연말에 사용하지 않고 남아 있는 소모품의 금액이 중요하지 않은 경우(대부분의 경우) 수정분개를 생략한다. 만일 남아 있는 소모품의 금액이 중요한 경우 그 소모품을 인식하기 위하여 수정분개를 작성한다.

실무에서 다수의 단기보험료(1~3개월) 또는 다수의 단기임차료(1~3개월)를 미리 지급하는 경우에도 소모품의 경우와 같이 선급비용으로 기록하지 않고 비용으로 기록한다. 같은 이유로 미리 수납된 수익을 선수수익으로 기록하지 않고 수익으로 기록하기도 한다. 다수의 단기임대료(1~3개월) 또는 다수의 단기용역수수료(1~3개월)를 미리 수납하는 경우가 좋은 예이다.

〈예 : 소모품〉

(1) 소모품 매입을 소모품비용 계정에 기록하는 경우

AB 회사의 20×2년 초 소모품 재고는 10억원이었다. 그리고 AB 회사는 20×2년에 소모품을 매입하고 240억원을 지급하였다.

(1.1) 연초 소모품 재고가 20×2년 말에 재고로 남아 있을 것으로 가정하는 경우

회사는 연초 소모품 재고가 계속 재고로 남아 있고 매입된 소모품이 당해연도에 전부 사용될 것이라고 추측하여 다음과 같은 분개를 작성하였다.

① 소모품매입의 기록

(단위 : 억원)

(차) 소모품비용	240	(대) 현　　　금	240

20×2년 말 소모품을 실사한 결과 소모품 재고가 30억원인 것으로 나타났다.

아래의 〈표 5-12〉는 소모품 계정과 소모품비용 계정의 수정 전 잔액과 수정 후 잔액(재무제표에 보고되어야 할 금액) 그리고 이들 잔액의 차이, 즉 수정금액을 보여준다.

〈표 5-12〉 거래의 분석－(1)과 (1.1) 가정

(단위 : 억원)

계정과목	수정 전 잔액	수정 후 잔액	수 정
소모품비용(손익계산서)	240(차변)	220(차변)*	20(대변)
소모품(재무상태표)	10(차변)	30(차변)	20(차변)

* 10억(기초재고) + 240억(매입) － 30억(기말재고) = 220억원

② 수정분개

20×2년 말에 수행되어야 할 수정분개는 다음과 같다.

20×2년 12월 31일 :

(차) 소모품	20	(대) 소모품비용	20

(1.2) 연초 소모품 재고가 20×2년에 전부 사용될 것이라고 가정하는 경우

회사는 연초 소모품 재고와 매입된 소모품이 전부 사용될 것으로 가정하여 다음과 같은 2개의 분개를 작성하였다.

① 연초 소모품 재고 사용의 기록

(단위 : 억원)

(차) 소모품비용	10	(대) 소모품	10

② 소모품의 매입의 기록

(차) 소모품비용	240	(대) 현금	240

〈표 5-13〉 거래의 분석―(1)과 (1.2) 가정

(단위 : 억원)

계정과목	수정 전 잔액	수정 후 잔액	수 정
소모품비용(손익계산서)	250(차변)*	220(차변)	30(대변)
소모품(재무상태표)	―	30(차변)	30(차변)

* 10억(기초재고) + 240억(매입) = 250억원

③ 수정분개

20×2년 12월 31일 :

(차) 소모품	30	(대) 소모품비용	30

위의 분개 ①은 20×1년 말에 작성된 수정분개를 거꾸로 한 역분개이다. 역분개는 제4장 〈박스 4-3〉 '역분개―미수수익'과 〈박스 4-4〉 '역분개―미지급비용' 에서 설명하였다. 20×3년 초에는 ③의 수정분개를 거꾸로 하는 역분개를 작성해야 한다. 역분개를 하면 연말 수정분개 작성이 간편하다. [역분개를 하는 (1.2)의 경우 연말 수정분개 작성 시 연초 소모품 재고를 확인할 필요가 없다. 하지만 역분개를 안하는 (1.1)의 경우에는 연말 수정분개 작성 시 연초 소모품 재고를 확인해야 한다.]

(2) 소모품매입을 소모품 계정에 기록하는 경우

회사는 매년 말 소모품 재고가 상당 수준이 되고 소모품을 철저하게 관리할 필요가 있다고 판단하여 다음과 같이 소모품매입을 소모품 계정에 기록하였다.

(소모품매입의 기록)

(단위 : 억원)

(차) 소모품	240	(대) 현　　금	240

〈표 5-14〉 거래의 분석—(2) 가정

(단위 : 억원)

계정과목	수정 전 잔액	수정 후 잔액	수 정
소모품비용(손익계산서)	–	220(차변)	220(차변)
소모품(재무상태표)	250(차변)*	30(차변)	220(대변)

* 10억(기초재고) + 240억(매입) = 250억원

(수정분개)

20×2년 12월 31일 :

(차) 소모품비용	220	(대) 소모품	220

(2) 수정분개의 전기

〈그림 5-2〉 수정분개의 전기

(단위 : 억원)

미수이자

기초			20(차)
	⑪	20	–
ⓒ	30		30(차)

선급임차료

기초			20(차)
⑤	180		200(차)
	ⓐ	170	30(차)

미지급이자

기초			100(대)
④	100		–
	ⓑ	110	110(대)

미지급법인세

기초			60(대)
⑦	60		–
	ⓔ	70	70(대)

선수임대료

기초			60(대)
	⑭	120	180(대)
ⓓ	90		90(대)

임대수익

	ⓓ	90	90(대)

이자수익

	⑪	20	20(대)
	ⓒ	30	50(대)

임차비용

ⓐ	170		170(차)

이자비용

④	20		20(차)
ⓑ	110		130(차)

법인세비용

ⓔ	70		70(차)

| 5 | 수정후시산표 작성 |

〈표 5-15〉 수정후시산표

한국백화점　　　　　　　　　20×2년 12월 31일　　　　　　　　　(단위 : 억원)

차　변	계　정　과　목	대　변
70	현　　　　　　　금	
390	매　출　채　권	
30	미　수　이　자	
30	선　급　임　차　료	
120	상　　　　　　　품	
600	장　기　대　여　금	
1,300	토　　　　　　　지	
	매　입　채　무	220
	미　지　급　이　자	110
	미　지　급　법　인　세	70
	선　수　임　대　료	90
	장　기　차　입　금	1,200
	보　통　주　자　본　금	500
	이　익　잉　여　금	150
20	배　　당　　금	
	매　　　　　　　출	3,100
	임　대　수　익	90
	이　자　수　익	50
2,400	매　출　원　가	
250	급　여　비　용	
170	임　차　비　용	
130	이　자　비　용	
70	법　인　세　비　용	
5,580	합　　　　　　　계	5,580

6 손익계산서와 재무상태표 작성

다음 〈표 5-16〉은 수정후시산표를 이용하여 작성된 손익계산서이다.

〈표 5-16〉 손익계산서

한국백화점   20×2년 1월 1일부터 20×2년 12월 31일까지   (단위 : 억원)

과 목	금	액
매출액		3,100
매출원가		(−)2,400
매출총이익		700
영업비용		(−)420
급여비용	(−)250	
임차비용	(−)170	
기타영업수익		90
임대수익	90	
영업이익		370
기타수익		50
이자수익	50	
금융비용 :		(−)130
이자비용	(−)130	
법인세비용차감전순이익		290
법인세비용		(−)70
당기순이익		220
주당이익		2,200원*

* 220억/1천만주 = 2,200원

일반적으로 재무상태표는 마감후시산표를 이용하여 작성된다. 그러나 여기에서는 마감후시산표 작성이 생략되었기 때문에 아래의 〈표 5-17〉 재무상태표는 수정후시산표와 손익계산서를 이용하여 작성되었다.

〈표 5-17〉 재무상태표

한국백화점 　　　　　　　　　　20×2년 12월 31일 현재 　　　　　　(단위 : 억원)

과　　목	금　액		과　　　목	금　액	
자산			**부채**		
유동자산		640	**유동부채**		490
현금	70		매입채무	220	
매출채권	390		미지급이자	110	
미수이자	30		미지급법인세	70	
선급임차료	30		선수임대료	90	
재고자산 :			**비유동부채**		1,200
상품	120		원가금융부채 :		
비유동자산		1,900	장기차입금	1,200	
원가금융자산 :			**부채 총계**		1,690
장기대여금	600		**자본**		
유형자산 :			**자본금**		500
토지	1,300		보통주	500	
			이익잉여금		350*
			자본 총계		850
자산 총계		2,540	**부채 및 자본 총계**		2,540

* 기초잔액 + 당기순이익 − 배당금 = 150억 + 220억 − 20억 = 350억원

◎ 제1절 추가자료

현금흐름표 정보와 손익계산서 정보의 차이—유형별 분류 : 기초잔
액이 있는 경우

1. 현금흐름표

다음의 〈표 5-18〉은 〈예제 5-1〉 한국백화점의 현금계정분석이고 〈표 5-19〉는
현금흐름표이다.

〈표 5-18〉 현금계정분석

현 금

(단위 : 억원)

거래번호	기업활동	상대계정	금액	거래번호	기업활동	상대계정	금액
②	영업	매 출	1,500	③	영업	상 품	700
⑨	영업	매출채권	1,430	④	재무	미지급이자	100
						이 자 비 용	20
⑪	투자	이 자 수 익	20	⑤	영업	선급임차료	180
		미 수 이 자	20				
⑬	재무	장기차입금	200	⑦	영업	미지급법인세	60
⑭	영업	선수임대료	120	⑧	재무	배 당 금	20
				⑩	영업	매 입 채 무	1,650
				⑫	투자	장기대여금	200
				⑮	투자	토 지	100
				⑯	영업	급 여	250

〈표 5-19〉 현금흐름표

한국백화점   20×2년 1월 1일부터 20×2년 12월 31일까지   (단위 : 억원)

항 목	금	액
영업활동 현금흐름		
고객으로부터의 수취현금	3,050	
공급자와 종업원에게 지급된 현금	(−)2,780	
영업에서 창출된 현금	270	
개별보고 항목 :		
법인세납부	(−)60	
영업활동 순현금		210
투자활동 현금흐름		
개별보고 항목 :		
이자수취	40	
토지의 취득	(−)100	
장기대여금의 대여	(−)200	
투자활동 순현금		(−)260
재무활동 현금흐름		
장기차입금의 차입	200	
개별보고 항목 :		
이자지급	(−)120	
배당금지급	(−)20	
재무활동 순현금		60
현금의 순증가		10
기초 현금		60
기말 현금		70

2. 현금흐름표 정보와 손익계산서 정보의 차이—유형별 분류

다음의 〈표 5-20〉은 한국백화점의 현금흐름표에 보고된 정보와 손익계산서에 보고된 정보의 차이를 요약한 것이다. 이들 차이는 4가지 유형으로 분류할 수 있다. 여기에서는 각 유형별로 차이가 발생되는 원인을 T 계정분석을 하여 설명한다.

〈표 5-20〉 현금흐름표 정보와 손익계산서 정보의 차이

(단위 : 억원)

현금흐름표			손익계산서		차이* Ⓐ－Ⓑ		차이원인	
항목(거래번호)		금액 Ⓐ	과 목	금액 Ⓑ			계정잔액의 변화	유형
고객으로 부터의 현금수취	상품판매― 현금수취 ②⑨	2,930	매 출	3,100	(-)170		매출채권의 증가	(1)
	임대료수취 ⑭	120	임 대 수 익	90	30		선수임대료의 증가	(2)
거래처와 종업원에게 지급된 현금	상품매입― 현금지급 ③⑩	(-)2,350	매 출 원 가	(-)2,400	50	70	매입채무의 증가	(3)
						(-)20	상품의 증가	(4)
	임차료지급 ⑤	(-)180	임 차 비 용	(-)170	(-)10		선급임차료의 증가	(4)
	급여지급 ⑯	(-)250	급 여 비 용	(-)250	-			
법인세납부 ⑦		(-)60	법인세비용	(-)70	10		미지급법인세 의 증가	(3)
이자수취 ⑪		40	이 자 수 익	50	(-)10		미수이자의 증가	(1)
이자지급 ④		(-)120	이 자 비 용	(-)130	10		미지급이자의 증가	(3)

* 음수인 경우 차이원인이 자산의 증가 또는 부채의 감소임. 양수의 경우 차이원인이 자산의 감소 또는 부채의 증가임

(1) 미수수익─유형 (1)

1) 미수이자가 보고된 경우 이자수취와 이자수익

한국백화점의 20×2년 초 미수이자는 20억원이었다. 20×2년에 다음의 〈표 5-21〉과 같은 거래가 있었다.

〈표 5-21〉 미수이자 관련 거래

거래번호	거 래
⑪	이자 40억원을 현금 수취하였다.
ⓒ	20×2년 말 미수이자는 30억원이었다.

따라서 다음의 〈표 5-22〉와 같은 분개가 작성되었다. 분석을 위해 ⑪번 거래는 미수이자의 회수(⑪-1)와 현금 수납된 이자수익(⑪-2)으로 구분되었다.

〈표 5-22〉 미수이자 관련 분개

(단위 : 억원)

⑪-1	(차)	현 금	20	(대)	미수이자	20
⑪-2	(차)	현 금	20	(대)	이자수익	20
ⓒ	(차)	미수이자	30	(대)	이자수익	30

다음의 〈그림 5-3〉은 기초잔액을 기록한 후 분개 ⑪-1과 ⓒ를 전기한 미수이자 계정이다.

〈그림 5-3〉 미수이자

		기초	20(차)
	⑪-1 이자수취 20	−	
ⓒ 이자수익 30		기말	30(차)

미수이자 계정의 내용은 다음과 같이 요약될 수 있다.

기초미수이자	-	이자수취	+	이자수익	=	기말미수이자
20	-	20	+	30	=	30

분개 ⑪-2의 현금 수납된 이자수익 20억원을 위의 등식에 추가하면 아래의 등식이 성립될 수 있다.

기초미수이자	-	이자수취	+	이자수익	=	기말미수이자
20	-	(20 + 20)	+	(30 + 20)	=	30
20	-	40	+	50	=	30

위의 등식은 아래와 같이 현금유입을 계산하는 등식으로 재정리될 수 있다.

이자수취	=	이자수익	-	(기말미수이자	-	기초미수이자)
40	=	50	-	(30	-	20)

기말미수이자와 기초미수이자의 차이를 미수이자의 증가로 전환하면 다음과 같은 등식을 얻을 수 있다.

이자수취	=	이자수익	-	미수이자의 증가
40	=	50	-	10

미수이자가 감소할 때에는 다음의 등식이 성립된다.

이자수취 = 이자수익 + 미수이자의 감소

2) 상품판매에 의한 현금수취와 매출

현금흐름표의 고객으로부터의 현금수취에 포함되어 있는 상품판매에 의한 현금수취 2,930억원(②번 거래 1,500억원 + ⑨번 거래 1,430억원)과 손익계산서에 보고된 매출액 3,100억원의 차이는 170억원의 매출채권의 증가에서 비롯된 것이다. 이들 항목 간의 관계는 다음의 식과 같이 매출채권을 미수수익으로 간주한 위의 (1)번 유형으로 분류될 수 있다.

상품판매에 의한 현금수취	=	매출	−	매출채권의 증가	
2,930	=	3,100	−	170	

매출채권이 감소할 때에는 다음의 등식이 성립된다.

상품판매에 의한 현금수취 = 매출 + 매출채권의 감소

(2) 선수수익—유형 (2)

1) 선수임대료가 보고된 경우 임대료수취와 임대수익

한국백화점의 20×2년 초 선수임대료는 60억원이었다. 20×2년에 다음의
〈표 5-23〉과 같은 거래가 있었다.

〈표 5-23〉 선수임대료 관련 거래

거래번호	거 래
⑭	임대료 120억원을 미리 현금으로 수납하였다.
ⓓ	임대수익으로 인식되어야 할 선수임대료는 90억원이었다.

따라서 다음의 〈표 5-24〉와 같은 분개가 작성되었다.

〈표 5-24〉 선수임대료 관련 분개

(단위 : 억원)

⑭	(차)	현 금	120	(대)	선수임대료	120
ⓓ	(차)	선수임대료	90	(대)	임 대 수 익	90

다음의 〈그림 5-4〉는 기초잔액을 기록한 후 위의 분개를 전기한 선수임대료 계정이다.

〈그림 5-4〉 선수임대료

		기초	60(대)
⑭ 임대료수취	120		180(대)
ⓓ 임대수익 90		기말	90(대)

선수임대료 계정의 내용은 다음과 같이 요약될 수 있다.

> **기초 선수임대료 + 임대료수취 - 임대수익 = 기말 선수임대료**
> 60   +   120   -   90   =   90

위의 등식은 아래와 같이 현금유입을 계산하는 등식으로 재정리될 수 있다.

> **임대료수취 = 임대수익 + (기말 선수임대료 - 기초 선수임대료)**
> 120   =   90   +   (90   -   60)

기말 선수임대료와 기초 선수임대료의 차이를 선수임대료의 증가로 전환하면 다음과 같은 등식을 얻을 수 있다.

> **임대료수취 = 임대수익 + 선수임대료의 증가**
> 120   =   90   +   30

선수임대료가 감소할 때에는 다음의 등식이 성립된다.

> **임대료수취 = 임대수익 - 선수임대료의 감소**

(3) 미지급비용—유형 (3)

1) 미지급이자가 보고된 경우 이자지급과 이자비용

한국백화점의 20×2년 초 미지급이자는 100억원이었다. 20×2년에 다음의 〈표 5-25〉와 같은 거래가 있었다.

〈표 5-25〉 미지급이자 관련 거래

거래번호	거 래
④	이자 120억원을 현금 지급하였다.
⑤	20×2년 말 미지급이자는 110억원이었다.

따라서 다음의 〈표 5-26〉과 같은 분개가 작성되었다. 분석을 위해 ④번 거래는 미지급이자의 지급(④-1)과 현금 지급된 이자비용(④-2)으로 구분되었다.

〈표 5-26〉 미지급이자 관련 분개

(단위 : 억원)

④-1	(차)	미지급이자	100	(대)	현 금	100
④-2	(차)	이 자 비 용	20	(대)	현 금	20
⑤	(차)	이 자 비 용	110	(대)	미 지 급 이 자	110

다음의 〈그림 5-5〉는 기초잔액을 기록한 후 ④-1과 ⑤ 분개를 전기한 미지급이자 계정이다.

〈그림 5-5〉 미지급이자

			기초	100(대)
④-1 이자지급	100		–	
		⑤ 이자비용 110	기말	110(대)

미지급이자계정의 내용은 다음과 같이 정리할 수 있다.

미지급이자 기초잔액 - 이자지급 + 이자비용 = 미지급이자 기말잔액
100   -   100   +   110 =   110

위의 등식에 분개 ④-2의 현금 지급된 이자비용 20억원을 추가하면 아래의 등식이 성립될 수 있다.

미지급이자 기초잔액 - 이자지급 + 이자비용 = 미지급이자 기말잔액
100   - (100 + 20) + (110 + 20) =   110
100   -   120   +   130   =   110

위의 등식은 아래와 같이 현금유출을 계산하는 등식으로 재정리될 수 있다.

이자지급 = 이자비용 - (미지급이자 기말잔액 - 미지급이자 기초잔액)
120   =   130   -   (110   -   100)

미지급이자 기말잔액과 기초잔액의 차이를 미지급이자의 감소로 정리하면 다음과 같은 등식을 얻을 수 있다.

이자지급 = 이자비용 - 미지급이자의 증가
120   =   130   -   10

미지급이자가 증가하는 때에는 다음의 등식이 성립된다.

이자지급 = 이자비용 + 미지급이자의 감소

2) 미지급법인세가 보고된 경우 법인세납부와 법인세비용

미지급법인세는 미지급비용이다. 따라서 한국백화점의 현금흐름표의 법인세납부 60억원과 손익계산서의 법인세비용 70억의 차이 10억원은 다음과 같이 설명될 수 있다.

$$법인세납부 = 법인세비용 - 미지급법인세의 증가$$
$$60 \quad = \quad 70 \quad - \quad 10$$

미지급법인세가 감소하는 때에는 다음의 등식이 성립된다.

$$법인세납부 = 법인세비용 + 미지급법인세의 감소$$

(4) 선급비용─유형 (4)

1) 선급임차료가 보고된 경우 임차료지급과 임차비용

한국백화점의 20×2년 초 선급임차료가 20억원이었다. 20×2년에 다음의 〈표 5-27〉과 같은 거래가 있었다.

〈표 5-27〉 선급임차료 관련 거래

거래번호	거 래
⑤	임차료 180억원을 미리 현금 지급하였다.
ⓐ	선급임차료 중 임차비용으로 인식되어야 할 금액이 170억원이었다.

따라서 다음의 〈표 5-28〉과 같은 분개가 작성되었다.

〈표 5-28〉 선급임차료 관련 분개

(단위 : 억원)

⑤	(차)	선급임차료	180	(대)	현　　금		180
ⓐ	(차)	임차비용	170	(대)	선급임차료		170

다음의 〈그림 5-6〉은 기초잔액을 기록한 후 위의 분개를 전기한 선급임차료 계정이다.

〈그림 5-6〉 선급임차료

			기초	20(차)
⑤ 임차료지급 180				200(차)
	ⓐ 임차비용	170	기말	30(차)

선급임차료 계정의 내용은 다음과 같이 요약될 수 있다.

기초 선급임차료 + 임차료지급 − 임차비용 = 기말 선급임차료

20   +   180   −   170   =   30

위의 등식은 아래와 같이 임차료지급을 계산하는 등식으로 재정리될 수 있다.

임차료지급 = 임차비용 + (기말 선급임차료 − 기초 선급임차료)

180   =   170   +   (30   −   20)

기말 선급임차료와 기초 선급임차료의 차이를 선급임차료의 증가로 전환하면 다음과 같은 등식을 얻을 수 있다.

임차료지급 = 임차비용 + 선급임차료의 증가

180   =   170   +   10

선급임차료가 감소할 때에는 다음의 등식이 성립된다.

임차료지급 = 임차비용 − 선급임차료의 감소

---

(5) 매출채권-(3)번 유형과 재고상품-(4)번 유형이 혼합된 경우

1) 상품매입에 따른 현금지급과 매출원가의 차이

다음의 〈표 5-29〉에 제시된 바와 같이 현금흐름표의 거래처와 종업원에 지급된 현금 항목에 포함되어 있는 상품매입에 따른 현금지급액 2,350억원(③번 거래 700억원

+ ⑩번 거래 1,650억원)과 손익계산서의 매출원가 2,400억원과의 차이는 상품매입 2,420억원(①번 거래 1,720억원 + ③번 거래 700억원)을 중간매체로 하여 두 가지 차이로 구분할 수 있다. 첫 번째 차이 (a)는 상품매입에 따른 현금지급액 2,350억원과 상품매입 2,420억원의 차이이고 두 번째 차이 (b)는 상품매입 2,420억원과 매출원가 2,400억원의 차이이다.

〈표 5-29〉 상품매입에 따른 현금지급과 매출원가와의 차이

(단위 : 억원)

현금흐름표		손익계산서	차이(유형)		
(a)	상품매입에 따른 현금지급 2,350 = ③ 700 + ⑩ 1,650	상품매입 2,420 = ① 1,720 + ③ 700		70	매입채무의 증가	(3)
(b)		상품매입 2,420 = ① 1,720 + ③ 700	매출원가 2,400	20	상품의 증가	(4)

(a) 상품매입에 따른 현금지급 2,350억원과 상품매입액 2,420억원과의 차이는 다음의 (식 ①)과 같이 70억원의 매입채무 증가로 설명된다. (식 ①)의 항목 간의 관계는 매입채무를 미지급상품매입대금으로 간주하는 (3)번 유형으로 분류될 수 있다.

상품매입을 위해 지급된 현금 = 상품매입 − 매입채무의 증가 ········ (식 ①)
2,350　　　　　 = 　2,420　−　　 70

(b) 상품매입 2,420억원과 매출원가 2,400억원의 차이는 다음의 (식 ②)와 같이 재고상품의 증가 20억원으로 설명된다. (식 ②)의 항목 간의 관계는 매출원가를 비용으로, 그리고 재고상품을 선급매출원가로 간주하는 (4)번 유형으로 분류될 수 있다.

상품매입 = 매출원가 + 상품의 증가 ························· (식 ②)
2,420　 = 　2,400　+　　 20

(식 ①)의 상품매입이 (식 ②)로 대체되면 다음의 (식 ③)이 된다.

상품매입을 위해 지급된 현금 = 매출원가 - 매입채무의 증가 + 상품의 증가 (식 ③)					
2,350	=	2,400	+	20	- 70

매입채무가 감소하고 재고자산이 감소한 경우에는 다음과 같은 등식이 성립된다.

상품매입을 위해 지급된 현금 = 매출원가 + 매입채무의 감소 - 상품의 감소

3. 유형별 현금흐름정보와 수익비용정보의 차이

다음의 〈표 5-30〉은 현금흐름표 정보와 손익계산서 정보의 차이를 유형별로 정리한 것이다.

〈표 5-30〉 유형별 현금흐름정보와 수익비용정보의 차이

	유 형	등 식	
(1)	미수수익	현금수취 = 수익 - 미수수익의 증가	현금수취 = 수익 + 미수수익의 감소
(2)	선수수익	현금수취 = 수익 + 선수수익의 증가	현금수취 = 수익 - 선수수익의 감소
(3)	미지급비용	현금지급 = 비용 - 미지급비용의 증가	현금지급 = 비용 + 미지급비용의 감소
(4)	선급비용	현금지급 = 비용 + 선급비용의 증가	현금지급 = 비용 - 선급비용의 감소

제2절

재무제표 활용 종합예제

본 장의 제1절에서는 재무제표를 작성하는 과정을 학습하였다. 여기에서는 앞에서 작성한 재무제표를 분석하는 데 사용되는 재무비율을 설명한다. 재무비율이란 재무제표를 구성하는 항목 간의 비율이다. 이들은 주로 투자자들이 회사의 주가를 예측하거나 채권자들이 자금대여 결정을 위하여 회사의 신용을 평가할 때 그리고 경영자가 회사의 경영실적을 분석할 때 많이 사용된다.

재무비율에 의한 평가는 절대평가가 아니고 상대평가이다. 각 비율에 있어서 바람직한 절대치가 있는 것이 아니다. 각 비율은 전년도, 경쟁사의 비율 또는 업체평균과 비교하여 평가되어야 한다.

2.1 수익성 평가 재무비율

기업이 얼마나 많은 이익을 창출하고 있는가를 평가하기 위한 재무비율은 여러 가지가 있다. 가장 기본적인 것은 매출액순이익률, 총자산이익률, 자기자본이익률, 주당이익이다.

(1) 매출액순이익률

매출액순이익률은 다음과 같이 매출액에 대한 순이익의 비율이다.

$$\text{매출액순이익률} \quad = \quad \frac{\text{당기순이익}}{\text{매 출 액}}$$

이 비율은 매출액 1원에 대한 순이익을 알려준다. 영어로는 이 비율을 profit margin

on sales라 한다. 한국에서는 이 비율을 이익마진(profit margin)이라고도 한다.

(한국백화점의 비율)

$$매출액순이익률 \;=\; \frac{220억}{3,100억} \;=\; 7.1\%$$

한국백화점의 이 비율 7.1%는 매출액 100원당 약 7원의 이익이 남는다는 것을 의미한다. 만일 경쟁업체의 매출액순이익률이 5%라면 한국백화점은 경쟁업체에 비하여 매우 양호한 수익성을 지니고 있다고 일단 평가될 수 있다. 그러나 이 비율을 사용할 때에는 여러 가지 요인들을 함께 고려해야 한다. 예를 들면 경쟁업체는 소위 회전율이 높은 중저가 브랜드를 취급하고 한국백화점은 회전율이 낮은 고가의 고마진 브랜드를 취급한다면 단순히 매출액순이익률을 가지고 수익성을 평가하는 것은 무리가 있다. (아래의 (3) '총자산이익률'과 (4) '자기자본이익률' 참조)

(2) 매출액영업이익률

매출액영업이익률은 다음과 같이 매출액에 대한 영업이익의 비율이다.

$$\textbf{매출액영업이익률} \;=\; \frac{\textbf{영업이익}}{\textbf{매출액}}$$

이 비율은 매출액 1원에 대하여 영업이익이 얼마나 되는가를 알려준다.

(한국백화점의 비율)

$$매출액영업이익률 \;=\; \frac{370억}{3,100억} \;=\; 11.94\%$$

이 비율에 의하여 한국백화점은 단지 영업활동에서만 매출 100원당 약 12원의 이익이 발생하였다는 것을 알 수 있다. 이 비율은 매출액순이익률과 비교하면 이익이 기업의 영업활동에서 창출되었는지 그렇지 않고 기업의 투자 또는 재무활동에서 창출되었는지를 알 수 있다.

(3) 총자산이익률

총자산이익률(실무에서는 총자산수익률이라고도 함)은 다음과 같이 총자산에 대한 순이익의 비율이다.

$$\text{총자산이익률} = \frac{\text{당기순이익}}{\text{평균총자산}} = \frac{\text{당기순이익}}{(\text{기초총자산} + \text{기말총자산})/2}$$

이 비율은 총자산 1원에 대하여 순이익이 얼마나 창출되었는가를 알려준다. 총자산이익률은 ROA(return on assets)라고 하는데, 이는 투자이익률(ROI : return on investment, 투자수익률이라고도 함) 중의 하나이다. 투자이익률은 투자액에 대한 투자이익의 비율이다. 총자산을 기업의 투자액으로 간주하면 ROA가 ROI이다.

(한국백화점의 비율)

$$\text{총자산이익률} = \frac{220억}{(2,020억 + 2,540억)/2} = 9.65\%$$

한국백화점의 경우 이 비율 9.65%는 총자산 100원에 대하여 1년 동안에 약 10원 정도의 이익을 벌었다는 것을 나타낸다. 이 총자산이익률은 투자규모가 서로 다른 기업들의 수익성을 비교·평가할 때 매우 유용하게 사용될 수 있다. 예를 들면 단순히 순이익의 규모만으로 수익성이 평가된다면 대개 투자규모, 즉 총자산이 큰 기업이 유리하게 평가된다. 그러나 이 비율은 수익성을 평가할 때 투자규모를 감안하기 때문에 이러한 문제가 해결될 수 있다.

총자산이익률은 다음과 같이 2가지 비율의 곱으로 표시될 수 있다.

$$\begin{aligned}\text{총자산이익률} &= \frac{\text{순이익}}{\text{평균총자산}} = \frac{\text{순이익}}{\text{매출액}} \times \frac{\text{매출액}}{\text{평균총자산}}\\ &= \underset{(\text{수익성})}{\text{매출액순이익률}} \times \underset{(\text{활동성})}{\text{총자산회전율}}\end{aligned}$$

위 식은 총자산이익률이 (수익성을 평가할 수 있는) 매출액순이익률과 (활동성을 평가할 수 있는) 총자산회전율(다음의 2.3 '활동성 평가 재무비율'에서 검토)의 곱임을 보여주고 있다. 이와 같이 1개의 재무비율을 다른 재무비율로 설명하는 방법은 재무제표 이용자들이 당해 재무비율을 구성하는 요소들을 세분화하여 기업을 평가할 수 있도록 해줌으로써 그들에게 보다 풍부한 식견을 제공할 수 있다. 예를 들면 총자산이익률이 저조할 경우 이 방법을 사용하면 이것이 수익성의 문제인가 아니면 활동성의 문제인가를 찾아낼 수 있다. 한국백화점의 총자산이익률은 다음과 같이 세분화될 수 있다.

$$
총자산이익률 \ = \ \frac{220억}{3,100억} \ \times \ \frac{3,100억}{2,280억} \ = \ 7.1\% \times 1.36 = 9.65\%
$$

위 식에서 볼 수 있듯이 한국백화점의 총자산이익률은 매출액순이익률 7.1%와 총자산회전율 1.36회의 곱으로 계산될 수 있다. 만일 한국백화점의 매출액순이익률이 산업평균보다 높은데 총자산회전율이 산업평균보다 낮다면, 한국백화점은 총자산이익률을 높이기 위하여 자산을 효율적으로 활용할 방안을 모색하여야 할 것이다.

(4) 자기자본이익률

자기자본이익률(실무에서는 자기자본수익률이라고도 함)은 다음과 같이 자본에 대한 순이익의 비율이다.

$$
자기자본이익률 \ = \ \frac{당기순이익}{평균자본} \ = \ \frac{당기순이익}{(기초자본 + 기말자본)/2}
$$

이 비율은 자본에 대한 수익성을 평가하기 위한 지표이기에 주주의 입장에서 본 수익성 지표이다. 이 지표를 ROE(return on equity)라고도 한다. 총자산이익률은 자본과 부채까지 모두 합한 총자산에 대한 수익성을 평가하는 지표이다. 반면, 자기자본이익률은 자본에 대한 수익성을 평가하는 지표이다. 이 비율은 투자액을 자본으로 한 투자이익률(ROI)이다.

(한국백화점의 비율)

$$\text{자기자본이익률} \quad = \quad \frac{220\text{억}}{(650\text{억} + 850\text{억})/2} \quad = \quad 29.33\%$$

한국백화점의 경우 이 비율 29.33%는 자기자본 100원에 대하여 1년 동안에 약 29원 정도의 이익을 벌었다는 것을 나타낸다. 이 자기자본이익률도 총자산이익률의 경우와 같이 자본규모가 서로 다른 기업들의 수익성을 비교·평가할 때 매우 유용하게 사용될 수 있다.

자기자본이익률은 다음과 같이 3가지 비율의 곱으로 표시될 수 있다.

$$\text{자기자본이익률} = \frac{\text{순이익}}{\text{평균자본}} = \frac{\text{순이익}}{\text{매출액}} \times \frac{\text{매출액}}{\text{평균총자산}} \times \frac{\text{평균총자산}}{\text{평균자본}}$$

$$= \underset{\text{(수익성)}}{\frac{\text{매출액}}{\text{순이익률}}} \times \underset{\text{(활동성)}}{\frac{\text{총자산}}{\text{회전율}}} \times \underset{\text{(안전성)}}{\frac{1}{\text{자기자본비율}}}$$

위 식에서 알 수 있는 것과 같이 자기자본이익률은 복합재무비율이다. 이는 (수익성을 평가하는) 매출액순이익률, (활동성을 평가하는) 총자산회전율, (재무적 안전성을 평가하는) 자기자본비율의 역수로 구성되어 있다. (참고 : 총자산회전율은 다음의 2.3 '활동성 평가 재무비율'에서 검토됨. 다음의 2.4 '안전성(재무적) 평가 재무비율'에서 연말 자기자본비율이 검토됨. 여기에서는 연평균 자기자본비율이 사용됨) 이를 다시 쓰면 다음과 같이 표시될 수 있다.

$$\text{자기자본이익률} = \text{총자산이익률(수익성)} \times \frac{1}{\text{자기자본비율(안전성)}}$$

위 식에서 자기자본이익률은 총자산이익률에 자기자본비율(연평균)의 역수를 곱하여 계산됨을 알 수 있다.

한국백화점의 경우 자기자본이익률을 세분화하면 다음과 같이 매출액순이익률 7.1%와 총자산회전율 1.36회, 그리고 자기자본비율(연평균)의 역수인 304%의 곱으로 표시된다.

$$\text{자기자본이익률} = \frac{220억}{3,100억} \times \frac{3,100억}{2,280억} \times \frac{2,280억}{750억} = 7.1\% \times 1.36 \times 304\% = 29.35\%$$

이를 두 번째 식으로 표시하면 다음과 같이 총자산이익률 9.65%와 자기자본비율 (연평균)의 역수인 304%의 곱으로 나타난다.

$$\text{자기자본이익률} = \frac{220억}{2,280억} \times \frac{2,280억}{750억} = 9.65\% \times 304\% = 29.34\%$$

위의 식에서 총자산이익률이 일정한 경우 총자산에 대한 자기자본의 비중이 크면 자기자본이익률은 낮아지고, 총자산에 대한 자기자본의 비중이 작으면 자기자본이익률은 높아진다. 이를 레버리지효과(leverage effect)라고 한다.

(5) 주당이익

주당이익(EPS: earnings per share)은 다음과 같이 유통되는 보통주 1주당 순이익이 얼마인가를 계산한 것이다.

$$\text{주당이익} = \frac{\text{당기순이익} - \text{우선주배당금}}{\text{가중평균 유통보통주식수}}$$

우선주배당금은 보통주배당금에 우선하여 지급된다. 따라서 보통주주에 귀속되는 이익은 당기순이익에서 우선주배당금을 차감한 금액이다. 가중평균 유통주식수란 주식의 유통기간에 따라 가중치를 부여하여 계산한 주식수를 뜻한다. 예를 들면 4월 1일에 1,000주가 발행된 경우 가중평균 유통주식수는 750주(1,000주 × 9/12)이다. 한국백화점과 같이 (설립 시) 20×1년 초에 한 번만 발행한 경우에는 가중평균 유통주식수는 발행주식수와 같다. 한국백화점은 우선주를 발행하지 않아 우선주 배당금이 없었기 때문에 주당이익은 다음과 같이 2,200원으로 계산된다.

$$주당이익 \quad = \quad \frac{220억원}{1천만주} \quad = \quad 2,200원$$

이 주당이익은 증권시장에서 가장 많이 사용되는 회계정보이다.

2.2 성장성 평가 재무비율

기업가치는 기대미래성장가능성에 의하여 영향을 받기 때문에 기업가치 추정 시 기업의 성장성을 평가하는 일은 매우 중요하다. 기업의 성장성을 평가하는 대표적인 재무비율은 매출액성장률, 총자산성장률, 영업이익성장률, 그리고 순이익성장률이다.

성장성 비율을 계산하려면 전년도 손익계산서 정보도 있어야 한다. 한국백화점은 20×1년에 매출액은 2,800억원, 영업이익은 320억원, 그리고 당기순이익은 190억원이 있었던 것으로 가정하였다.

(1) 매출액성장률

매출액성장률은 다음과 같이 전기매출액에 대한 당기매출액증가액의 비율이다.

$$매출액성장률 \quad = \quad \frac{당기매출액 - 전기매출액}{전기매출액}$$

이 비율은 매출이 어느 정도 성장하였는지를 알려준다. 장기적인 수익성 증가를 위해서는 지속적인 신시장 개척과 신제품 개발에 의하여 매출액이 지속적으로 성장해야 한다. 이 비율은 기업의 성장전략이 적절히 수립되어 실천되고 있는지를 평가할 수 있는 지표이다.

아래에서 검토할 영업이익성장률과 당기순이익성장률은 크게 변동할 가능성이 있다. 따라서 장기적인 안목에서 기업의 성장성을 추정할 경우에는 매출액성장률이나 총자산성장률을 사용한다. 이 중에서도 기업의 수익성은 매출성장과 상관관계가 높기 때문에 매출액성장률이 많이 사용된다.

(한국백화점의 비율)

$$매출액성장률 \quad = \quad \frac{3,100억 - 2,800억^*}{2,800억^*} \quad = \quad 10.71\%$$

* 가정된 금액임

(2) 총자산성장률

총자산성장률은 다음과 같이 전기말총자산에 대한 당기말총자산증가액의 비율이다.

$$총자산성장률 \quad = \quad \frac{당기말총자산 - 전기말총자산}{전기말총자산}$$

이 비율은 총자산이 어느 정도 성장하였는지를 알려준다. 자산은 기업의 투자활동의 결과이기에 이 비율은 기업이 투자활동을 어느 정도 활발히 추진하고 있는지를 평가할 수 있는 지표이다.

(한국백화점의 비율)

$$총자산성장률 \quad = \quad \frac{2,540억 - 2,020억}{2,020억} \quad = \quad 25.74\%$$

(3) 영업이익성장률

영업이익성장률은 다음과 같이 전기영업이익에 대한 당기영업이익증가액의 비율이다.

$$영업이익성장률 \quad = \quad \frac{당기영업이익 - 전기영업이익}{전기영업이익}$$

영업이익은 기업의 영업활동에 의하여 발생한 이익이다. 이 비율은 기업의 영업활동에 의한 이익이 어느 정도 성장하였는지를 알려준다.

(한국백화점의 비율)

$$영업이익성장률 \quad = \quad \frac{370억 - 320억^*}{320억^*} \quad = \quad 15.63\%$$

* 가정된 금액임

(4) 당기순이익성장률

당기순이익성장률은 다음과 같이 전기순이익에 대한 당기순이익증가액의 비율이다.

$$당기순이익성장률 \quad = \quad \frac{당기순이익 - 전기순이익}{전기순이익}$$

당기순이익은 영업활동, 투자활동, 그리고 재무활동 전반에 걸쳐 발생한 이익이다. 따라서 이 비율은 기업이 영업활동을 비롯한 투자 및 재무활동을 전개하여 순이익을 어느 정도 성장시키고 있는지를 알려준다.

(한국백화점의 비율)

$$당기순이익성장률 \quad = \quad \frac{220억 - 190억^*}{190억^*} \quad = \quad 15.79\%$$

* 가정된 금액임

2.3 활동성 평가 재무비율

자산을 얼마나 효율적으로 활용하고 있는가를 분석할 수 있는 가장 기본적인 재무비율은 총자산회전율이다.

(1) 총자산회전율

총자산회전율은 다음과 같이 총자산에 대한 매출액의 비율이다.

$$\text{총자산회전율} = \frac{\text{매출액}}{\text{평균총자산}} = \frac{\text{매출액}}{(\text{기초총자산} + \text{기말총자산})/2}$$

총자산회전율은 1년 동안 총자산 1원에 대하여 매출액을 얼마나 창출하였는가를 나타낸다. 이 비율을 회전율이라고 하는 이유는 이 비율이 자산이 매출을 창출하기 위하여 1년 동안 몇 번이나 사용되었는가를 표시하기 때문이다. 이 수치가 크면 클수록 자산을 보다 더 효율적으로 활용하고 있다는 의미이다.

(한국백화점의 비율)

$$\text{총자산회전율} = \frac{3,100\text{억}}{2,280\text{억}} = 1.36\text{회}$$

2.4 안전성(재무적) 평가 재무비율

기업이 부채를 적기에 상환하여 계속 존속할 수 있는가(재무적 안전성)를 평가할 수 있는 주요 비율은 부채비율과 자기자본비율이다.

(1) 부채비율

부채비율은 다음과 같이 자기자본에 대한 부채의 비율이다.

$$\text{부채비율} = \frac{\text{부채}}{\text{자본}}$$

이 비율은 자본에 대한 부채의 비율로서 기업의 재무건전성을 평가하기 위하여 사용된다. 부채비율이 지나치게 높으면 상환해야 할 차입금과 이자 비중이 높아서 기업이 도산할 위험이 그만큼 크다.

(한국백화점의 비율)

$$부채비율 \quad = \quad \frac{1,690억}{850억} \quad = \quad 198.82\%$$

1997년 외환위기 당시 한국 정부에서는 기업들의 재무건전성을 높이기 위하여 부채비율을 200% 이하로 낮추도록 권장한 바가 있다. 한국백화점의 부채비율은 이러한 200% 기준에 접근해 있다고 할 수 있다.

(2) 자기자본비율

자기자본비율은 다음과 같이 총자산에 대한 자본의 비율이다. 이 비율은 주주가 총자산의 어느 정도를 제공하였는지를 보여준다.

$$자기자본비율 \quad = \quad \frac{자본}{총자산}$$

이 비율은 본질적으로 부채비율과 역의 관계에 있다. 즉, 부채비율이 높으면 자기자본비율이 낮고, 부채비율이 낮으면 자기자본비율이 높다. 부채비율과 자기자본비율의 관계는 다음과 같다.

$$자기자본비율 \quad = \quad \frac{1}{(1 \ + \ 부채비율)}$$

(한국백화점의 비율)

$$자기자본비율 \quad = \quad \frac{850억}{2,540억} \quad = \quad \frac{1}{(1 \ + \ 1.99)} \quad = \quad 33.44\%$$

(3) 당좌비율

당좌비율은 다음과 같이 당좌자산과 유동부채의 비율이다.

$$\text{당좌비율} \quad = \quad \frac{\text{당좌자산}}{\text{유동부채}}$$

당좌자산은 재고자산을 제외한 유동자산이다. 이 비율은 (단기채무인) 유동부채에 비하여 당좌자산이 어느 정도 되는지를 보여주는 지표이다.

(한국백화점의 비율)

$$\text{당좌비율} \quad = \quad \frac{520\text{억}}{490\text{억}} \quad = \quad 106.12\%$$

(4) 유동비율

유동비율은 다음과 같이 유동부채에 대한 유동자산의 비율이다.

$$\text{유동비율} \quad = \quad \frac{\text{유동자산}}{\text{유동부채}}$$

이 비율은 (단기채무인) 유동부채에 비하여 (단기자산인) 유동자산이 어느 정도가 되는지를 보여주는 지표이다.

(한국백화점의 비율)

$$\text{유동비율} \quad = \quad \frac{640\text{억}}{490\text{억}} \quad = \quad 130.61\%$$

(5) 순운전자본

순운전자본은 운전자본 또는 운전자금이라고도 하는데, 다음과 같이 유동자산에서 유동부채를 차감하여 계산된다.

순운전자본 = 유동자산 - 유동부채

이 지표는 (단기자산인) 유동자산으로 (단기채무인) 유동부채를 상환하고 어느 정도 남는가(순액)를 알려준다. 이 지표를 운전자본이라고 하는데 그 이유는 이 지표가 영업활동을 원활히 추진하기 위하여 생산설비투자에 추가하여 투입된 자금을 보여주기 때문이다.

(한국백화점의 비율)

순운전자본 = 640억 - 490억 = 150억원

당좌비율, 유동비율, 그리고 순운전자본은 기업의 단기채무지불능력, 즉 단기유동성을 평가할 수 있는 지표이다. 이들 지표들을 단순히 비교하는 것보다 유동자산과 유동부채가 무엇으로 구성되어 있느냐를 면밀히 검토하는 것이 보다 효과적이기 때문에 근래에 들어서 이들 지표에 대한 의존도가 낮아지고 있다.

2.5 주가배수

(1) 주가이익비율

주가이익비율(PER: price earnings ratio, 실무에서는 주가수익비율이라고도 함)은 다음과 같이 보통주 주가와 주당이익의 비율이다.

주가이익비율 $= \dfrac{\text{보통주 주가}}{\text{주당이익}}$

이 비율은 주식시장에서 주가가 주당이익의 몇 배로 형성되어 있는가를 알려준다. 일반적으로 미래에 성장가능성이 높은 기업의 주가이익비율이 성장가능성이 낮은 기업보다 크다. 만일 한국백화점의 주가가 12,000원이라면 다음과 같이 주가이익비율은 5.45배가 된다.

$$\text{주가이익비율} \quad = \quad \frac{12,000}{2,200} \quad = \quad 5.45\text{배}$$

이 비율은 기업의 미래주가를 예측하는 데에 많이 활용된다. 예를 들면 한국백화점의 20×3년 주당이익이 2,500원으로 예측되고, 주가이익비율이 8배로 상승할 것으로 예측되면, 20×3년 주가는 20,000원(2,500원 × 8)으로 추정된다.

본서가 제시한 주요 재무비율은 본서의 마지막 부분에 수록된 부록 2의 〈표 B-1〉에 요약되어 있다. 재무상태표와 손익계산서를 사용하는 기본 재무비율은 본 장에서 검토되었다(〈표 B-1〉의 '본문' 난이 음영처리된 것). 보다 세부적인 회계정보와 현금흐름 정보를 사용하는 재무비율은 본 장 이후의 제6장에서 제11장에 걸쳐 추가로 설명된다(〈표 B-1〉의 '본문' 난이 음영처리 안 된 것).

연습문제

1. 소모품의 회계처리 ①

부산상사의 20×1년 초 소모품 재고는 20억원이었고, 20×1년 소모품 매입은 300억원이었으며, 그리고 20×1년 말 소모품 재고는 30억원이었다.

《물음》

(1) 20×1년 소모품비용은 얼마인가?
(2) 다음의 1), 2-1), 2-2) 각각의 경우 기말 수정분개를 작성하라.
    1) 소모품 매입이 소모품 계정에 기록된 경우
    2) 소모품 매입이 소모품비용 계정에 기록된 경우
        2-1) 기초 재고가 소모품 계정에 남아 있다고 가정
        2-2) 기초 재고가 사용되어 소모품비용 계정에 기록되었다고 가정

2. 소모품의 회계처리 ②

다음은 20×1년 소모품에 관한 자료이다.

(단위 : 억원)

경우	기초재고	매입	기말재고	소모품비용
A	100	2,000	250	①
B	②	400	10	460
C	200	3,000	③	3,050
D	80	④	70	1,500

《물음》 위의 표의 빈칸에 알맞은 금액을 계산하라.

3. 현금주의 자료를 발생주의 정보로의 전환

나라컨설팅을 운영하고 있는 김한국 씨는 H 대학교에서 회계학을 배우고 있다. 다음은 나라컨설팅의 설립연도인 20×1년 말 시산표이다. 이는 김한국 씨가 현금유입과 현금유출을 분개하고 전기한 후에 작성한 것이다.

시 산 표

나라컨설팅   20×1년 12월 31일   (단위 : 억원)

차 변	계 정 과 목	대 변
30	현　　　금	
800	단 기 대 여 금	
	장 기 차 입 금	200
	보 통 주 자 본 금	500
	임 대 수 익	800
	이 자 수 익	60
440	임 차 비 용	
270	급 여 비 용	
20	이 자 비 용	
1,560	합　　　계	1,560

공인회계사 이광복 씨는 나라컨설팅을 감사하면서 다음의 사항을 확인하였다.

ⓐ 20×1년 말 미수용역수수료는 100억원이었다.

ⓑ 20×1년 말 선수이자는 20억원이었다.

ⓒ 20×1년 말 선급임차료는 50억원이었다.

ⓓ 20×1년 말 미지급급여는 80억원이었다.

《물음》

(1) 수정분개를 작성하라.

(2) 수정후시산표를 작성하라.

(3) 손익계산서를 작성하라.

(4) 재무상태표를 작성하라.

4. 발생주의와 현금흐름 ①

다음은 코리아회사의 20×1년 재무제표에서 추출한 자료이다.

(단위 : 억원)

재무상태표			손익계산서	
과 목	금액		과 목	금액
	기초	기말		
선 급 보 험 료	100	150	보 험 비 용	200
미 수 이 자	260	300	이 자 수 익	400
미 지 급 급 여	50	60	급 여 비 용	650
선 수 임 대 료	770	850	임 대 수 익	900

《물음》 다음을 계산하라.

(1) 20×1년에 현금으로 지급한 보험료

(2) 20×1년에 현금으로 수취한 이자

(3) 20×1년에 현금으로 지급한 급여

(4) 20×1년에 현금으로 수취한 임대료

5. 발생주의와 현금흐름 ②

다음의 표의 빈칸에 들어갈 금액을 계산하라.

(단위 : 억원)

항 목	금액	항 목	금액
기 초 선 급 임 차 료	500	기 초 선 수 이 자	40
임 차 료 현 금 지 급 액	3,500	이 자 현 금 수 취 액	②
임 차 비 용	①	이 자 수 익	150
기 말 선 급 임 차 료	800	기 말 선 수 이 자	10

항 목	금액	항 목	금액
기 초 미 수 임 대 료	③	기 초 미 지 급 급 여	400
임 대 료 현 금 수 취 액	700	급 여 현 금 지 급 액	1,800
임 대 수 익	750	급 여 비 용	1,500
기 말 미 수 임 대 료	200	기 말 미 지 급 급 여	④

6. 회계순환과정(발생)―상품매매기업 : 기초잔액이 없는 경우

남한백화점은 20×1년도에 설립되었으며, 회계연도는 12월 31일에 끝난다. 다음은 20×1년도에 발생한 거래이다.

거래번호	날짜	거래내역
①	1월 2일	보통주 2천만주를 액면가 5,000원에 발행하고 현금 1,000억원을 수취하였다.
②	1월 10일	상품을 매입하고 현금 650억원을 지급하였다.
③	2월 1일	건물을 임차하고, 임차료 240억원을 미리 지급하였다.
④	2월 15일	매입원가 350억원인 상품을 600억원에 현금판매하였다.
⑤	3월 1일	은행에서 1,500억원을 4년간 차입하였다.
⑥	3월 20일	토지를 매입하고 현금 2,000억원을 지급하였다.
⑦	3월 25일	500억원의 상품을 외상으로 매입하였다.
⑧	4월 1일	손해보험에 가입하고 보험료 120억원을 미리 지급하였다.
⑨	4월 12일	매입원가가 450억원인 상품을 700억원에 외상으로 판매하였다.
⑩	5월 14일	매출채권 650억원을 회수하였다.
⑪	6월 21일	매입채무 440억원을 지급하였다.
⑫	7월 16일	회사에 대한 TV광고를 하고 수수료 140억원을 지급하였다.
⑬	9월 1일	건물의 일부를 대여하고 임대료 60억원을 미리 받았다.
⑭	12월 30일	20×1년 종업원 급여 170억원을 현금으로 지급하였다.

6-1. 분개, 전기, 시산표 작성

《물음》

(1) 거래를 분개하라.

(2) 잔액식 T 계정을 만들고 분개를 전기하라.

(3) 시산표를 작성하라.

6-2. 수정분개, 전기, 수정후시산표 작성

다음은 시산표를 요약한 것이다.

시산표 요약

(단위 : 억원)

과 목	금 액	과 목	금 액
현 금	50	매 출 채 권	50
선 급 임 차 료	240	선 급 보 험 료	120
상 품	350	토 지	2,000
매 입 채 무	60	선 수 임 대 료	60
장 기 차 입 금	1,500	보통주 자본금	1,000
매 출	1,300	매 출 원 가	800
급 여 비 용	170	광 고 비	140

주 : 모든 계정잔액은 정상잔액임

《물음》

(1) 다음의 추가정보를 이용하여 수정분개를 작성하라.

번호	추가정보
ⓐ	2월 1일에 미리 지급한 임차료 240억원은 20×1년 2월 1일부터 20×2년 1월 31일까지 1년간의 임차료이었다.
ⓑ	3월 1일에 4년간 차입한 차입금 1,500억원의 연 이자율은 12%이었으며, 이자는 매년 2월 말에 지급되어야 한다.
ⓒ	4월 1일에 지급한 보험료 120억원은 20×1년 4월 1일부터 20×2년 3월 31일까지 1년간의 보험료이었다.
ⓓ	9월 1일에 미리 받은 임대료 60억원은 20×1년 9월 1일부터 20×2년 8월 31일까지 1년간의 임대료이었다.

(2) 수정분개를 전기하라.

(3) 수정후시산표를 작성하라.

6-3. 손익계산서와 재무상태표 작성

다음은 수정후시산표를 요약한 것이다.

수정후시산표 요약

(단위 : 억원)

과 목	금 액	과 목	금 액
현 금	50	매 출 채 권	50
선 급 임 차 료	20	선 급 보 험 료	30
상 품	350	토 지	2,000
매 입 채 무	60	미 지 급 이 자	150
선 수 임 대 료	40	장 기 차 입 금	1,500
보통주 자본금	1,000	매 출	1,300
임 대 수 익	20	매 출 원 가	800
급 여 비 용	170	광 고 비	140
임 차 비 용	220	보 험 비 용	90
이 자 비 용	150		

주 : 모든 계정잔액은 정상잔액임

《물음》

(1) 손익계산서를 작성하라.

(2) 재무상태표를 작성하라.

6-4. 재무비율 계산

다음은 손익계산서와 재무상태표에서 발췌한 자료를 요약한 것이다.

(단위 : 억원)

항 목	금 액	항 목	금 액
매 출 액	1,300	부 채	1,750
영 업 손 실	(-)100	자 본	750
당 기 순 손 실	(-)250	유 동 자 산	500
총 자 산	2,500	유 동 부 채	250

《물음》 다음의 재무비율을 계산하라.

(평균잔액을 사용해야 하는 재무비율의 경우 연말잔액을 사용할 것)

(1) 매출액순이익률   (2) 매출액영업이익률

(3) 총자산이익률(ROA)   (4) 자기자본이익률(ROE)

(5) 총자산회전율   (6) 부채비율

(7) 자기자본비율   (8) 유동비율

(9) 순운전자본

6-5. 현금흐름표 정보와 손익계산서 정보의 차이원인

《물음》

(1) 1) 현금계정을 분석하고 2) 현금흐름표를 작성하라.
    (현금흐름표 보고항목 분류에 예외가 허용되지 않는 것으로 가정할 것)
(2) 현금흐름표 정보와 손익계산서 정보의 차이를 계산하고 차이의 발생원인을 재무상태표 계정을 이용하여 설명하라.*

* 난이도가 높음

7. 회계순환과정(발생)—상품매매기업 : 기초잔액이 있는 경우

다음은 코리아백화점의 20×1년 말 재무상태표이다.

재무상태표

코리아백화점(주)　　　　　20×1년 12월 31일 현재　　　　　(단위 : 억원)

과　목	금	액	과　목	금	액
자산			**부채**		
유동자산		690	**유동부채**		470
현금	30		매입채무	300	
매출채권	230		미지급이자	100	
미수이자	10		미지급법인세	30	
원가금융자산 :			선수임대료	40	
단기대여금	200		**비유동부채**		1,000
선급보험료	30		**원가금융부채 :**		
선급임차료	20		장기차입금	1,000	
재고자산 :			**부채 총계**		1,470
상품	170		**자본**		
비유동자산		1,400	**자본금**		500
유형자산 :			보통주	500	
토지	1,400		**이익잉여금**		120
			자본 총계		620
자산 총계		2,090	**부채 및 자본 총계**		2,090

다음은 코리아백화점의 20×2년 거래이다.

거래번호	날짜	거래내역
①	1월 2일	900억원의 상품을 외상으로 매입하였다.
②	1월 12일	매입원가 400억원인 상품을 900억원에 외상으로 판매하였다.
③	2월 15일	매출채권 600억원을 현금 회수하였다.
④	2월 20일	매입채무 500억원을 현금 지급하였다.
⑤	2월 25일	매입원가 550억원인 상품을 1,150억원에 현금으로 판매하였다.
⑥	2월 28일	장기차입금에 대한 1년간(20×1년 3월 1일부터 20×2년 2월 28일까지) 이자 120억원을 현금 지급하였다. 20×1년 말 미지급이자 100억원이 기록되었다.
⑦	2월 28일	장기차입금 200억원을 조기 상환하였다.
⑧	3월 1일	건물 임차료 180억원을 현금으로 미리 지급하였다.
⑨	3월 2일	배당금 50억원을 현금으로 지급하였다.
⑩	3월 10일	토지를 매입하고 400억원을 현금으로 지급하였다.
⑪	3월 15일	매출채권 500억원을 현금 회수하였다.
⑫	3월 30일	300억원의 상품을 외상으로 매입하였다.
⑬	4월 1일	보통주 2백만주를 액면가 5,000원에 발행하고 현금 100억원을 수취하였다.
⑭	4월 1일	손해보험 보험료 160억원을 현금으로 미리 지급했다.
⑮	4월 10일	미지급법인세 30억원을 현금으로 납부하였다.
⑯	4월 30일	매입원가 280억원인 상품을 500억원에 외상으로 판매하였다.
⑰	6월 15일	매입채무 500억원을 현금 지급하였다.
⑱	6월 30일	단기대여금 200억원과 1년분(20×1년 7월 1일부터 20×2년 6월 30일까지) 이자 20억원을 현금 회수하였다. 20×1년 말 미수이자 10억원이 기록되었다.
⑲	9월 1일	코리아상사에 현금 300억원을 1년간 대여하였다.
⑳	9월 1일	건물 임대료 90억원을 현금으로 미리 받았다.
㉑	12월 29일	20×2년 종업원 급여 200억원을 현금으로 지급하였다.

7-1. 분개, 전기, 시산표 작성

《물음》

(1) 거래를 분개하라.

(2) 잔액식 T 계정을 만들고 기초잔액을 기록한 후 분개를 전기하라.

(3) 시산표를 작성하라.

7-2. 수정분개, 전기, 수정후시산표 작성

다음은 시산표를 요약한 것이다.

시산표 요약

(단위 : 억원)

과 목	금 액	과 목	금 액
현 금	50	매 출 채 권	530
단 기 대 여 금	300	선 급 보 험 료	190
선 급 임 차 료	200	상 품	140
토 지	1,800	매 입 채 무	500
선 수 임 대 료	130	장 기 차 입 금	800
보통주 자본금	600	이 익 잉 여 금	120
배 당 금	50	매 출	2,550
이 자 수 익	10	매 출 원 가	1,230
급 여 비 용	200	이 자 비 용	20

주 : 모든 계정잔액은 정상잔액임

《물음》

(1) 다음의 추가정보를 이용하여 수정분개를 작성하라.

번호	추가정보
ⓐ	3월 1일에 미리 지급한 임차료 180억원은 20×2년 3월 1일부터 20×3년 2월 28일까지 1년간 임차료이었다. 20×1년 3월 1일에도 1년분 임차료 120억원을 미리 지급하였다.
ⓑ	장기차입금 이자율은 연 12%이었으며 이자는 매년 2월 28일에 지급되어야 한다.
ⓒ	4월 1일에 미리 지급한 보험료 160억원은 20×2년 4월 1일부터 20×3년 3월 31일까지 1년간 보험료이었다. 20×1년 4월 1일에도 1년분 보험료 120억원을 미리 지급하였다.
ⓓ	9월 1일에 1년간 대여한 현금 300억원에 대한 이자율은 연 10%이었으며 이자는 대여금 만기일인 20×3년 8월 31일에 받기로 되어 있다.
ⓔ	9월 1일에 현금 수납한 임대료 90억원은 20×2년 9월 1일부터 20×3년 8월 31일까지 1년간의 임대료이었다. 20×1년 9월 1일에도 1년분 임대료 60억원을 미리 수납하였다.
ⓕ	20×2년 법인세비용은 180억원으로 추정되었으며 20×3년에 납부되어야 한다.

(2) 수정분개를 전기하라.

(3) 수정후시산표를 작성하라.

7-3. 손익계산서와 재무상태표 작성

다음은 수정후시산표를 요약한 것이다.

수정후시산표 요약

(단위 : 억원)

과　목	금　액	과　목	금　액
현　　　금	50	매 출 채 권	530
미 수 이 자	10	단 기 대 여 금	300
선 급 보 험 료	40	선 급 임 차 료	30
상　　　품	140	토　　　지	1,800
매 입 채 무	500	미 지 급 이 자	80
미지급 법인세	180	선 수 임 대 료	60
장 기 차 입 금	800	보통주 자본금	600
이 익 잉 여 금	120	배　당　금	50
매　　　출	2,550	임 대 수 익	70
이 자 수 익	20	매 출 원 가	1,230
급 여 비 용	200	임 차 비 용	170
보 험 비 용	150	이 자 비 용	100
법 인 세 비 용	180		

주 : 모든 계정잔액은 정상잔액임

《물음》

(1) 손익계산서를 작성하라.

(2) 재무상태표를 작성하라.

7-4. 재무비율 계산

다음은 20×1년과 20×2년 손익계산서와 20×2년 12월 31일 현재 재무상태표에서 발췌한 자료를 요약한 것이다.

(단위 : 원)

항　목	금　액	
	20×2년	20×1년
매　출　액	2,550	2,100
영 업 이 익	870	730
당 기 순 이 익	610	550

(단위 : 원)

항 목	금 액 20×2년 12월 31일	항 목	금 액 20×2년 12월 31일
부 채	1,620	유 동 자 산	1,100
자 본	1,280	유 동 부 채	820
총 자 산	2,900		

《물음》 다음의 재무비율을 계산하라.(20×2년 말 코리아백화점 보통주주가는 ₩40,000
이었다)

(1) 매출액순이익률   (2) 매출액영업이익률

(3) 총자산이익률(ROA)   (4) 자기자본이익률(ROE)

(5) 매출액성장률   (6) 총자산성장률

(7) 영업이익성장률   (8) 순이익성장률

(9) 총자산회전율   (10) 부채비율

(11) 자기자본비율   (12) 유동비율

(13) 순운전자본   (14) 주가이익비율(PER)

7-5. 현금흐름표 정보와 손익계산서 정보의 차이원인

《물음》

(1) 1) 현금계정을 분석하고 2) 현금흐름표를 작성하라.
   (현금흐름표 보고항목 분류에 예외가 허용되지 않는 것으로 가정할 것)
(2) 현금흐름표 정보와 손익계산서 정보의 차이를 계산하고 차이의 발생원인을 재무
   상태표 계정을 이용하여 설명하라.*

   * 난이도가 높음

대한백화점의 재무제표 사례

I. 재무제표

II. 주석

사례의 개요

　　여기에 제시되는 대한백화점의 사례는 재무상태표, 포괄손익계산서, 현금흐름표, 자본변동표로 구성된 재무제표와 주석이다. 이 사례는 독자들이 현장감 있는 학습을 할 수 있도록 재무제표와 주석을 본서에 맞게 작성한 것이다. 본서는 이 사례를 이용하여 제6장 이후 각 장에서 검토되는 주제가 실제로 재무제표의 어디에 어떻게 보고되는지를 알려줄 것이다.

I. 재무제표

재 무 상 태 표(주석 2ⓐ)

20×2년 12월 31일 현재
대한백화점　　　　　　　　　20×1년 12월 31일 현재　　　　　　　　(단위 : 억원)

과　　목		20×2년 12월 31일		20×1년 12월 31일
자산				
유동자산				
현금 및 현금성자산(주석 4)		450		410
매출채권(주석 3ⓑ)	300		200	
대손충당금(주석 3ⓑ, 5)	(−)40	260	(−)20	180
재고자산 :				
상품(주석 3ⓒ)		430		230
유동자산 합계		**1,140**		**820**
비유동자산				
공가기포익금융자산*(주석 3ⓓ, 6)		130		100
관계기업투자(주석 3ⓔ, 7)		240		−
유형자산(주석 8) :				
토지(주석 3ⓕ)		960		900
설비자산(주석 3ⓕ, 16)	3,100		1,600	
감가상각누계액(주석 3ⓕ)	(−)130	2,970	(−)30	1,570
무형자산(주석 3ⓖ) :				
산업재산권(주석 8)		90		−
비유동자산 합계		**4,390**		**2,570**
자산 총계		**5,530**		**3,390**
부채				
유동부채				
매입채무		420		180
미지급이자		50		40
미지급급여		20		30
미지급법인세		140		50
원가금융부채(주석 3ⓘ) :		380		480
단기차입금(주석 9ⓐ)	100		300	
유동성장기차입금(주석 9ⓑ)	280		180	
충당부채 :				
환불충당부채(주석 3ⓗ, 11)		30		20
유동부채 합계		**1,040**		**800**
비유동부채				
원가금융부채(주석 3ⓘ) :		1,260		1,120
장기차입금(주석 9ⓑ)	840		720	
상각후원가금융부채(주석 3ⓘ)				
사채(주석 10)	420		400	
비유동부채 합계		**1,260**		**1,120**
부채 총계		**2,300**		**1,920**

자본				
자본금				
보통주(주석 13, 16)		1,500		1,000
자본잉여금				
보통주(주석 16)		600		100
기타포괄손익누계액		200		110
공가기포익금융자산평가이익누계액*(주석 3ⓓ, 6)	40		10	
토지재평가잉여금(주석 3ⓕ, 8)	160		100	
이익잉여금(주석 3ⓘ, 15)		930		260
자본 총계		3,230		1,470
부채 및 자본 총계		5,530		3,390

* 공가기포익 : 공정가치측정 기타포괄손익인식

포괄손익계산서(주석 2ⓑ)

20×2년 1월 1일부터 20×2년 12월 31일까지
대한백화점 20×1년 1월 1일부터 20×1년 12월 31일까지 (단위 : 억원)

과 목		20×2년		20×1년
매출액(주석 3ⓐ)		4,300		2,200
매출원가		(−)2,300		(−)1,180
매출총이익		2,000		1,020
영업비용		(−)850		(−)500
급여비용	(−)430		(−)260	
대손상각비(주석 3ⓑ)	(−)40		(−)20	
감가상각비(주석 3ⓕ)	(−)100		(−)30	
임차비용	(−)240		(−)120	
기타영업비용	(−)40		(−)70	
영업이익		1,150		520
기타수익		60		–
지분법이익(주석 7)	60		–	
기타비용		(−)190		(−)140
금융비용(주석 2ⓑ) :				
이자비용	(−)190		(−)130	
유형자산처분손실(주석 8)	–		(−)10	
법인세비용차감전순이익		1,020		380
법인세비용		(−)300		(−)120
당기순이익		720		260
기타포괄손익		90		110
당기손익으로 재분류되지 않는 항목 :				
토지재평가차익(주석 3ⓕ, 8)	60		100	
후속적으로 당기손익으로 재분류될 수 있는 항목 :				
공가기포익금융자산평가이익(주석 3ⓓ, 6)	30		10	
총포괄이익		810		370
주당이익(주석 12)		2,880원		1,733원

현금흐름표(주석 2ⓒ)

20×2년 1월 1일부터 20×2년 12월 31일까지

대한백화점　　　20×1년 1월 1일부터 20×1년 12월 31일까지　　　(단위 : 억원)

항 목	20×2년		20×1년	
영업활동 현금흐름				
법인세비용차감전순이익(법비차전익)		1,020		380
조 정(주석 2ⓒ) :				
개별보고 항목과 관련된 법비차전익 비용				
이자비용		190		130
비영업활동에 의한 이익과 손실		(-)60		10
유형자산처분손실(주석 8)	–		10	
지분법이익(주석 7)	(-)60		–	
현금유출이 없는 영업비용				
감가상각비		100		30
영업활동으로 인한 자산과 부채의 변동		(-)40		(-)180
매출채권의 증가	(-)80		(-)180	
상품의 증가	(-)200		(-)230	
매입채무의 증가	240		180	
미지급급여의 증가(감소)	(-)10		30	
환불충당부채의 증가(주석 11)	10		20	
영업에서 창출된 현금		1,210		370
개별보고 항목 :				
법인세납부(주석 2ⓒ)		(-)210		(-)70
영업활동 순현금		1,000		300
투자활동 현금흐름				
토지의 처분(주석 8)		–		390
개별보고 항목 :				
배당금수취(주석 7)		20		
공가기포익금융자산의 매입(주석 6)		–		(-)90
관계기업주식의 취득(주석 7)		(-)200		–
토지의 매입(주석 8)		–		(-)1,200
설비자산의 매입(주석 8)		(-)1,500		(-)1,000
무형자산의 매입(주석 8)		(-)90		–
투자활동 순현금		(-)1,770		(-)1,900
재무활동 현금흐름				
단기차입금의 차입(주석 9ⓐ)		100		300
장기차입금의 차입(주석 9ⓑ)		400		900
사채의 발행(주석 10)		–		390
보통주의 발행(주석 13)		1,000		500
단기차입금의 상환(주석 9ⓐ)		(-)300		–
유동성장기차입금의 상환(주석 9ⓑ)		(-)180		
개별보고 항목 :				
이자지급(주석 2ⓒ)		(-)160		(-)80
배당금지급(주석 2ⓒ, 14)		(-)50		
재무활동 순현금		810		2,010
현금 및 현금성자산의 순증가		40		410
기초 현금 및 현금성자산(주석 4)		410		–
기말 현금 및 현금성자산		450		410

자본변동표(주석 2ⓓ)

20×2년 1월 1일부터 20×2년 12월 31일까지
20×1년 1월 1일부터 20×1년 12월 31일까지

대한백화점 (단위 : 억원)

항 목	자본금	자본잉여금	이익잉여금	기타포괄이익누계액		총 계
	보통주	보통주		공가기포익 금융자산 평가이익 누계액	토지 재평가 잉여금	
20×1년 1월 1일 현재 잔액	–	–	–	–	–	–
20×1년 자본변동 :						
보통주 발행(주석 13)	1,000	100				1,100
총포괄이익 (주석 3ⓓ, 3ⓕ, 6, 8)			260	10	100	370
20×1년 12월 31일 현재 잔액	1,000	100	260	10	100	1,470
20×2년 자본변동 :						
보통주 발행(주석 13)	500	500				1,000
현금배당(주석 14)			(−)50			(−)50
총포괄이익 (주석 3ⓓ, 3ⓕ, 6, 8)			720	30	60	810
20×2년 12월 31일 현재 잔액	1,500	600	930	40	160	3,230

II. 주석

1. 회사의 개요

대한백화점은 20×1년 1월 1일에 액면가가 5,000원인 보통주 1,000만주를 주당 5,000원에 발행하여 설립되었다. 창업주 송경성 씨가 지분 75%를 소유하고 있으며 그의 부인이 10% 그리고 세 자녀가 각각 5%씩 소유하고 있다. 본사와 매장은 서울특별시 송파구 석촌동에 있으며, 상품매매업을 영위하고 있다.

2. 재무제표 양식

회사는 재무상태표, 포괄손익계산서, 현금흐름표, 자본변동표 등의 재무제표를 양 개연도(전년도와 당해연도)를 비교하는 식으로 작성·공시한다. 이들 재무제표 양식은 다음과 같다.

ⓐ 재무상태표 양식

회사는 자산과 부채를 1년을 기준으로 유동과 비유동으로 분류하여 유동성이 높은 순으로 보고하고, 자본은 부채 다음에 보고한다.

ⓑ 포괄손익계산서 양식

회사는 손익계산서와 기타포괄이익을 보고하는 포괄손익계산서를 합하여 단일 포괄손익계산서를 작성한다. 또한 회사는 비용을 기능별로 분류하여 매출총이익, 영업이익, 법인세비용차감전순이익, 당기순이익, 총포괄이익을 보고하는 다단계 포괄손익계산서를 작성한다. 또한 금융비용을 별도로 구분 표시한다.

ⓒ 현금흐름표 양식

회사는 현금흐름표를 간접법으로 작성한다. 영업에서 창출된 현금을 계산하기 위하여 법인세비용 차감전 순이익(법비차전익)에 조정하는 항목을 개별보고항목과 관련된 법비차전익 수익과 비용, 비영업활동에 의한 이익과 손실, 현금유출이 없는 영업비용, 영업활동으로 인한 자산과 부채의 변동으로 분류한다. 또한 법인세납부는 영업활동으로, 배당금수취는 투자활동으로, 그리고 이자지급과 배당금지급은 재무활동으로 분류하고, 이들 항목을 개별 보고한다.

ⓓ 자본변동표 양식

회사는 자본변동표에 각각의 '기타포괄이익' 항목과 그에 대응하는 '기타포괄이익 누계액' 항목을 조정하여 총포괄이익을 표시한다.

3. 중요한 회계처리 방침

재무제표는 한국채택국제회계기준(K-IFRS)에 따라 작성된다. 회사가 채택하고 있는 중요한 회계처리방침은 다음과 같다.

ⓐ 수익인식

회사는 금액을 신뢰성 있게 측정할 수 있으며 경제적 효익의 유입가능성이 높은 경우에 수익을 인식하고 있다. 구체적인 '수익인식 시점'은 상품을 고객에게 인도한 시점(판매시점)이다.

ⓑ 매출채권의 평가

회사는 고객의 신용수준을 검토한 후 고객에게 신용카드를 발급해 주고 있다. 매출채권은 회사가 발급한 신용카드에 의한 매출대금 중 회계연도 말 현재 현금 회수되지 않은 부분이다. 매출채권은 총액에서 대손충당금을 차감하여 순액을 계산하는 식으로 보고된다. 대손충당금은 신용만기일 경과기간별로 매출채권을 구분하고 과거 대손경험에 기초한 추정대손율을 적용하여 추정된다.

ⓒ 재고자산의 평가

재고자산은 상품으로 구성되어 있으며 회계연도 말 실지재고조사에 의해 그 수량이 검증된다. 보석류와 식료품 각각은 개별법과 선입선출원가계산식에 의해 산정된 취득원가로 평가되고 나머지 상품재고자산은 소매재고법에 의해 평가된다.

ⓓ 금융자산의 분류

금융자산은 원가금융자산, 상각후원가금융자산, 공정가치측정 당기손익인식(공가당손익) 금융자산, 그리고 공정가치측정 기타포괄손익인식(공가기포익) 금융자산으로 분류될 수 있다. 상각후원가란 금융자산의 할증(할인)발행차금을 유효이자율법에 의하여 상각한 후의 원가를 뜻한다. (회사는 20×1년과 20×2년 12월 31일 현재 상각후원가금융자산과 공가당손익금융자산을 보고하고 있지 않음) 공가기포익금융자산평가손익은 금융자산이 처분될 때 당기손익으로 재분류될 수 있기 때문에 후속적으로 '당기손익으로 재분류될 수 있는 항목'으로 보고된다. 그리고 이들 이익의 누계액은 재무상태표 자본에 '공가기포익금융자산평가이익누계액'으로 보고된다.

ⓔ 관계기업투자의 평가

피투자회사의 의결권 있는 주식의 20% 이상에 투자하여 피투자회사에 중대한 영향력의 행사를 할 수 있는 경우 해당 투자주식은 '관계기업투자'로 보고된다. 관계기업투자는 지분법으로 평가되고 있으며 지분법이익은 포괄손익계산서에 '기타수익'으로 보고된다.

ⓕ 유형자산의 취득원가, 감가상각방법 및 재평가

(1) 설비자산은 건물과 구축물로 구성되어 있으며 취득원가에서 감가상각누계액을 차감하는 식으로 표시된다. 취득원가는 자산의 취득에 직접적으로 관련된 지출을 포함한다. 설비자산은 정액법에 의하여 상각된다. 건물의 내용연수는 40년, 구축물의 내용연수는 10년, 이들 자산의 잔존가치는 없는 것으로 추정되었다. 회사는 매년 말 감가상각비가 자산의 실질적인 가치 감소분을 반영하는지 확인한다. 만일 반영하지 않는 경우 감가상각방법, 내용연수, 그리고 잔존가치를 변경한다.

(2) 자산의 내용연수를 연장시키거나 자산의 효율성을 실질적으로 증가시키는 대규모 수선비와 같은 자본적 지출은 당해 자산의 원가에 가산된다. 단지 원상을 회복시키거나 현상 유지를 위한 수리유지비와 같은 수익적 지출은 당기 비용으로 처리된다. 자산의 처분손익은 처분대가와 자산의 장부금액의 차이이며, 포괄손익계산서에 기타수익 또는 기타비용으로 보고된다.

(3) 토지는 3년을 주기로, 또는 공정가치에 중대한 변동이 있을 때에 외부의 독립된 감정기관에 의해 결정된 감정가액으로 재평가된다. 토지의 재평가로 인한 장부금액의 증가액인 재평가차익은 포괄손익계산서의 기타포괄손익 항목이다. 이 재평가차익은 '당기손익으로 재분류되지 않는 항목'으로 보고된다. 재평가차익의 누계액은 토지재평가잉여금이라는 항목으로 재무상태표의 자본에 보고된다.

⑧ 무형자산의 상각

무형자산은 산업재산권(특허권)으로 구성되어 있다. 산업재산권은 추정잔존가치가 없이 추정내용연수 10년에 걸쳐 정액법으로 상각된다.

ⓗ 충당부채와 우발채무의 설정

채무를 갚아야 할 시기나 금액이 확정되지 않은 부채 중 1) 채무가 발생할 확률이 50% 이상이고, 2) 채무 금액이 신뢰성 있게 추정될 수 있는 부채는 충당부채로 보고된다. 이 두 조건 중 한 조건만을 만족하는 부채는 우발부채로 보고된다. (회사는 20×1년과 20×2년 12월 31일 현재 환불충당부채를 보고하고 있으며 보고한 우발부채는 없음)

① 금융부채의 분류

금융부채는 원가금융부채, 상각후원가금융부채와 공정가치측정 당기손익인식(공가당손익) 금융부채로 분류될 수 있다. 상각후원가란 금융상품의 할증(할인)발행차금을 유효이자율법에 의하여 상각한 후의 원가이다. (회사는 20×1년과 20×2년 12월 31일 현재 공가당손익금융부채를 보고하고 있지 않음)

① 처분이익잉여금과 미처분이익잉여금의 보고

재무상태표상에서는 처분이익잉여금과 미처분이익잉여금을 합한 금액을 이익잉여금으로 보고하였다. 주석으로 공시되는 이익잉여금 처분계산서(안)에서만 이들을 구분하여 보고하였다.

4. 현금 및 현금성자산

현금 및 현금성자산은 보유중인 현금, 은행예금, 그리고 정해진 금액의 현금으로 즉시 전환할 수 있고 취득 당시 만기일이 3개월 이내여서 가치변동 위험이 미미한 금융상품을 포함한다. 현금성자산은 활성시장의 공시가격으로 평가된다. 현금흐름표의 '현금 및 현금성자산'은 재무상태표의 '현금 및 현금성자산'과 같다.

5. 대손충당금

다음의 대손충당금조정표는 연도별 대손충당금 변동내역을 보여준다.

대손충당금조정표

(단위 : 억원)

항 목	20×2년	20×1년
연초잔액	20	–
대손확정	(–)20	(–)10
대손상각비	40	30
연말잔액	40	20

6. 공정가치측정 기타포괄손익인식(공가기포익) 금융자산

회사는 장기투자 목적으로 다음의 주식을 취득하였으며 취득일에 이 투자주식을 공가기포익금융자산으로 분류하기로 결정하였다. 이들 자산은 공시가격(시가)으로 평가된다.

(단위 : 억원)

투자주식	취득일	주식수	주당 기준가		주당 연말 시가	평가이익
KM마트	20×1년 11월 1일	1백만주	20×1년	9,000원 (취득원가)	10,000원	1,000원 × 1백만주 = 10
			20×2년	10,000원 (연초시가)	13,000원	3,000원 × 1백만주 = 30

7. 관계기업투자

다음은 관계기업투자의 구성과 관계기업투자의 변동내역을 보여주는 관계기업투자 조정표이다.

관계기업투자의 구성

관계기업	취득일	주식수	지분율
(주)소한	20×2년 1월 2일	20,000주	20%

관계기업투자조정표

(단위 : 억원)

20×2년 초 잔액	20×2년 변동액			20×2년 말 잔액
	투자액	가산 : 지분법이익	감산 : 배당금수취	
−	200	60	20	240

8. 유·무형자산의 취득 및 처분

연도별 유형·무형자산의 취득과 처분 내역은 다음과 같다.

(단위 : 억원)

항 목		토지	설비자산	무형자산
20×1년	기 초 금 액	−	−	−
	현 금 취 득	1,200	1,000	−
	주 식 발 행 취 득	−	600	−
	처 분	(−)400*	−	−
	재 평 가 차 익	100	−	−
	기 말 금 액	900	1,600	−
20×2년	현 금 취 득	−	1,500	90**
	재 평 가 차 익	60	−	−
	기 말 금 액	960	3,100	90

* 처분대가는 390억원이었음
** 20×2년 말에 취득한 산업재산권(특허권)

9. 단기 및 장기차입금의 내역

ⓐ 단기차입금

회사는 운전자금 용도로 아래와 같은 차입금을 단기 차입하였다.

(단위 : 억원)

차입일	차입처	이자율	차입금액	조건
20×1년 4월 1일	서울은행	연 10%	300	차입기간 1년 (이자 : 매 6개월 후급)
20×2년 4월 1일	부산은행	연 10%	100	차입기간 1년 (이자 : 매 6개월 후급)

ⓑ 장기차입금

(1) 장기차입금 내역 : 20×2년 말과 20×1년 말 현재의 장기차입금 내역은 다음과 같다.

(단위 : 억원)

차입일	차입처	이자율	잔액		조건
			20×2년 말	20×1년 말	
20×1년 3월 1일	대한 캐피탈	연 12%	720	900	5년 분할상환 (이자 : 매 6개월 후급)
20×2년 5월 1일	기업은행	연 12%	400	–	4년 분할상환 (이자 : 매년 후급)
합　계			1,120	900	

(2) 장기차입금 상환일정 : 장기차입금 연도별 상환금액은 다음과 같다.

(단위 : 억원)

연　도	상 환 금 액
20×2	180
20×3	280
20×4	280
20×5	280
20×6	280

(3) 유동성장기차입금 : 회사는 위의 장기차입금 상환일정에 따라 20×2년 말과 20×1년 말 각각에 장기차입금 280억원과 180억원을 유동성장기차입금으로 재분류하였다.

(단위 : 억원)

분 류	과　목	20×2년 말	20×1년 말
유 동 부 채	유동성장기차입금	280	180
비유동부채	장 기 차 입 금	840	720
합 계		1,120	900

10. 사　채

20×2년 말과 20×1년 말 사채의 내역은 다음과 같다.

(단위 : 억원)

종 류	발행일	만기일	액면이자율	액면금액	발행가액
무보증사채	20×1년 7월 1일	20×6년 6월 30일	연 6%*	500	390

* 이자는 매 6개월마다 후급으로 지급됨. 유효이자율은 연 12%임

11. 환불충당부채

다음의 조정표는 환불충당부채의 변동내역을 보여준다.

환불충당부채 조정표

(단위 : 억원)

항 목		환불충당부채
20×1년	기 초 금 액	–
	실제발생환불	(–)10
	추 정 환 불	30*
	기 말 금 액	20
20×2년	실제발생환불	(–)20
	추 정 환 불	30*
	기 말 금 액	30

* 반품된 상품은 폐기처분되며 추정환불금액은 매출에서 차감됨

12. 주당이익

연도별 주당이익은 다음과 같다.

(단위 : 억원)

연도	당기순이익(1)	가중평균 유통보통주식수(2)	주당이익[(1)/(2)]
20×2	720	2,500만주**	2,880원
20×1	260	1,500만주*	1,733원

* 1,000만주(1월 1일 발행) × 12/12 + 1,000만주(7월 1일 발행) × 6/12 = 1,500만주
** 2,000만주(1월 1일 현재) × 12/12 + 1,000만주(7월 1일 발행) × 6/12 = 2,500만주

13. 자본금

자본금의 구성은 다음과 같다.

연도 말	주식유형	액면가	발행주식수
20×2	보통주	5,000원	3,000만주
20×1	보통주	5,000원	2,000만주

14. 배당금

연도별 배당금 산정내역과 배당성향은 다음과 같다.

(단위 : 억원)

연도	주식유형	배당 대상 주식수	액면배당률	배당금액*
20×2	보통주	3,000만주	10%	150
20×1	보통주	2,000만주	5%	50

* 회사의 정관에 의하여 주식발행일에 관계없이 모든 연말유통주식에 동일한 배당률이 적용됨

(단위 : 억원)

연도	배당금액(1)	당기순이익(2)	배당성향[(1)/(2)]
20×2	150*	720	20.83%
20×1	50**	260	19.23%

* 경영진의 배당계획임. 20×3년 3월 15일 주주총회 의결에 의하여 확정되면 20×3년 3월 22일에 지급될 것임
** 20×2년 3월 14일 주주총회 의결에 의하여 확정되어 20×2년 3월 21일에 지급되었음

15. 이익잉여금의 처분

연도별 이익잉여금처분계획(안)은 다음과 같다.

이익잉여금처분계산서(안)

20×2년 1월 1일부터 20×2년 12월 31일까지
대한백화점 20×1년 1월 1일부터 20×1년 12월 31일까지 (단위 : 억원)

항 목	이익잉여금			
	법정적립금	임의적립금	미처분	합계
	이익준비금*	사업확장		
20×1년 초 잔액	-	-	-	-
20×1년 이익잉여금 변동 :				
당기순이익			260	260
이익준비금의 적립**	10		(-)10	
사업확장적립금의 적립**		20	(-)20	
현금배당**			(-)50	(-)50
20×1년 말 잔액	10	20	180	210
20×2년 이익잉여금 변동 :				
당기순이익			720	720
이익준비금의 적립***	20		(-)20	
사업확장적립금의 적립***		40	(-)40	
현금배당***			(-)150	(-)150
20×2년 말 잔액	30	60	690	780

*   자본금의 1/2이 될 때까지 매년 배당액의 10% 이상을 적립함
**   20×2년 3월 14일 주주총회 의결에 의하여 확정되었음
*** 경영진의 처분계획이며 20×3년 3월 15일 주주총회 의결에 의하여 확정될 것임

16. 현금흐름표 : 비현금거래

연도별 중요한 비현금 투자와 재무거래는 다음과 같다.

(단위 : 억원)

내 역	금 액	
	20×2년	20×1년
주식발행에 의한 설비자산의 취득	-	600*

* 취득한 설비자산의 현금판매가격임. 회사는 20×1년 7월 1일에 액면가 5,000원인 보통주 1,000만주를 발행하여 판매자에게 배부하였음

6

영업활동—매출과 매출채권

제6~10장 개요

제6장부터 제10장까지는 영업활동, 투자활동, 재무활동에서 발생되는 주요 거래들을 설명한다. 그리고 이들 거래와 관련된 계정과목이 재무상태표, 포괄손익계산서 그리고 자본변동표에 어떻게 보고되는지를 검토한다. 각 장의 맨 앞에는 각 장에서 다루는 내용이 재무제표의 어느 부분(음영 표시된 부분)과 연관되는지를 보여주기 위하여 대한백화점의 재무제표를 제시한다. 추가로 관련된 주석사항을 발췌·기술한다.

제6장 개요

본 장에서는 매출과 매출채권에 대하여 알아본다. 우선 매출수익의 개념과 이를 기록하는 방법을 살펴본다. 그 다음 상품을 외상으로 판매하였을 때 나타나는 매출채권, 대손충당금, 대손상각비에 대하여 알아본다. 마지막으로 매출채권과 대손과 연관된 정보를 이용하는 방법을 검토한다.

대한백화점의 사례

재 무 상 태 표(주석 2ⓐ)

20×2년 12월 31일 현재
20×1년 12월 31일 현재

대한백화점 (단위 : 억원)

과 목	20×2년 12월 31일		20×1년 12월 31일	
자산				
유동자산				
현금 및 현금성자산(주석 4)		450		410
매출채권(주석 3ⓑ)	300		200	
대손충당금(주석 3ⓑ, 5)	(−)40	260	(−)20	180
재고자산 :				
상품(주석 3ⓒ)		430		230
유동자산 합계		1,140		820
비유동자산				
공가기포익금융자산(주석 3ⓓ, 6)		130		100
관계기업투자(주석 3ⓔ, 7)		240		−
유형자산(주석 8) :				
토지(주석 3ⓕ)		960		900
설비자산(주석 3ⓕ, 16)	3,100		1,600	
감가상각누계액(주석 3ⓕ)	(−)130	2,970	(−)30	1,570
무형자산(주석 3ⓖ) :				
산업재산권(주석 8)		90		−
비유동자산 합계		4,390		2,570
자산 총계		5,530		3,390
부채				
유동부채				
매입채무		420		180
미지급이자		50		40
미지급급여		20		30
미지급법인세		140		50
원가금융부채(주석 3ⓘ) :		380		480
단기차입금(주석 9ⓐ)	100		300	
유동성장기차입금(주석 9ⓑ)	280		180	
충당부채				
환불충당부채(주석 3ⓗ, 11)		30		20
유동부채 합계		1,040		800
비유동부채				
원가금융부채(주석 3ⓘ) :		1,260		1,120
장기차입금(주석 9ⓑ)	840		720	
상각후원가금융부채(주석 3ⓘ)				
사채(주석 10)	420		400	
비유동부채 합계		1,260		1,120
부채 총계		2,300		1,920

자본				
자본금				
보통주(주석 13, 16)		1,500		1,000
자본잉여금				
보통주(주석 16)		600		100
기타포괄손익누계액		200		110
공가기포익금융자산평가이익누계액*(주석 3ⓓ, 6)	40		10	
토지재평가잉여금(주석 3ⓕ, 8)	160		100	
이익잉여금(주석 3ⓙ, 15)		930		260
자본 총계		3,230		1,470
부채 및 자본 총계		5,530		3,390

* 공가기포익 : 공정가치측정 기타포괄손익인식

포괄손익계산서(주석 2ⓑ)

20×2년 1월 1일부터 20×2년 12월 31일까지
대한백화점   20×1년 1월 1일부터 20×1년 12월 31일까지   (단위 : 억원)

과 목		20×2년		20×1년
매출액(주석 3ⓐ)		4,300		2,200
매출원가		(−)2,300		(−)1,180
매출총이익		2,000		1,020
영업비용		(−)850		(−)500
급여비용	(−)430		(−)260	
대손상각비(주석 3ⓑ)	(−)40		(−)20	
감가상각비(주석 3ⓕ)	(−)100		(−)30	
임차비용	(−)240		(−)120	
기타영업비용	(−)40		(−)70	
영업이익		1,150		520
기타수익		60		−
지분법이익(주석 7)	60		−	
기타비용		(−)190		(−)140
금융비용(주석 2ⓑ) :				
이자비용	(−)190		(−)130	
유형자산처분손실(주석 8)	−		(−)10	
법인세비용차감전순이익		1,020		380
법인세비용		(−)300		(−)120
당기순이익		720		260
기타포괄손익		90		110
당기손익으로 재분류되지 않는 항목 :				
토지재평가차익(주석 3ⓕ, 8)	60		100	
후속적으로 당기손익으로 재분류될 수 있는 항목 :				
공가기포익금융자산평가이익(주석 3ⓓ, 6)	30		10	
총포괄이익		810		370
주당이익(주석 12)		2,880원		1,733원

《주석사항》

3. 중요한 회계처리 방침

ⓐ **수익인식**

회사는 금액을 신뢰성 있게 측정할 수 있으며 경제적 효익의 유입가능성이 높은 경우에 수익을 인식하고 있다. 구체적인 '수익인식 시점'은 상품을 고객에게 인도한 시점(판매시점)이다.

ⓑ **매출채권의 평가**

회사는 고객의 신용수준을 검토한 후 고객에게 신용카드를 발급해 주고 있다. 매출채권은 회사가 발급한 신용카드에 의한 매출대금 중 회계연도 말 현재 현금 회수되지 않은 부분이다. 매출채권은 총액에서 대손충당금을 차감하여 순액을 계산하는 식으로 보고된다. 대손충당금은 신용만기일 경과기간별로 매출채권을 구분하고 과거 대손경험에 기초한 추정대손율을 적용하여 추정된다.

5. 대손충당금

다음의 대손충당금조정표는 연도별 대손충당금 변동내역을 보여준다.

대손충당금조정표

(단위 : 억원)

구 분	20×2년	20×1년
연초잔액	20	–
대손확정	(–)20	(–)10
대손상각비	40	30
연말잔액	40	20

사례 재무제표의 해설

■ 참고 : 위첨자 숫자는 당해 주제가 설명된 본문 쪽번호임

본 장과 관련된 계정과목은 재무상태표에 유동자산으로 보고되는 매출채권과 대손충당금, 그리고 포괄손익계산서에 보고되는 매출액과 대손상각비이다. 주석 3ⓑ는 매출채권은 회사가 발급한 신용카드에 의한 판매대금 중 회계연도 말 현재 현금회수되지 않은 부분이라는 것을 설명해 주고 있다.[288] 또한 이 주석은 재무상태표에 매출채권이 총액에서 대손충당금을 차감하여 순액을 보여주는 형식으로 보고되고 있다는 것을 알려준다.[274] 추가로 이 주석은 대손충당금은 신용만기일 경과기간별로 매출채권을 구분하고 과거 대손경험에 기초한 추정대손율을 적용하여 추정된다는 것을 설명해 준다.[276]

여기서 동일 항목의 중복해설을 피하기 위해서 사례해설은 20×2년 중심으로 이루어지고 20×1년 해설은 생략된다. 재무상태표에 의하면 20×2년 12월 31일 현재 매출채권 총액은 300억원이다. 대손충당금 40억원은 총 매출채권 중 현금회수가 불가능하다고 추정된 매출채권 금액이다. 따라서 현금회수가 가능하다고 추정된 순매출채권은 260억원으로 보고되었다.[274]

주석 5는 대손충당금 변동내역을 보여주는 대손충당금조정표를 제시하고 있다. 이 조정표에 의하면 20×2년에 대손충당금은 확정된 대손에 의하여 20억원 감소되었고, 포괄손익계산서에 보고된 대손상각비에 의하여 40억원 증가되었다.[278]

포괄손익계산서에 의하면 20×2년 한 해 동안 상품판매 대금 총액인 매출액이 4,300억원이다. 주석 3ⓐ는 대한백화점이 상품을 고객에게 인도하는 시점, 즉 판매시점에서 매출을 기록하고 있다는 것을 알려준다.[270] 또한 포괄손익계산서에 의하면 대손상각비 40억원이 20×2년 영업비용의 하나로 보고되었다.[272]

제1절

매출과 매출채권

기업이 상품을 판매하고 받게 되는 대금을 매출수익이라 하며, (이를 줄여서 '매출' 또는 '매출액'이라 한다.) 매출은 기업이 이익을 내는 원천이어서 매출액의 크기와 변화 추세는 기업의 수익성 및 미래의 이익창출 능력을 평가하는 중요한 척도이다. 일반적으로 매출은 상품판매를 통한 매출수익을 의미한다. 그러나 서비스업에서 용역을 제공한 대가인 용역수익도 실무에서는 '매출'이라 한다.

1.1 매출과 매출원가의 기록

매출은 현금매출 또는 외상매출로 이루어진다. 현금매출을 하면 상품판매 대금은 판매시점에서 현금으로 수납되며, 고객에게 신용을 제공하여 외상매출을 하면 매출채권이 발생된다. 매출채권(trade receivables)이란 상품의 외상판매에 따른 외상판매대금을 받을 수 있는 권리이다. 상품을 외상판매할 때 고객의 신용수준에 따라 고객으로부터 약속어음을 받는 경우가 있고, 아무것도 받지 않는 경우가 있다. 약속어음은 '외상대금을 정한 날짜에 갚겠다고 약속한 증서'이다. 어음을 받는 경우에 발생하는 권리를 받을어음(notes receivable), 어음을 받지 않는 경우에 발생하는 권리를 외상매출금(accounts receivable)이라 한다. 회수되지 않은 이 두 채권 모두 재무상태표에 매출채권으로 보고된다.

〈박스 6-1〉 받을어음
받게 될 어음? 현금 받게 될 어음?

일부 학생들은 받을어음을 '미래에 받게 될 어음'으로 알고 있다. 받을어음은 약속어음을 받고 이루어지는 외상매출을 기록하는 계정과목이다. 따라서 어떤 기업이 받을어음 10억원을 보고하였다면 그 기업이 미래에 현금 10억원을 받을 수 있는 어음을 보유하고 있다는 것을 의미한다.

상품을 판매하면 상품재고가 줄어든다. 판매에 의하여 줄어든(판매된) 상품의 매입금액(원가)을 매출원가라 한다. 매출원가를 기록하는 방법은 (1) 매출이 이루어질 때마다 매출원가를 기록하는 계속기록법과 (2) 회계연도 말에 재고자산을 실사하여 매출원가를 간접적으로 계산하여 보고하는 실사법을 포함한다. 제3장과 제5장에서는 예제기업이 계속기록법을 사용하는 것으로 가정하고 매출과 매출원가를 어떻게 기록하는지를 검토하였다. 본 장에서는 예제기업이 실사법을 사용하는 것으로 가정하고 매출을 어떻게 기록하는지를 검토한다. 실사법에서 매출원가를 기록하는 방법은 제7장에서 검토된다.

〈박스 6-2〉 매출환입, 매출에누리, 매출할인

판매한 상품에 하자가 있어 반품되면 이를 매출환입이라 한다. 판매한 상품에 하자가 있어 깎아준 판매대금을 매출에누리라 한다. 한국에는 거의 없지만 외국에서는 외상판매대금을 조기에 회수하기 위한 수단으로 일부 회사는 고객이 외상대금을 일정기간 내에 지불하면 대금의 일부를 할인해 준다. 이를 매출할인이라 한다.

상품의 판매금액인 총매출액에서 매출환입, 매출에누리, 매출할인을 차감한 금액을 '순매출액'이라 한다. 일부 기업은 매출환입, 매출에누리, 매출할인을 중점 관리하기 위하여 계정을 설정하기도 한다. 그러나 외부에 보고되는 포괄손익계산서에는 이들 항목이 보고되지 않고 순매출액만 표시된다. 외부보고 재무제표를 다루는 본서는 이들 항목이 매출계정에 반영되어 있다고 가정한다.

제2절

매출채권과 대손

기업이 외상판매를 하면 현금판매만 하는 경우에 비하여 매출수익을 더 올릴 수 있다. 그러나 매출채권을 회수하지 못할 위험도 감수해야 한다. 왜냐하면 상품을 외상으로 매입한 고객이 외상대금을 갚지 못할 수 있기 때문이다. 이는 개인이 친구에게 돈을 빌려주고 원금을 받지 못하는 경우와 마찬가지이다.

2.1 회수불능채권과 대손상각비

2.1.1 대손상각비

대금회수가 어렵게 되어 회수불가능한 것으로 추정된 매출채권을 회수불능채권이라 한다. 고객으로부터 회수하지 못하게 되는 외상매출대금은 기업이 상품을 외상판매하여 발생하였기 때문에 기업이 감수해야 할 비용이다. 이러한 비용을 '대손상각비'라한다.

2.1.2 대손상각비의 기록방법

대손상각비를 기록하는 방법으로 직접상각법(direct write-off method)과 충당금법(allowance method) 두 방법이 있다. 여기서 아래의 〈예제 6-1〉에 직접상각법과 충당금법을 적용하여 이들 두 방법의 차이를 검토한다.

> 〈예제 6-1〉 직접상각법과 충당금법의 비교
>
> 　　수원백화점의 20×1년 외상매출은 9,500억원이었다. 20×1년 말 매출채권이 2,000억원이었으며 회사는 매출채권 40억원을 회수불능하다고 추정하였다. 20×2년에 대손으로 확정되어 대손처리된 매출채권은 10억원이었다. (분개의 단위는 억원임)

(1) 직접상각법

　　직접상각법에 의하면 20×1년도에는 대손상각비가 보고되지 않는다. 20×2년에는 매출채권 10억원이 회수가 불가능한 것으로 확정되어 장부에서 삭제된다. 그 금액이 20×2년도 대손상각비로 보고된다. 이는 다음과 같이 분개된다.

(차) 대손상각비(20×2)	10	(대) 매출채권	10

　　수익·비용대응원칙을 엄격히 적용한다면 최종 대손 여부가 20×2년에 확정되었다 하더라도 회수불능 매출채권 10억원은 전년도인 20×1년의 외상판매대금의 일부이기 때문에 20×1년도 비용으로 기록되어야 한다. 앞의 분개에서 보는 것과 같이 직접상각법은 대손상각비 10억원을 20×2년도의 비용으로 보고하고, 20×1년 말 매출채권을 기대되는 미래현금흐름 1,960억원보다 과대보고하는 두 가지의 문제점을 야기한다.

(2) 충당금법

　　충당금법에 의하면 20×1년도 말의 매출채권 2,000억원 중 회수불가능할 것으로 추정된 금액 40억원을 매출채권에서 차감하고 그 금액을 20×1년 대손상각비로 기록한다. 매출채권에서의 차감은 대손충당금이라는 매출채권에 대한 차감계정(〈박스 6-3〉 참조)에 의하여 이루어진다. 이 방법은 충당금 계정을 사용하기 때문에 충당금법이라 한다. 충당금법을 적용하면 다음과 같은 분개가 작성되어야 한다.

(차) 대손상각비(20×1)	40	(대) 대손충당금	40

〈박스 6-3〉 차감계정

차감계정이란 일정 계정과 짝을 이루어 해당 계정잔액을 상쇄시키는 계정이
다. 대손충당금은 매출채권에 대한 차감계정이다. 또한 제8장에서 검토될 감가상
각누계액은 설비자산에 대한 차감계정이다.

위의 분개에 의하여 20×1년도 말의 매출채권 2,000억원 중 회수불능채권으로 추
정된 40억원이 20×1년도의 비용으로 기록된다. 이 비용은 20×1년에 상품 9,500억원
을 외상으로 판매하였기 때문에 발생한 비용이다. 이와 같이 충당금법은 외상판매로
인하여 발생하는 비용 40억원을 매출수익이 기록된 20×1년도의 비용으로 기록되기 때
문에 수익과 비용을 적절히 대응시키는 방법이라 할 수 있다.

매출채권을 재무상태표에 표시하는 방법으로 총액법과 순액법 두 방법이 있다. 총
액법에서는 아래의 〈표 6-1〉과 같이 우선 20×1년 말의 매출채권 총액 2,000억원이
표시되고, 그리고 대손충당금 40억원이 차감된다. 그 다음 매출채권 순액 1,960억원이
표시된다.

〈표 6-1〉 재무상태표—총액법

(단위 : 억원)

과　　목	금　　액	
자산		
유동자산		
매출채권	2,000	
대손충당금	(-)40	1,960

순액법에서는 아래의 〈표 6-2〉와 같이 매출채권 순액 1,960억원만이 재무상태표
에 표시된다.

〈표 6-2〉 재무상태표−순액법

(단위 : 억원)

과　　목	금　액	
자산		
유동자산		
매출채권		1,960

이와 같이 총액법에서든 순액법에서든 모두 매출채권이 추정미래현금흐름금액 1,960억원으로 보고되어 매출채권이 과대보고되지 않는다. K-IFRS[1]는 대손상각비 기록방법으로 충당금법만을 허용한다. 재무상태표 표시방법으로는 총액법과 순액법 모두 허용한다. 어느 표시방법이 사용되든지 연중 대손충당금의 변동내역을 보여주는 대손충당금조정표가 공시되어야 한다.

2.2 회수불능매출채권의 추정방법

회수불능채권의 추정방법으로는 개별추정법과 집합추정법 두 방법이 있다. 개별추정법에서는 연말 매출채권이 고객별로 구분되고 각 고객별로 신용분석이 실시되어 개별적으로 회수불능채권이 추정된다. 집합추정법에서는 연말 매출채권이 고객별로 구분된 다음, 신용위험의 유사성을 기준으로 집합된다. 회수불능채권은 집합단위별로 추정된다.

개별추정법은 회사가 소수의 고객을 갖고 있을 때 사용된다. 고객이 기업인 경우 고려되어야 할 사항은 여타 차입금 이자와 차입원금의 연체 여부, 차환에 의한 차입금 이자와 차입원금의 하향조정 여부, 부도 가능성, 워크아웃(채권단 관리에 의한 회생) 가능성, 법적 관리 가능성, 도산 가능성 등을 포함한다. 대개 고객이 도산하면 매출채권이 대손확정처리된다. 반면에 고객이 개인인 경우에는 여타 차입금의 이자와 차입원금의 연체 여부, 부도 가능성, 회생 가능성, 파산 가능성 등을 고려해야 한다. 대개 고객이 파산하거나 도주하여 소재지가 불명한 경우 해당 매출채권이 대손확정처리된다.

집합추정법은 거래규모가 소액인 다수의 고객을 갖고 있어 개별추정법의 적용이 비현실적이어서 정당화되지 않는 경우에 사용된다. 또한 개별 고객별로 대손을 추정하기 위해 합리적이며 뒷받침할 수 있는 정보가 없는 경우 이 방법이 사용되어야 한다

(K-IFRS[2]). 이 방법에서는 유사한 신용위험을 갖고 있는 고객이 집합된다. 그리고 집합단위별로 과거 경험에 기초한 통계기법(예: 아래의 '기간경과분석법')이 적용된다. 대개 연체일수가 일정수준(예: 180일)이 되면 해당 매출채권이 대손확정처리된다.

K-IFRS[3]은 유사 신용위험 집합단위별로 회수불능매출채권이 추정되는 '기간경과분석법'을 제시하고 있다. 또한 고객 집합단위의 예로 판매지역, 상품종류, 고객의 신용등급, 도매상과 소매상과 같은 고객유형을 열거하고 있다.

아래의 〈예제 6-2〉를 통하여 기간경과분석법을 검토한다.

〈예제 6-2〉 기간경과분석법에 의한 회수불능채권의 추정

수원백화점의 20×1년 말 매출채권이 4,000억원이었다. 다음의 〈표 6-3〉은 매출채권 잔액의 기간경과기간을 분석하여 추정된 회수불능채권을 보여준다.

〈표 6-3〉 기간경과분석법

(단위 : 억원)

연체일수	매출채권 금액	회수불가능 비율 (과거경험에 의해 추정)	회수불능채권 추정금액
만기 전	2,940	0.41%	12
1 ~ 30	600	2%	12
31 ~ 60	400	3%	12
61 ~ 90	40	6%	2.4
91일 이상	20	8%	1.6
합 계	4,000		40

위의 〈예제 6-2〉에서 보는 것과 같이 기간경과분석법에서는 경과기간이 긴 매출채권에 높은 회수불가능 비율을 적용하여 회수불능채권 금액이 추정된다. 회수불가능 비율은 과거의 유사한 신용위험을 갖는 채권에 대한 과거 통계치를 수정하여 산출된다.

〈박스 6-4〉 매출채권에 이자가 포함되어 있는 경우 대손처리

매출채권이 대여금의 성격을 띠어 매출채권에 이자가 포함되어 있는 경우가 있다. K-IRFS[4]에 의하면, 매출채권에 포함되어 있는 이자를 금융요소라 한다. 이는 현금매출가격과 계약금액과의 차이로 나타난다.

아래의 경우, K-IRFS[5]는 회사가 대손처리를 할 때에 매출채권에 금융요소가 있더라도 금융요소가 없는 매출채권과 같이 대손처리할 수 있도록 하고 있다.

(1) 금융요소가 있으나 신용기간이 1년 이하인 경우, 또는
(2) 금융요소가 있으나 기업이 회계정책으로 금융요소가 없는 것과 같이 대손처리하기로 결정한 경우

매출채권에 신용기간이 1년을 초과하는 금융요소가 있으나 회사가 위의 (2)의 조건을 만족하지 못하는 경우가 있다. 이 경우에는 K-IRFS[6]에 의하면 매출채권을 아래와 같이 상각후원가 금융자산으로 간주하여 대손처리해야 한다.

대손위험이 유의적으로 증가한 경우(예 : 연체일수가 30일을 초과한 경우)에는 매출채권 신용기간 전체에 걸쳐서 발생할 것으로 기대되는 대손(전체기간 기대대손)을 대손충당금으로 설정하여야 한다. (이 방법은 매출채권에 금융요소가 없을 때와 같은 방법임) 대손위험이 유의적으로 증가하지 않은 경우에는 재무상태표일로부터 12개월 동안에 발생할 것으로 추정되는 대손(12개월 기대대손)을 대손충당금으로 설정해야 한다. 기간경과분석법은 전체기간기대대손이나 12개월 기대대손 모두를 추정할 때 사용할 수 있다. (상각후원가 금융자산 신용손실에 관한 세부적인 회계처리방법은 중급회계에서 검토된다.)

2.3 충당금법에 의한 대손회계

아래의 〈예제 6-3〉은 충당금법에 의한 대손회계처리방법을 검토한다.

〈예제 6-3〉 충당금법에 의한 대손회계

수원백화점의 20×1년 말 대손충당금잔액은 40억원이었다. 그리고 20×2년에 대손확정되어 대손처리된 매출채권 금액과 20×2년 말 매출채권 중 회수불능으로 추정된 금액은 아래의 〈표 6-4〉와 같다.

〈표 6-4〉 대손처리를 위한 자료

(단위 : 억원)

사례번호		20×1년 말 대손충당금잔액	20×2년 대손처리 금액	20×2년 말 추정 회수불능채권
(1)	(1.1)	40	20	50
	(1.2)	40	20	10
(2)		40	50	30

(사례 1) 대손처리 금액이 연초 대손충당금잔액보다 적은 경우

대손확정 금액이 연초 대손충당금잔액보다 적을 때에는 두 가지 경우가 있을 수 있다. (사례 1.1)과 같이 연말에 대손충당금을 추가로 설정해야 하는 경우와 (사례 1.2)와 같이 연말에 대손충당금을 환입해야 하는 경우이다.

(사례 1.1) 연말에 대손충당금을 추가로 설정해야 하는 경우

1) 확정대손의 대손처리
(사례 1.1)에서 20×2년에 매출채권 20억원이 대손으로 확정되었을 때 다음과 같은 분개가 작성되어야 한다.

(차) 대손충당금	20	(대) 매출채권	20

위의 분개에 의하면 매출채권 계정의 대변에 20억원을 전기함으로써 대손으로 최종 확정된 매출채권이 장부에서 삭제된다. 대손충당금 계정 차변에 20억원을 전기하여 대손충당금 계정 잔액이 감소된다.

2) 연말 대손충당금의 설정

20×2년도 말에는 회수불능 매출채권 추정금액이 50억원이다. 그리고 대손충당금 잔액은 20×1년도 말 잔액 40억원에서 20×2년에 대손확정된 20억원이 차감되어 20억원이다. 이 경우 대손충당금잔액 20억원을 대손추정액 50억원으로 만들기 위해서는 대손충당금 계정 대변에 30억원이 기록되어야 한다. 이를 위해 다음과 같은 분개가 작성되어야 한다.

(차) 대손상각비	30	(대) 대손충당금	30

이 분개에서 볼 수 있듯이 연말에 추정된 회수불능채권 금액이 50억원임에도 불구하고 대손상각비가 30억원으로 기록된다. 그 이유는 연초 대손충당금잔액이 40억원이었으나 연중에 20억원만이 대손으로 최종 확정되어 그 차액 20억원이 대손충당금잔액으로 남아 있었기 때문이다.

(사례 1.2) 연말에 대손충당금을 환입해야 하는 경우

드문 경우이지만 경제여건의 변화로 고객의 신용상태가 급격히 호전되어 연말에 설정되어야 할 대손충당금 금액이 설정 전 대손충당금잔액보다 적을 수가 있다. 이러한 때에는 설정되어야 할 금액을 초과하는 대손충당금잔액은 대손충당금환입익으로 기록된다.

1) 확정대손의 대손처리

앞의 (사례 1.2)에서 대손확정된 매출채권 20억원을 대손처리하기 위해서 아래와 같은 분개를 작성해야 한다.

(차) 대손충당금	20	(대) 매출채권	20

2) 대손충당금의 환입

앞의 (사례 1.2)에서 연말에 설정되어야 할 대손충당금 10억원은 대손처리 후 대손충당금잔액 20억원(연초 대손충당금잔액 40억원 - 대손처리 금액 20억원)보다 10억원 적은 금액이다. 따라서 대손충당금잔액을 줄여줌과 동시에 대손충당금환입익 10억원을 인식하기 위하여 다음과 같은 분개가 작성되어야 한다.

(차) 대손충당금	10	(대) 대손충당금환입익	10

(사례 2) 대손처리 금액이 연초 대손충당금잔액보다 많은 경우

회수불가능하다고 최종 확정된 금액이 연초 대손충당금잔액보다 많은 경우에 대손기록방법으로 전통식 처리방법과 요약식 처리방법 두 가지가 있다.

(사례 2.1) 전통식 방법

한국에서 전통적으로 세금보고 목적으로 대손상각을 회계 처리할 때 사용하는 방법이다. (아래의 〈박스 6-5〉 '세무회계의 영향' 참조) 이 방법에 의하면 대손확정 금액으로 우선 대손충당금잔액을 '0'으로 만든다. 그리고 대손충당금잔액을 초과하는 부분을 대손상각비로 기록한다. 그리고 연말에 추정된 회수불능채권 금액으로 대손충당금이 설정되고 그 금액이 대손상각비로 처리된다.

〈박스 6-5〉 세무회계의 영향

과거에 기업들은 외부보고목적(재무회계)보다는 세무보고목적(세무회계)으로 회계처리를 하였었다. 아직도 과거의 세무회계 관습이 재무회계에 계속 남아 있다. 그중의 한 예가 대손상각처리에서의 전통식 방법이다.

한국세법은 연말 매출채권의 일정 비율(예 : 일반적으로 1%, 단 금융기관의 경우 2%)을 대손상각비로 인식하고 대손충당금으로 설정하는 것을 허용하고 있다. 세무회계에서는 이렇게 세법이 허용한 금액을 별도의 분개로 표시한다. 이를 위해서 대손충당금설정 전 잔액은 '0'이 되어야 한다.

대손처리 금액이 연초 대손충당금잔액보다 적은 경우—본문의 (사례 1.1)과 (사례 1.2)

세무회계에서는 대손을 처리한 후에 대손충당금잔액이 남는 경우 잔여금액을 대손충당금환입이익으로 기록하고 대손충당금잔액을 '0'으로 만든다. 그리고 연말에 추정된 회수불능채권 금액 전액이 대손충당금으로 설정되고, 그 금액은 대손상각비로 기록된다. 이 방법은 환입이익과 대손상각비가 동시에 인식되어 재무회계에서는 폐기되었다. 대신 이들 금액의 순액이 인식되는 방법이 영입되었다.

대손처리 금액이 연초 대손충당금잔액보다 많은 경우—본문의 (사례 2)

대손처리 금액에 의하여 우선 대손충당금잔액이 '0'으로 되고 대손충당금잔액을 초과하는 금액이 대손상각비로 기록된다. 그리고 연말에 추정된 회수불능채권 금액이 대손충당금으로 설정되고 그 금액이 추가대손상각비로 기록된다. 이 방법은 정확한 대손상각비와 대손충당금 금액을 표시하여 재무회계에서 아직 사용되고 있다.

1) 확정대손의 대손처리

(사례 2)에서 20×2년에 대손확정된 금액 50억원이 연초 대손충당금잔액 40억원보다 10억원이 많다. 그렇기 때문에 다음과 같이 10억원은 대손상각비로 기록된다.

| (차) 대손충당금 | 40 | (대) 매출채권 | 50 |
| 대손상각비 | 10 | | |

2) 연말 대손충당금의 설정

확정대손 50억원이 기록된 후에는 대손충당금잔액이 없기 때문에 기말에 대손충당금 30억원을 설정하기 위하여 다음과 같은 분개가 작성되어야 한다.

| (차) 대손상각비 | 30 | (대) 대손충당금 | 30 |

(사례 2.2) 요약식 방법

이 방법에서는 대손충당금 계정을 대손에 관계되는 모든 거래를 요약하는 계정으로 사용한다. 그리고 연말에 수정분개를 통하여 대손충당금잔액을 설정되어야 할 잔액으로 변경하는 동시에 당해연도 대손상각비 총액을 인식한다.

1) 확정대손의 대손처리

대손충당금 계정을 대손에 관한 요약계정으로 사용하여 (사례 2)에서 대손 처리되어야 할 50억원은 아래와 같이 분개되어야 한다.

| (차) 대손충당금 | 50 | (대) 매출채권 | 50 |

2) 연말 대손충당금의 설정

위의 대손처리 분개의 결과 대손충당금잔액이 차변잔액 10억원이 된다. 따라서 연말에 대손충당금잔액을 대변 잔액 30억원으로 만들기 위하여 다음과 같은 분개를 작성해야 한다.

| (차) 대손상각비 | 40 | (대) 대손충당금 | 40 |

대손상각처리는 연중 내내 여러 번에 걸쳐 실시되는 것이 보통이다. 이 방법을 사용하면 대손을 처리할 때마다 대손충당금잔액이 얼마인가를 확인할 필요가 없다. 또한 이 방법은 위의 (사례 1.1)과 (사례 1.2)와 일관된 방법이기도 하다. 미국에서는 이러한 실무 편의성과 대손거래 처리방법의 일관성을 이유로 하여 이 방법을 사용하고 있다.

다음 〈표 6-5〉는 〈예제 6-3〉의 분개를 요약한 것이다.

〈표 6-5〉 〈예제 6-3〉의 분개

(단위 : 억원)

연 도	사례번호	분 개			
20×2	(1.1)	(차) 대손충당금	20	(대) 매출채권	20
		(차) 대손상각비	30	(대) 대손충당금	30
	(1.2)	(차) 대손충당금	20	(대) 매출채권	20
		(차) 대손충당금	10	(대) 대손충당금환입익	10
	(2.1) 전통식 방법	(차) 대손충당금 (차) 대손상각비	40 10	(대) 매출채권	50
		(차) 대손상각비	30	(대) 대손충당금	30
	(2.2) 요약식 방법	(차) 대손충당금	50	(대) 매출채권	50
		(차) 대손상각비	40	(대) 대손충당금	40

(사례 3) 대손으로 확정처리되었던 매출채권이 회수된 경우의 회계 처리

대손으로 확정되어 장부에서 삭제된 매출채권을 현금회수하는 경우가 있다. 이때에는 먼저 장부에서 삭제되었던 매출채권과 감소되었던 대손충당금이 회복되어야 한다. 그리고 회복된 매출채권의 현금회수가 기록되어야 한다. 예를 들어 앞의 〈예제 6-3〉에서 대손으로 확정처리되었던 매출채권 중 10억원이 20×2년에 현금으로 회수되었다면 다음과 같이 분개된다.

| ① (차) 매출채권 | 10 | (대) 대손충당금 | 10 |

| ② (차) 현   금 | 10 | (대) 매 출 채 권 | 10 |

위의 분개 ①은 장부에서 삭제된 매출채권을 회복시키기 위한 것이고, ②는 회복된 매출채권의 회수를 기록하기 위한 분개이다. 이렇게 매출채권을 거쳐 가게 하는 이유는 그 계정에 기록을 남기기 위한 것이다. 이러한 기록방법은 고객별로 매출채권이 기록되어 관리될 때에 보다 더 효과적이다.

이와 같이 〈예제 6-3〉에서 대손처리된 매출채권이 회수되면 연말에 수행되어야할 수정분개 금액이 다음과 같이 변경되어야 한다. (사례 1.1)과 (사례 2)의 경우에는 연말에 대손충당금을 설정하기 위한 분개금액이 10억원 감소되어야 한다. (사례 1.2)의 경우에는 연말에 인식되어야 할 대손충당금환입익이 10억원 증가되어야 한다.

〈박스 6-6〉 대손회계는 전진법으로

대손충당금은 경영진의 추정에 의하여 설정된다. 이 추정은 미래 발생사항을 예측하는 것이기 때문에 대부분의 경우 추정대손금액은 속성상 실제 발생금액과 다르다. 추정금액과 실제 발생금액이 다른 경우 매번 이 추정금액을 소급하여 수정한다면 회계정보의 신뢰도가 떨어질 것이다. 따라서 이러한 추정의 속성을 감안하여 실제 발생금액이 추정금액과 다른 경우 소급하여 회계기록을 수정하지 않는다. 대신 전진적으로 당해연도에 그 차이를 반영한다.

이러한 이유 때문에 대손회계에서 대손처리를 하거나 연말에 대손충당금을 설정할 때에 해당 대손은 전진 회계처리된다. 따라서 대손처리 시 매출채권의 발생연도와 연초 대손충당금에의 반영 여부를 구분하지 않는다. K-IFRS[7]는 전진법에 의한 대손처리를 요구하고 있다.

제3절

매출채권과 현금흐름

상품을 외상으로 판매하고 매출채권을 회수하지 못할 경우 손익계산서에 이익이 보고된다 하더라도 현금은 부족할 수 있다. 따라서 상품을 외상으로 판매하고 현금으로 회수하지 못한 매출채권이 많아질수록 기업의 현금사정이 악화될 수 있다.

3.1 외상매출과 현금흐름

상품을 외상으로 판매하는 경우에 나타나는 이익과 현금흐름의 관계를 다음의 예제를 통하여 알아보자.

〈예제 6-4〉 매출채권과 현금흐름

신촌상사의 20×1년도 총 외상판매 금액은 300억원이었다. 20×1년 1월 1일과 20×1년 12월 31일의 매출채권은 각각 30억원과 40억원이었다. 20×1년의 영업비용은 총 250억원(매출원가 100억원 포함)이었고 모두 현금으로 지출되었다.

3.1.1 당기순이익의 계산

당기순이익은 아래의 〈표 6-6〉과 같이 수익에서 비용을 차감하여 계산된다. 위의 〈예제 6-4〉에서 당기순이익은 매출액에서 영업비용총액을 차감하여 계산된 50억원이 된다.

〈표 6-6〉 손익계산서

(단위 : 억원)

과　　　　　목	금　　　액
매출액	300
영업비용	(−)250
당기순이익	50

3.1.2 영업활동으로 인한 현금흐름 계산

영업활동으로 인한 현금흐름은 아래의 〈표 6-7〉과 같이 상품판매를 통하여 얻은 현금액(즉, 매출채권 현금회수액)에서 현금지출한 영업비용을 차감하여 계산된다.

〈표 6-7〉 영업활동으로 인한 현금흐름

항　　　　목	금　　　액
매출채권현금회수액	290
현금지출영업비용	(−)250
영업활동으로 인한 순현금	40

신촌상사가 20×1년도에 매출채권을 현금으로 회수한 금액이 290억원이고 영업비용으로 지출한 현금액이 250억원이므로 영업활동으로 인하여 현금이 40억원 증가하였다. 여기서 매출채권 현금회수액은 다음의 〈그림 6-1〉과 같이 매출채권 T 계정분석을 통하여 쉽게 계산될 수 있다.

〈그림 6-1〉 T 계정분석—매출채권

(단위 : 억원)

			기초	30(차)
외상매출액	300			330(차)
		현금회수액　290	기말	40(차)

매출채권 잔액이 기초(1월 1일)의 30억원에 비해 기말(12월 31일)에는 40억원으로 10억원이 증가한 것은 외상판매액 300억원 중에서 290억원만 현금으로 회수하였기

때문이다. 기초매출채권 전액을 회수하지 못하였다고 가정하고 외상판매액 10억원을 회수하지 못한 것이다. 따라서 당기순이익은 50억원이지만 영업활동으로 인한 현금은 40억원으로서 현금사정이 이익에 비해 좋지 않다.

앞의 제5장에서는 당기순이익과 영업현금흐름이 차이가 나는 이유를 네 가지 유형으로 분류하여 검토한 바 있다. 같은 주제를 여기에서는 매출채권 계정의 T 계정분석으로 설명하였으며 그리고 현금흐름표 작성법이 제시되는 제11장에서는 복식부기 논리를 이용하여 재검토할 것이다.

3.2 매출채권 조기현금화 방법

매출채권은 앞에서 설명한 것과 같이 기업의 자금사정을 악화시킬 수 있다. 여기에서는 이러한 문제를 해결할 수 있는 방안으로 매출채권을 구성하는 외상매출금과 받을어음 각각을 조기에 현금화할 수 있는 방법을 검토한다.

3.2.1 외상매출금의 양도

상품을 외상으로 판매하면 외상매출금이 회수될 때까지 외상매출금에 돈이 묶이게 되어 기업의 자금사정이 어려워질 수 있다. 외상매출금을 조기에 현금화하여 이를 기업 운영에 활용할 수 있는 방법으로 외상매출금의 양도가 있다. 이 방법은 금융기관에 일정 수수료를 지불하고 기업의 외상매출금을 양도하는 것이다. 이를 '팩토링(factoring)'이라고 한다. 기업이 외상매출금을 양도하면 수수료를 제외한 금액을 현금으로 받는다. 외상매출금 양도에는 외상매출금에 대한 제반 위험과 보상 그리고 통제를 금융기관에 이전하는 양도가 있고, 그렇지 않은 양도가 있다. K-IFRS[8]는 전자를 외상매출금의 매각으로 간주하고, 후자를 외상매출금을 담보로 한 차입으로 간주한다.

외상매출금이 매각된 후에 외상매출금의 일부 또는 전부가 회수불가능한 것으로 확정되었을 때 금융기관이 기업에 대하여 소급청구권을 가질 수 있다. 금융기관이 기업에 대하여 소급청구권이 있는 경우에 기업은 매각된 외상매출금 중에서 회수불가능한 금액을 추정하여 부채로 기록하여야 한다. 그러나 소급청구권이 없는 경우에는 기업은 회수불가능한 외상매출금에 대한 회계처리를 하지 않는다.

3.2.2 받을어음의 배서양도와 할인

받을어음은 만기일이 되어야 현금으로 회수된다. 그러나 받을어음을 만기 이전에 타인에게 배서양도함으로써 현금 대신, 부채에 대한 결제수단으로 사용할 수 있다. 또한 받을어음을 금융기관에 할인하여 조기에 현금화할 수도 있다. 이 경우 금융기관에 일정률의 수수료를 지불해야 하는데 이를 할인율이라 한다.

약속어음은 만기일에 발행인이 어음대금을 지급하지 못할 위험, 즉 부도위험이 있다. 따라서 받을어음의 배서양도와 할인의 경우, 위험과 보상 그리고 통제가 이전되었는지 아닌지는 받을어음의 부도 가능성에 달려 있다. 만일 부도 가능성이 50% 이상이면 K-IFRS[9]에서는 받을어음의 배서양도나 할인이 받을어음을 담보로 하는 차입으로 간주된다. 반면, 부도 가능성이 50% 미만인 경우에는 받을어음의 배서양도나 할인이 받을어음의 매각으로 간주되어 우발부채(contingent liability)로 주석 공시되어야 한다. 우발부채는 이렇게 미래상황에 따라 기업이 부담할 가능성이 50% 미만인 채무를 뜻한다. 이는 재무상태표에 부채로 보고되지 않고 주석으로 공시된다. 그러나 부도 가능성이 희박한 경우에는 우발부채가 아니어서 주석공시를 할 필요가 없다.

3.2.3 신용카드에 의한 판매

기업은 현금매출과 외상매출에 추가하여 신용카드 회사가 발급한 신용카드에 의한 매출을 할 수 있다. (기업 자신이 발급한 신용카드에 의한 매출은 외상매출임) 신용카드 매출의 회계처리는 신용카드 회사로부터 판매대금을 회수하는 데 소요되는 기간의 장단에 따라 다르다.

기업이 신용카드 매출전표를 카드회사에 제출하면 일정 수수료를 공제한 금액을 현금으로 지급받는다. 매출전표를 카드회사에 제출한 후 상당기간이 지난 다음에 현금을 지급받는 경우에는 현금을 받을 때까지 신용카드 매출대금을 매출채권으로 기록한다. 매출전표를 제출하는 즉시 현금을 지급받는 경우에는 신용카드 매출대금을 현금매출로 기록한다.

〈박스 6-7〉 부가가치세와 매출수익의 기록

우리나라는 부가가치세 제도를 운용하고 있다. 따라서 고객이 상품을 매입할 때 상품가격의 10%의 부가가치세가 상품가격에 추가된다. 이처럼 부가가치세는 고객이 부담하는 것이지만 판매기업이 고객으로부터 받은 다음 고객을 대신해서 국세청에 납부한다.

기업이 고객으로부터 받은 부가가치세는 국세청에 납부할 세금이기 때문에 기업의 입장에서는 부채에 해당한다. 따라서 이는 '부가가치세예수금'이라는 부채 과목으로 기록된다. 예를 들어 판매가격이 100억원인 상품이 현금판매되었다면 부가가치세를 포함하여 고객으로부터 받은 110억원은 다음과 같이 분개된다. (분개 단위는 억원임)

(차) 현 금	110	(대) 매 출	100
		부가가치세예수금	10

그리고 고객으로부터 받은 부가가치세가 세무서에 납부되면 다음과 같이 분개된다.

(차) 부가가치세예수금	10	(대) 현 금	10

제4절

관련재무비율

매출과 매출채권을 이용한 재무비율로는 (기업의 활동성을 평가하는) 매출채권회전율과 매출채권회수기간, 그리고 (재무적 안전성을 평가하는) 매출채권 회수불능위험도가 있다.

4.1 활동성 평가 재무비율

(1) 매출채권회전율

매출채권회전율은 1년 동안 매출채권이 평균 몇 번이나 현금으로 회수되는지를 타진하는 지표이다. 이는 당해연도의 매출액을 평균매출채권 금액으로 나누어 계산된다. 평균매출채권 금액은 기초 매출채권과 기말 매출채권의 평균금액이다. 실무편의를 위해서, 그리고 창업 첫해에는 기초 매출채권이 없기 때문에 평균매출채권 대신 기말 매출채권이 사용될 수 있다.

$$\text{매출채권회전율} = \frac{\text{매출액}}{\text{평균매출채권}}$$

$$= \frac{\text{매출액}}{(\text{기초매출채권} + \text{기말매출채권}) / 2}$$

매출채권이 회수되는 속도는 기업의 자금사정에 큰 영향을 미친다. 매출채권회전율이 6회라면 매출채권이 1년에 평균 6번 현금으로 회수되었다는 의미이다. 매출채권회전율을 높이기 위해서는 매출채권을 조기에 회수하여 매출채권 금액을 낮추어야 한다. 매출채권회전율이 높을수록 좋다. 왜냐하면 기업의 운전자금 사정이 개선될 수 있기 때문이다.

(대한백화점의 비율)

$$20\times 2년 : \quad \frac{4,300억}{(200억\ +\ 300억)\ /\ 2} = 17.2회$$

$$20\times 1년 : \quad \frac{2,200억}{200억^*} = 11회$$

* 설립연도인 20×1년에는 기초매출채권이 없어서 기말매출채권이 분모로 사용되었음. 실무에서는 편의상 기말매출채권이 사용되기도 함

대한백화점의 경우 매출채권회전율은 이 20×1년에 비해 20×2년에 6.2회 증가하였다. 이는 매출채권 관리의 효율성이 개선되었다는 것을 뜻한다.

(2) 매출채권회수기간

매출채권회수기간은 매출채권을 회수하는 데 평균적으로 걸리는 일수를 말한다. 이는 365일을 매출채권회전율로 나누어 계산된다. 매출채권회수기간은 매출채권회전율이 높을수록 짧아지게 된다.

$$매출채권회수기간 = \frac{365}{매출채권회전율}$$

어떤 기업의 매출채권회수기간이 전년도에 비하여 짧아졌다면 매출채권에 묶인 자금이 감소되었다는 것으로 해석될 수 있다.

(대한백화점의 비율)

$$20\times 2년 : \quad \frac{365}{17.2} = 21.22일$$

$$20\times 1년 : \quad \frac{365}{11.0} = 33.18일$$

대한백화점의 경우 20×1년도에 비해 20×2년도에 매출채권의 회수기간이 12일 단축되었다. 이는 매출채권에 묶여 있는 자금이 20×1년도에 비해 20×2년도에 줄어들어 대한백화

점의 운전자금 사정이 개선된 것으로 해석될 수 있다.

4.2 안전성(재무적) 평가 재무비율

(1) 매출채권 회수불능위험도

매출채권 회수불능위험도는 기말 매출채권 중 어느 정도가 회수불가능한지를 나타내 주는 지표이다. 이는 기말 대손충당금잔액을 매출채권으로 나누어 계산된다.

$$\text{매출채권 회수불능위험도} = \frac{\text{대손충당금}}{\text{매출채권}}$$

대손충당금은 추정된 회수불능채권 금액이기 때문에 매출채권에 대한 대손충당금이 클수록 매출채권 회수불능위험도가 높다.

(대한백화점의 비율)

$$20\times2\text{년} : \quad \frac{40\text{억}}{300\text{억}} = 13.33\%$$

$$20\times1\text{년} : \quad \frac{20\text{억}}{200\text{억}} = 10\%$$

만약 이 비율이 다른 백화점에 비하여 상대적으로 높다면 대한백화점이 매출채권 관리상 문제점이 있는 것으로 해석될 수 있다.

■ 참고 : 본 장에서 검토된 재무비율은 본서의 마지막 부분에 수록되어 있는 부록 2 〈표 B-1〉 '주요 재무비율'에 요약되어 있음

K-IFRS 참조 (http://www.kasb.or.kr)

[1] 기업회계기준서 제1109호 '금융상품', 문단 5.5.1.

　　기업회계기준서 제1107호 '금융상품 : 공시', 문단 16.

[2] 기업회계기준서 제1109호 '전게서', 문단 B5.5.4.

[3] 기업회계기준서 제1109호 '전게서', 문단 5.5.15, B5.5.35.

[4] 기업회계기준서 제1115호 '고객과의 계약에서 생기는 수익', 문단 61.

[5] 기업회계기준서 제1109호 '전게서', 문단 5.5.15(1)(가), (나).

[6] 기업회계기준서 제1109호 '전게서', 문단 5.5.3, 5.5.5, 5.5.11, B5.5.1~5.5.6.

[7] 기업회계기준서 제1008호 '회계정책, 회계추정의 변경 및 오류', 문단 36.

[8] 기업회계기준서 제1109호 '전게서', 문단 3.2.6.

[9] 기업회계기준서 제1037호 '충당부채, 우발부채, 우발자산', 문단 28.

주 요 용 어

대손상각비(bad debts expense) : 외상판매 대금을 회수하지 못하여 발생하는 비용 (p.272)

대손충당금(allowance for uncollectible accounts) : 기말 매출채권 중 회수불가능한 것으로 추정된 금액 (p.273)

매출수익(sales revenue) : 상품판매를 통하여 얻는 수익이며 이를 줄여서 매출이라고도 함 (p.270)

매출채권(trade receivables) : 상품의 외상판매에 의한 채권으로서 미래에 현금을 받을 수 있는 권리를 뜻하며 외상매출금과 받을어음으로 구성됨 (p.270)

받을어음(notes receivable) : 상품의 신용판매 대가로 받은 어음증서 중 현금회수 안 된 부분 (p.270)

약속어음(promissory note) : 지급할 금액과 대금지급일(만기일)을 명시한 차입증서 (p.270)

외상매출금(accounts receivable) : 상품의 순수 신용판매에 의하여 발생한 채권 중 현금 회수 안 된 부분 (p.270)

직접상각법(direct write-off method) : 매출채권이 회수불가능한 것으로 확정되었을 때 이를 대손상각비로 기록하고 매출채권에서 직접상각하는 방법 (p.272)

충당금법(allowance method) : 매출채권 중 회수가 불가능한 금액을 추정하여 대손상각 비와 대손충당금으로 재무제표에 반영하는 방법 (p.272)

연습문제

    ■ 참고 : 모든 연습문제에서 회사가 실사법을 사용한다고 가정함

1. 매출과 매출채권의 기록

다음은 우암상사의 20×1년과 20×2년 거래이다. 우암상사는 외상매출금계정과 받을어음계정을 사용하고 있다.

〈20×1〉

① 1월 5일 : 대진상사에 상품을 200억원에 현금판매하였다.

② 6월 9일 : 영신상사에 상품을 100억원에 외상판매하였다.

③ 10월 25일 : 대구상사에 상품 150억원을 판매하고 50억원은 현금으로 받고 나머지 100억원에 대하여는 3개월 만기 약속어음을 받았다.

④ 11월 25일 : 영신상사로부터 20×1년 6월 9일의 외상매출금 100억원을 현금회수하였다.

⑤ 12월 1일 : 대전상사에 상품 250억원을 판매하고 100억원은 현금으로 받고 나머지 150억원은 외상으로 하였다.

〈20×2〉

⑥ 1월 15일 : 대전상사로부터 20×1년 12월 1일의 외상매출금 150억원을 현금회수하였다.

⑦ 1월 25일 : 20×1년 10월 25일에 대구상사로부터 받은 약속어음 100억원을 현금회수하였다.

《물음》

(1) 각 거래를 분개하라.

(2) 20×1년 12월 31일 현재 우암상사 재무상태표에 보고되어야 할 매출채권을 계산하라.

2. 대손상각비와 대손충당금의 기록

대전(주)의 20×1년 말 매출채권은 4,000억원이고 기간경과분석 결과 80억원이 회수불능채권으로 추정되었다. 20×2년에 연체일수가 180일이 되어 대손확정처리한 매출채권이 50억원이었다. 그리고 20×2년 말 매출채권은 5,000억원이며, 기간경과분석 결과 150억원이 회수불능채권으로 추정되었다.

《물음》

(1) 20×2년 말 재무상태표에 보고할 대손충당금은 얼마인가?

(2) 20×2년의 대손상각비는 얼마인가?

(3) 20×2년 말 재무상태표에 매출채권은 어떻게 보고되어야 하는가?

(4) 20×2년 말 매출채권 회수불능위험도를 계산하라.

3. 대손확정 처리된 매출채권의 회수

다음은 서초(주)의 20×1년 12월 31일 재무상태표의 일부이다.

(단위 : 억원)

과　　　　목	금	액
매출채권	2,000	
대손충당금	(−)50	1,950

20×2년에 위의 재무제표와 관련하여 발생한 거래는 다음과 같다.

① 2월 1일 : 거래처의 도산으로 60억원의 매출채권이 대손확정 처리되었다.

② 9월 1일 : 대손확정 처리된 매출채권 40억원이 현금회수되었다.

《물음》

(1) 위의 거래를 전통식 방법과 요약식 방법 각각에 의해 분개하라.

(2) 20×2년 12월 31일 추정된 회수불가능 매출채권이 90억원이었다. 수정분개를 전통
식 방법과 요약식 방법 각각에 의하여 작성하라.

4. 회수불능채권의 추정

다음은 한일상사의 20×1년 12월 31일 현재의 매출채권을 기간경과분석한 결과이다. 시
산표상의 대손충당금은 30억원 대변잔액을 보여주고 있다.

(단위 : 억원)

연체일수	채권금액	추정대손율
만기전	7,090	0.1%
1 ~ 30일	200	1%
31 ~ 60일	100	10%
61 ~ 90일	60	30%
91 ~ 120일	30	50%
121일 초과	20	70%
계	7,500	

《물음》

(1) 기간경과분석법에 의하여 한일상사의 회수불능채권 금액을 추정하라.

(2) 추정된 회수불능채권을 기록하기 위한 분개를 작성하라.

5. 대손회계 (종합)

다음은 대덕상사의 매출채권 관련 거래이다.

〈20×1년〉

① 12월 31일: 매출채권 잔액의 기간경과분석 결과 750억원이 회수불능한 것으로 추정되었다. 시산표상의 대손충당금액 잔액은 대변잔액 150억원이 었다.

〈20×2년〉

① 3월 10일: 매출채권 120억원이 회수불능한 것으로 판단되어 대손처리되었다.

② 5월 15일: 매출채권 50억원이 회수불능한 것으로 판단되어 대손처리되었다.

③ 6월 11일: 매출채권 300억원이 회수불능한 것으로 판단되어 대손처리되었다.

④ 6월 22일: 대손처리된 매출채권 150억원이 현금으로 회수되었다.

⑤ 7월 18일: 매출채권 250억원이 회수불능한 것으로 판단되어 대손처리되었다.

⑥ 9월 20일: 매출채권 50억원이 회수불능한 것으로 판단되어 대손처리되었다.

⑦ 12월 31일: 매출채권 900억원이 회수불능한 것으로 추정되었다.

〈20×3년〉

① 3월 15일: 매출채권 450억원이 회수불능한 것으로 판단되어 대손처리되었다.

② 5월 25일: 매출채권 400억원이 회수불능한 것으로 판단되어 대손처리되었다.

③ 7월 18일: 대손처리된 매출채권 250억원이 현금으로 회수되었다.

④ 11월 20일: 매출채권 600억원이 회수불능한 것으로 판단되어 대손처리되었다.

⑤ 12월 31일: 매출채권 600억원이 회수불능한 것으로 추정되었다.

《물음》 위의 각 거래를 분개하라. 20×3년 거래 ④와 ⑤는 전통식 방법과 요약식 방법 각각에 의하여 분개하라.

6. 거래의 추정

다음은 대손에 관한 분개(전통식 방법)이다.

(단위: 억원)

거래번호	분 개			
①	(차) 대손상각비	450	(대) 대손충당금	450
②	(차) 대손상각비	750	(대) 매 출 채 권	750
③	(차) 대손충당금	300	(대) 매 출 채 권	300
④	(차) 대손충당금	650	(대) 대손충당금환입익	650
⑤	(차) 대손충당금 대손상각비	400 300	(대) 매 출 채 권	700
⑥	(차) 매 출 채 권 현 금	550 550	(대) 대손충당금 매 출 채 권	550 550
⑦	(차) 매 출 채 권 현 금	800 800	(대) 대손상각비 매 출 채 권	800 800

《물음》 위의 각 분개를 유발시킨 거래를 추정하라. (각 분개는 독립적임)

7. 매출채권과 현금흐름 ①

고려상사의 매출채권 기초(1월 1일)잔액이 30억원이었고, 기말(12월 31일)잔액은 40억원이었다. 20×1년도에 현금으로 회수한 매출채권은 400억원이었다.

《물음》 20×1년 외상매출액은 얼마이었는가?

8. 매출채권과 현금흐름 ②

대성기업의 20×1년 매출채권의 기초(1월 1일)잔액이 460억원이었으나 기말(12월 31일)잔액은 390억원으로 감소하였다. 이 회사의 20×1년 매출액은 2,740억원이었으며, 영업비용 2,500억원은 전액 현금으로 지출되었다. 모든 상품은 외상판매되었다.

《물음》

(1) 20×1년 당기순이익은 얼마이었는가?
(2) 20×1년에 현금으로 회수된 매출채권은 얼마이었는가?
(3) 20×1년의 영업활동으로 인한 현금흐름을 계산하라.
(4) 20×1년 매출채권회전율과 매출채권회수기간을 계산하라.

9. 매출채권, 선수금과 현금흐름

다음은 덕명상사의 20×1년 매출 관련된 자료이다.

(단위 : 억원)

과 목	기초(1월 1일)	기말(12월 31일)
선 수 금	150	200
매출채권	450	300

《물음》 20×1년 매출액이 1,200억원인 경우 고객으로부터 수취한 현금은 얼마이었는가?

10. 순매출액, 매출총이익, 현금흐름의 계산

다음은 동구상사의 20×1년의 매출과 관련된 자료이다.

(단위 : 억원)

항 목	금 액	항 목	금 액
매출채권(기초)	500	매출채권(기말)	300
총 매 출 액	3,600	매 출 원 가	1,750
매 출 에 누 리	50	매 출 환 입	150
매 출 할 인	100		

《물음》

(1) 20×1년의 순매출액은 얼마이었는가?

(2) 20×1년의 매출총이익은 얼마이었는가?

(3) 20×1년 상품 매출을 통하여 수취된 현금은 얼마이었는가? (모든 판매는 외상으로 이루어졌음)

11. 신용카드에 의한 판매기록

항도전자랜드는 20×1년 12월 30일에 신용카드에 의하여 상품 2,000억원을 판매하였다. 신용카드 매출액은 은행으로부터 수수료 3%(60억원)를 공제하고 판매 3일 후(20×2년 1월 2일)에 현금지급된다.

《물음》

(1) 이 거래로 인한 항도전자랜드의 매출수익은 얼마이었는가?

(2) 이 거래를 분개하라.

12. 부가가치세의 기록

대구백화점은 20×1년 4월에 상품을 판매하고 판매대금 1,500억원과 부가가치세 150억원을 현금수취하였다. 부가가치세는 20×1년 7월 25일에 관할세무서에 현금으로 납부하였다.

《물음》

(1) 이 거래로 인한 대구백화점의 매출수익은 얼마이었는가?

(2) 20×1년 4월 거래를 분개하라.

(3) 20×1년 7월 25일 거래를 분개하라.

7

영업활동－매출원가, 재고자산 그리고 매입채무

제7장 개요

본 장은 매입, 매입채무, 매출원가, 재고자산을 검토한다. 구체적으로 우선 상품의 매입을 기록하는 방법을 검토한다. 그 다음 (판매한 상품의 매입원가인) 매출원가를 기록하는 방법을 설명한다. 그리고 재고자산 오류를 수정하는 방법과 기말에 남아 있는 재고상품을 평가하는 방법을 설명한다. 또한 매입채무, 매출원가, 재고자산과 같은 회계정보 활용방법을 공부한다.

대한백화점의 사례

재 무 상 태 표(주석 2ⓐ)

20×2년 12월 31일 현재
20×1년 12월 31일 현재

대한백화점 (단위 : 억원)

과　목	20×2년 12월 31일		20×1년 12월 31일	
자산				
유동자산				
현금 및 현금성자산(주석 4)		450		410
매출채권(주석 3ⓑ)	300		200	
대손충당금(주석 3ⓑ, 5)	(−)40	260	(−)20	180
재고자산 :				
상품(주석 3ⓒ)		430		230
**　유동자산 합계**		1,140		820
비유동자산				
공가기포익금융자산(주석 3ⓓ, 6)		130		100
관계기업투자(주석 3ⓔ, 7)		240		−
**　유형자산(주석 8) :**				
토지(주석 3ⓕ)		960		900
설비자산(주석 3ⓕ, 16)	3,100		1,600	
감가상각누계액(주석 3ⓕ)	(−)130	2,970	(−)30	1,570
**　무형자산(주석 3ⓖ) :**				
산업재산권(주석 8)		90		−
**　비유동자산 합계**		4,390		2,570
자산 총계		5,530		3,390
부채				
유동부채				
매입채무		420		180
미지급이자		50		40
미지급급여		20		30
미지급법인세		140		50
**　원가금융부채(주석 3ⓘ) :**		380		480
단기차입금(주석 9ⓐ)	100		300	
유동성장기차입금(주석 9ⓑ)	280		180	
**　충당부채 :**				
환불충당부채(주석 3ⓗ, 11)		30		20
**　유동부채 합계**		1,040		800
비유동부채				
**　원가금융부채(주석 3ⓘ) :**		1,260		1,120
장기차입금(주석 9ⓑ)	840		720	
**　상각후원가금융부채(주석 3ⓘ)**				
사채(주석 10)	420		400	
**　비유동부채 합계**		1,260		1,120
부채 총계		2,300		1,920

자본			
자본금			
보통주(주석 13, 16)		1,500	1,000
자본잉여금			
보통주(주석 16)		600	100
기타포괄손익누계액		200	110
공가기포익금융자산평가이익누계액*(주석 3ⓓ, 6)	40		10
토지재평가잉여금(주석 3ⓕ, 8)	160		100
이익잉여금(주석 3ⓙ, 15)		930	260
자본 총계		3,230	1,470
부채 및 자본 총계		5,530	3,390

* 공가기포익 : 공정가치측정 기타포괄손익인식

포괄손익계산서(주석 2ⓑ)

20×2년 1월 1일부터 20×2년 12월 31일까지
대한백화점　　20×1년 1월 1일부터 20×1년 12월 31일까지　　(단위 : 억원)

과　　목		20×2년		20×1년
매출액(주석 3ⓐ)		4,300		2,200
매출원가		(−)2,300		(−)1,180
매출총이익		2,000		1,020
영업비용		(−)850		(−)500
급여비용	(−)430		(−)260	
대손상각비(주석 3ⓑ)	(−)40		(−)20	
감가상각비(주석 3ⓕ)	(−)100		(−)30	
임차비용	(−)240		(−)120	
기타영업비용	(−)40		(−)70	
영업이익		1,150		520
기타수익		60		－
지분법이익(주석 7)	60		－	
기타비용		(−)190		(−)140
금융비용(주석 2ⓑ) :				
이자비용	(−)190		(−)130	
유형자산처분손실(주석 8)	－		(−)10	
법인세비용차감전순이익		1,020		380
법인세비용		(−)300		(−)120
당기순이익		720		260
기타포괄손익		90		110
당기손익으로 재분류되지 않는 항목 :				
토지재평가차익(주석 3ⓕ, 8)	60		100	
후속적으로 당기손익으로 재분류될 수 있는 항목 :				
공가기포익금융자산평가이익(주석 3ⓓ, 6)	30		10	
총포괄이익		810		370
주당이익(주석 12)		2,880원		1,733원

《주석사항》

2. 재무제표 양식

ⓑ **포괄손익계산서 양식**

……. 또한 회사는 비용을 기능별로 분류하여 매출총이익, 영업이익, 법인세비용차감전순이익, 당기순이익, 총포괄이익을 보고하는 다단계 포괄손익계산서를 작성한다. ……

3. 중요한 회계처리 방침

ⓒ **재고자산의 평가**

재고자산은 상품으로 구성되어 있으며 회계연도 말 실지재고조사에 의해 그 수량이 검증된다. 보석류와 식료품 각각은 개별법과 선입선출원가계산식에 의해 산정된 취득원가로 평가되고 나머지 상품재고자산은 소매재고법에 의해 평가된다.

사례 재무제표의 해설

■ 참고 : 위첨자 숫자는 당해 주제가 설명된 본문 쪽번호임

　　본 장과 관련된 계정과목은 재무상태표의 (유동자산으로 분류된) 재고자산과 (유동부채로 분류된) 매입채무, 그리고 (포괄손익계산서에 보고된) 매출원가이다. 대한백화점 재무상태표의 재고자산[306]은 상품 한 과목으로 20×2년 말에는 430억원이며 20×1년 말에는 230억원이다.

　　주석 2의 ⓑ에 보고된 바와 같이 대한백화점은 비용을 기능별로 분류하여 매출원가와 매출총이익을 보고하는 포괄손익계산서 양식을 채택하고 있다는 것을 알 수 있다.[313] 주석 3의 ⓒ에 따르면 대한백화점은 실지재고조사에 의해 기말에 남아 있는 재고수량을 검증하고 있다는 것을 알 수 있다. 보석류는 개별법[326], 식료품은 선입선출원가계산식[328]에 의한 취득원가로 그리고 나머지 상품재고자산은 소매재고법[335]에 의해 평가하고 있다.

　　상품외상매입대금 중 갚지 않아 유동부채로 보고된 매입채무[306]가 20×2년 말에는 420억원이며 20×1년 말에는 180억원이다. 포괄손익계산서에 보고된 매출원가[306]는 20×2년에는 2,300억원이며 20×1년에는 1,180억원이다.

제1절

매출원가, 재고자산 그리고 매입채무

기업이 상품을 고객에게 판매하면 매출이 기록되고 고객에게 판매된 상품의 원래 사온 가격(취득원가)이 매출원가로 기록된다. 판매를 위해 회사가 보유하고 있는 자산을 재고자산이라 한다. 상품매매기업이 보유하는 재고자산을 '상품재고자산' 또는 줄여서 '상품'이라고도 한다. 상품은 1년 이내에 판매될 것으로 예상되어 유동자산으로 분류된다. 상품을 현금으로 매입하지 않고 외상으로 매입할 수도 있다. 상품을 외상으로 매입하면서 약속어음을 발행해주는 경우가 있고 그렇지 않은 경우가 있다. 전자의 경우 외상매입대금은 지급어음(notes payable) 계정에 기록되고 후자의 경우는 외상매입금(accounts payable) 계정에 기록된다. 재무상태표에는 지급어음과 외상매입금의 합계가 매입채무(trade payables)로 보고된다. 매입채무는 1년 이내에 갚아야 하기 때문에 유동부채로 표시된다.

〈박스 7-1〉 제품 제조원가의 구성

■ 직접재료원가 : 제품과 식별되는 재료의 원가

■ 직접노무원가 : 제품생산에 직접 투입된 노무자의 인건비

■ 제조간접원가 :
  (1) 제품과 식별되지 않는 소모품과 같은 간접재료원가
  (2) 생산지원부서의 인건비와 같은 간접인건비
  (3) 공장 임대료와 공장 수도광열비와 같이 제품과 식별되지 않는 비용이 포함됨

〈박스 7-2〉 미착상품(선적지인도기준과 목적지인도기준)

상품의 매입계약은 소유권이 언제 이전되는가에 따라 선적지인도기준과 목적지인도기준으로 구분될 수 있다. 선적지인도기준[FOB(free on board) shipping point)]에 의하면 상품에 대한 소유권은 판매회사가 상품을 선적하는 시점에서 매입회사에 이전된다. 목적지인도기준(FOB destination)에 의하면 상품이 매입회사에 도착되는 시점에서 상품의 소유권이 매입회사에 이전된다. 선적지인도기준의 경우, 매입회사가 상품의 운송에 관한 책임을 지고 있으므로 상품이 운송 도중에 있더라도 매입회사의 재고자산에 포함되어야 한다. 이를 '미착상품'이라 한다. 반면에 목적지인도기준의 경우에는 상품이 매입회사에 도착한 시점에서 매입회사의 재고자산이 된다.

예를 들어 A 회사가 20×1년 12월 28일에 선적지인도기준으로 상품을 매입했고, 20×1년 12월 31일 현재 이 상품이 운송 도중에 있다고 하자. 이 경우 A 회사는 20×1년 12월 28일 상품매입에 대한 기록을 한다. 그 이유는 아직 상품이 도착하지 않았지만 A 회사가 소유권을 갖고 있기 때문이다. 따라서 A 회사는 20×1년 12월 31일 재무상태표에 이 상품을 기말상품(구체적으로는 '미착상품')으로 표시한다.

만일 A 회사가 20×1년 12월 28일에 목적지인도기준으로 상품을 매입했고, 20×1년 12월 31일 현재 이 상품이 운송 도중에 있다고 하면 어떻게 될까? 이 경우에는 아직 A 회사에 매입상품이 도착되지 않아서 이에 대한 소유권이 없기 때문에 이 상품은 A 회사의 상품재고자산에 포함되어서는 안 된다.

제2절

매출원가의 기록

상품매매기업의 영업활동은 상품을 '매입-보관-판매'하는 과정의 반복이라 할 수 있다. 상품을 판매하면 매출수익이 발생하고 동시에 상품이 줄어든다. 이 줄어든(판매된) 상품의 원가를 매출원가라고 한다. 매출원가는 매출수익을 얻기 위해 발생된 비용이다. 이는 손익계산서의 비용 중에 가장 큰 비중을 차지한다. 매출원가를 계산하는 방법으로는 계속기록법과 실사법(또는 실지재고조사법이라고도 함) 두 가지가 있다.

2.1 계속기록법

계속기록법은 상품이 판매될 때마다 매출원가가 기록되는 방법이다. 이 방법에 의하면 '재고자산수불장'('상품수불장')에 상품이 매입될 때 수량과 매입단가를 기록하고, 판매될 때 판매수량에 매입단가를 곱하여 매출원가를 계산·기록한다. 따라서 상품의 매입과 판매에 따른 상품재고자산의 증가와 감소가 계속 기록되기 때문에 상품계정의 잔액이 자동적으로 파악된다. 제5장의 종합예제에서 이러한 계속기록법이 설명되었다.

계속기록법은 상품을 판매할 때마다 매출원가를 기록해야 하기 때문에 복잡하여 회계기록비용이 많이 든다. 따라서 비교적 거래의 빈도가 낮은 고가의 상품을 취급하는 기업에 적합한 방법이다. 그런데 바코드(bar code)를 이용하면 상품의 입고정보(매입수량 및 매입단가)와 출고정보(매출수량 및 판매단가)가 전산으로 자동입력되기 때문에 계속기록법을 사용해도 부담이 크지 않다. 그래서 계속기록법을 적용하는 기업이 증가되고 있는 추세이다. 앞으로 전자태그라 하는 RF(radio frequency) ID를 활용하게 되면 상품의 이동경로가 자동추적되어 계속기록법을 적용하는 기업이 더욱 늘어날 것으로 기대된다. 계속기록법을 사용하면 재고상품 장부금액을 실시간으로 파악할 수 있다. 그러나 실제로 수중에 그만큼의 재고가 남아 있는지는 실사를 하지 않으면 확인할 수 없다. 따라서 계속기록법이 사용되더라도 효과적으로 재고자산을 관리하기 위해서는 주기적으로 실지재고조사가 실시되어 기록상의 재고자산과 비교되어야 한다.

2.2 실사법

실사법에서는 매출이 발생하면 매출수익만 기록한다. 매입은 상품계정에 기록하지 않고 별도의 매입계정에 기록한다. (매입은 '당기의 상품매입'을 뜻하며 한 회계기간 중 매입은 수없이 발생함. 매입계정을 사용하면 상품계정을 다른 자산계정과 같이 간단하게 유지할 수 있음) 그리고 기말에 남아 있는 상품의 수량을 실지에서 조사한 다음 매출원가를 아래의 식에 의하여 간접 계산한다.

기초상품 + 매입 − 기말상품* = 매출원가
* 기말상품은 기말에 실지재고조사에 의해 파악된 금액임

위와 같이 계산된 매출원가의 기록은 기말에 아래와 같은 수정분개를 통해 기록된다.

(차) 매출원가	×××	(대) 매　　입	×××
상품(기말)	×××	상품(기초)	×××

실사법은 상품을 판매할 때마다 매출원가를 계산·기록하지 않기 때문에 비교적 간편하고 회계기록비용이 상대적으로 적게 드는 이점이 있다. 그래서 이 방법은 저가의 상품(생필품, 식료품, 잡화류 등)을 다수의 고객에게 판매하여 거래의 빈도가 높은 기업에서 많이 사용된다. 이러한 실사법을 적용할 경우에는 당기에 판매가능하였던 상품 중 기말에 재고자산 실사에 의하여 파악한 재고수량 이외의 상품은 모두 판매되었다고 가정한다. 그 결과 혹 분실된 상품이나 도난된 상품도 판매된 것으로 간주되어 뜻하지 않게 매출원가에 포함될 수 있다. 따라서 매출원가가 실제보다 크게 계산될 수 있다. 이러한 문제 때문에 실사법을 적용하는 기업들도 상품수불장에 상품의 입고와 출

고수량, 그리고 잔고수량을 계속기록해 둔다. 그렇게 하면 상품수불장에 남아 있는 수량과 실지재고조사를 통하여 파악된 수량을 비교하여 재고의 부족을 확인할 수 있기 때문에 재고자산을 철저히 관리할 수 있다.

2.3 계속기록법과 실사법의 비교 예제

구체적으로 다음의 〈예제 7-1〉을 통해 계속기록법과 실사법을 비교해 보자.

〈예제 7-1〉 계속기록법과 실사법의 적용

　　　한밭(주)의 20×2년 1월의 재고상품 매입과 판매는 아래의 〈표 7-1〉과 같다. 모든 매입과 매출거래는 현금으로 이루어지며, 개당 매입원가는 10원이며, 판매가격은 30원이다. 1월 1일 재고상품수량은 10개였으며, 1월 31일에 매장에 남아 있는 상품의 실사 수량은 30개였다.

〈표 7-1〉 매입과 판매

날 짜	매입수량(개)	판매수량(개)
1월　8일	20	
1월 14일		20
1월 19일	30	
1월 24일		30
1월 29일	40	
1월 31일		20

(1) 계속기록법

계속기록법을 사용하려면 상품의 매입과 판매에 관한 정보가 아래의 〈표 7-2〉와 같이 '상품수불장'에 계속기록하여야 한다. 상품수불장에는 상품이 입고되고 출고될 때마다 수량과 단가와 금액을 기록해야 한다. 재고 난에도 아래의 〈표 7-2〉와 같이 동일한 정보(남아 있는 재고상품의 수량과 단가와 금액)를 기록해야 한다.

〈표 7-2〉 상품수불장

(단위 : 원)

날 짜	입 고			출 고			재 고		
	수량(개)	단가	금액	수량(개)	단가	금액	수량(개)	단가	금액
1월 1일	10	10	100				10	10	100
1월 8일	20	10	200				30	10	300
1월 14일				20	10	200	10	10	100
1월 19일	30	10	300				40	10	400
1월 24일				30	10	300	10	10	100
1월 29일	40	10	400				50	10	500
1월 31일				20	10	200	30	10	300
계	100		1,000	70		700			

다음의 〈표 7-3〉은 상품수불장의 기록내용을 분개한 것이다.

〈표 7-3〉 계속기록법 사용 시 분개

(단위 : 원)

날 짜	분 개				
1월 8일	(차) 상 품	200	(대) 현 금	200	
1월 14일	(차) 현 금 매출원가	600 200	(대) 매 출 상 품	600 200	
1월 19일	(차) 상 품	300	(대) 현 금	300	
1월 24일	(차) 현 금 매출원가	900 300	(대) 매 출 상 품	900 300	
1월 29일	(차) 상 품	400	(대) 현 금	400	
1월 31일	(차) 현 금 매출원가	600 200	(대) 매 출 상 품	600 200	

앞의 분개를 각 계정에 전기한 후의 매출계정 잔액은 2,100원이고, 매출원가 계정 잔액은 700원이다. 그리고 상품계정 잔액은 300원이다.

(2) 실사법

실사법을 적용할 경우에 필요한 분개는 아래의 〈표 7-4〉와 같다.

〈표 7-4〉 실사법 사용 시 분개

(단위 : 원)

날 짜	분 개					
1월 8일	(차) 매 입	200	(대) 현 금	200		
1월 14일	(차) 현 금	600	(대) 매 출	600		
1월 19일	(차) 매 입	300	(대) 현 금	300		
1월 24일	(차) 현 금	900	(대) 매 출	900		
1월 29일	(차) 매 입	400	(대) 현 금	400		
1월 31일	(차) 현 금	600	(대) 매 출	600		
수정 분개	(차) 매 출 원 가 매 출 원 가 상품(기말)	100 900 300	(대) 상품(기초) 매 입 매 출 원 가	100 900 300		
	또는					
	(차) 매 출 원 가 상품(기말)	700 300	(대) 매 입 상품(기초)	900 100		

실사법의 경우에 위에서 설명한 바와 같이 상품을 매입할 때는 매입계정에 매입을 기록한다. 그러나 판매할 때는 매출만 기록하고 매출원가는 기록하지 않는다. 따라서 기말에 상품이 얼마나 남아 있는지를 재고실사에 의해 파악하고 난 다음에 간접적으로 매출원가를 계산해야 한다.

앞의 〈예제 7-1〉의 경우에 우선 기말재고상품을 실사하여 재고수량(30개)을 확인해야 한다. 그 다음 재고상품의 매입단가(10원)를 파악하고 재고수량(30개)에 곱해야 한다. 그 결과 기말재고상품가액(300원)이 결정된다. 매출원가(700원)은 아래와 같이 기초상품(100원)에 매입(900원)을 더한 다음 기말상품(300원)을 차감하여 계산된다.

기초상품(100원) + 매입액(900원) − 기말상품(300원) = 매출원가(700원)

매출원가는 앞에 제시된 것과 같이 수정분개를 통해 기록된다. 수정분개는 3개의 분개를 포함한다. 첫 번째 분개는 기초상품이 다 팔렸다고 가정하고 작성된다. 이 분개는 기초상품가액을 상품계정 대변에 기록하여 제거하고 이를 매출원가 계정 차변에 기록한다. 두 번째 분개는 당기에 매입된 상품이 전부 팔렸다고 가정하고 작성된다. 이 분개는 매입금액을 매입계정 대변에 기록하여 제거하고 이를 매출원가 계정 차변에 기록한다. 세 번째 분개는 기말에 팔리지 않아 남아 있는 상품을 상품계정의 차변에 기록하고 매출원가 계정 대변에 기록하여 매출원가를 줄여주기 위한 것이다. 이상 3개의 분개를 통합할 수 있다. 즉 매출원가 계정의 차변에 700원을, 상품(기말)계정 차변에 300원을, 매입계정의 대변에 900원을, 상품(기초)계정 대변에 100원을 하나의 분개로 기록할 수도 있다.

〈박스 7-3〉 재고자산과 관련된 비용(매출원가)의 표시방법

K-IFRS[1]는 비용을 표시하는 방법으로 두 가지를 제시하고 있다. 하나는 기능별 표시방법이고 다른 하나는 성격별 표시방법이다. 재고자산과 관련된 전형적인 비용은 매출원가이다. 매출원가를 구분표시하는 방법은 기능별 표시방법이다. 만일 성격별 표시방법이 선택될 경우에는 상품매입액과 재고상품의 변동이 표시되어 매출원가가 간접적으로 반영된다. 기초재고, 매입, 기말재고와 매출원가의 관계식을 다시 정리하면 다음과 같다.

(식 1) 기초재고 + 매입 − 기말재고 = 매출원가

(식 2) 매입 − 재고자산변동 = 매출원가

  (재고자산변동 = 기말재고 − 기초재고)

손익계산서에 비용을 기능별로 표시할 경우에는 위의 (식 1)에서와 같이 기초재고와 매입액을 더하여 판매가능한 상품금액을 구하고 여기에서 기말재고를 차감하여 매출원가가 표시된다. 반면, 손익계산서에 비용을 성격별로 표시하면 위의 (식 2)와 같이 매입액과 재고자산변동이 표시되어 매출원가가 간접적으로 반영된다.

예를 들어, 서울마트의 20×1년 매출이 15,000원이고, 기초상품재고가 1,000원, 매입이 10,000원, 그리고 기말상품재고가 2,000원이다. 그리고 영업비용은 급여비용 2,200원과 임차비용 1,300원으로 구성되어 있다.

기능별로 분류한 서울마트의 20×1년 손익계산서는 아래의 〈표 7-5〉와 같다.

〈표 7-5〉 손익계산서(기능별 분류)

서울마트   20×1년 1월 1일부터 20×1년 12월 31일까지   (단위 : 원)

과 목	금 액
매출액	15,000
매출원가	(−)9,000*
매출총이익	6,000
영업비용	(−)3,500**
당기순이익	2,500

  * 매출원가 : 1,000(기초재고) + 10,000(매입) − 2,000(기말재고) = 9,000원
** 영업비용 : 2,200(급여비용) + 1,300(임차비용) = 3,500원

성격별로 분류한 서울마트의 20×1년 손익계산서는 아래의 〈표 7-6〉과 같다.

〈표 7-6〉 손익계산서(성격별 분류)

서울마트   20×1년 1월 1일부터 20×1년 12월 31일까지   (단위 : 원)

과 목	금 액
매출액	15,000
상품매입액	(−)10,000
재고상품의 변동	1,000*
급여비용	(−)2,200
임차비용	(−)1,300
당기순이익	2,500

  * 재고상품의 변동 : 2,000(기말재고) − 1,000(기초재고) = 1,000원

〈박스 7-4〉 매입운임, 매입환출, 매입에누리, 매입할인

실사법을 적용할 때 상품의 매입과 관련하여 발생할 수 있는 대표적인 항목
은 매입운임, 매입환출, 매입에누리, 매입할인이다.

(1) 매입운임

상품의 취득원가는 상품을 매장에 갖다 놓을 때까지 발생하는 모든 원가를
포함한다. 따라서 상품의 취득원가에는 매입금액과 상품을 매장까지 옮기는 데
들어간 운반비인 매입운임이 포함된다. 그러나 상품을 고객에게 운반해 주면서
발생한 판매운임은 판매비에 포함된다.

(2) 매입환출, 매입에누리, 매입할인

매입환출은 매입한 상품 중의 일부가 불량품이어서 판매회사에 반품처리한
것을 뜻한다. 매입한 상품 중 일부에 경미한 하자가 있어 매입대금의 일부를 판매
회사가 깎아주는 경우가 있다. 이를 매입에누리라고 한다. 제6장에서 언급한 것과
같이 한국에서는 드물지만 외국에서는 상품외상매입대금이 정해진 기간 내에 지
급되면 매입대금의 일정비율만큼을 할인해 주는 경우가 있다. 이를 매입할인이라
한다.

(3) 매입운임 포함 순매입액

상품 매입가액에 매입운임을 가산한 금액에서 매입환출, 매입에누리, 매입할
인 금액을 차감한 금액을 '매입운임 포함 순매입액'이라고 한다. 내부보고 목적으
로 매입운임, 매입환출, 매입에누리, 매입할인 계정을 설정하기도 한다. 그러나 외
부에 공시하는 포괄손익계산서에는 이들 과목이 표시되지 않는다. 대부분의 기업
들은 외부 공시용 포괄손익계산서에는 (6장의 앞에 제시된) 대한백화점의 포괄손
익계산서에서와 같이 매출원가만을 표시한다. 외부보고 재무제표를 다루는 본서는
이들 항목이 매입계정에 반영되어 매입계정잔액이 매입운임포함 순매입액이라고
가정한다.

제3절

재고자산 오류수정

재고자산을 평가할 때에 계산 착오를 일으키거나 일정 재고자산을 누락하거나 또는 이미 판매된 상품을 재고자산에 포함하는 오류를 범하기도 한다. 이러한 오류를 어떻게 수정해야 할까? 여기에서는 재고자산 오류수정방법을 검토한다.

3.1 재고자산 오류의 손익계산서 효과

다음의 〈표 7-7〉은 재고자산 오류가 매출원가와 당기순이익에 미치는 영향을 보여주고 있다. 오류에 의하여 당해연도 기말상품이 과대평가되면 매출원가가 과소평가되어 법인세비용차감전순이익, 법인세비용, 당기순이익도 과대평가된다. 당해연도 기말상품이 다음연도 기초상품이 된다. 다음연도에 기초상품이 과대평가되면 당해연도에 기말상품이 과대평가되었을 때와 정반대의 손익계산서 효과가 나타난다. 따라서 당해연도 재고자산 오류에 의한 손익계산서 효과는 다음연도에 자동으로 상쇄된다. 이러한 오류를 자동조정오류라고 한다.

〈표 7-7〉 재고자산 오류의 손익계산서 효과

과 목	과대평가		과소평가	
	다음연도	당해연도	다음연도	당해연도
매출액				
기초상품	과대		과소	
매입				
판매가능상품				
(-)기말상품		과대		과소
매출원가	과대	과소	과소	과대
법인세비용차감전순이익[*]	과소	과대	과대	과소
법인세비용[**]	과소	과대	과대	과소
당기순이익	과소	과대	과대	과소

[*] 영업비용, 기타수익과 기타비용이 없는 것으로 가정함
[**] 법인세비용은 법인세비용차감전이익의 일정비율이라고 가정함

3.2 재고자산오류수정 종합예제

〈예제 7-2〉 재고자산오류수정

　　아래 〈표 7-8〉에 제시되는 SM 백화점의 세 가지 오류는 상호 독립된 것이다. 이들 오류의 수정은 세무회계에서도 수익과 비용으로 인정된다. 법인세율은 30%이며 당해연도 법인세비용은 전액 다음연도에 지급된다.

〈표 7-8〉 재고자산오류

	발생연도	기말재고상품평가오류
1.	20×3(당해연도)	300억원 과소평가
2.	20×2	100억원 과대평가
3.	20×1	200억원 과대평가

3.2.1 수정분개

(1) 20×3년 기말재고상품이 300억원 과소평가된 경우

　20×3년이 당해연도이기 때문에 다음과 같은 수정분개를 작성해야 한다. (모든 수정분개의 단위는 억원임)

　Ⓐ 손익계산서 계정이 마감되지 않은 경우

손익계산서계정과 집합손익계정 등 임시계정을 사용할 수 있기 때문에 다음과 같은 분개를 작성한다.

(차) 상품	300	(대) 매출원가*	300
법인세비용	90	미지급법인세	90

　* 매출원가계정이 사용되지 않는 경우에는 집합손익계정

　Ⓑ 손익계산서 계정이 마감된 경우

임시계정을 사용할 수 없기 때문에 아래와 같이 오류의 손익계산서 효과를 직접 이익잉여금 계정에 분개한다.

(차) 상품	300	(대) 이익잉여금	210
		미지급법인세	90

(2) 20×2년 기말재고상품이 100억원 과대평가된 경우

　20×2년 오류는 20×3년에 상쇄되기 때문에 수정분개를 작성할 필요가 없다.

(3) 20×1년 기말재고상품이 200억원 과대평가된 경우

　20×1년 오류는 20×2년에 상쇄되기 때문에 수정분개를 작성할 필요가 없다.

〈박스 7-5〉 재고자산오류가 있는 경우 비교재무제표의 재작성 및 공시사항

다음의 〈표 7-9〉, 〈표 7-10〉 그리고 〈표 7-11〉 각각은 SM 백화점(〈예제 7-2〉)의 20×3년과 20×2년 비교손익계산서와 비교부분자본변동표와 20×3년 말과 20×2년 말의 비교부분재무상태표이다. 영업비용, 기타수익, 기타비용, 그리고 배당금은 없다. 20×1년 당기순이익과 법인세비용은 각각 350억원과 150억원이었다.

〈표 7-9〉 손익계산서

SM 백화점 (단위 : 억원)

과 목	20×3년		20×2년	
매출액		5,300		3,000
기초상품	1,800		1,600	
매입	3,000		2,000	
판매가능가상품	4,800		3,600	
기말상품	(-)2,000		(-)1,800	
매출원가		(-)2,800		(-)1,800
법인세비용차감전순이익		2,500		1,200
법인세비용		(-)750		(-)360
당기순이익		1,750		840

〈표 7-10〉 부분자본변동표

SM 백화점 (단위 : 억원)

항 목	20×3년	20×2년
기초이익잉여금	1,840	1,000
당기순이익	1,750	840
기말이익잉여금	3,590	1,840

〈표 7-11〉 부분재무상태표

SM 백화점   (단위 : 억원)

과 목	20×3년 12월 31일	20×2년 12월 31일
상품	2,000	1,800
미지급법인세	750	360
이익잉여금	3,590	1,840

〈예제 7-2〉의 각 재고자산 오류별로 다음과 같이 비교재무제표가 수정되어야 한다.

(당해연도 오류의 경우)

1. 20×3년 기말재고상품이 300억원 과소평가된 경우

1) 비교재무제표의 수정

20×3년은 당해연도이다. 당해연도 오류가 있는 경우에는 오류가 수정된 당해연도 재무제표와 전년도 재무제표가 다음과 같이 비교되어 표시되어야 한다. (수정된 금액은 볼드체로 표시되었음)

〈표 7-12〉 수정된 손익계산서—당해연도 오류

SM 백화점   (단위 : 억원)

과 목	20×3년		20×2년	
매출액		5,300		3,000
기초상품	1,800		1,600	
매입	3,000		2,000	
판매가능가상품	4,800		3,600	
기말상품	(-)2,300		(-)1,800	
매출원가		(-)2,500		(-)1,800
법인세비용차감전순이익		2,800		1,200
법인세비용		(-)840		(-)360
당기순이익		1,960		840

〈표 7-13〉 수정된 부분자본변동표－당해연도 오류

SM 백화점   (단위 : 억원)

과 목	20×3년	20×2년
기초이익잉여금	1,840	1,000
당기순이익	1,960	840
기말이익잉여금	3,800	1840

〈표 7-14〉 수정된 부분재무상태표－당해연도 오류

SM 백화점   (단위 : 억원)

과 목	20×3년 12월 31일	20×2년 12월 31일
상품	2,300	1,800
미지급법인세	840	360
이익잉여금	3,800	1,840

(전년도 오류의 경우)

K-IFRS[2]는 전년도 오류의 발생 시기가 비교재무제표 비교표시 연도(앞으로는 비교연도라 함) 중이냐 그 이전이냐에 따라 오류를 다음의 〈표 7-15〉와 같이 수정 공시할 것을 요구하고 있다.

〈표 7-15〉 전년도 오류수정

구분	오류발생시기	수정 및 공시사항
Ⓧ	비교연도	1) 오류를 소급수정하고 비교재무제표 재작성 2) 오류가 비교재무제표 항목에 미치는 영향을 공시
Ⓨ	비교연도 전	최초비교연도의 자산·부채·자본의 기초잔액 재작성

2. 20×2년 기말재고상품이 100억원 과대평가된 경우

SM 백화점은 20×3년과 20×2년 양개연도를 비교표시하고 있다. 따라서 오류가 발생한 20×2년은 비교연도이어서 위의 〈표 7-15〉의 Ⓧ와 같은 오류 수정과 공시를 해야 한다.

1) 비교재무제표의 재작성

당해연도인 20×3년에는 오류를 수정한 20×2년 기말상품재고자산을 기초상품재고자산으로 하여 재무제표를 작성한다. 전년도인 20×2년에는 오류를 소급 수정하여 재무제표를 아래와 같이 재작성한다. (재작성된 금액은 볼드체로 표시되었음)

〈표 7-16〉 재작성된 손익계산서—비교연도 오류

SM 백화점 (단위 : 억원)

과 목	20×3년		20×2년	
매출액		5,300		3,000
기초상품	1,700		1,600	
매입	3,000		2,000	
판매가능가상품	4,700		3,600	
기말상품	(−)2,000		(−)1,700	
매출원가		(−)2,700		(−)1,900
법인세비용차감전순이익		2,600		1,100
법인세비용		(−)780		(−)330
당기순이익		1,820		770

〈표 7-17〉 재작성된 부분자본변동표—비교연도 오류

SM 백화점 (단위 : 억원)

과 목	20×3년	20×2년
기초이익잉여금	1,770	1,000
당기순이익	1,820	770
기말이익잉여금	3,590	1,770

〈표 7-18〉 재작성된 부분재무상태표—비교연도 오류

SM 백화점 (단위 : 억원)

과 목	20×3년 12월 31일	20×2년 12월 31일
상품	2,000	1,700
미지급법인세	780	330
이익잉여금	3,590	1,770

2) 오류가 전년도 재무제표에 미친 영향

오류가 전년도 재무제표에 미친 영향은 주석으로 공시되어야 한다. SM 백화점의 경우 오류가 전년도인 20×2년의 재무제표에 미친 영향은 다음의 〈표 7-19〉와 같다.

〈표 7-19〉 오류가 20×2년 재무제표에 미친 영향

SM 백화점 (단위 : 억원)

과 목	수정 전	수정	수정 후
손익계산서			
매출원가	(−)1,800	(−)100	(−)1,900
법인세비용	(−)360	30	(−)330
당기순이익	840	(−)70	770
재무상태표			
상품	1,800	(−)100	1,700
미지급법인세	360	(−)30	330
이익잉여금	1,840	(−)70	1,770

3. 20×1년 기말상품이 200억원 과대평가된 경우

20×1년 기말상품은 20×2년의 기초상품이다. 20×2년은 비교연도이기 때문에 위의 〈표 7-15〉의 Ⓧ가 요구하는 오류수정 및 공시를 수행해야 한다. 또한 20×1년은 비교연도 이전이기 때문에 위의 〈표 7-15〉의 Ⓨ가 요구하는 정보를 공시해야 한다.

1) 비교재무제표의 재작성

오류를 수정한 20×1년 기말상품을 20×2년 기초상품으로 하여 20×2년 포괄손익계산서를 다음과 같이 재작성해야 한다. (재작성된 금액은 볼드체로 표시되었음)

〈표 7-20〉 재작성된 손익계산서―비교연도 전 오류

SM 백화점   (단위 : 억원)

과 목	20×3년		20×2년	
매출액		5,300		3,000
기초상품	1,800		1,400	
매입	3,000		2,000	
판매가능가상품	4,800		3,400	
기말상품	(-)2,000		(-)1,800	
매출원가		(-)2,800		(-)1,600
법인세비용차감전순이익		2,500		1,400
법인세비용		(-)750		(-)420
당기순이익		1,750		980

20×1년 오류(법인세 효과 후)가 아래와 같이 20×2년 기초이익잉여금에 수정되는 자본변동표를 작성해야 한다.

〈표 7-21〉 재작성된 부분자본변동표―비교연도 전 오류

SM 백화점   (단위 : 억원)

과 목	20×3	20×2
기초이익잉여금	1,840	1,000
전년도 오류수정	-	(-)140
당기순이익	1,750	980
기말이익잉여금	3,590	1,840

오류는 20×2년 말에 자동조정되기 때문에 재무상태표를 재작성할 필요가 없다.

2) 오류가 전년도 재무제표에 미친 영향

오류에 의하여 영향을 받은 전년도 재무제표는 20×2년 손익계산서이다. 따라서 다음의 〈표 7-22〉와 같은 정보가 주석으로 공시되어야 한다.

〈표 7-22〉 오류가 20×2년 손익계산서에 미친 영향

SM 백화점   (단위 : 억원)

과 목	수정 전	수정	수정 후
매출원가	(-)1,800	200	(-)1,600
법인세비용	(-)360	(-)60	(-)420
당기순이익	840	140	980

3) 최초비교연도의 자산 부채 자본의 기초잔액

최초비교연도인 20×2년 자산(상품), 부채(미지급법인세), 자본(이익잉여금)의 기초잔액은 다음의 〈표 7-23〉과 같다.

〈표 7-23〉 20×2년 1월 1일 계정잔액

SM 백화점   (단위 : 억원)

과 목	수정 전	수정	수정 후
상품	1,600	(-)200	1,400
미지급법인세	150	(-)60	90
이익잉여금	1,000	(-)140	860

제4절

재고자산의 평가방법

　동일 상품을 수차례에 걸쳐 매입하는 경우 매입단가가 상이할 수 있다. 예를 들어 축구유니폼을 한 번은 한 벌당 15,000원에 1,000벌을 매입하고, 또 한 번은 동일한 유니폼을 한 벌당 20,000원에 1,000벌 매입했다고 하자. 이 경우에 800벌을 판매했다면 매입단가가 15,000원인 유니폼이 팔렸다고 해야 할까? 매입단가가 20,000원인 유니폼이 팔렸다고 해야 할까? 또는 매입단가 15,000원인 유니폼과 매입단가 20,000원인 유니폼이 골고루 팔렸다고 해야 할까?

　재고자산평가방법 중의 하나는 각 유니폼마다 원가표(15,000원 또는 20,000원)를 붙여 놓은 다음 유니폼을 판매할 때마다 원가표를 확인하는 방법이다. 이렇게 하면 팔린 유니폼의 원가를 알 수 있고, 또한 남아 있는 재고의 원가도 확인할 수 있다. 이러한 재고자산평가방법을 개별법(specific identification method)이라고 한다.

　그러나 상품을 일일이 개별확인을 하는 것은 쉬운 일이 아니다. 예를 들어 주유소나 쌀가게를 생각해 보자. 기름을 사올 때마다, 쌀을 사올 때마다 사오는 매입단가가 조금씩 다를 수 있다. 그리고 이를 계속 판매하는 경우에 기름 또는 쌀의 매입단가를 식별하는 것이 사실상 불가능한 일이다. 특히 재고상품을 일일이 구분하는 것이 가능하다 해도 다루어야 할 재고자산의 종류가 많은 경우에는 너무 비용이 많이 들 것이다.

　개별법을 사용하면 경영진의 재량으로 매출원가를 조작할 수 있다. 예를 들어 이익을 많이 보고하고 싶다면 매입단가가 싼 상품의 매출이 이루어졌다고 할 것이다. 반면에 이익을 적게 보고하고 싶으면 매입단가가 비싼 상품의 매출이 이루어졌다고 할 것이다. 이러한 문제 때문에 K-IFRS[3]는 재고자산이 상호교환 가능할 경우(예 : 동일한 상품을 다른 단가에 매입할 수 있는 경우)에는 개별법 사용을 금지하고 있다. 개별법을 사용하는 기업은 상호교환이 가능하지 않은 고가의 보석을 매매하는 보석상이나 건물이나 배의 주문생산을 주로 하는 건설업, 조선업 등에 속한 기업들이다.

재고자산이 상호교환 가능한 경우 실제 판매되는 실물의 흐름과 관계없이 일정한 원가흐름을 가정하여 어떤 것이 팔렸고 어떤 것이 재고자산으로 남았는지를 계산하여야 한다. 재고자산의 흐름에 대한 가정으로는 선입선출(FIFO: first-in first-out), 후입선출(LIFO: last-in first-out), 총평균이 있다.

K-IFRS[4]는 이들 원가흐름의 가정을 '원가계산식(cost formulas)'이라 칭하고 선입선출과 총평균만을 허용하고 있다. 후입선출은 허용하고 있지 않다(이유는 〈박스 7-6〉 'K-IFRS의 후입선출 불허용' 참조). 또한 특성과 용도가 유사한 재고자산은 같은 원가계산식을 적용하여 평가하도록 요구하고 있다.

다음의 〈예제 7-3〉을 통하여 선입선출, 후입선출, 총평균에 의한 매출원가와 기말재고상품금액을 계산하는 방법을 검토해 보자.

〈예제 7-3〉 재고자산원가계산식

다음의 〈표 7-24〉는 광덕상사의 20×1년 1월 중 상품 매입과 판매에 대한 내역이다. 재고상품의 실사 결과 기말상품재고는 15개였다.

〈표 7-24〉 상품매입과 판매

(단위 : 원)

매입날짜	매입수량 (개)	매입단가	매입금액	판매수량 (개)
기초재고	10	180	1,800	
매입 :				
1월 4일	20	190	3,800	
1월 8일				20
1월 10일	10	200	2,000	
1월 15일	30	210	6,300	
1월 18일				30
1월 20일	30	230	6,900	
1월 25일	10	240	2,400	
1월 28일				45
매입 합계	100		21,400	
판매가능상품	110		23,200	

4.1 선입선출원가계산식

선입선출은 먼저 매입한 상품이 먼저 판매되었다고 가정한다. 이 가정은 기업이 일반적으로 먼저 매입한 상품을 먼저 판매하기 때문에 상품의 실제 흐름을 반영하는 경우가 많다. 이 원가계산식에 의하면 최근에 매입한 상품이 기말재고로 남기 때문에 기말재고는 최근 매입의 매입단가로 평가된다. 〈예제 7-3〉의 경우 선입선출에 의해 기말재고상품은 아래의 〈표 7-25〉와 같이 평가된다.

〈표 7-25〉 재고자산평가－선입선출

(단위: 원)

항 목	수량(개)	매입단가	금 액
1월 25일 매입	10	240	2,400
1월 20일 매입	5	230	1,150
기말재고	15		3,550

기말재고 15개는 제일 최근인 1월 25일에 매입한 수량 10개보다 많다. 재고자산은 두 단계에 걸쳐 평가된다: 1) 우선 기말재고 15개 중 10개는 1월 25일 매입단가 240원에 평가된다. 2) 나머지 기말재고 5개는 두 번째로 최근에 매입한 1월 20일 매입의 매입단가 230원에 평가된다. 따라서 기말재고는 3,550원이다.

4.2 후입선출원가계산식

후입선출은 선입선출과는 반대로 나중에 매입한 상품이 먼저 판매되었다고 가정한다. 이 원가계산식은 오래 전에 매입한 재고상품이 계속하여 재고로 남아 있다고 가정하는 것이기 때문에 일반적으로 실제 상품의 흐름을 반영하지 못한다. 이 계산식에 의하면 가장 일찍 매입한 상품이 기말재고로 남기 때문에 기말재고는 가장 일찍 매입한 상품의 매입단가로 평가된다. 〈예제 7-3〉의 경우 후입선출에 의해 기말재고상품은 아래의 〈표 7-26〉과 같이 평가된다.

〈표 7-26〉 재고자산평가 — 후입선출

(단위 : 원)

항 목	수량(개)	매입단가	금 액
기초재고	10	180	1,800
1월 4일 매입	5	190	950
기말재고	15		2,750

기말재고 15개는 기초재고 10개보다 많기 때문에 2단계에 걸쳐 기말재고가 평가된다 : 1) 기말재고 15개 중 10개는 기초재고의 매입단가인 180원에 평가된다. 2) 기말재고 15개 중 5개는 가장 일찍 매입한 1월 4일 매입의 매입원가 190원에 평가된다. 따라서 기말재고상품은 2,750원이다.

4.3 총평균원가계산식

총평균원가계산식은 상이한 가격으로 매입된 상품이 고르게 판매되었다고 가정한다. 이 계산식에서는 총판매가능상품원가를 총판매가능상품수량으로 나누어 총평균단가가 계산된다. 이렇게 총원가가 총수량으로 나누어지기 때문에 한글로는 총평균(total average)이라 한다. 기말재고상품은 총평균단가를 기말재고 수량에 곱하여 계산된다. 영어로는 이 계산식을 가중평균(weighted average)원가계산식이라고도 하는데, 그 이유는 각 매입단가에 매입수량 가중치를 부여해서 평균단가를 계산하기 때문이다.

〈예제 7-3〉의 경우 총평균원가계산식에 의해 기말재고상품은 아래의 〈표 7-27〉과 같이 평가된다.

〈표 7-27〉 재고자산평가 — 총평균

(단위 : 원)

항 목	수 량(개)	매입단가	금 액
기말재고	15	211[*]	3,165

* 총평균단가 : 판매가능상품원가 / 판매가능상품수량 = 23,200 / 110 = 211원

위와 같이 총평균원가계산식에 의하면 기말재고상품은 기말재고수량(15개)에 총평

균단가(211원)을 곱하여 3,165원으로 평가된다. 총평균단가(211원)는 판매가능상품의
원가(23,200원)를 판매가능상품의 수(110개)로 나누어 계산된다.

〈박스 7-6〉 이동평균원가계산식

　　　이동평균원가계산식은 상품을 팔 때마다 **총평균원가계산식**을 적용하여 매출
원가와 재고상품의 금액을 결정하는 계산식이다. 〈예제 7-3〉에서, 1월 8일에 20개
가 판매될 때 총평균은 186.67원[(1,800 + 3,800) / 30]이다. 이는 매입단가가 180원
인 기초재고상품 10개와 매입단가가 190원인 1월 4일 매입 20개의 총평균이다. 1
월 8일에 20개 판매 시 매출원가는 3,733원[(186.67 × 20)]이며, 재고상품은 1,867원
[(186.67 × 10)]이다. 1월 18일에 30개를 판매하였을 때 총평균은 203.34원[1,867 +
2,000 + 6,300) / 50]인데, 이는 매입단가가 186.67원인 재고상품 10개, 매입단가가
200원인 1월 10일 매입 10개, 그리고 매입단가가 210원인 1월 16일 매입 30개의
총평균이다. 1월 18일 30개 판매 시 매출원가는 6,100원[(203.34 × 30)]이고 재고상
품은 4,067원[(203.34 × 20)]이다.

　　　이동평균원가계산식에서는 상품이 판매될 때마다 매출원가와 재고자산이 계
산된다. 따라서 이 계산식을 적용하려면 상품을 사올 때와 팔 때마다 계속해서 수
량과 매입단가를 기록하는 계속기록법을 사용해야 한다. 따라서 이 계산식은 상장
된 한 회사의 주식을 계속 사고팔고 하는 경우에 투자주식의 원가를 계산할 때에
사용된다. 상품의 종류가 많고 재고자산회전이 높은 상품매매업이나 제조업의 경
우에는 이러한 계산식을 사용하여 재고자산을 평가하는 것은 실무적으로 거의 불
가능하다. 그럼에도 불구하고 많은 한국 기업들이 재고자산을 이동평균원가계산식
을 적용하여 평가하고 있다고 재무제표에 대한 주석사항에 기술하고 있다. 이들 기
업은 매월 총평균을 적용하여 1년에 12번 평균이 이동하는 월별총평균을 '이동평
균'이라고 하고 있다. (본문의 〈사례 7-3〉의 총평균도 1월달의 월별총평균임)

　　　K-IFRS[5]는 이동평균계산빈도를 기업이 결정할 수 있도록 하고 있다. 따라서
(매월 총평균을 계산하는) 월별총평균이나 (일 년에 한 번 총평균을 계산하는) 총
평균 모두 허용된다.

4.4 재고자산원가계산식의 비교

매입단가가 상이한 상품이 매입된 경우 선입선출, 후입선출, 총평균 중 어떤 원가계산식이 선택되느냐에 따라 기말재고상품과 매출원가가 달라진다. 이들 원가계산식이 세무보고 목적으로 사용되면 납부되어야 할 법인세도 달라진다. 상품을 매입하는 단가가 점점 높아지는 물가상승 기간에는 세 계산식 중 후입선출을 적용하는 경우 매출원가가 가장 크다. 따라서 후입선출을 적용하면 세전이익이 제일 적어서 내야 할 세금이 제일 적다. 후입선출은 이렇게 절세를 위해 개발된 방법이다(아래의 〈박스 7-7〉 'K-IFRS의 후입선출 불허용' 참조). 〈예제 7-3〉도 매입단가가 점점 상승하는 경우이다. 각 원가계산식별로 매출원가와 기말상품 금액을 비교·정리하면 아래의 〈표 7-28〉과 같다.

〈표 7-28〉 재고자산원가계산식의 비교

(단위 : 원)

항 목	원가계산식		
	선입선출	후입선출	총평균
판매가능상품	23,200	23,200	23,200
기말재고	(-)3,550	(-)2,750	(-)3,165
매출원가	19,650	20,450	20,035

앞서 설명한 것과 같이 기말재고상품은 선입선출(3,550원), 총평균(3,165원), 후입선출(2,750원)의 순서로 감소한다. 매출원가는 후입선출(20,450원), 총평균(20,035원), 선입선출(19,650원)의 순서로 감소한다.

〈박스 7-7〉 K-IFRS의 후입선출 불허용

K-IFRS[6]는 재고자산원가계산식으로 후입선출을 허용하고 있지 않다. 그 이유는 이 계산식은 물가상승 시기에 세금절감 목적으로 개발되어 재무보고 목적으로 부적합하기 때문이다. 또한 이 계산식이 재고자산의 실제 흐름을 반영하지 못하여 기업의 재무상태와 경영성과를 왜곡시킬 수 있기 때문이다.

미국에서는 상장기업의 50 ~ 60%가 후입선출을 사용하고 있으며, 이 원가계산식을 재무제표 작성 목적으로 사용하는 경우에는 반드시 세무보고 목적으로도 이 계산식을 사용하도록 하고 있다. 한국의 경우 K-IFRS 도입 이전에 상장기업 중 단지 2개의 정유회사, SK(주)와 S-Oil만이 후입선출을 사용하고 있었을 뿐이다 (2009년 기준).

제5절

기말재고상품원가의 추정

기업은 기말재고상품의 수량을 파악하지 않거나 또는 실제 매입단가에 대한 자료를 일일이 조사하지 않고 기말재고상품원가를 추정하는 경우가 있다. 매출총이익률법과 소매재고법이 대표적인 기말재고상품원가 추정방법이다.

5.1 매출총이익률법

매출총이익률법(gross profit method)은 기말재고상품원가를 추정하는 데 과거의 손익계산서에서 얻은 매출총이익률을 사용한다. 먼저 당해연도 매출액에 매출총이익률을 곱하여 매출총이익을 추정하고, 이 매출총이익을 매출액에서 차감하여 매출원가를 추정해야 한다. 그 다음 판매가능한 상품원가(기초재고상품 + 당기매입)에서 추정된 매출원가를 차감하면 기말재고상품원가가 추정된다. 이 방법은 내부사용목적 실적보고서를 작성하기 위하여 사용되거나 화재 등으로 소실된 재고상품가액을 추정하기 위해 사용된다. 다음 〈예제 7-4〉을 통해 매출총이익률법을 검토하자.

〈예제 7-4〉 매출총이익률법

　　다음의 〈표 7-29〉는 병진마트의 20×1년 1월 1일부터 6월 30일까지의 상품에 대한 자료이다.

〈표 7-29〉 상품과 관련된 자료

(단위 : 억원)

과　목	금　액	
기　초　재　고　상　품	20	
매　　　　　입	100	
판　매　가　능　상　품	120	
매　　　　　출		150

(과거 3년 동안 병진마트의 매출액에 대한 평균 매출총이익률은 40%임)

　　매출총이익률법에 의해 기말재고상품은 다음과 같이 추정된다.

　　추정 매출총이익 : 150억 × 40% = 60억원
　　추정 매출원가 : 150억 − 60억 또는 150억 × (1 − 40%) = 90억원
　　판매가능상품 : 20억 + 100억 = 120억원
　　추정 기말재고상품 : 120억 − 90억 = 30억원

　　〈예제 7-4〉에서 병진마트의 과거 3년간의 매출액에 대한 매출총이익률이 40%이므로 (20×1년 1월 1일부터 6월 30일까지) 6개월간의 매출총이익이 60억원으로 추정된다. 따라서 매출원가는 90억원으로 추정된다. (기초재고상품 20억원과 매입금액 100억원을 합한) 판매가능상품원가 120억원에서 추정매출원가 90억원을 차감하면 기말재고상품이 30억원으로 추정된다. 매출총이익률법에서는 기말재고상품이 실사에 의하여 검증되지 않고 단지 과거 매출총이익률로 어림추정된다. 때문에 실제재고자산 금액과는 크게 다를 수 있다. 따라서 외부에 보고되는 연차 재무제표를 작성할 때에는 이 추정방법이 허용되지 않는다.

5.2 소매재고법

기말재고상품을 추정하는 다른 한 방법은 소매재고법(retail inventory method) 이다. 이 방법은 가격표에 의한 정가판매가 일반화되어 있는 백화점이나 할인점 등의 소매기업에서 종종 이용되는 방법이다. 이 방법에서는 기말재고상품의 소매가를 이용하여 기말재고상품원가를 추정한다.

소매재고법을 적용하기 위해서는 판매가능상품의 원가와 소매가의 비율인 원가율을 계산해야 한다. 이 원가율을 계산하기 위하여 기초재고상품의 원가와 소매가, 당기에 매입한 상품의 원가와 소매가, 그리고 당기의 매가인하 금액이 필요하다. 기초재고상품의 원가와 당기매입상품의 원가는 상품과 매입 계정원장에 기록되어 있다. 추가로 필요한 자료는 다음과 같은 방법에 의하여 입수해야 한다. 1) 당기매입상품의 소매가 : 매입상품을 매장에 진열할 때 정가표에 수록한 소매가를 별도로 기록해야 한다. 2) 기초재고자산의 소매가 : 별도로 기록해 두었던 전년도 기말재고자산의 소매가를 사용한다. 3) 매가인하 : 염가판매기간에 실시한 가격인하를 별도로 기록해야 한다. 이들 자료를 이용해 판매가능상품원가와 판매가능상품소매가의 비율, 즉 원가율을 아래와 같이 계산한다.

$$
\text{원가율} = \frac{\text{판매가능상품원가}}{\text{판매가능상품소매가}}
$$

$$
= \frac{\text{기초재고상품의 원가} + \text{매입상품의 원가}}{\text{기초재고상품의 소매가} + \text{매입상품의 소매가} - \text{매가인하}}
$$

원가율을 계산한 다음에는 판매가능상품소매가에서 매출액을 차감하여 기말재고상품소매가를 계산한다. 기말재고상품원가는 기말재고상품소매가에 원가율을 곱하여 추정한다.

다음 〈예제 7-5〉는 소매재고법에 의하여 기말재고상품원가를 추정하는 과정을 보여준다.

〈예제 7-5〉 소매재고법

Y-Mart는 소매재고법을 적용하여 기말재고상품원가를 추정하고 있다. 다음의 〈표 7-30〉은 Y-Mart의 상품과 관련된 자료이다.

〈표 7-30〉 상품과 관련된 자료

(단위 : 억원)

항 목	원 가	소매가
기 초 재 고 상 품	30	40
매 입	4,170	6,070
매 가 인 하		(−)110
판 매 가 능 상 품	4,200	6,000
매 출 액		(−)5,900
기 말 재 고 상 품		100

이 자료를 이용해 기말재고상품원가를 추정하면 다음과 같다.

$$\text{원가율} : \frac{\text{판매가능상품원가}}{\text{판매가능상품소매가}} = \frac{4,200}{6,000} = 70\%$$

(1) 기말재고상품소매가 : 판매가능상품소매가 − 매출
    = 6,000억 − 5,900억 = 100억원
(2) 기말재고상품원가 : (1) × 원가율
    = 100억 × 70% = 70억원
(3) 매출원가 : 판매가능상품원가 − (2)
    = 4,200억 − 70억 = 4,130억원

〈예제 7-5〉에서 원가율은 70%이다. 기말재고상품소매가는 판매가능상품소매가 6,000억원에서 매출액 5,900억원을 차감하여 100억원으로 계산된다. 기말재고상품 원가는 기말재고상품소매가 100억원에 원가율 70%를 곱하여 70억원으로 추정된다. 매출원가는 판매가능상품원가 4,200억원에서 추정된 기말재고상품원가 70억원을 차감하여 4,130억원으로 계산된다.

소매재고법은 재고상품 정가표에 표시된 소매가를 사용하여 기말재고상품을 실사하여 추정된 기말재고상품소매가를 검증할 수 있기 때문에 세금계산서나 송장을 일일이 추적하여 취득원가를 파악할 필요가 없다는 장점이 있다. 그러나 재고상품별로 원가율이 상이한 경우 재고자산평가가 왜곡될 가능성이 있다. K-IFRS[7]는 재고자산의 원가율이 비슷하고 재고자산회전율이 높아 소매재고법 이외의 다른 재고자산평가방법을 사용하는 것이 실무적으로 비현실적인 경우에만 소매재고법을 사용할 수 있도록 하고 있다. 추가로 원가율이 비슷한 부문별로, 예를 들면 백화점의 경우 가전제품, 가구, 여성의류, 남성의류, 화장품 등의 부문별로 이 방법을 적용할 것을 권장하고 있다.

제6절

재고자산의 감모손실과 평가손실

6.1 재고자산의 감모손실

재고자산의 계속기록에 의한 장부상 연말 재고수량이 재고자산의 연말 실제조사에 의해 파악한 수량과 다를 수가 있다. 계속기록에 오류가 없는 한 일반적으로는 장부상의 재고수량보다 실제 조사 수량이 적다. 이와 같은 수량부족의 원인은 도난이나 분실, 자연 증발, 부식 등이다. 재고자산의 수량부족에 의한 손실을 '재고자산감모손실'이라 한다.

앞서 설명한 바와 같이, 실사법을 적용하면 이러한 수량부족을 파악할 수 없고 분실이나 도난에 의한 재고감소분이 모두 판매된 것으로 처리된다. 실사법은 이렇게 재고자산을 적절히 관리하지 못한다. 그러나 계속기록법을 병행하면(실무에서는 수량만을 계속기록하는 방법을 많이 사용하고 있음) 재고수량 부족분이 파악될 수 있어 보다 효율적인 재고관리가 가능하다.

기업의 정상적인 영업활동과정에서 불가피하게 발생되는 수량부족(기대되는 일정 수준의 분실, 증발, 부식 등)으로 인한 감모손실은 매출원가에 가산되어야 한다. K-IFRS[8]에 의하면 비정상적으로 발생하는 감모손실은 발생연도의 비용으로 보고되어야 한다.

<예제 7-6> 재고자산감모손실

　　(주)대한의 20×1년도 상품 기초재고수량은 100개(200만원)이며 매입은 1,000개(2,000만원)이다. 20×1년 말 계속기록에 의한 상품재고수량은 정상적인 감모손실 감안 후 200개이다. 그러나 기말에 실지재고조사를 한 결과 파악된 기말재고상품수량은 180개이다. 기말재고상품에 적용할 단가는 개당 2만원이다. 이 경우에 재고자산감모손실을 보고하기 위하여 다음과 같은 분개가 작성되어야 한다.

(단위 : 만원)

(차) 재고자산감모손실	40	(대) 상　　　품	40

* (200 − 180) × 2만 = 40만원

　　(주)대한의 20×1년 손익계산서에는 매출원가 1,800만원(200만 + 2,000만 − 400만)과 재고자산감모손실 40만원[(200 − 180) × 2만]이 비용으로 보고된다. 20×1년 말 재무상태표에 보고되는 상품재고자산은 감모손실을 반영한 360만원(400만 − 40만)이다. 매출원가 계산 시 사용되는 기말상품재고자산금액은 취득원가 400만원(200 × 2만)이다. 그 이유는 360만원을 사용하면 감모손실이 매출원가에 포함되어 이중보고되기 때문이다.

6.2 재고자산의 평가손실

　　고기술상품 또는 패션상품의 경우 신기술 개발 또는 패션의 변화에 따라 재고자산가치가 급락될 수 있다. 재고자산의 판매가가 하락하여 취득원가의 회수가 불가능한 경우 재고자산은 회수가능한 금액으로 하향조정되어야 한다. 이는 재고자산은 판매하여 얻을 수 있는 금액을 초과하여 보고되어서는 안 된다는 원칙에 근거한 것이다. 판매하여 얻을 수 있는 금액을 순실현가능가치(NRV : net realizable value)라 한다. 순실현가능가치는 추정판매가격에서 추정판매비용을 차감한 금액이다. 재고자산을 취득원가와 순실현가능가치 중 적은 금액으로 평가하는 것을 저가법(LCNRV : lower cost or net realizable value)이라 한다.

K-IFRS[9]는 저가법을 재고자산 개별항목별로 또는 유사한 재고자산을 묶은 집단별로 적용할 수 있도록 하고 있다. 순실현가능가치가 취득원가에 미달되는 경우 이 두 금액의 차액을 재고자산평가손실로 보고해야 한다. 평가손실을 보고한 후에 순실현가능가치가 회복될 수 있다. 이 경우에는 전년도에 인식한 평가손실을 초과하지 않는 범위 내에서 회복한 금액을 매출원가의 감소로 처리해야 한다. 또한 매출원가의 감소로 처리된 평가손실환입액과 평가손실환입 발생이유를 주석으로 공시해야 한다.

〈예제 7-7-1〉 재고자산평가손실

    (주)대한텔레콤은 G-Smart Phone을 매매하고 있다. 20×1년 말 재고로 남아 있는 G-Smart Phone은 100대이며 대당 원가는 33만원이다. 20×1년 12월 초에 G-Smart Phone보다 성능이 더 우수하면서 가격도 저렴한 I-Smart Phone이 출시되어 회사의 경영진은 G-Smart Phone의 대당 판매가격을 40만원에서 30만원으로 하향조정하였다. 대당 추정판매비용은 3만원이다. (주)대한텔레콤의 G-Smart Phone 판매가 하락은 다음과 같이 회계처리되어야 한다.

(단위 : 만원)

(차) 재고자산평가손실	600*	(대) 상 품	600

* 재고자산평가손실의 계산 :
  원가 : 100 × 33만 = 3,300만원
  순실현가능가치 : 100 × (30만 - 3만) = 2,700만원
  재고자산평가손실 : 3,300만 - 2,700만 = 600만원

〈예제 7-7-1〉의 경우 20×1년 말 재무상태표에 상품재고자산은 2,700만원으로 보고되어야 한다. 그러나 매출원가 계산 시 기말재고자산은 3,300만원이어야 한다.

〈예제 7-7-2〉 재고자산평가손실의 환입

(주)대한텔레콤은 20×2년에 G-Smart Phone 90대를 판매하고 나머지 10대를 연말에 계속 재고자산으로 보유하고 있다. 시장여건이 기대수준보다 유리해져 G-Smart Phone의 대당 순실현가능가치가 27만원에서 31만원으로 회복되었다. 이러한 경우 다음과 같은 분개가 작성되어야 한다.

(단위 : 만원)

(차) 상 품	40*	(대) 매출원가	40

* ① 재고자산평가이익 : 10 × (31만 - 27만) = 40만원
  ② 인식할 수 있는 환입 최대금액 : (10/100) × 600만 = 60만원
  ③ 재고자산평가손실환입 : ① 40만원 (①이 ②보다 적기 때문)

〈예제 7-7-2〉의 경우 20×2년 말에 재고자산으로 남아 있는 G-Smart Phone 10 개는 재무상태표에 310만원으로 보고된다. 그러나 20×2년 매출원가를 계산할 때에는 기말재고자산은 270만원이어야 한다. 그리고 재고자산평가손실환입 내역과 발생사유 를 주석으로 공시해야 한다.

제7절

매출원가와 현금흐름

재고자산이 늘어나면 기업의 자금사정이 나빠진다고 한다. 그리고 매입채무가 증가하면 기업의 자금사정은 좋아진다고 한다. 그 이유는 무엇인가? 다음의 〈예제 7-8-1〉과 〈예제 7-8-2〉를 통해서 그 이유를 알아보자.

〈예제 7-8-1〉 현금흐름과 매출원가—재고상품이 증가한 경우

한밭상사는 프린터를 판매하고 있다. 모든 상품판매와 상품매입은 현금으로 이루어진다. 사업을 시작한 20×1년 한 해 동안에 회사는 프린터 100대를 대당 8만원에 매입하여 90대를 개당 12만원에 판매하였다. 10대는 재고로 남아 있다. 다른 비용이 없다면 한밭상사의 20×1년 현금유출과 매출원가 그리고 영업현금흐름과 당기순이익은 다음과 같다.

(단위 : 만원)

- 영업현금흐름
  (1) 현금유입 : 90대 × 12 = 1,080
  (2) 현금유출 : 100대 × 8 = 800
  (3) 영업현금흐름 : (1) − (2) = 280

- 순이익
  (1) 매 출 액 : 90대 × 12 = 1,080
  (2) 매출원가 : 90대 × 8 = 720
  (3) 당기순이익 : (1) − (2) = 360

- 현금유출과 매출원가의 차이 : 800 − 720 = 80 또는 재고상품의 증가 (80)

- 영업현금흐름과 당기순이익의 차이 : 280 − 360 = −80 또는 재고상품의 증가(−80)

〈예제 7-8-1〉에서 현금유출은 매출원가보다 80만원만큼 많다. 그 이유는 매출원가에는 판매된 상품 90개의 원가가 포함되고 현금유출에는 (판매된 상품 90개에 추가로 재고상품 10개를 합한) 100개의 원가가 포함되기 때문이다. 이 예제와 같이 재고상품이 증가하면 현금유출이 매출원가보다 많다. 현금유출이 많으면 반대로 영업현금흐름은 적다. 따라서 영업현금흐름이 당기순이익보다 적다. 과대한 재고자산이 기업의 자금사정에 압박요인이 된다는 것은 이와 같이 재고자산의 증가가 현금흐름에 부정적인 영향을 미치기 때문이다.

반대로 당기에 매입한 상품을 다 팔고 기초재고상품을 추가로 더 팔아 재고상품이 감소하면 현금유출이 매출원가보다 적다. 현금유출이 적으면 반대로 영업현금흐름이 많다. 따라서 영업현금흐름이 당기순이익보다 많다. 재고자산을 효율적으로 관리하여 재고상품이 감소하게 되면 기업의 자금사정이 호전될 수 있는 것도 이러한 이유에서이다.

〈예제 7-8-2〉 현금흐름과 매출원가─매입채무가 증가한 경우

〈예제 7-8-1〉과 모든 것이 같다. 단지 다음 항목만 다르다 : 1) 매입한 상품 전부가 판매되어 연말재고상품이 없고 2) 매입이 전부 외상으로 이루어졌으며 연말에 매입채무가 20만원이 있다. 매출원가와 현금유출의 차이 그리고 당기순이익과 영업현금흐름의 차이는 다음과 같다.

(단위 : 만원)

■ 영업현금흐름
  (1) 현금유입 : 100대 × 12 = 1,200
  (2) 현금유출 : 100대 × 8 − 20 = 780
  (3) 영업현금흐름 : (1) − (2) = 420

■ 당기순이익
  (1) 매 출 액 : 100대 × 12 = 1,200
  (2) 매출원가 : 100대 × 8 = 800
  (3) 당기순이익 : (1) − (2) = 400

- 현금유출과 매출원가의 차이 : 780 − 800 = −20 또는 매입채무의 증가 (−20)

- 영업현금흐름과 당기순이익의 차이 : 420 − 400 = 20 또는 매입채무의 증가(20)

〈예제 7-8-2〉에서 현금유출은 매출원가보다 매입채무 20만원만큼 적다. 그 이유는 매출원가에는 판매된 상품 100개의 원가 800만원이 포함되고 현금유출에는 800만원에서 매입채무 20만원을 차감한 780만원이 포함되기 때문이다. 이렇게 매입채무가 증가하면 현금유출이 매출원가보다 적다. 현금유출이 적으면 반대로 영업현금흐름은 많다. 따라서 영업현금흐름이 당기순이익보다 많다. 매입채무를 '거래처가 제공하는 운전자금'이라고 하는 것은 이와 같이 매입채무의 증가가 현금흐름에 긍정적인 영향을 미치기 때문이다.

반대로 당기의 외상매입대금이 전부 지급되고 기초매입채무가 추가로 지급되면 현금유출이 매출원가보다 많다. 현금유출이 많으면 상대적으로 영업현금흐름이 적다. 따라서 영업현금흐름이 당기순이익보다 적다. 매입채무를 조기상환하여 매입채무를 감소시키려면 기업의 자금이 많이 필요하다는 것은 이러한 이유에서이다.

재고상품의 증감과 매입채무의 증감이 현금흐름에 미치는 영향은 아래의 〈표 7-31〉과 같이 정리될 수 있다.

〈표 7-31〉 재고상품의 증감과 매입채무의 증감이 현금흐름에 미치는 영향

(1) 재고상품이 증가한 경우 :
　　매출원가 + 재고상품의 증가 = 현금유출
　　당기순이익 − 재고상품의 증가 = 영업현금흐름

(2) 재고상품이 감소한 경우 :
　　매출원가 − 재고상품의 감소 = 현금유출
　　당기순이익 + 재고상품의 감소 = 영업현금흐름

(3) 매입채무가 증가한 경우 :

매출원가 - 매입채무의 증가 = 현금유출

당기순이익 + 매입채무의 증가 = 영업현금흐름

(4) 매입채무가 감소한 경우 :

매출원가 + 매입채무의 감소 = 현금유출

당기순이익 - 매입채무의 감소 = 영업현금흐름

위의 수식은 재고상품의 증가가 매출원가보다 많은 현금유출을, 그리고 당기순이익보다 적은 영업현금흐름을 초래하는 것을 보여주고 있다. 매입채무의 증가는 매출원가보다 적은 현금유출을, 그리고 당기순이익보다 많은 영업현금흐름을 초래한다. 재고상품과 매입채무가 감소하는 경우에는 이들 항목이 증가할 때와 정반대의 영향을 현금흐름에 미친다.

앞의 제5장에서는 당기순이익과 영업현금흐름이 차이가 나는 이유를 네 가지 유형으로 분류하여 검토한 바 있다. 같은 주제를 여기에서는 개념적으로 설명하였으며 현금흐름표 작성법이 제시되는 제11장에서는 복식부기 논리를 이용하여 재검할 것이다.

제8절

관련재무비율

재고상품과 매입채무와 관련된 재무비율은 기업의 활동성을 평가하는 재고자산회전율과 재고자산판매기간, 매입채무회전율과 매입채무상환기간, 그리고 영업주기와 현금영업주기이다.

8.1 활동성 평가 재무비율

(1) 재고자산회전율

기업은 얼마나 많은 재고를 가져야 하는가? 고객의 수요를 충당하기에 충분한 재고만을 유지하면 된다. 과도한 재고를 가지게 되면 재고를 보관하는 비용, 재고 구입을 위해 조달한 차입금에 대한 금융비용, 상품의 진부화(구식화) 비용을 감수해야 한다. 또한 제7절에서 살펴본 것과 같이 과도한 재고는 기업의 자금사정도 악화시킨다. 기업이 재고자산을 적절히 보유하여 효율적으로 활용하고 있는지를 알아보는 지표로 재고자산회전율이 이용된다. 재고자산회전율은 다음과 같이 계산된다.

$$\text{재고자산회전율} = \frac{\text{매출원가}}{\text{평균재고자산}} = \frac{\text{매출원가}}{(\text{기초재고자산} + \text{기말재고자산})/2}$$

재고자산회전율은 1년 동안 재고자산이 몇 번이나 판매되었는지를 측정한다. 재고자산회전율이 높을수록 재고자산을 효율적으로 활용하고 있다고 할 수 있다.

(대한백화점의 비율)

$$20×2년 : \frac{2,300억}{(230억 + 430억)/2} = 6.97회$$

$$20×1년 : \frac{1,180억}{230억} = 5.13회^*$$

* 설립연도인 20×1년에는 기초재고상품이 없어서 기말재고상품이 분모로 사용되었음. 실무에서는 편의상 기말재고상품이 분모로 사용되기도 함

대한백화점의 재고자산회전율은 20×1년에는 5.13회이었다. 20×2년에는 6.97회이어서 재고자산이 전년도보다 효율적으로 관리되고 있음을 알 수 있다.

(2) 재고자산판매기간

재고자산판매기간은 아래와 같이 365일을 재고자산회전율로 나누어 계산된다. 만일, 재고자산회전율이 10이라면 1년 동안 재고가 평균 10번 판매되었다는 것을 의미한다. 이는 달리 표현하면 재고를 매입한 후부터 판매되기까지의 기간, 즉 평균 재고자산판매기간이 약 37일(365/10)이라는 것이다.

$$재고자산판매기간 = \frac{365일}{재고자산회전율}$$

(대한백화점의 비율)

$$20×2년 : \frac{365일}{6.97} = 52.37일$$

$$20×1년 : \frac{365일}{5.13} = 71.15일$$

대한백화점의 재고자산판매기간은 20×1년 71.15일에서 20×2년에 52.37일로 크게 단축되었음을 알 수 있다. 이와 같이 재고자산의 판매기간이 단축되면 기업의 재고자산에 매어 있는 자금이 줄어들게 된다.

(3) 매입채무회전율

앞서 설명한 것과 같이 매입채무의 상환을 연기하면 기업의 자금사정이 좋아질 수 있다. 매입채무회전율은 기업이 외상매입대금을 1년에 평균 몇 회 지급하였는지를 나타낸다. 이는 다음과 같이 계산된다.

$$\text{매입채무회전율} = \frac{\text{매입액*}}{\text{평균매입채무}} = \frac{\text{매입액*}}{(\text{기초매입채무} + \text{기말매입채무})/2}$$

* 실무에서는 편의상 매입액 대신 매출원가가 사용되기도 함. 매입액 = 매출원가 + 재고자산의 증가

이 비율이 높을수록 기업의 현금사정은 악화될 가능성이 있다.

(대한백화점의 비율)

$$20\times2\text{년} : \frac{2,300억 + (430억 - 230억)}{(180억 + 420억)/2} = 8.33회$$

$$20\times1\text{년} : \frac{1,180억 + 230억}{180억} = 7.83회*$$

* 설립연도인 20×1년에는 기초매입채무가 없어서 기말매입채무가 분모로 사용되었음. 실무에서는 편의상 기말매입채무가 분모로 사용되기도 함

대한백화점의 매입채무회전율은 20×1년에 7.83회에서 20×2년에 8.33회로 약간 상승하였다.

(4) 매입채무상환기간

매입채무상환기간은 다음과 같이 계산된다.

$$\text{매입채무상환기간} = \frac{365일}{\text{매입채무회전율}}$$

만일 매입채무회전율이 12회라면 1년에 매입채무를 평균 12번 상환했다는 의미이며, 또한 상품을 외상으로 매입한 후에 평균 약 30일(365/12)이 지나서 매입채무를 갚는다는 의미이다. 즉, 평균 매입채무상환기간이 30일이라는 의미이다.

(대한백화점의 비율)

$$20×2년 : \frac{365일}{8.33} = 43.82일$$

$$20×1년 : \frac{365일}{7.83} = 46.62일$$

대한백화점의 매입채무상환기간은 20×1년에 46.62일에서 20×2년에 43.82일로 약간 단축되었다.

(5) 영업주기

영업주기(operating cycle)는 상품재고자산을 매입한 후부터 외상으로 판매하고 매출채권을 회수하는 데까지 걸리는 기간을 말한다. 이는 아래와 같이 재고자산판매기간과 제6장에서 설명된 매출채권회수기간을 합하여 계산된다.

영업주기 = 매출채권회수기간 + 재고자산판매기간

(대한백화점의 비율)

20×2년 : 21.22* + 52.37 = 73.59일
20×1년 : 33.18* + 71.15 = 104.33일
* 매출채권회수기간은 제6장 제4절을 참조

대한백화점의 영업주기는 20×1년 104.33일에서 20×2년 73.59일로 크게 감소되었다.

(6) 현금영업주기

현금영업주기(cash operating cycle)란 상품 매입에 따른 현금지출 시점에서부터 상품매출에 의한 현금수취 시점까지의 기간으로 정의된다. 현금영업주기는 다음과 같이 계산된다.

> 현금영업주기 = 매출채권회수기간 + 재고자산판매기간 - 매입채무상환기간

만일 재고자산을 외상으로 매입하였다면 매입채무가 지급될 때까지 현금지출이 일어나지 않는다. 따라서 사실상 상품을 매입하느라 돈을 쓰는 때부터 상품을 판매하여 현금이 되돌아오는 때까지의 기간은 위에서 검토한 영업주기에서 매입채무상환기간을 차감한 기간이 된다. 이를 현금영업주기라고 한다. 이 현금영업주기 동안에 기업은 필요한 운전자금을 조달해야 한다. 따라서 기업이 현금영업주기를 줄이면 줄일수록 필요 운전자금은 줄어든다. 현금영업주기를 줄이려면 재고자산판매기간이나 매출채권회수기간을 줄이거나 매입채무상환기간을 늘여야 한다.

실무에서는 기업이 금융기관에 운전자금대출을 신청할 때, 현금영업주기에 일평균 매출액을 곱하여 운전자금을 계산한다. (기업이 보수적으로 충분한 운전자금을 확보하려는 경우에는 현금영업주기 대신 영업주기를 일평균매출액에 곱하여 운전자금을 계산하기도 함)

(대한백화점의 비율)

> 20×2년 : 21.22 + 52.37 - 43.82 = 29.77일
> 20×1년 : 33.18 + 71.15 - 46.62 = 57.71일

대한백화점의 현금영업주기는 20×1년 57.71일에서 20×2년 29.77일로 크게 감소하였음을 알 수 있다. 이와 같이 현금영업주기가 단축되면 기업은 운전자금에 대한 수요가 감소하여 자금부담을 덜 수 있게 된다.

■ 참고 : 본 장에서 검토된 재무비율은 본서의 마지막 부분에 수록되어 있는 부록 2 〈표 B-1〉 '주요 재무비율'에 요약되어 있음

K-IFRS 참조 (http://www.kasb.or.kr)

[1] 기업회계기준서 제1001호 '재무제표 표시', 문단 99.

[2] 기업회계기준서 제1008호 '회계정책, 회계추정의 변경 및 오류', 문단 42, 49.

[3] 기업회계기준서 제1002호 '재고자산', 문단 23, 25.

[4] '상게서', 문단 25.

[5] '상게서', 문단 27.

[6] '상게서', 문단 BC9, 10, 11, 12, 13.

[7] '상게서', 문단 22.

[8] '상게서', 문단 16(1).

[9] '상게서', 문단 34, 36(5), (6), (7).

주 요 용 어

개별법(specific identification method) : 실제재고자산의 흐름에 따라 얼마에 사온 것이 팔리고 얼마에 사온 것이 재고자산으로 남아 있는지를 식별하여 매출원가를 계산하고 재고자산을 평가하는 방법 (p.326)

계속기록법(perpetual inventory system) : 1) 상품이 매입되었을 때 매입금액을 상품계정 차변에 기록하고, 2) 상품이 판매되었을 때 매출원가를 매출원가 계정 차변에 기록하고 상품계정 대변에 기록하는 재고자산기록시스템 (p.308)

매입채무(trade payables) : 상품의 외상매입에 의한 채무로서 미래에 현금을 지급해야 할 의무를 뜻하며 외상매입금과 지급어음으로 구성됨 (p.306)

매출원가(cost of goods sold) : 당기에 팔린 상품의 취득원가로 매출수익을 얻기 위해 발생한 비용임 (p.308)

매출총이익률법(gross profit method) : 우선 과거의 매출총이익률을 적용하여 당기의 매출원가를 추정하고, 그 다음 이 금액을 당기 판매가능상품원가에서 차감하여 기말재고상품금액을 추정하는 방법 (p.333)

목적지인도기준(FOB destination) : 재고상품이 매입자에게 도착될 때 소유권이 이전되는 판매조건 (p.307)

선입선출(FIFO: first-in first-out) : 먼저 매입된 상품이 먼저 판매된다는 가정 하에 교환 가능한 재고상품을 평가하는 원가계산식 (p.327)

선적지인도기준(FOB shipping point) : 상품이 판매처에서 선적되는 시점에 소유권이 이 전되는 판매조건 (p.307)

소매재고법(retail inventory method) : 백화점 등의 소매기업에서 기말상품재고의 소매가 에 당기의 판매가능상품의 소매가에 대한 원가의 비율을 곱하여 기말상품재고의 원 가를 추정하는 방법 (p.335)

순실현가능가치(NRV: net realizable value) : 일정자산을 판매하여 얻을 수 있는 가치로 추정판매가격에서 추정판매비용을 차감한 금액 (p.339)

실사법(periodic inventory system) : 상품매입을 매입계정의 차변에 기록하고 매출원가는 기말에 재고상품을 실사하여 기말재고상품원가를 평가한 후 이를 판매가능상품원가 에서 차감하여 계산하는 재고자산기록시스템 (p.309)

외상매입금(accounts payable) : 상품의 순수 신용매입에 의하여 발생한 채무 중 현금지급 안된 부분 (p.306)

이동평균(moving average) : 상품을 팔 때마다 총평균원가계산식을 적용하여 교환가능한 재고상품을 평가하는 원가계산식 (p.330)

저가법[LCNRV : lower cost or NRV(net realizable value)] : 재고자산의 취득원가와 순실 현가치 중 낮은 가액으로 재고자산을 평가하는 방법 (p.339)

지급어음(notes payable) : 상품의 신용매입 대가로 발행한 어음증서 중 현금지급 안된 부분 (p.306)

총평균(total average) : 기초재고상품과 매입된 상품이 골고루 총평균단가에 판매된다는 가정 하에 교환가능한 재고상품을 평가하는 원가계산식으로서 영어로는 가중평균 (weighted average)이라고 함 (p.329)

후입선출(LIFO: last-in first-out) : 나중에 매입한 상품이 먼저 판매된다는 가정 하에 교 환가능한 재고상품을 평가하는 원가계산식 (p.327)

연습문제

1. 상품의 매입

한밭텔레콤은 20×1년 12월 5일에 설립되었으며 스마트폰 부품을 수입·판매하고 있다. 다음은 한밭텔레콤의 20×1년 12월의 상품매입 거래내역이다.

---

① 12월 8일 : 국내 부품제조업자로부터 부품 X 500개를 단가 1만원에 현금 매입하였다.

② 12월 12일 : 국내 부품제조업자로부터 부품 Y 500개를 단가 2만원에 현금 매입하였다.

③ 12월 20일 : 부품 Z 400개를 단가 5만원에 선적지인도기준에 의해 수입하였다.(이 부품의 선적일은 20×1년 12월 23일이며, 실제 회사도착일은 20×2년 1월 5일임)

④ 12월 25일 : 부품 W 500개를 단가 8만원에 목적지인도기준에 의해 수입하였다.(이 부품의 선적일은 20×1년 12월 29일이며, 실제 회사도착일은 20×2년 1월 10일임)

《물음》 한밭텔레콤의 12월 한 달 동안의 상품매입액을 계산하라.

2. 상품 매입과 매출의 기록─계속기록법과 실사법

다음은 마포상사의 20×1년 1월 한 달 동안 상품매입과 판매에 관한 자료이다. 모든 매입과 매출거래는 현금으로 이루어졌다. 매입단가는 20원이고 개당 판매가격은 40원이다. 기초재고상품은 없었다. 1월 31일 재고상품을 실사한 결과 기말재고상품은 40개이었다.

날짜	매입수량	판매수량
1월 8일	20	
1월 12일	40	
1월 15일		30
1월 20일	60	
1월 28일		50

《물음》

(1) 계속기록법을 사용하는 경우 상품매입과 상품매출을 기록하기 위한 분개를 작성하라.

(2) 실사법을 사용하는 경우 상품매입과 상품매출을 기록하기 위한 분개를 작성하라.

3. 재고상품, 매입과 매출원가

대전상사의 20×1년 매출원가는 3,650억원, 상품매입액이 3,430억원, 매입운임이 250억원, 매입환출과 에누리가 110억원, 그리고 기말재고상품의 12월 31일 실사금액은 490억원이었다.

《물음》

(1) 대전상사의 20×1년 상품의 매입운임포함 순매입액은 얼마인가?
(2) 대전상사의 기초재고상품은 얼마인가?

4. 재고자산 오류수정

다음은 SS 백화점의 재고자산오류이다. 법인세율은 30%이며 당해연도 법인세비용은 전액 다음연도에 지급된다. 제시된 재고자산오류는 상호 독립적이며 오류수정은 세무회계에서도 수익과 비용으로 인정된다.

재고자산오류

	발생연도	기말재고상품평가오류
1.	20×3(당해연도)	100억원 과대평가
2.	20×2	200억원 과대평가
3.	20×1	300억원 과소평가

41. 수정분개

《물음》 각 재고자산오류별로 다음 물음에 답하라.

(1) 손익계산서 계정이 마감되지 않은 경우 오류를 수정하기 위한 수정분개를 작성하라. 회사는 매출원가계정을 사용하고 있다.

(2) 손익계산서 계정이 마감된 경우 오류를 수정하기 위한 수정분개를 작성하라.

4-2. * 비교재무제표의 재작성

다음은 SS 백화점의 20×3년과 20×2년 비교손익계산서와 비교부분자본변동표와 20×3년 말과 20×2년 말의 비교부분재무상태표이다. 영업비용, 기타수익, 기타비용, 그리고 배당금은 없다.

손익계산서

SS 백화점 (단위 : 억원)

과 목	20×3년		20×2년	
매출액		4,300		3,500
기초상품	1,800		1,500	
매입	2,400		2,000	
판매가능가상품	4,200		3,500	
기말상품	(−)2,000		(−)1,800	
매출원가		(−)2,200		(−)1,700
법인세비용차감전순이익		2,100		1,800
법인세비용		(−)630		(−)540
당기순이익		1,470		1,260

부분자본변동표

SS 백화점 (단위 : 억원)

과 목	20×3년	20×2년
기초이익잉여금	2,260	1,000
당기순이익	1,470	1,260
기말이익잉여금	3,730	2,260

부분재무상태표

SS 백화점 (단위 : 억원)

과 목	20×3년 12월 31일	20×2년 12월 31일
상품	2,000	1,800
미지급법인세	630	540
이익잉여금	3,730	2,260

《물음》 각 재고자산오류별로 다음의 비교재무제표를 재작성하라.

(1) 손익계산서

(2) 이익잉여금이 변동을 보여주는 부분자본변동표

(3) 상품, 미지급법인세, 이익잉여금을 보여주는 부분재무상태표

 * 난이도가 높음

5. 재고자산원가계산식-실사법

다음은 강촌상사의 20×1년 7월 상품 X에 관한 자료이다. 회사는 실사법을 사용하고 있
으며 7월 말 재고상품 실사에 의해 파악된 기말재고는 250개이었다.

(단위 : 원)

항 목	수 량(개)	단 가	금 액
기초재고	200	5	1,000
7월 13일 매입	400	6	2,400
7월 25일 매입	500	7	3,500
합 계	1,100		6,900

《물음》

(1) 다음의 원가계산식에 의하여 기말재고와 매출원가를 계산하라.

   1) 선입선출   2) 후입선출

   3) 총평균

(2) 어떤 원가계산식이 가장 큰 매출원가를 보고하는가? 그 이유는?

6. 재고자산원가계산식-실사법과 계속기록법

다음은 현암마트의 20×1년 10월 상품 Y의 거래내역이다. 10월 말 재고상품실사에 의
해 파악된 기말재고는 250개이었다.

(단위 : 원)

날 짜	매 입			매 출		
	수 량(개)	단 가	금 액	수 량(개)	단 가	금 액
기초 재고	200	10	2,000			
10월 5일	300	15	4,500			
10월 10일				350	30	10,500
10월 15일	200	20	4,000			
10월 20일				100	30	3,000
10월 25일	200	22	4,400			
10월 30일				200	30	6,000
합 계	900		14,900	650		19,500

《물음》 다음의 경우 20×1년 10월 매출총이익을 계산하라.

(1) 선입선출으로 재고자산을 평가할 때
    1) 실사법의 경우
    2) 계속기록법의 경우
(2) 후입선출으로 재고자산을 평가할 때
    1) 실사법의 경우
    2) 계속기록법의 경우
(3) 총평균으로 재고자산을 평가할 때
(4) 이동평균으로 재고자산을 평가할 때

7. 선입선출과 후입선출

다음은 가나전자와 다미전자의 기초, 기말 재고상품과 매출총이익을 선입선출과 후입선출 각각을 적용하여 산정한 것이다.

(단위 : 억원)

	기초재고자산		기말재고자산		매출총이익	
	선입선출	후입선출	선입선출	후입선출	선입선출	후입선출
가나전자	240	200	280	200	180	①
다미전자	290	260	190	130	②	240

《물음》 위의 표의 ①과 ②를 계산하라.

8. 매출총이익률법

K-Mart는 소규모 소매기업이다. 회사의 경영자는 20×1년 1/4분기 말의 상품재고가 얼마나 되는지를 알고 싶어 한다. 다음은 20×1년 1/4분기 자료이다.

(단위 : 억원)

항 목	금 액
기초재고상품	160
매 입	420
매 입 운 임	40
매 출	1,060
매 출 환 입	60

《물음》 매출총이익률법을 적용하여 20×1년 1/4분기 말의 재고상품을 추정하라. 과거 3년간의 순매출액에 대한 매출총이익률은 20%이다.

9. 소매재고법

대신문고는 문구류를 판매하는 소매기업이다. 다음은 대신문고의 20×1년 자료이다.

(단위 : 억원)

항 목	원 가	소 매 가
기초재고상품	60	80
매 입	300	420
매 가 인 하		20
매 출		360
기말재고상품		120

《물음》

(1) 판매가능상품의 원가와 소매가 비율(원가율)을 계산하라.

(2) 위의 (1)에서 계산된 비율을 이용하여 기말재고상품의 원가를 추정하라.

10. 감모손실

(주)대한식품의 20×1년 기초재고상품은 200개(9,000원)이며 당기매입은 2,000개 (100,000원)이다. 20×1년 12월 31일에 계속기록에 의한 장부상의 재고상품은 정상적인 감모손실 감안 후 300개이다. 그러나 20×2년 말의 재고자산실사 결과 파악된 기말재고 상품은 270개이다. 기말재고상품에 적용할 단가는 50원이다.

《물음》 재고자산감모손실을 기록하기 위한 분개를 작성하라.

11. 평가손실

(주)한밭패션은 패션여성의류를 매매하고 있다. 선입선출법과 실사법에 의해 결정된 20×1년 말 재고상품의 원가는 880만원(20벌 × 44만원)이다. 회사의 경영진은 패션변화 에 따라 재고상품 1벌당 판매가격을 60만원에서 40만원으로 하향조정하여야 이 재고상 품이 판매될 수 있을 것으로 예측하였다. 재고상품 1벌당 추정판매비용은 5만원이다.

《물음》 재고상품의 판매가 하락에 따른 평가손실을 기록하기 위한 분개를 작성하라.

12. 재고자산회전율과 재고자산판매기간

다음은 X-Mart의 20×1년, 20×2년 그리고 20×3년 자료이다.

(단위 : 억원)

항 목	20×1	20×2	20×3
기 초 재 고 상 품	400	600	800
기 말 재 고 상 품	600	800	1,000
매 출 원 가	1,700	2,240	2,400
매 출 액	2,400	3,200	3,800

《물음》 각 연도별로 다음을 계산하라.
 (1) 재고자산회전율
 (2) 재고자산판매기간

13. **재고자산회전율과 재고자산판매기간, 매입채무회전율과 매입채무상환기간**

다음은 서강문고의 20×1년 자료이다.

(단위 : 억원)

항 목	금 액	항 목	금 액
기초재고상품	50	기초매입채무	40
기말재고상품	60	기말매입채무	50
매 입	150		

《물음》 다음을 계산하라.

(1) 매출원가   (2) 재고자산회전율   (3) 재고자산판매기간

(4) 매입채무회전율   (5) 매입채무상환기간

14. **영업주기와 현금영업주기**

다음은 20×1년 1월 1일에 설립한 천안상사의 20×1년 재무제표에서 수집한 자료이다.

(단위 : 억원)

과 목	금 액	과 목	금 액
매 출	2,000	매 출 원 가	1,200
매 입	1,800	매 출 채 권	100
상 품	120	매 입 채 무	150

《물음》 다음을 계산하라. (평균금액 대신 기말잔액을 이용할 것)

(1) 매출채권회수기간   (2) 매입채무상환기간   (3) 재고자산판매기간

(4) 영업주기   (5) 현금영업주기

8

투자활동－비유동자산

제8장 개요

본 장에서는 유형자산과 무형자산을 어떻게 기록하여 재무제표에 어떻게 보고하는지를 설명한다. 구체적으로 유형자산의 취득원가를 어떻게 결정하는지 ; 유형자산에 포함되는 설비자산의 감가상각방법에는 어떤 것이 있는지 ; 설비자산의 수리유지, 유형자산의 처분, 유형자산의 손상을 어떻게 회계처리하는지를 설명한다. 무형자산의 특성과 유형도 여기서 간략하게 검토한다. 마지막으로 비유동자산 회계정보의 활용방안을 설명한다.

대한백화점의 사례

재 무 상 태 표(주석 2ⓐ)

20×2년 12월 31일 현재
20×1년 12월 31일 현재

대한백화점 (단위 : 억원)

과 목	20×2년 12월 31일		20×1년 12월 31일	
자산				
유동자산				
현금 및 현금성자산(주석 4)		450		410
매출채권(주석 3ⓑ)	300		200	
대손충당금(주석 3ⓑ, 5)	(−)40	260	(−)20	180
재고자산 :				
상품(주석 3ⓒ)		430		230
유동자산 합계		1,140		820
비유동자산				
공가기포익금융자산(주석 3ⓓ, 6)		130		100
관계기업투자(주석 3ⓔ, 7)		240		−
유형자산(주석 8) :				
토지(주석 3ⓕ)		960		900
설비자산(주석 3ⓕ, 16)	3,100		1,600	
감가상각누계액(주석 3ⓕ)	(−)130	2,970	(−)30	1,570
무형자산(주석 3ⓖ) :				
산업재산권(주석 8)		90		−
비유동자산 합계		4,390		2,570
자산 총계		5,530		3,390
부채				
유동부채				
매입채무		420		180
미지급이자		50		40
미지급급여		20		30
미지급법인세		140		50
원가금융부채(주석 3ⓘ) :		380		480
단기차입금(주석 9ⓐ)	100		300	
유동성장기차입금(주석 9ⓑ)	280		180	
충당부채 :				
환불충당부채(주석 3ⓗ, 11)		30		20
유동부채 합계		1,040		800
비유동부채				
원가금융부채(주석 3ⓘ) :		1,260		1,120
장기차입금(주석 9ⓑ)	840		720	
상각후원가금융부채(주석 3ⓙ)				
사채(주석 10)	420		400	
비유동부채 합계		1,260		1,120
부채 총계		2,300		1,920

자본				
자본금				
보통주(주석 13, 16)		1,500		1,000
자본잉여금				
보통주(주석 16)		600		100
기타포괄손익누계액		200		110
공가기포익금융자산평가이익누계액*(주석 3ⓓ, 6)	40		10	
토지재평가잉여금(주석 3ⓕ, 8)	160		100	
이익잉여금(주석 3ⓙ, 15)		930		260
자본 총계		3,230		1,470
부채 및 자본 총계		5,530		3,390

* 공가기포익 : 공정가치측정 기타포괄손익인식

포괄손익계산서(주석 2ⓑ)

20×2년 1월 1일부터 20×2년 12월 31일까지
대한백화점   20×1년 1월 1일부터 20×1년 12월 31일까지   (단위 : 억원)

과　목		20×2년		20×1년
매출액(주석 3ⓐ)		4,300		2,200
매출원가		(−)2,300		(−)1,180
매출총이익		2,000		1,020
영업비용		(−)850		(−)500
급여비용	(−)430		(−)260	
대손상각비(주석 3ⓑ)	(−)40		(−)20	
감가상각비(주석 3ⓕ)	(−)100		(−)30	
임차비용	(−)240		(−)120	
기타영업비용	(−)40		(−)70	
영업이익		1,150		520
기타수익		60		−
지분법이익(주석 7)	60		−	
기타비용		(−)190		(−)140
금융비용(주석 2ⓑ) :				
이자비용	(−)190		(−)130	
유형자산처분손실(주석 8)	−		(−)10	
법인세비용차감전순이익		1,020		380
법인세비용		(−)300		(−)120
당기순이익		720		260
기타포괄손익		90		110
당기손익으로 재분류되지 않는 항목 :				
토지재평가차익(주석 3ⓕ, 8)	60		100	
후속적으로 당기손익으로 재분류될 수 있는 항목 :				
공가기포익금융자산평가이익(주석 3ⓓ, 6)	30		10	
총포괄이익		810		370
주당이익(주석 12)		2,880원		1,733원

《주석사항》

3. 중요한 회계처리 방침

⑥ 유형자산의 취득원가, 감가상각방법 및 재평가

(1) 설비자산은 건물과 구축물로 구성되어 있으며 취득원가에서 감가상각누계액을 차감하는 식으로 표시된다. 취득원가는 자산의 취득에 직접적으로 관련된 지출을 포함한다. 설비자산은 정액법에 의하여 상각된다. 건물의 내용연수는 40년, 구축물의 내용연수는 10년, 이들 자산의 잔존가치는 없는 것으로 추정되었다. 회사는 매년 말 감가상각비가 자산의 실질적인 가치 감소분을 반영하는지 확인한다. 만일 반영하지 않는 경우 감가상각방법, 내용연수, 그리고 잔존가치를 변경한다.

(2) 자산의 내용연수를 연장시키거나 자산의 효율성을 실질적으로 증가시키는 대규모 수선비와 같은 자본적 지출은 당해 자산의 원가에 가산된다. 단지 원상을 회복시키거나 현상 유지를 위한 수리유지비와 같은 수익적 지출은 당기 비용으로 처리된다. 자산의 처분손익은 처분대가와 자산의 장부금액의 차이이며, 포괄손익계산서에 기타수익 또는 기타비용으로 보고된다.

⑧ 무형자산의 상각

무형자산은 산업재산권(특허권)으로 구성되어 있다. 산업재산권은 추정잔존가치가 없이 추정내용연수 10년에 걸쳐 정액법으로 상각된다.

8. 유·무형자산의 취득 및 처분

연도별 유형·무형자산의 취득과 처분 내역은 다음과 같다.

(단위 : 억원)

항 목		토지	설비자산	무형자산
20×1년	기 초 금 액	–	–	–
	현 금 취 득	1,200	1,000	–
	주식발행취득	–	600	–
	처 분	(–)400*	–	–
	재 평 가 차 익	100	–	–
	기 말 금 액	900	1,600	–
20×2년	현 금 취 득	–	1,500	90**
	재 평 가 차 익	60	–	–
	기 말 금 액	960	3,100	90

* 처분대가는 390억원이었음
** 20×2년 말에 취득한 산업재산권(특허권)

사례 재무제표의 해설

■ 참고 : 위첨자 숫자는 당해 주제가 설명된 본문 쪽번호임

본 장과 관련된 재무상태표의 계정과목은 비유동자산 중 유형자산으로 분류된 토지와 설비자산, 설비자산에 대한 감가상각누계액, 그리고 무형자산으로 분류된 산업재산권을 포함한다. 그리고 포괄손익계산서의 계정과목은 감가상각비, 유형자산처분손실을 포함한다. 20×2년 말 현재 대한백화점은 비유동자산으로 토지 960억원, 설비자산 2,970억원, 산업재산권 90억원을 보고하였다. 설비자산은 취득원가[367] 3,100억원에서 감가상각누계액 130억원을 차감하여 표시되었다.[376] 주석 3ⓕ(2)에 의하면 회사는 자본적 지출은 당해자산의 원가로 기록하고 수익적 지출은 당기비용으로 처리한다.[380] 주석 8에 의하면 무형자산으로 보고된 산업재산권[386]은 20×2년 말에 취득한 특허권이다. 이는 연말에 취득되었기 때문에 무형자산상각비[385]는 없었다.

포괄손익계산서에는 20×2년에 감가상각비[371] 100억원이 영업비용으로 보고되었다. 주석 3ⓕ(1)에 의하면 이 감가상각비는 건물과 구축물 등의 설비자산에 대한 것이었다. 이들 자산은 잔존가치[371]는 없고, 건물과 구축물의 내용연수[371]는 각각 40년과 10년으로 추정되었다. 이들 자산은 정액법[372]으로 감가상각되었다. 회사는 매년 말 감가상각비가 자산의 실질적 가치의 감소분을 반영하는지를 점검한다. 만일 반영하지 않는 경우 감가상각방법과 내용연수 및 잔존가치를 검토·변경한다. 20×1년 포괄손익계산서에는 유형자산처분손실[382] 10억원을 보고하였다. 주석 8에 의하면 이는 회사가 취득원가 400억원인 토지를 390억원에 처분하여 발생하였다.

제1절

유형자산 취득원가

1.1 유형자산 취득원가의 결정

유형자산도 다른 자산과 마찬가지로 취득원가로 기록된다. 유형자산의 취득원가는 자산을 취득하고 그 자산을 의도한 목적에 사용할 수 있는 적절한 위치 및 상태에 이르기까지 발생한 일체의 지출을 포함한다. 따라서 취득원가는 유형자산을 취득할 때 지급한 매입금액 이외에 토지나 건물의 경우는 취득세와 등록세, 기계장치의 경우는 운반비, 설치비, 시운전비와 같은 부대지출을 포함한다. 다음의 〈예제 8-1〉과 〈예제 8-2〉를 통해 취득원가의 개념을 살펴본다.

〈예제 8-1〉 유형자산의 취득원가 - 취득세, 등록세

A 회사는 20×1년 1월 1일에 토지를 1,000억원에 매입하였다. 구청에 납부한 취득세와 등록세가 토지매입가액의 5%이었다. 토지의 취득원가는 다음과 같이 계산된다.

매입가액	1,000억원
취득세와 등록세(1,000억 × 5%)	50억원
취득원가	1,050억원

〈예제 8-1〉에서 토지의 취득원가는 매입대금 1,000억원과 취득세와 등록세와 같은 부대지출 50억원을 합한 1,050억원이다.

〈예제 8-2〉 유형자산의 취득원가 ― 운반비, 설치비, 시운전비

　　B 회사는 20×1년 1월 1일에 반도체 검사장비 1대를 1,000억원에 매입하였다. 이 장비의 운반비, 설치비, 시험가동비가 각각 20억원, 30억원, 50억원이었다. 이 장비의 취득원가는 다음과 같이 계산된다.

매입가액	1,000억원
부대지출*	100억원
취득원가	1,100억원

* 운반비 + 설비치 + 시운전비 = 20억원 + 30억원 + 50억원 = 100억원

〈예제 8-2〉에서 설비자산으로 보고되어야 하는 반도체 검사장비의 취득원가는 1,100억원이다. 이는 매입대금 1,000억원과 운반비, 설치비, 시운전비와 같은 부대지출 100억원을 포함한 것이다.

1.2 일괄취득

　　일반적으로 건물을 취득할 경우에 건물과 토지를 함께 취득하고 일괄취득금액을 지급한다. 이 경우에 토지와 건물은 성격이 다를 뿐만 아니라 토지는 감가상각을 하지 않기 때문에 '토지 및 건물'로 함께 표시할 수 없다. 그렇다면 원가를 어떻게 토지와 건물 각각의 원가로 구분할 수 있을까? 공정시가를 기준으로 하여 총원가를 토지와 건물에 비례적으로 배분한다. 다음의 〈예제 8-3〉은 자산이 일괄취득되는 경우 취득원가가 어떻게 배분되는지를 보여준다.

〈예제 8-3〉 일괄취득원가의 배분

신일(주)는 20×2년 7월 1일에 사옥용 빌딩을 토지와 함께 300억원에 취득했다. 취득 당시 빌딩과 토지의 공정시가는 각각 240억원과 120억원이었다. 이 경우에 건물과 토지의 취득원가는 다음과 같다.

건물의 취득원가 : 300억 × [240억/(240억 + 120억)] = 200억원
토지의 취득원가 : 300억 × [120억/(240억 + 120억)] = 100억원

〈예제 8-3〉에서 건물의 취득원가는 200억원으로 계산된다. 이는 건물의 공정시가(240억원)와 토지의 공정시가(120억원)의 합계액인 360억원 중 건물의 공정시가가 차지하는 비율인 2/3(240억/360억)를 일괄취득금액인 300억원에 곱하여 계산된다. 그리고 토지의 취득원가는 토지 공정시가의 총 공정시가에 대한 비율인 1/3(120억/360억)을 일괄취득금액 300억원에 곱하여 100억원으로 계산된다.

〈박스 8-1〉 장기할부에 의한 취득

만일 A 회사가 기계 1대를 현금으로 매입할 경우는 300억원을 지불하여야 한다. 그러나 회사가 할부로 매입할 경우에는 매월 10억원씩 36개월간 총 360억원을 불입해야 한다. 장기할부매입의 경우 취득원가는 얼마인가? 기계를 매입할 당시 기계의 공정시가는 300억원이어서 회사는 300억원 상당의 자산을 취득한 것이 된다. 따라서 취득원가는 300억원이 되어야 한다. 그렇다면 할부로 매입할 경우에 36개월 동안 납부하는 총 금액 360억원 중 60억원은 어떻게 분류해야 할 것인가? 그것은 장기할부에 의하여 발생한 부채에 대한 이자부담액이다.

〈박스 8-2〉 금융원가의 자본화

회사는 유형자산을 자가건설하기도 한다. 건설중인 자산은 이들 자가건설 자산 중 아직 건설이 완료되지 않아 사용되지 않고 있는 자산이다. 건설중인 자산의 원가에는 건설기간 중에 발생하는 일체의 지출이 포함된다. 이자도 그러한 지출 중의 하나이다. 즉, 자산의 건설을 위해 차입을 하고 건설기간 중에 차입 이자를 지불하게 될 경우 그 이자는 취득원가에 포함되어야 한다. 이를 금융원가의 자본화라고 한다.

제2절

감가상각방법

  건물, 기계장치, 그리고 비품으로 구성된 설비자산을 영업활동에 사용하면 자산의 사용비용을 보고해야 한다. 설비자산을 사용하면 자산의 가치가 감소한다. 그런데 설비자산의 가치감소를 매년 측정하는 것은 기술적으로 어렵다. 따라서 설비자산의 취득원가를 사용가능기간(즉, 내용연수)에 걸쳐 체계적 방법으로 배분하여 감가상각비로 보고한다. 종합하면 감가상각비는 자산의 사용비용, 가치감소, 원가배분을 뜻하는 용어이다.

  설비자산의 감가상각방법은 정액법, 체감잔액법, 생산량비례법을 포함한다. 감가상각비를 계산하기 위해서는 세 가지 기본정보, 즉 설비자산의 취득원가와 추정내용연수, 그리고 추정잔존가치(내용연수 경과 후에 기대되는 가치)가 필요하다.

  K-IFRS[1]는 기업이 자산의 실제 경제적 가치의 감소분을 가장 잘 반영하는 감가상각방법을 선택하도록 요구하고 있다. 또한 매년 말 감가상각비가 경제적 실질을 반영하는지를 확인할 것을 요구하고 있다. 만일 그렇지 않은 경우 감가상각방법을 변경해야 한다. 나아가 추정내용연수와 추정잔존가치도 검토할 것을 요구하고 있으며 만일 이들 수치가 기대치와 다른 경우 수정해야 한다.

  다음 〈예제 8-4〉를 통해 정액법, 체감잔액법, 생산량비례법을 설명한다.

〈예제 8-4〉 감가상각방법

  B 반도체(주)는 20×1년 1월 1일 1,100억원에 반도체장비를 매입하였다. 이 장비의 내용연수는 10년, 그리고 잔존가치가 100억원으로 추정되었다. 반도체장비의 총 사용가능시간은 100,000시간이며, 20×1년과 20×2년의 장비사용시간은 각각 8,000시간과 12,000시간이다.

2.1 정액법

정액법(straight-line method)은 내용연수 동안 매 기간 감가상각비가 동일하게 계산되는 방법이다. 정액법에 의한 감가상각비는 다음과 같이 계산된다.

$$감가상각비 = \frac{취득원가 - 잔존가치}{내용연수}$$

〈예제 8-4〉에서 정액법에 의한 20×1년과 20×2년 각각의 감가상각비는 아래의 〈표 8-1〉과 같이 계산된다.

〈표 8-1〉 감가상각비—정액법

감가상각방법	20×1년	20×2년
정 액 법	(1,100억 −100억)/10 = 100억원	(1,100억 −100억)/10 = 100억원

정액법에 의하면 취득원가(1,100억원)에서 잔존가치(100억원)를 뺀 금액(1,000억원), 즉 감가상각대상금액이 내용연수(10년)로 나누어져 매년 동일한 금액(100억원)이 감가상각비로 계산된다.

2.2 체감잔액법

체감잔액법(diminishing balance method)은 매년 감소하는 기초장부금액에 일정률을 곱하여 감가상각비가 계산되는 방법이다. 체감잔액법의 대표적인 예는 정률법이다. 정률법과 거의 같은 패턴의 감가상각비를 얻을 수 있는 방법으로 이중체감법(체감잔액법임)과 연수합계법(체감잔액법은 아님)이 있다. 이 두 방법은 정률법보다 적용절차가 쉬워서 미국에서 상당수의 기업이 사용하고 있다. 여기에서는 정률법만을 검토하고 이중체감법과 연수합계법은 아래의 〈박스 8-3〉에서 소개한다.

정률법(fixed rate on diminishing balance method)에 의한 감가상각비는 다음과 같이 계산된다.

감가상각비 = 기초장부금액 × 정률*

* 정률은 다음과 같이 구한다:

$$정률 = 1 - \sqrt[n]{\frac{잔존가치}{취득원가}}$$

여기서 n은 내용연수이다.

정률법에 의한 감가상각비는 매년 초 장부금액에 일정 감가상각률을 곱하여 계산된다. 첫 해의 감가상각비는 첫 해의 기초장부금액인 취득원가에 정률을 곱하여 계산된다. 둘째 해의 감가상각비는 취득원가에서 전년도 감가상각비를 뺀 금액, 즉 둘째 해의 기초장부금액(또는 미상각잔액)에 정률을 곱하여 계산된다.

〈예제 8-4〉에서 정률법에 의해 각 연도별 감가상각비는 아래의 〈표 8-2〉와 같이 계산된다. 정률은 21%로 계산되었다고 가정한다.

〈표 8-2〉 감가상각비 − 정률법

감가상각방법	20×1년	20×2년
정 률 법	1,100억×21% = 231억원	(1,100억 − 231억)×21% ≒ 182억원

첫 해의 감가상각비(231억원)은 취득원가(1,100억원)에 정률(21%)를 곱하여 계산된다. 두 번째 해의 감가상각비(182억원)는 취득원가(1,100억원)에서 이미 감가상각된 금액(231억원)을 차감한 금액, 즉 기초장부금액(869억원)에 정률(21%)를 곱하여 계산된다. 이와 같이 정률법은 감소하는 기초장부금액에 일정률을 곱하여 감가상각비를 계산하기 때문에 감가상각비가 해가 지남에 따라 점점 감소하게 된다. 내용연수 마지막 연도 감가상각비는 장부금액을 잔존가치로 만드는 32억원이다.

<박스 8-3> 이중체감법과 연수합계법

정률법과 같이 감가상각비를 초기연도에는 많이 계산하고 후반부로 갈수록 점점 적게 계산하는 방법으로 이중체감법과 연수합계법이 있다. 이들 방법은 정률법의 정률을 계산하여 적용하는 것이 번거롭기 때문에 이에 대한 대안으로 개발된 방법이다.

먼저 이중체감법(double declining balance method)은 정률법과 같이 복잡한 수식에 의해 정률을 계산하지 않는 단순한 방법이다. 감가상각률은 정액법에 의한 상각률의 2배[10년의 경우는 1/10(또는 10%)에 2배를 하여 20%]이다.

연수합계법(sum-of-the-years'-digits method)에서는 다음과 같이 매년 감가상각비를 계산한다. 가령 내용연수가 10년일 경우, 1부터 내용연수인 10까지의 수를 합하여 분모로 하고 해마다 분자를 10부터 1까지의 순으로 하는 비율에 의하여 매년 감가상각비를 계산한다. 이 경우에 감가상각률의 분모는 55이다. 감가상각비를 각 연도별로 10/55, 9/55, …, 1/55의 비율을 취득원가에서 잔존가치를 차감한 감가상각대상금액에 곱하여 계산한다.

2.3 생산량비례법

생산량비례법(units of production method)은 자산의 총생산가능량에 대한 당해연도의 생산(또는 소비)량의 비율에 의해 감가상각비가 계산되는 방법이다. 이 방법에 의한 감가상각비는 다음과 같이 계산된다.

$$감가상각비 = (취득원가 - 잔존가치) \times \frac{당해연도\ 생산량}{총생산가능량}$$

<예제 8-4>에서 생산량비례법에 의한 각 연도별 감가상각비는 아래의 <표 8-3>과 같이 계산된다.

〈표 8-3〉 감가상각비－생산량비례법

감가상각방법	20×1년	20×2년
생산량 비례법	$(1,100억 - 100억) \times \dfrac{8,000}{100,000} = 80억원$	$(1,100억 - 100억) \times \dfrac{12,000}{100,000} = 120억원$

20×1년 감가상각비는 총사용가능시간 100,000시간 중 사용시간 8,000시간에 해당하는 80억원이다. 20×2년 감가상각비는 사용시간 12,000시간에 해당하는 120억원이다.

2.4 감가상각비의 기록

감가상각비는 직접법 또는 간접법으로 기록될 수 있다. 이 두 가지 방법의 차이는 설비자산계정에 대한 차감계정인 감가상각누계액계정의 사용 여부이다.

(1) 직접법

직접법은 감가상각비가 설비자산계정에 직접 기록되는 방법이다. 직접법에서는 〈예제 8-4〉의 정액법에 의한 20×1년 감가상각비 100억원이 다음과 같이 분개된다.

(단위 : 억원)

(차) 감가상각비	100	(대) 기계장치	100

이와 같이 직접법에서는 감가상각비가 설비자산계정에서 직접 차감되기 때문에 설비자산의 취득원가가 유지되지 않고 감가상각누계액이 기록되지 않는다.

(2) 간접법

간접법에서는 감가상각비를 설비자산계정에서 직접 차감하지 않는다. 그보다는 이를 간접적으로 감가상각누계액계정에 기록한다. 간접법에서는 앞의 〈예제 8-4〉의 정액법에 의한 20×1년 감가상각비 100억원이 다음과 같이 분개된다.

(단위 : 억원)

(차) 감가상각비	100	(대) 감가상각누계액	100

이와 같이 간접법에서는 설비자산의 취득원가가 계속 유지되면서 취득시점부터 현재까지 감가상각비의 누적합계인 감가상각누계액이 별도의 계정에 기록된다.

K-IFRS[2]는 설비자산의 취득원가와 감가상각누계액을 공시할 것을 요구하고 있다. 따라서 설비자산은 취득원가가 유지되고 감가상각누계액이 기록되는 간접법으로 회계처리되어야 한다.

2.5 재무상태표 표시

설비자산은 총액법 또는 순액법에 의하여 재무상태표에 표시될 수 있다.

(1) 총액법

총액법에서는 설비자산을 취득원가에서 감가상각누계액을 차감하는 식으로 보고한다. 다음의 〈표 8-4〉는 〈예제 8-4〉에서 감가상각방법으로 정액법을 적용했을 때 기계장치를 총액법으로 재무상태표에 표시한 것이다.

〈표 8-4〉 **부분재무상태표(총액법)**

B 반도체(주)　　　　　　　　　20×1년 12월 31일 현재　　　　　　(단위 : 억원)

과　　목	금　　액	
비유동자산		
유형자산 :		
기계장치	1,100	
감가상각누계액	(−)100	1,000

이 방법에서는 기계장치의 취득원가 1,100억원이 그대로 보고되고 감가상각누계액 100억원이 취득원가에서 차감되어 기계장치의 장부금액 1,000억원이 표시된다.

(2) 순액법

순액법은 설비자산의 취득원가에서 감가상각누계액을 차감한 순액만을 보고하는 방법이다. 다음의 〈표 8-5〉는 〈예제 8-4〉에서 감가상각방법으로 정액법을 적용했을 때 기계장치를 순액법으로 재무상태표에 표시한 것이다.

〈표 8-5〉 부분재무상태표(순액법)

B 반도체(주)   20×1년 12월 31일 현재   (단위 : 억원)

과 목	금 액	

비유동자산
  유형자산 :
    기계장치
		1,000

위에서와 같이 순액법에 의하여 설비자산이 재무상태표에 표시되는 경우 설비자산의 취득원가와 감가상각누계액이 보고되지 않는다.

K-IFRS는 총액법과 순액법 둘 다 허용하고 있다. K-IFRS[3]가 예시한 재무상태표는 순액법을 사용한 것이다. 또한 K-IFRS[4]가 현금흐름표 양식과 작성방법을 예시하기 위하여 제시한 재무상태표는 총액법을 사용한 것이다. 앞에서 검토한 바와 같이 K-IFRS는 설비자산의 취득원가와 감가상각누계액을 공시할 것을 요구하고 있다. 따라서 순액법으로 설비자산을 재무상태표에 표시하는 경우 설비자산의 취득원가와 감가상각누계액을 주석으로 공시해야 한다.

본서는 설비자산을 재무상태표에 표시하는 방법으로 보다 많은 정보를 재무제표에 공시하는 총액법을 사용한다. 과거 한국회계기준이 요구하였던 것도 총액법이었고 현재 미국회계기준이 요구하고 있는 것도 총액법이다.

2.6 부분연도 감가상각비

기업은 일반적으로 설비자산을 1월 1일(또는 12월 31일)보다는 연중에 취득한다. 연중에 설비자산을 취득하였을 때에는 부분연도의 감가상각비를 계산해야 한다. 부분연도의 감가상각비를 정확하게 계산하는 방법은 취득일부터 연말까지의 일수를 계산하는 것이다. 그러나 일단위로 계산하는 것이 번거롭다면 월단위 또는 반년단위로 부분연도를 계산할 수도 있다. 월단위로 계산할 경우에는 취득월부터 연말까지의 월수가 부분연도이다. 법인세법에서 허용되는 반년단위 계산방식에서는 상반기에 취득된 설비자산은 1년분 감가상각비가 기록되고 하반기에 취득된 설비자산은 반년분 감가상각비가 기록된다. 일정설비자산의 부분연도 감가상각비를 계산하기 위하여 일단위, 월단위, 반년단위 중 한 방법을 택할 수 있다. 한번 선택한 방법은 계속 적용되어야 한다.

〈예제 8-4〉에서 B 반도체(주)가 반도체시험장비를 20×1년 4월 10일에 취득하였고 부분연도를 월단위로 계산한다고 하자. 이 경우에 정률법에 의한 20×1년과 20×2년의 감가상각비는 아래의 〈표 8-6〉과 같이 계산된다.

〈표 8-6〉 20×1년과 20×2년의 감가상각비

감가상각방법	20×1년	20×2년
정률법	231억 × 9 / 12 ≒ 173억원	(1,100억 − 173억) × 21% ≒ 195억원

취득연도인 20×1년 월단위 부분연도는 4월부터 12월까지 9개월이다. 정률법에 의한 취득일로부터 1년간의 감가상각비가 〈표 8-12〉에서와 같이 231억원이므로 9개월간의 감가상각비는 173억원이다. 20×2년부터 20Y0년까지 9년간 매년 감가상각비는 정률법 자체가 요구하는 대로 연초 장부금액에 21%를 곱하여 계산된다. 이렇게 계산된 20×2년 감가상각비는 195억원이다. 내용연수 마지막 연도 1월부터 3월까지 3개월간의 감가상각비는 장부금액을 잔존가치로 만들어 주는 11억원이다. (참고 : 정액법의 경우 매년 감가상각비가 동일하기 때문에 내용연수 첫 해와 마지막 해에만 부분연도 감가상각비를 계산함. 〈박스 8-3〉 연수합계법의 경우 매년 감가상각비가 다르기 때문에 매년 부분연도 감가상각비를 계산해야 함)

제3절

감가상각비와 현금흐름

감가상각비는 설비자산의 원가를 내용연수에 걸쳐 배분한 결과이다. 현금은 설비자산을 취득할 때 지출되고 그 이후에는 추가로 지출되지 않는다. 따라서 감가상각비는 당기순이익에는 영향을 미치나 현금흐름에는 영향을 미치지 않는다. 다음의 〈예제 8-5〉를 통해 감가상각비와 현금흐름과의 관계를 구체적으로 살펴본다.

〈예제 8-5〉 감가상각비와 현금흐름

A 회사의 20×1년 매출이 100억원이고 매출원가를 비롯한 모든 영업비용이 90억원이어서 당기순이익이 10억원이었다. 매출은 모두 현금판매에 의한 것이고, 영업비용은 감가상각비 30억원을 제외하고는 모두 현금지출된 것이다. A 회사의 20×1년 영업현금흐름과 당기순이익은 아래의 〈표 8-7〉과 같다.

〈표 8-7〉 영업현금흐름과 당기순이익

(단위 : 억원)

항 목	금 액	항 목	금 액
영업현금유입 영업현금유출(90 − 30)	100 (−)60	매 출 영 업 비 용	100 (−)90
영업현금흐름	40	당 기 순 이 익	10

위의 〈예제 8-5〉에서 영업활동으로 인한 현금유입은 100억원이다. 감가상각비 30억원은 현금지출을 요하지 않기 때문에 영업활동으로 인한 현금유출액은 60억원이다. 따라서 영업활동으로 인한 현금흐름은 40억원이다. 이와 같이 당기순이익(10억원)과 영업활동으로 인한 현금흐름(40억원)은 현금지출을 요하지 않는 감가상각비(30억원)만큼 차이가 난다. 이에 대한 보다 자세한 내용은 제11장 '현금흐름표'에서 검토될 것이다.

제4절

자본적 지출과 수익적 지출

　　설비자산을 취득한 후 자산을 최적 조건 하에서 사용하려면 수리유지서비스를 받아야 한다. 예를 들어, 자동차를 취득하면 고장난 부분은 수리되어야 하고, 주기적으로 엔진오일, 타이어, 배터리가 교환되어야 하고, 가끔 차량 전체가 도색되어야 한다. 이와 같은 수리유지서비스를 받기 위해서 투입되는 지출은 규모와 성격에 따라 자본적 지출과 수익적 지출로 구분된다.

　　자본적 지출은 지출금액이 중대하고 또한 설비자산의 성능을 크게 개선시키거나 내용연수를 증가시켜 자산의 가치를 실질적으로 증가시키는 지출이다. 이러한 지출은 당해 설비자산의 취득원가에 가산되어 잔여내용연수에 걸쳐 감가상각되어야 한다.

　　반면에 수익적 지출은 지출금액이 중요하지 않고 설비자산의 기능 및 내용연수를 현상 유지하기 위해 필요한 지출이다. 수익적 지출은 지출의 효과가 미래기간까지 미치지 않기 때문에 비용으로 처리된다. (실무에서는 수익적 지출을 비용성 지출 또는 경비성 지출이라 함) 다음 〈예제 8-6〉을 통해 자본적 지출과 수익적 지출의 개념을 살펴본다.

〈예제 8-6〉 자본적 지출과 수익적 지출

　　A 회사는 20×1년 1월 1일에 350억원을 지불하고 차량운반구를 매입하였다. 차량운반구의 내용연수는 5년, 그리고 잔존가치는 50억원으로 추정되었으며, 정액법으로 감가상각된다. 20×1년부터 매년 엔진오일과 오일 필터 등의 부품을 교환하고 2억원을 지불하였다. 그리고 20×4년 1월 초에는 차량운반구 표면의 홈집과 녹을 제거하기 위해 차량운반구 전체를 도색하고, 또한 엔진의 주요 부분을 교체하기 위하여 30억원을 지불하였다. 이로 인해 차량의 성능도 개선되었고 내용연수가 5년에서 8년으로 연장되었다. 20×1년 1월 1일부터 20×4년 12월 31일까지의 차량과 관련된 지출과 감가상각비는 아래의 〈표 8-8〉과 같이 분개된다.

〈표 8-8〉 분개

(단위 : 억원)

연　도	분　개					
20×1년	(차) 차 량 운 반 구	350	(대) 현　　　　　금			350
20×1년부터 20×3년까지 매년	(차) 수 리 유 지 비	2	(대) 현　　　　　금			2
	(차) 감 가 상 각 비*	60	(대) 감가상각누계액			60
20×4년	(차) 차 량 운 반 구**	30	(대) 현　　　　　금			30
	(차) 수 리 유 지 비	2	(대) 현　　　　　금			2
	(차) 감 가 상 각 비***	30	(대) 감가상각누계액			30

* 　20×1년, 20×2년, 20×3년 각각의 감가상각비 : (350억 － 50억)／5 = 60억원

** 　차량운반구계정 대신 감가상각누계액계정을 사용할 수도 있음

*** 20×4년의 감가상각비 : [(350억 － 60억×3) + 30억 － 50억]／5 = 30억원

　〈예제 8-6〉에서, 20×1년에서 20×4년까지 매년 지불된 2억원의 일상적인 수리유지비는 수익적 지출이어서 발생연도에 전액 비용으로 처리된다. 반면, 20×4년 초의 대대적인 수리를 위한 지출 30억원은 자본적 지출이어서 차량운반구 장부금액에 가산되며, 잔여내용연수(5년)에 걸쳐 감가상각된다. 20×4년의 감가상각비는 20×4년 초의 차량운반구의 장부금액(취득원가 350억원에서 3년간 감가상각비 180억원을 뺀 후 나머지 170억원)에 자본적 지출(30억원)을 더하고 5년 후의 잔존가치(50억원)를 뺀 금액(150억원)을 잔여내용연수(5년)로 나누어 30억원으로 계산된다.

제5절

유형자산의 처분

유형자산은 내용연수 말까지 사용한 후에 폐기하거나 또는 내용연수 도중에 매각하여 처분될 수 있다. 유형자산처분손익은 처분 시 유형자산의 장부금액과 처분가액을 비교하여 계산된다. 다음 〈예제 8-7〉과 〈예제 8-8〉은 유형자산 처분을 구체적으로 어떻게 회계처리해야 하는지를 보여준다.

〈예제 8-7〉 토지의 처분

A 회사는 20×1년 1월 1일에 200억원을 주고 취득한 토지를 20×4년 1월 1일에 210억원을 받고 처분하였다. 토지 처분손익은 다음과 같이 계산된다.

1. 처분손익의 계산
   (1) 처분 시 토지의 장부금액 : 200억원
   (2) 토지의 처분가액 : 210억원
   (3) 처분이익 : (2) − (1) = 210억 − 200억 = 10억원

2. 분 개

(단위 : 억원)

(차) 현　　　　　　금	210	(대) 토　　　　　　지	200
		유형자산처분이익	10

토지는 가치가 감소되지 않는다고 가정하기 때문에 감가상각을 하지 않는다. 따라서 처분 시 토지의 장부금액은 취득원가 200억원이다. 토지의 처분이익 10억원은 처분

가액 210억원에서 장부금액 200억원을 차감하여 계산된다.

〈예제 8-8-1〉기계장치의 처분

      B 회사는 20×1년 1월 1일에 기계장치를 1,000억원에 취득하였다. 회사는 이 기계장치를 3년간 사용하다가 20×4년 1월 1일에 630억원의 현금을 받고 처분하였다. 기계장치의 내용연수는 10년이고 잔존가치는 '0'으로 추정되었다. 회사는 기계장치를 정액법에 의해 감가상각한다. 기계장치의 처분손익은 다음과 같이 계산된다.

---

1. 처분손익의 계산
  (1) 기계장치취득원가 : 1,000억원
  (2) 처분 시 감가상각누계액 : (1,000억 / 10) × 3 = 300억원
  (3) 처분 시 장부금액 : (1) − (2) = 1,000억 − 300억 = 700억원
  (4) 설비자산처분가액 : 630억원
  (5) 처분손실 : (4) − (3) = 630억 − 700억 = (−)70억원

2. 분   개

(단위 : 억원)

(차) 현 금	630	(대) 기 계 장 치	1,000
감 가 상 각 누 계 액	300		
유형자산처분손실	70		

    위의 〈예제 8-8-1〉에서 기계장치의 처분 시 장부금액은 취득원가 1,000억원에서 감가상각누계액 300억원을 뺀 700억원이며, 기계장치의 처분가액은 630억원이다. 따라서 유형자산처분손실은 기계장치의 처분금액과 장부금액의 차이인 70억원이다.

    기계장치는 일반적으로 연초가 아닌 연중에 처분된다. 〈예제 8-8-2〉는 설비자산이 연중에 처분되었을 때 유형자산처분손익을 어떻게 계산하는지를 보여준다.

〈예제 8-8-2〉 연중 기계장치의 처분

〈예제 8-8-1〉과 모든 것이 같고 단지 회사가 기계장치를 20×4년 7월 1일에 처분하였다고 하면 기계장치의 처분손익은 다음과 같이 계산된다.

1. 처분손익의 계산

    (1) 20×4년 1월 1일부터 20×4년 7월 1일까지 감가상각비 :

       1,000억/10 × 6 / 12 = 50억원

    (2) 처분 시 기계장치장부금액 : 1,000억 − 300억 − 50억 = 650억원

    (3) 기계장치 처분가액 : 630억원

    (4) 처분손실 : (3) − (2) = 630억 − 650억 = (−)20억원

2. 분 개

(단위 : 억원)

(차) 감 가 상 각 비	50	(대) 감가상각누계액		50
(차) 현 금	630	(대) 기 계 장 치		1,000
감 가 상 각 누 계 액	350			
유형자산처분손실	20			

〈예제 8-8-2〉와 같이 회계기간 중에 기계장치가 처분되면, 연초부터 처분 시까지의 감가상각비가 먼저 기록되어야 한다. 그 다음 장부금액과 처분가액을 비교하여 처분손익이 계산된다. 〈예제 8-8-2〉의 경우 처분손실(20억원)은 20×4년 초부터 처분일인 7월 1일까지 6개월간의 감가상각비(50억원)가 기록된 후의 기계장치 장부금액(650억원)과 처분가액(630억원)의 차액이다.

유형자산을 처분하는 것도 유형자산을 취득하는 것과 마찬가지로 투자활동이다. 유형자산 처분에 의한 현금유입액은 현금흐름표에 투자활동 현금흐름으로 보고된다. 유형자산처분손익은 영업활동에 의한 것이 아니기 때문에 영업활동 현금흐름에서는 제외되어야 한다. 따라서 영업활동 현금흐름이 간접법으로 계산되는 경우에 유형자산처

분손익은 당기순이익에 역조정된다. 이에 대한 상세한 내용은 제11장 '현금흐름표'에서 검토된다.

〈박스 8-4〉 무형자산의 특성과 유형

무형자산의 특성

무형자산은 기업의 영업활동에 장기간 활용되는 형태가 없는 자산이다. 무형자산은 산업재산권, 광업권, 영업권, 개발비를 포함한다. 영업권 이외의 무형자산의 취득원가는 그 내용연수에 걸쳐서 배분되어 감가상각비로 보고된다. 무형자산의 감가상각비를 무형자산상각비(amortization expense)라 한다. 무형자산 감가상각방법으로는 정액법, 체감잔액법, 생산량비례법 중 자산의 실제 가치의 감소를 반영할 수 있는 방법을 선택해야 한다. K-IFRS[5]는 자산의 실제가치 감소패턴을 객관적으로 관측할 수 없는 경우에는 정액법을 사용할 것을 요구하고 있다. 또한 무형자산은 내용연수 종료 후 제3자와의 구매계약이 체결되어 있거나 또는 활성화되어 있는 시장이 있는 경우를 제외하고는 잔존가치가 없는 것으로 가정한다. 감가상각방법과 내용연수는 최소 1년에 한 번씩 실질을 반영하는지 검토되어야 한다. 만일 그렇지 않은 경우 적절히 수정되어야 한다.

영업권은 상각되지 않는다. 대신 매년 말(또는 손상 징후가 보일 때) 영업권의 손상여부를 검사해야 한다. 만일 손상이 있는 경우 손상차손이 기록되어야 한다. 영업권 이외의 무형자산도 손상여부가 검토되어 손상이 있는 경우 유형자산손상차손과 같은 회계절차를 밟아 손상차손과 손상차손 환입이 기록되어야 한다.

K-IFRS[6]는 무형자산의 취득원가와 무형자산상각누계액(손상차손누계액 포함)을 공시할 것을 요구하고 있다. 무형자산을 1) 취득원가에서 무형자산상각누계액을 차감하는 식으로 보고하는 총액법이나 2) 취득원가에서 무형자산상각누계액을 차감한 순액만을 보고하는 순액법으로 재무상태표에 보고할 수 있다(위의 3.5 설비자산 재무상태표 표시방법 참조). 순액법으로 무형자산을 재무상태표에 보고할 경우에는 취득원가와 무형자산상각누계액을 주석으로 공시해야 한다.

무형자산의 유형

1. 산업재산권

산업재산권은 특허권, 저작권, 상표권, 상호권, 프랜차이즈와 면허권을 포함하는 무형자산이다. 일반적으로 산업재산권은 법률에 의해 정해진 기간 동안 유효하다.

특허권은 발명품이나 신개발제품을 법으로 정한 기간 동안 독점적으로 제조, 판매할 수 있도록 특허청이 부여한 권리이다. 저작권은 예술작품이나 저술을 독점적으로 복제 또는 판매할 수 있도록 정부가 부여한 권리이다. 상표권은 특정 제품에 대한 그리고 상호권은 특정 기업에 대한 고유한 단어, 문구, 소리, 상징을 말한다. 프랜차이즈는 일정 지역 내에서 특정 제품을 팔거나 특정의 서비스를 제공하거나 상표나 상호를 이용할 수 있는 권리를 부여하는 계약이다. 면허권은 특정 기업이 일정 서비스를 제공할 수 있게 정부가 부여한 권리이다. 정부가 방송사업자에게 공중파 방송의 주파수를 할당하여 방송서비스를 제공할 수 있도록 한 것이 하나의 예이다.

2. 광업권

광업권은 일정한 채굴허가구역에서 광물, 석유, 가스 등의 자연자원을 채굴할 수 있는 권리를 말한다. 광업권은 생산량비례법에 의해 감가상각을 한다. 자연자원의 감가상각비를 감모상각비(depletion expense)라고 한다.

3. 영업권

영업권은 기업의 공정가치를 초과하여 지불된 프리미엄이다. 영업권은 기업이 매수되었을 때만 기록된다. 그 이유는 기업 내에서 창출된 영업권은 객관적으로 측정 불가능하기 때문이다. 점포를 양도받을 때 지급하는 권리금은 영업권과 같다.

4. 개발비

개발비 중 특정 제품의 개발에 직접 관련되고 미래에 경제적 효익의 발생이 거의 확실한 개발비는 무형자산으로 보고된다.

제6절

유형자산의 손상차손

기업은 유형자산의 경제적 효익이 크게 감소되지 않았는지를, 즉 자산손상이 있는지 여부를 매년 말에 검토하여야 한다. 만약 손상 징후가 있으면 해당 유형자산의 회수가능액을 추정하고 장부금액에 미달하는 금액만큼을 손상차손으로 보고하여야 한다. 여기서 유형자산의 회수가능액은 유형자산을 매각할 때 받을 수 있는 금액이나 사용가치, 즉 계속 사용할 때 얻을 수 있는 가치 중 더 큰 금액이다.

유형자산의 손상차손은 당기의 비용으로 보고되어야 하고 (감가상각비의 경우와 같이) 해당 유형자산계정의 차감 계정인 손상차손누계액계정에 누적되어야 한다. 따라서 손상차손이 있으면 유형자산의 기말장부금액은 유형자산의 취득원가에서 감가상각누계액과 손상차손누계액을 차감한 금액이다.

유형자산의 손상차손이 기록된 이후에 해당 자산의 회수가능액이 증가되는 경우에는 증가금액을 손상차손환입으로 처리한다. K-IFRS[7]에 의하면 손상차손의 환입으로 증가된 장부금액은 전년도에 손상차손을 인식하지 않았을 경우에 보고될 장부금액을 초과할 수 없다.

〈예제 8-9〉 유형자산의 손상차손

대한(주)은 20×1년 1월 1일에 토지를 100억원에 취득하였다. 20×1년 말 현재 토지의 회수가능액이 90억원이었다. 이 경우에 손상차손은 다음과 같이 분개된다.

(단위 : 억원)

(차) 토지손상차손	10	(대) 토지손상차손누계액	10

만일, 20×2년 12월 31일에 토지의 회수가능액이 110억원으로 증가되었다면 손상차손환입은 다음과 같이 분개된다.

(단위 : 억원)

(차) 토지손상차손누계액	10	(대) 토지손상차손환입	10*

* 환입은 장부금액이 과거에 손상차손이 없었을 경우의 장부금액 100억원이 될 때까지만 허용됨. 따라서 회수가능액 증가분 20억원 중 10억원만 환입함

〈예제 8-9〉에서 보는 바와 같이 20×1년 12월 31일에는 토지의 회수가능액(90억원)이 장부금액(100억원)에 비해 10억원 적기 때문에 10억원의 손상차손을 기록하였다. 20×2년 12월 31일에는 토지의 회수가능액(110억원)이 장부금액(90억원)보다 20억원 많다. 그러나 손상차손 환입 후 장부금액이 전년도에 손상차손을 인식하지 않았을 경우 장부금액인 100억원을 초과할 수 없기 때문에 손상차손누계액 10억원만 환입으로 인식한다.

〈박스 8-5〉 감가상각자산의 손상차손

한국(주)는 20×1년 1월 1일에 건물을 5,000억원에 취득하였다. 건물의 내용연수는 20년, 잔존가치는 '0'으로 추정되었다. 회사는 정액법으로 건물을 감가상각한다. 20×1년 말 건물의 회수가능액은 4,560억원으로 추정되었다. 건물의 손상차손은 다음과 같이 분개된다.

(차) 건물손상차손	190	(대) 손상차손누계액－건물	190

장부금액 [5,000억 － 250억(5,000억/20)]	4,750억원
회수가능액	4,560억원
손상차손	190억원

만일, 20×2년 말에 건물의 회수가능액이 4,550억원이었다면, **손상차손환입**은 다음과 같이 분개된다.

(차) 손상차손누계액－건물	180	(대) 건물손상차손환입	180

손상차손환입 180억원은 다음과 같은 4단계 절차를 거쳐 결정된다.

(단계 1) 20×2년 말 장부금액을 계산한다.

취득원가	5,000억원
감가상각누계액 (250억* ＋ 240억**)	(-)490억원
손상차손누계액	(-)190억원
장부금액	4,320억원

* 20×1년 감가상각비 : 취득원가/내용연수
  = 5,000억/20 = 250억원
** 20×2년 감가상각비 : 20×2년 초 장부금액/잔여내용연수
  = (5,000억 － 250억 － 190억)/19 = 240억원

(단계 2) 20×2년 말 장부금액과 회수가능액을 비교하여 **잠정손상환입금액**을 계산한다. 20×2년 말 장부금액은 4,320억원이고 회수가능액은 4,550억원이기 때문에 잠정환입금액이 230억원이다.

(단계 3) 손상차손환입의 **최대한도**를 계산한다. 손상차손환입으로 증가되는 장부금액은 손상차손이 없었을 경우의 장부금액을 초과할 수 없다. 전년도에 손상차손이 없었다면 20×2년 말 장부금액은 다음과 같이 계산된다.

취득원가	5,000억원
감가상각누계액 (250억 ＋ 250억)	(-)500억원
장부금액	4,500억원

　　손상차손환입 최대한도 금액은 20×2년 말 장부금액인 4,320억원과 전년도에 손상차손이 없었을 경우의 장부금액인 4,500억원의 차이인 180억원이다.

(단계 4)   (단계 2)에서 계산한 잠정금액과 (단계 3)에서 계산한 **최대한도**와 비교하여 인식할 금액을 결정한다. (단계 2)의 잠정환입금액(230억원)이 (단계 3)의 최대한도 금액(180억원)을 초과한다. 따라서 위의 분개에서와 같이 최대한도 금액 180억원만을 손상차손환입으로 인식한다.

　　최대한도금액 180억원을 환입한 후 20×2년 말 건물의 장부금액은 아래와 같이 전년도에 손상차손이 없었을 경우의 장부금액 4,500억원이 된다.

취득원가	5,000억원
감가상각누계액 (250억 + 240억)	(−)490억원
손상차손누계액 (190억* − 180억**)	<u>(−)10억원</u>
장부금액	4,500억원

*　20×1년 말 손상차손
**　20×2년 말 손상차손환입

제7절

관련재무비율

비유동자산과 관련된 재무비율은 (활동성 평가비율인) 설비자산 평균내용연수, 설비자산 평균경과연수, 그리고 비유동자산회전율과 [(재무적) 안전성 평가비율인] 고정장기적합률을 포함한다.

7.1 활동성 평가 재무비율

(1) 설비자산 평균내용연수

설비자산의 내용연수는 경영자의 주관적 판단에 의해 추정된다. 내용연수를 보다 길게 추정하면, 설비자산의 취득원가를 보다 긴 기간 동안 비용으로 반영한다. 따라서 각 기간에 보고되는 감가상각비는 적어지고 순이익은 더 많아진다. 반면, 내용연수가 보다 짧게 추정되면 각 연도의 감가상각비는 많아지고 순이익은 더 적어진다. 따라서 설비자산 평균내용연수는 기업이 설비자산의 내용연수를 얼마나 보수적으로(짧게) 또는 낙관적으로(길게) 추정하여 순이익을 보수적으로(적게) 또는 낙관적으로(많게) 보고하고 있는지를 알려준다. 설비자산 평균내용연수는 기업이 감가상각방법으로 정액법을 사용한다고 가정하고 다음과 같이 계산된다.

$$\text{설비자산 평균내용연수} = \frac{\text{평균설비자산취득원가}}{\text{감가상각비}}$$

(대한백화점의 비율)

$$20\times2년 : \frac{(1,600억 + 3,100억) / 2}{100억} = 23.5년$$

$$20\times1년 : \frac{1,600억}{60억^*} = 26.7년$$

* 20×1년에는 설비자산이 6월 말에 취득되었기 때문에 6개월간의 감가상각비만 보고되었음. 따라서 이를 1년으로 환산하면 60억원이 됨

대한백화점은 설립 초기에 있고 설비자산을 많이 소유하고 있지 않다. 따라서 설비자산 평균내용연수로 의미 있는 해석을 하기 어렵다. 그러나 감가상각대상 설비자산을 많이 소유하고 있는 경우에는 이 비율로 순이익이 보수적으로 보고되었는지 아닌지를 타진해볼 수 있다.

(2) 설비자산 평균경과연수

이 비율은 기업이 감가상각방법으로 정액법을 사용한다고 가정하고 설비자산이 몇 년이나 사용되었는지를 계산한다. 이 비율은 설비자산의 노후화 정도를 알려준다. 설비자산 평균경과연수는 다음과 같이 감가상각누계액을 감가상각비로 나누어 계산된다.

$$\text{설비자산 평균경과연수} = \frac{\text{설비자산감가상각누계액}}{\text{감가상각비}}$$

(대한백화점의 비율)

$$20\times2년 : \frac{130억}{100억} = 1.3년$$

$$20\times1년 : \frac{30억}{30억} = 1년$$

대한백화점은 설립 초기에 있고 설비자산을 많이 소유하고 있지 않아서 위의 설비자산 평균내용연수와 같이 이 비율에 의한 의미 있는 해석이 거의 불가능하다. 그러나 설비자산이 많을 경우에 이 비율은 전체 설비자산의 평균 노후 정도를 타진할 수 있는

유용한 지표가 될 수 있다.

(3) 비유동자산회전율

제5장에서 설명한 것과 같이 기업이 자산에 대한 이익률을 증가시킬 수 있는 두 가지 방법이 있다. 하나는 매출액순이익률을 증가시키는 것이고, 다른 하나는 총자산회전율을 높이는 것이다. 특히 총자산회전율을 높이기 위해서는 영업활동에 활용되는 비유동자산의 회전율이 높아야 한다. 비유동자산회전율은 다음과 같이 계산된다.

$$\text{비유동자산회전율} = \frac{\text{매출액}}{\text{평균비유동자산}} = \frac{\text{매출액}}{(\text{기초비유동자산} + \text{기말비유동자산})/2}$$

(대한백화점의 비율)

$$20 \times 2\text{년} : \frac{4,300\text{억}}{(2,570\text{억} + 4,300\text{억}) / 2} = 1.24\text{회}$$

$$20 \times 1\text{년} : \frac{2,200\text{억}}{2,570\text{억}^*} = 0.86\text{회}$$

* 20×1년은 설립연도이기 때문에 비유동자산 기말잔액이 분모로 사용되었음

대한백화점의 비유동자산회전율은 20×1년 0.86회에 비해 20×2년에 1.24회로 증가하였다. 이는 비유동자산이 수익창출에 보다 더 효율적으로 사용되었음을 의미한다. 그 결과 수익성이 개선되었을 가능성이 있다.

7.2 안전성(재무적) 평가 재무비율

(1) 고정장기적합률

고정장기적합률은 다음과 같이 비유동부채와 자본으로 구성된 장기자금에 대한 비유동자산의 비율이다.

$$\text{고정장기적합률} = \frac{\text{비유동자산}}{\text{비유동부채} + \text{자본}}$$

설비자산과 같이 장기적으로 사용되는 비유동자산은 장기자금으로 취득하는 것이 바람직하다. 만일 이들 비유동자산의 취득이 단기차입에 의하여 이루어지는 경우 차입금상환 부담이 커진다. 고정장기적합률은 비유동자산의 취득이 어느 정도 장기자금으로 이루어졌는가를 알려준다. (이 비율을 한글로 고정장기적합률이라고 하는데 그 이유는 과거에 비유동자산을 고정자산이라고 하였기 때문임) 만일 이 비율이 100%를 초과하면 초과하는 비율만큼의 비유동자산의 취득이 단기자금에 의하여 이루어졌다는 것이다. 만일 이 비율이 100%에 미달하면 미달하는 비율만큼의 비유동자산의 취득을 위한 장기자금이 여유가 있다는 것이다.

(대한백화점의 비율)

$$20\times2년: \frac{4,390억}{1,260억 + 3,230억} = 99.77\%$$

$$20\times1년: \frac{2,570억}{1,120억 + 1,470억} = 99.23\%$$

이 비율은 20×2년과 20×1년 양개연도에 걸쳐 거의 모든(20×2년에 99.77%, 20×1년에 99.23%) 비유동자산이 장기자금에 의하여 취득되었다는 것을 보여준다.

■ 참고: 본 장에서 검토된 재무비율은 본서의 마지막 부분에 수록되어 있는 부록 2 〈표 B-1〉 '주요 재무비율'에 요약되어 있음

K-IFRS 참조 (http://www.kasb.or.kr)

[1] 기업회계기준서 제1016호 '유형자산', 문단 60, 61.

[2] '상게서', 문단 73(4).

[3] 기업회계기준서 제1001호 '재무제표 표시', IG 제1부.

[4] 기업회계기준서 제1007호 '현금흐름표', 부록 A.

[5] 기업회계기준서 제1038호 '무형자산', 문단 97, 104.

[6] '상게서', 문단 118(3).

[7] 기업회계기준서 제1036호 '자산손상', 문단 117.

주요 용어

감가상각누계액(accumulated depreciation) : 설비자산의 취득시점부터 당해연도 말까지의 감가상각비 누계액 (p.375)

감가상각비(depreciation expense) : 설비자산의 사용비용으로서 사용에 따른 가치감소분을 뜻하며, 취득원가를 내용연수에 걸쳐 배분하여 계산됨 (p.371)

감모상각비(depletion expense) : 자연자원의 감가상각비 (p.386)

내용연수(useful life) : 설비자산의 사용가능기간 (p.371)

무형자산상각비(amortization expense) : 무형자산의 감가상각비 (p.385)

생산량비례법(units of production method) : 취득원가에서 잔존가치를 차감하여 계산된 감가상각대상금액에 당해연도 생산량과 추정총생산량의 비율을 곱하여 감가상각비가 계산되는 감가상각방법 (p.374)

손상차손(impairment loss) : 자산의 회수가능액이 장부금액에 미달할 경우 그 미달금액 (p.387)

수익적 지출(revenue expenditure) : 설비자산의 기능을 현상 유지시켜 줄 작은 규모의 지출로서 경비성 지출 (p.380)

연수합계법(sum-of-the-years'-digits method) : 취득원가에서 잔존가치를 차감하여 계산된 감가상각대상금액에 연초의 잔여내용연수를 분자로 하고 내용연수 수의 총합계를 분모로 하는 비율을 곱하여 감가상각비가 계산되는 감가상각방법 (p.374)

영업권(goodwill) : 기업의 공정가치를 초과하여 지불된 프리미엄이며, 기업이 매수되었을 때만 기록·보고됨 (p.386)

이중체감법(double declining balance method) : 매년 감소하는 기초장부금액에 정액법 감가상각률의 2배를 곱하여 감가상각비를 계산하는 감가상각방법 (p.374)

자본적 지출(capital expenditure) : 큰 금액의 지출로서 설비자산의 성능을 크게 개선하거나 내용연수를 연장시켜 자본화(자산으로 기록)되어야 하는 지출 (p.380)

잔존가치(residual value) : 설비자산의 내용연수가 전부 경과된 후에 기대되는 가치 (p.371)

정률법(fixed rate on diminishing balance method) : 매년 감소하는 기초장부금액에 일정 수식에 의하여 계산된 감가상각률을 곱하여 감가상각비가 계산되는 감가상각방법 (p.372)

정액법(straight-line method) : 매년 같은 금액을 감가상각하는 방법으로, 취득원가에서 잔존가치를 차감한 감가상각대상금액을 추정내용연수로 나누어 감가상각비가 계산됨 (p.372)

체감잔액법(diminishing balance method) : 자산의 내용연수 초기에 후기보다 많은 금액을 감가상각비로 보고하는 방법으로 매년 감소하는 기초장부금액에 일정률을 곱하여 감가상각비를 계산하는 정률법 또는 이중체감법과 같은 감가상각방법 (p.372)

연습문제

1. 유형자산의 취득원가—일괄취득

J-Mart는 최근 폐업한 H회사로부터 건물과 토지를 함께 일괄취득하였다. 일괄취득에 따른 제반 지출은 다음과 같았다.

일괄취득금액 : 520억원   취득세 및 등록세 : 20억원

취득 당시 토지와 건물의 시가는 다음과 같았다.

건물 : 400억원   토지 : 200억원

《물음》 건물과 토지 각각의 취득원가를 결정하라.

2. 유형자산의 취득원가—할부취득

H-Mart는 현금 매입가격이 5,000만원인 승용차를 60개월간 매월 100만원씩 총 6,000만원을 지불하는 할부로 취득하였다. 추가로 등록세 및 취득세 700만원을 지불하였다.

《물음》 승용차의 취득원가를 계산하라. 그리고 이유를 설명하라.

3. 유형자산의 취득원가—금융원가의 자본화

대전주식회사는 20×1년 11월 1일에 사옥건설계약을 체결하였다. 공사는 계약 당일부터 시작되어 20×2년 12월 31일에 완료되었다. 구체적인 공사비 지급내역은 다음과 같았다.

공사계약대금 : 1,400억원

공사대금지급일정

(단위 : 억원)

공사대금지급	날짜	금액
1차분	20×2년 3월 1일	600
2차분	20×2년 5월 1일	500
3차분	20×2년 12월 31일	300

* 회사는 각 지급일에 충청은행으로부터 이자율이 12%인 1년 만기 단기차입금을 차입하여 공사대금을 지급하였음

《물음》 20×2년 말 건물의 취득원가에 반영해야 할 이자금액을 계산하라.

4. 설비자산의 취득원가와 감가상각 : 정액법과 정률법

다음은 신탄화물(주)의 차량운반구 취득에 관한 자료이다.

> 회사는 20×7년 1월 1일 현금매입가격이 5,500만원인 차량운반구를 매입하였다. 매입 시 현금 2,800만원을 지급하였고, 매입가격 중 나머지 잔액은 매월 200만원씩 24개월 지급하기로 하였다. 차량운반구 매입에 따른 취득세 300만원과 등록세 200만원은 전액 현금지급되었다. 이 차량운반구의 내용연수는 10년, 잔존가치는 '0'으로 추정되었다.

《물음》

(1) 차량운반구의 취득원가를 계산하라.

(2) 정액법에 의한 20×7년 감가상각비를 계산하라.

(3) 정률법에 의한 20×8년 감가상각비를 계산하라.
　　(정률은 20%로 가정함)

5. 일괄취득 및 감가상각 : 정액법과 정률법

(주)미래는 20×1년 1월 1일에 사무실 건물을 토지와 함께 240억원을 지급하고 취득하였다. 취득당시 건물과 토지의 시가는 250억원과 50억원이었다. 건물의 내용연수는 20년, 잔존가치는 '0'으로 추정되었다.

《물음》

(1) 건물과 토지 각각의 취득원가를 계산하고 이 취득거래를 분개하라.

(2) 건물의 감가상각방법으로 정액법과 정률법을 사용할 경우 20×1년과 20×2년 각각의 감가상각비를 각각 계산하고 이를 분개하라. (정률은 10%로 가정함)

(3) 정액법과 정률법 각각의 감가상각법이 재무상태표와 손익계산서에 미치는 영향의 차이와 이들 각각 방법이 법인세에 미치는 영향의 차이를 설명하라.

6. 감가상각 : 연수합계법

다음의 자료는 대전주식회사의 기계장치에 관련된 것이다.

```
      취득일 :  20×1년 1월 1일
      매입금액 : 2,600만원
      설치 및 시운전비 : 500만원
      잔존가치 : 100만원
      내용연수 : 5년
      감가상각방법 : 연수합계법
```

《물음》

20×1년과 20×3년 각각의 감가상각비를 계산하고 분개하라.

7. 감가상각 : 생산량비례법

유성(주)는 20×1년 1월 1일에 트랙터 한 대를 4,400만원에 취득하였다. 이 설비자산의 잔존가치는 400만원으로, 총 사용가능 주행거리는 200,000Km로 추정되었다. 20×1년과 20×2년의 주행거리는 각각 15,000Km와 18,000Km이었다.

《물음》

생산량비례법을 적용하여 20×1년과 20×2년 각각의 감가상각비를 계산하고 분개하라.

8. 감가상각 – 종합

서강주식회사는 20×1년 1월 1일에 현금 1,000억원을 지불하고 기계장치를 취득하였다. 기계장치의 내용연수는 5년, 잔존가치는 취득원가의 10%로 추정되었다. 또한 기계장치의 총사용가능시간은 20,000시간으로 추정되었다. 기계장치는 20×1년과 20×2년의 각

각에 6,000시간과 4,000시간 사용되었다. (정률법의 정률은 40%로 가정함)

《물음》

정액법, 정률법, 연수합계법, 생산량비례법 4가지 감가상각방법 각각에 의해 20×1년과 20×2년 각각의 감가상각비를 계산하라.

9. 감가상각비와 현금흐름

유성주식회사는 20×1년 1월 1일에 현금 800억원을 지불하고 건물을 취득하였다. 건물의 내용연수는 40년, 잔존가치는 '0'으로 추정되었다. 그리고 감가상각방법으로는 정액법이 사용되고 있다. 다음은 20×3년 유성주식회사의 손익계산서에서 발췌한 것이다.

(단위 : 억원)

과　목	금　액
매출액*	700
매출원가*	420
영업비용(감가상각비 제외)*	270

* 현금으로 수취 또는 지급되었음

《물음》

(1) 20×3년 감가상각비와 당기순이익을 계산하라.
(2) 20×3년 영업활동 현금흐름을 계산하라.

10. 설비자산의 처분

서강회사는 20×2년 1월 1일 200억원에 기계장치를 매입하였는데 이를 20×3년 6월 30일에 현금 150억원을 받고 처분하였다. 이 기계장치는 정액법에 의하여 감가상각되었다. 이 기계장치의 추정내용연수는 8년, 추정잔존가치는 40억원이었다.

《물음》

(1) 기계장치의 처분손익을 계산하라.

(2) 기계장치의 처분을 분개하라.

11. 유형자산의 처분

K-Mart는 20×1년 1월 1일에 토지와 건물을 각각 120억원과 220억원에 매입하였다. 건물의 내용연수는 10년, 잔존가치는 20억원으로 추정되었다. 그리고 감가상각방법으로는 정액법이 사용되었다. K-Mart는 20×5년 7월 1일 토지와 건물을 각각 150억원과 120억원에 매각하였다.

《물음》

(1) 매각 당시의 건물의 장부금액을 계산하라.

(2) 토지와 건물의 처분손익을 계산하라.

(3) 토지와 건물의 매각거래를 분개하라.

12. 수익적 지출과 자본적 지출

다음 자료는 대전주식회사 창고의 기계장치에 관련된 것이다.

취득일 : 20×1년 1월 1일	매입금액 : 1,100억원
설치 및 시운전비 : 20억원	잔존가치 : 120억원
내용연수 : 10년	감가상각방법 : 정액법

회사는 매 2개월마다 한 번씩 부품을 교환하거나 윤활유를 교체하는 등의 정기보수를 실시한다. 이를 위해 매년 지출되는 총 수리유지비는 10억원이다. 20×6년 1월 초에 300억원을 들여 기계장치를 대대적으로 수리함과 동시에 핵심부품을 교체하였다. 이로 인해 내용연수가 15년으로 추정되어 잔여 내용연수가 10년이 되었다.

《물음》

(1) 기계장치의 취득원가를 계산하라.

(2) 20×1년부터 20×5년까지의 기계장치의 수리유지비와 감가상각비를 분개하라.

(3) 20×6년 대규모 수리와 20×6년 감가상각비를 분개하라.

13. **유형자산 회계—종합**

다음은 신촌(주)의 유형자산에 관련된 자료이다.

- 20×1년 1월 1일에 사무실 건물과 토지 각각을 현금 600억원과 440억원에 매입하였다. 건물의 내용연수는 20년, 잔존가치는 '0'으로 추정되었다.
- 20×2년 7월 1일에 기계장치를 현금 950억원에 매입하고 추가현금 50억원을 들여 설치하였다. 기계장치의 추정내용연수는 5년이고 추정잔존가치는 100억원이다.
- 20×4년 7월 1일에 회사는 기계장치를 현금 400억원에 매각 처분하였다.
- 20×5년 1월 초에 현금 20억원을 들여 건물지붕 방수공사를 실시하여 내용연수가 24년으로 증가되었다.
- 회사는 건물은 정액법, 기계장치는 정률법에 의하여 감가상각을 하고 있다. (정률은 40%로 가정함)

《물음》

(1) 20×1년 1월 1일의 건물과 토지의 취득거래를 분개하고, 20×1년 감가상각비를 계산하고 분개하라.

(2) 20×2년 7월 1일 기계장치의 취득거래를 분개하라. 20×2년 기계의 감가상각비를 계산하고 분개하라.

(3) 20×4년 7월 1일 기계장치 매각처분 거래를 분개하라.

(4) 20×5년 1월 초 건물방수공사비 지출거래를 분개하라. 20×5년 건물 감가상각비를 계산하고 분개하라.

14. **무형자산의 감가상각**

다음은 한밭소프트웨어(주)의 20×4년 12월 31일 현재 무형자산에 관련된 자료이다.

(단위 : 억원)

무형자산 종류	금액	취득일	내용연수
산 업 재 산 권	400	20×3년 1월 1일	8년*
무형자산상각비누계액—산업재산권	(−)100		
개 발 비	120	20×4년 1월 1일	6년*
무형자산상각비누계액—개발비	(−)20		

* 잔존가치는 '0'으로 추정되었음

《물음》

20×5년 무형자산상각비를 계산하고 이를 분개하라.

15. 유형자산의 손상차손

다음은 대한(주)의 업무용 토지에 대한 자료이다.

(단위 : 억원)

날 짜	취득원가	회수가능액
20×1년 1월 1일	500	
20×1년 12월 31일		400
20×2년 12월 31일		550

《물음》

대한(주)가 20×1년 12월 31일과 20×2년 12월 31에 토지의 손상과 관련하여 수행할 분개를 작성하라.

16. 설비자산 관련 재무비율

다음은 한밭전자부품의 20×4년 재무제표에서 발췌한 자료이다.

(단위 : 억원)

항 목	금 액	항 목	금 액
매 출 액	200	설 비 자 산	150
감 가 상 각 비	10	감가상각누계액	100
유 동 자 산	40	유 동 부 채	10
비 유 동 부 채	60	자 본	20

《물음》

설비자산 평균내용연수, 설비자산 평균경과연수, 비유동자산회전율, 고정장기적합률 각각을 구하라. (설비자산 이외의 비유동자산은 없음. 평균금액 대신 기말금액을 이용할 것)

9

재무활동—부채

제9장 개요

　　본 장에서는 기업이 주주 이외의 타인으로부터 돈을 빌려 자금을 조달했을 경우의 회계처리방법에 대하여 검토한다. 구체적으로 우선 장기차입금의 유동부채로의 재분류를 살펴본다. 그 다음에는 사채의 의의, 사채의 발행가격이 어떻게 결정되는지를 설명한다. 그 후에 사채발행과 이자지급, 사채할인발행차금의 상각, 사채상환 등에 대한 회계처리방법을 소개한다. 제품보증충당부채와 환불충당부채의 회계처리도 살펴본다. 마지막으로 부채 회계정보의 활용방안을 설명한다.

대한백화점의 사례

재 무 상 태 표(주석 2ⓐ)

20×2년 12월 31일 현재
20×1년 12월 31일 현재

대한백화점 (단위 : 억원)

과 목	20×2년 12월 31일		20×1년 12월 31일	
자산				
유동자산				
현금 및 현금성자산(주석 4)		450		410
매출채권(주석 3ⓑ)	300		200	
대손충당금(주석 3ⓑ, 5)	(−)40	260	(−)20	180
재고자산 :				
상품(주석 3ⓒ)		430		230
유동자산 합계		**1,140**		**820**
비유동자산				
공가기포익금융자산(주석 3ⓓ, 6)		130		100
관계기업투자(주석 3ⓔ, 7)		240		−
유형자산(주석 8) :				
토지(주석 3ⓕ)		960		900
설비자산(주석 3ⓕ, 16)	3,100		1,600	
감가상각누계액(주석 3ⓕ)	(−)130	2,970	(−)30	1,570
무형자산(주석 3ⓖ) :				
산업재산권(주석 8)		90		−
비유동자산 합계		**4,390**		**2,570**
자산 총계		**5,530**		**3,390**
부채				
유동부채				
매입채무		420		180
미지급이자		50		40
미지급급여		20		30
미지급법인세		140		50
원가금융부채(주석 3ⓘ) :		380		480
단기차입금(주석 9ⓐ)	100		300	
유동성장기차입금(주석 9ⓑ)	280		180	
충당부채 :				
환불충당부채(주석 3ⓗ, 11)		30		20
유동부채 합계		**1,040**		**800**
비유동부채				
원가금융부채(주석 3ⓘ) :		1,260		1,120
장기차입금(주석 9ⓑ)	840		720	
상각후원가금융부채(주석 3ⓘ)				
사채(주석 10)	420		400	
비유동부채 합계		**1,260**		**1,120**
부채 총계		**2,300**		**1,920**

자본			
자본금			
보통주(주석 13, 16)		1,500	1,000
자본잉여금			
보통주(주석 16)		600	100
기타포괄손익누계액		200	110
공가기포익금융자산평가이익누계액*(주석 3ⓓ, 6)	40		10
토지재평가잉여금(주석 3ⓕ, 8)	160		100
이익잉여금(주석 3ⓘ, 15)		930	260
자본 총계		3,230	1,470
부채 및 자본 총계		5,530	3,390

* 공가기포익 : 공정가치측정 기타포괄손익인식

포괄손익계산서(주석 2ⓑ)

20×2년 1월 1일부터 20×2년 12월 31일까지
대한백화점   20×1년 1월 1일부터 20×1년 12월 31일까지   (단위 : 억원)

과 목		20×2년		20×1년
매출액(주석 3ⓐ)		4,300		2,200
매출원가		(−)2,300		(−)1,180
매출총이익		2,000		1,020
영업비용		(−)850		(−)500
급여비용	(−)430		(−)260	
대손상각비(주석 3ⓑ)	(−)40		(−)20	
감가상각비(주석 3ⓕ)	(−)100		(−)30	
임차비용	(−)240		(−)120	
기타영업비용	(−)40		(−)70	
영업이익		1,150		520
기타수익		60		−
지분법이익(주석 7)	60		−	
기타비용		(−)190		(−)140
금융비용(주석 2ⓑ) :				
이자비용	(−)190		(−)130	
유형자산처분손실(주석 8)	−		(−)10	
법인세비용차감전순이익		1,020		380
법인세비용		(−)300		(−)120
당기순이익		720		260
기타포괄손익		90		110
당기손익으로 재분류되지 않는 항목 :				
토지재평가차익(주석 3ⓕ, 8)	60		100	
후속적으로 당기손익으로 재분류될 수 있는 항목 :				
공가기포익금융자산평가이익(주석 3ⓓ, 6)	30		10	
총포괄이익		810		370
주당이익(주석 12)		2,880원		1,733원

《주석사항》

3. 중요한 회계처리 방침

ⓗ 충당부채와 우발채무의 설정

채무를 갚아야 할 시기나 금액이 확정되지 않은 부채 중 1) 채무가 발생할 확률이 50% 이상이고, 2) 채무 금액이 신뢰성 있게 추정될 수 있는 부채는 충당부채로 보고된다. 이 두 조건 중 한 조건만을 만족하는 부채는 우발부채로 보고된다. (회사는 20×1년과 20×2년 12월 31일 현재 환불충당부채를 보고하고 있으며 보고한 우발부채는 없음)

ⓘ 금융부채의 분류

금융부채는 원가금융부채, 상각후원가금융부채와 공정가치측정 당기손익인식(공가당손익) 금융부채로 분류될 수 있다. 상각후원가란 금융상품의 할증(할인)발행차금을 유효이자율법에 의하여 상각한 후의 원가이다. (회사는 20×1년과 20×2년 12월 31일 현재 공가당손익금융부채를 보고하고 있지 않음)

9. 단기 및 장기차입금의 내역

ⓐ 단기차입금

회사는 운전자금 용도로 아래와 같은 차입금을 단기 차입하였다.

(단위 : 억원)

차입일	차입처	이자율	차입금액	조건
20×1년 4월 1일	서울은행	연 10%	300	차입기간 1년 (이자 : 매 6개월 후급)
20×2년 4월 1일	부산은행	연 10%	100	차입기간 1년 (이자 : 매 6개월 후급)

ⓑ 장기차입금

(1) **장기차입금 내역** : 20×2년 말과 20×1년 말 현재의 장기차입금 내역은 다음과 같다.

(단위 : 억원)

차입일	차입처	이자율	잔액		조건
			20×2년 말	20×1년 말	
20×1년 3월 1일	대한 캐피탈	연 12%	720	900	5년 분할상환 (이자 : 매 6개월 후급)
20×2년 5월 1일	기업은행	연 12%	400	–	4년 분할상환 (이자 : 매년 후급)
합 계			1,120	900	

(2) **장기차입금 상환일정** : 장기차입금 연도별 상환금액은 다음과 같다.

(단위 : 억원)

연 도	상 환 금 액
20×2	180
20×3	280
20×4	280
20×5	280
20×6	280

(3) **유동성장기차입금** : 회사는 위의 장기차입금 상환일정에 따라 20×2년 말과 20×1년 말 각각에 장기차입금 280억원과 180억원을 유동성장기차입금으로 재분류하였다.

(단위 : 억원)

분 류	과목	20×2년 말	20×1년 말
유 동 부 채	유동성장기차입금	280	180
비유동부채	장 기 차 입 금	840	720
	합계	1,120	900

10. 사 채

20×2년 말과 20×1년 말 사채의 내역은 다음과 같다.

(단위 : 억원)

종 류	발행일	만기일	액면이자율	액면금액	발행가액
무보증사채	20×1년 7월 1일	20×6년 6월 30일	연 6%*	500	390

* 이자는 매 6개월마다 후급으로 지급됨. 유효이자율은 연 12%임

11. 환불충당부채

다음의 조정표는 환불충당부채의 변동내역을 보여준다.

환불충당부채 조정표

(단위 : 억원)

항 목		환불충당부채
20×1년	기 초 금 액	–
	실 제 발 생 환 불	(–)10
	추 정 환 불	30*
	기 말 금 액	20
20×2년	실 제 발 생 환 불	(–)20
	추 정 환 불	30*
	기 말 금 액	30

* 반품된 상품은 폐기처분되며 추정환불금액은 매출에서 차감됨

사례 재무제표의 해설

■ 참고 : 위첨자 숫자는 당해 주제가 설명된 본문 쪽번호임

본 장과 관련된 계정과목은 재무상태표의 (원가금융부채[412]로 분류되어 보고된)

단기차입금과 유동성장기차입금[415]과 장기차입금, (상각후원가금융부채[412]로 분류되어 보고된) 사채, 그리고 (충당부채로 보고된) 환불충당부채[444], 포괄손익계산서의 이자비용이다. 여기서 중복해설을 피하기 위해 사례해설은 20×2년 중심으로 하고 20×1년 해설은 생략한다. 대한백화점은 20×2년 12월 31일 현재의 재무상태표에 유동부채로서 단기차입금 300억원과 유동성장기차입금 280억원, 그리고 환불충당부채 30억원을 보고하였다. 또한 비유동부채로서 장기차입금 640억원과 사채 420억원을 보고하였다. 한편 20×2년의 포괄손익계산서에는 장·단기차입금과 사채에 대한 이자비용 190억원이 금융비용으로 보고되었다.

주석에는 차입금의 금액과 차입조건, 그리고 향후 차입금의 상환 일정 등이 보고되었다. 주석 9는 단기차입금 100억원은 20×2년에 1년간 차입된 것이며 이자율은 연 10%라는 것을 알려준다. 또한 주석 9를 보면 20×2년 말 장기차입금은 1,120억원이며 이 중 720억원은 향후 4년간에 걸쳐 매년 180억원씩 분할상환되어야 하며, 이자율은 연 12%임을 알 수 있다. 또한 이 중 400억원은 4년간에 걸쳐 매년 100억원씩 분할상환되어야 하며, 이자율은 연 12%이다. 또한 분할상환일정에 따라 상환기일이 1년 이내에 도래하는 280억원이 장기차입금에서 유동성장기차입금으로 재분류[414]되었음을 명시하고 있다.

주석 3①는 상각후원가금융부채의 상각후원가는 유효이자율법[425]에 의하여 할인(할증)발행차금을 상각한 후의 원가라는 것을 알려준다. 주석 10을 보면 재무상태표에 보고된 사채 420억원은 20×1년 7월 1일 390억원에 할인발행[420]된 액면금액이 500억원인 사채의 상각후원가(20×1년과 20×2년 각각의 사채할인발행차금상각 ₩10억원과 20억원)임을 알 수 있다. 이 사채의 액면이자율 연 6%에 의한 이자는 매 6개월마다 후급으로 지급된다(유효이자율은 연 12%임). 만기일은 20×6년 6월 30일이다.

주석 3①는 충당부채는 채무발생확률이 50% 이상이고 채무금액이 신뢰성 있게 측정될 수 있을 때 보고됨을 알려준다.[443] 주석 11에 의하면 20×2년 말 30억원의 충당부채는 반품에 따른 환불을 위한 충당부채[444]이다.

제1절

금융부채와 비금융부채

부채는 상환기일이 언제인가에 따라 유동부채와 비유동부채로 분류되지만 금융부채와 비금융부채로 분류되기도 한다. 금융부채(financial liability)는 계약에 의해 발생되고 현금 등 금융자산으로 갚아야 하는 부채이다. 예를 들어 차입금과 사채는 대여자와 차입자 간의 계약에 의해 발생되며 만기일에 현금으로 갚아야 하기 때문에 금융부채이다.

K-IFRS[1]에 의하면 매입채무와 충당부채로 보고된 금융부채를 제외한 금융부채는 상각후원가금융부채와 공정가치측정 당기손익인식(공가당손익) 금융부채로 분류된다. 상각후원가란 금융상품의 할증(할인)발행차금을 유효이자율법에 의하여 상각한 후의 원가이다(본 장 제3절 '사채' 참조). 할증(할인)발행차금이 없는 경우 상각후원가는 원가이다. (본서는 교육목적으로 원가금융부채를 상각후원가금융부채로부터 분리하였다.) 일반적으로 회사의 차입금은 원가금융부채이고 사채는 상각후원가금융부채이다.

공가당손익 금융부채는 단기매매금융부채와 공가당손익 지정 금융부채를 포함한다. 단기매매금융부채는 단기매매차익을 위하여 매매가 빈번하게 이루어지는 금융부채를 말한다. 예를 들면, 회사가 상장주식을 공매도(소유하고 있지 않은 주식을 매도)한 경우 해당 주식은 단기매매금융부채로 분류된다. 회사는 회계불일치 해결의 목적(본서 부록 '공가당손익금융자산' 참조)이나 관리목적으로 상각후원가금융부채를 공가당손익 금융부채로 지정할 수 있다.

금융부채에 관한 정보는 채권자가 기업의 유동성리스크(이자와 부채를 지급하지 못할 가능성)을 평가하는 데 중요하다. 따라서 K-IFRS[2]는 금융부채를 재무상태표에 별도로 보고하고 금융비용을 포괄손익계산서에 별도로 보고할 것을 요구하고 있다. 나아가 금융부채의 상환일정과 유동성리스크 관리현황의 공시를 요구하고 있다.

한편, 비금융부채(non-financial liability)는 계약에 의해 발생된 것이라도 현금으로 갚지 않는 부채와 현금으로 갚아야 하는 것이라도 계약에 의해 발생되지 않은 부채를 포함한다. 예컨대 선수금이나 선수수익은 계약에 의해 발생되지만 금융자산이 아닌 재화나 용역으로 갚아야 하기 때문에 비금융부채이다. 또한 미지급법인세는 현금으로 갚지만 계약이 아니라 법에 의한 지급의무이므로 비금융부채이다. 비금융부채의 하나인 충당부채는 제4절에서 검토된다.

제2절

차입금

차입금의 차입, 미지급이자와 선급이자에 대한 기말수정, 이자지급 및 차입금의 상환에 관한 회계처리 방법은 제4장의 〈예제 4-5〉 '미지급이자'와 〈예제 4-6〉 '선급이자'에서 이미 검토하였다. 여기에서는 제4장에서 검토되지 않은 장기차입금의 재분류를 검토한다.

2.1 장기차입금의 재분류

장기차입금을 재무상태표일로부터 1년 이내의 날짜에 갚아야 하면 해당 장기차입금은 유동부채로 재분류되어야 한다. 이후 만기가 되어 차입금이 상환되면 유동부채로 재분류된 장기차입금을 장부에서 제거해야 한다.

아래의 〈예제 9-1〉을 통해 장기차입금 재분류의 회계처리방법을 살펴보자.

〈예제 9-1〉 장기차입금의 재분류

20×1년 1월 1일에 (주)대한상사는 은행에서 500억원을 이자율 연 12%, 20×3년 12월 31일에 일시상환하는 조건으로 차입하였다. 차입금에 대한 이자는 매 연도 말에 지급되며, (주)대한상사의 회계연도는 12월 31일에 끝난다. 차입과 이자지급은 모두 기록되었다고 가정한다. (모든 분개의 단위는 억원임)

---

① 장기차입금의 재분류

20×2년 12월 31일이 되면 장기차입금의 만기일이 1년 이내로 임박하게 된다. 따라

서 20×2년 12월 31일 재무상태표에는 이 차입금은 유동부채에 속하는 유동성장기차입금으로 보고되어야 한다. 재분류를 위한 분개는 다음과 같다.

(차)	장기차입금	500	(대)	유동성장기차입금	500

이와 같이 장기차입금의 재분류는 상환기일이 1년 이내로 임박한 비유동부채를 유동부채로 그 과목의 분류를 변경시킨 것이기 때문에 (그 금액만큼 비유동부채가 감소하고 유동부채가 늘어나게 될 뿐) 부채 총액에는 변함이 없다.

② 장기차입금의 상환

유동성장기차입금으로 재분류되어 있는 장기차입금이 20×3년 12월 31일에 현금으로 상환되면 다음과 같은 분개가 작성되어야 한다.

(차)	유동성장기차입금	500	(대)	현 금	500

2.2 장기차입금과 현금흐름

아래의 〈예제 9-2〉로 장기차입금과 현금흐름의 관계를 살펴보자.

〈예제 9-2〉 장기차입금과 현금흐름

　다음의 〈표 9-1〉은 DH 상사의 20×1년 12월 31일과 20×2년 12월 31일 현재 부분재무상태표이다.

〈표 9-1〉 부분재무상태표

DH 상사 　　　　　　　　　　　　　　　　　　　　(단위 : 억원)

과 목	금 액		
	20×2년 12월 31일	20×1년 12월 31일	증(감)
유동성장기차입금	500	150	350
장기차입금	1,800	1,400	400

　주어진 정보에 의하면 20×2에 회사는 다음을 수행하였다는 것을 알 수 있다.

　1) 500억원의 장기차입금을 유동성장기차입금으로 재분류
　2) 150억원의 유동성장기차입금을 지급

(1) 20×2년 장기차입금 차입금액

　20×2년 장기차입금 차입금액은 아래의 〈그림 9-1〉과 같은 T 계정분석에 의하여 계산될 수 있다.

〈그림 9-1〉 T 계정분석

유동성장기차입금

(단위 : 억원)

			기초잔액	150(대)
상환	150			–
		재분류	500	기말잔액	500(대)

장기차입금

(단위 : 억원)

				기초잔액	1,400(대)
		차입	(X)		2,300(대)
재분류	500			기말잔액	1,800(대)

장기차입금 금액을 X라 하면,

1,400 + X - 500 = 1,800

X = 900

(2) 현금흐름표에 표시

장기차입금의 차입 900억원과 유동성장기차입금의 상환 150억원은 아래의 〈표 9-2〉와 같이 현금흐름표에 재무활동으로 인한 현금흐름으로 보고된다.

〈표 9-2〉 현금흐름표

20×2년 1월 1일부터 20×2년 12월 31일까지

DH 상사   .   (단위 : 억원)

항 목	금 액
재무활동으로 인한 현금흐름 :	
장기차입금의 차입	900
유동성장기차입금의 상환	(-)150

제3절

사　채

3.1 사채의 의의

　　사채는 기업이 돈을 장기간 빌리는 다수의 일반 대중에게 차입증서로 발행하는 문서이다. 사채증서에는 액면금액, 이자율, 이자지급일, 만기일이 표시되어 있다. 액면금액은 빌린 돈의 원금으로서 만기가 되면 갚아야 할 금액이다. 이자율은 사채를 발행한 기업이 지급해야 할 연간이자율이다. 이자지급일은 회사가 이자를 지급해야 하는 날을 말한다. 그리고 만기일은 사채기간이 만료되는 날이다. 그날에 회사는 사채의 원금(즉, 액면금액)을 갚아야 한다.

　　사채를 이용하면 일반 대중으로부터 돈을 빌릴 수 있다는 장점이 있다. 따라서 많은 기업들은 시설투자 등을 위해 장기간 필요한 거액의 자금을 조달하기 위해 사채를 발행한다. 한편 자금제공자들의 입장에서 보면 사채는 고정이자수익을 제공하는 금융상품이다.

　　사채와 주식은 일반 대중으로부터 기업이 장기간 안정적으로 사용할 수 있는 돈을 제공받는다는 점에서는 유사하다. 그러나 다음과 같은 차이가 있다.

　　첫째, 주식을 발행하여 주주들로부터 조달한 돈은 자기자본으로서 나중에 되돌려 주지 않아도 된다. 그러나 사채를 발행하여 빌린 돈은 '타인자본'으로서 만기일이 되면 반드시 갚아야 한다.

　　둘째, 주주에게는 자금의 투자대가로서 배당금이 지급될 수 있는데, 배당금의 지급 여부와 배당액은 미리 정해져 있지 않다. 그러나 사채권자에게는 정해진 이자율에 따라 계산된 일정액의 이자가 반드시 지급되어야 한다.

　　셋째, 주주와 사채권자는 모두 기업에 자금을 제공하고 있는데, 기업의 주인인 주주는 주주총회에서 의결권을 행사함으로써 기업경영에 참여할 수 있다. 그러나 사채권자는 의결권이 없어 기업경영에 관여하지 못한다.

넷째, 지급된 이자는 법인세법상 비용처리되어 절세효과를 제공한다. 그러나 배당금은 이익의 배분으로 간주되어 비용처리가 안 된다.

다섯째, 배당금의 경우 기업 차원에서 한 번(법인세), 그리고 주주 개인 차원에서 또 한 번(배당소득세) 이중으로 세금이 지급된다.

다음의 〈표 9-3〉은 사채와 주식의 차이를 요약한 것이다.

〈표 9-3〉 사채와 주식의 차이

	사 채	주 식
원금상환의무	있 음	없 음
자금의 투자대가	이 자 (정해져 있음)	배당금 (정해져 있지 않음)
경영참여권	없 음	있 음
절세효과	있 음	없 음
이중과세	없 음	있 음
과목의 분류	부채항목(타인자본)	자본항목(자기자본)

3.2 사채의 발행과 발행가격의 결정

3.2.1 사채의 발행

사채에 의하여 자금조달을 하기 위해서는 사채증서를 돈을 빌려주는 사람에게 발행해야 한다. 사채 발행가격은 사채증서를 발행하고 받는 금액이다. 사채 발행가격은 사채증서에 표시된 액면이자율과 사채발행시점에서의 시장이자율에 따라 결정된다. 액면이자율이란 사채를 발행한 기업이 현금으로 지급하는 이자금액을 계산하는 데 적용하는 이자율이다. 이는 사채증서의 표면에 표시되어 있기 때문에 '표면이자율' 또는 '표시이자율'이라고 한다. 현금지급이자금액은 액면금액에 액면이자율을 곱하여 계산된다. 시장이자율이란 기업이 자금시장에서 실제로 부담해야 하는 이자율이다. 이를 '유효이자율'이라고도 한다. 사채권자 입장에서 보면 시장이자율은 사채에 투자하여 얻을 수 있는 이자수익률이기 때문에 '투자수익률'이라고도 한다.

① 액면발행

액면이자율이 시장이자율과 같으면 사채는 액면금액과 같은 금액으로 발행되며, 이를 '액면발행'이라고 한다. 그러나 액면이자율이 시장이자율과 다르면 사채는 액면금액과 다른 금액으로 발행된다.

② 할인발행

먼저 액면이자율이 시장이자율보다 낮은 경우를 생각해 보자. 이 경우 투자자는 사채에 투자하는 것보다 다른 금융상품에 투자함으로써 더 많은 이자를 받을 수 있으므로 사채를 사려고 하지 않을 것이다. 따라서 사채발행회사가 투자자를 유인하기 위해서는 사채를 액면금액보다 낮은 금액으로 발행할 수밖에 없다. 이를 '할인발행'이라 하며, 액면금액과 발행가격의 차이를 '사채할인발행차금'이라고 한다.

③ 할증발행

한편 액면이자율이 시장이자율보다 높으면 투자자들은 다른 금융상품보다 사채를 사는 것이 유리하기 때문에 사채에 대한 투자를 더 선호할 것이다. 이런 경우 투자자는 액면금액보다 높은 금액을 주고도 사채를 사려고 할 것이며, 그리고 기업은 사채를 액면금액 이상으로 발행할 수 있다. 이와 같이 사채를 액면금액보다 높은 금액으로 발행하는 것을 '할증발행'이라 하며, 액면금액과 발행가격의 차이를 '사채할증발행차금'이라고 한다.

이와 같은 내용은 아래의 〈표 9-4〉와 같이 요약할 수 있다.

〈표 9-4〉 사채발행가격과 이자율

①	액면발행	액면이자율	=	시장이자율	⇒	발행가격	=	액면금액
②	할인발행	액면이자율	〈	시장이자율	⇒	발행가격	〈	액면금액
③	할증발행	액면이자율	〉	시장이자율	⇒	발행가격	〉	액면금액

3.2.2 사채발행가격의 결정

위에서 살펴본 것과 같이 사채가 할인 또는 할증발행되는 것은 액면이자율이 시장이자율과 다르기 때문이다. 액면이자율이 시장이자율보다 낮으면 사채는 할인발행된다. 거꾸로 액면이자율이 시장이자율보다 높으면 사채는 할증발행된다. 그렇다면 구체적으로 사채의 발행가격은 어떻게 결정되는 것일까? 사채가 액면·할인·할증 발행되어도 모든 경우 사채발행회사는 시장이자율만큼의 이자비용을 부담해야 한다. (금융시장은 효율적이기 때문임) 따라서 사채 발행가격은 발행회사가 시장이자율만큼의 이자비용을 부담하게 하는 가격이다. 이는 사채로부터 발생되는 미래현금흐름을 사채발행시점의 시장이자율(유효이자율)로 할인하여 구한 현재가치이다. (현재가치에 대한 개념 설명은 본 장의 부록을 참조).

다음의 〈예제 9-3〉을 통해 사채의 발행가격이 어떻게 결정되는지를 구체적으로 살펴보자.

〈예제 9-3〉 사채발행가격의 결정

(주)대한상사는 20×1년 1월 1일에 아래의 〈표 9-5〉와 같은 사채를 발행하였다.

〈표 9-5〉 발행사채

액 면 금 액	1,000억원
액 면 이 자 율	연 10%
이 자 지 급 일	매 연도 12월 31일
만 기 일	20×3년 12월 31일
회 계 연 도 종 료 일	12월 31일

① 시장이자율이 10%인 경우 사채의 발행가격 계산—액면발행

아래의 〈그림 9-2〉에서 보는 것과 같이 (주)대한상사의 사채발행에 따른 미래현금흐름은 20×1년, 20×2년, 20×3년 매년 말에 지급되는 이자 100억원과 만기일인 20×3년 말에 지급되는 사채의 액면금액 1,000억원을 포함한다. 여기서 매년 말에 지급되는 이자 100억원은 액면금액에 액면이자율을 곱하여 계산된 것이다.

사채의 발행가격은 매년 말의 이자지급액 100억원과 만기 상환금액인 액면금액 1,000억원을 사채발행시점에서의 시장이자율로 할인한 현재가치의 합계이다.

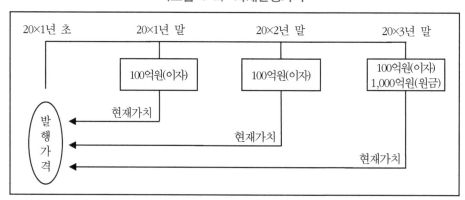

〈그림 9-2〉 사채발행가격

시장이자율이 10%일 경우 사채의 발행가격은 아래의 〈표 9-6〉과 같이 액면금액의 현재가치 751억원과 매년 현금으로 지급되는 이자의 현재가치 249억원을 합한 1,000억원으로 계산된다. 여기서는 액면이자율과 시장이자율이 10%로 동일하여 사채의 발행가격은 액면금액과 같다. 이와 같은 경우를 액면발행이라고 한다.

〈표 9-6〉 사채발행가격의 계산―액면발행

① 액면상환금액의 현재가치 :		
1,000억 × 0.7513(10%, 3년의 현가계수)	≒	751억원
② 매년 현금으로 지급되는 이자의 현재가치 :		
100억 × 2.4868(10%, 3년의 연금현가계수)	≒	249억원
③ 사채의 발행가격 :		
① 751억 + ② 249억	=	1,000억원

② 시장이자율이 12%인 경우 사채의 발행가격 계산―할인발행

사채에 관련된 미래현금흐름은 액면금액과 액면이자율이 같다면 동일하다. 따라서 시장이자율이 12%인 경우에도 미래현금흐름은 앞에서 살펴본 시장이자율이 10%인 경우와 동일하다. 액면이자율이 10%이고 시장이자율이 12%인 경우 사채의 발행가격은 아래의 〈표 9-7〉과 같이 계산된다.

〈표 9-7〉 사채발행가격의 계산―할인발행

① 액면상환금액의 현재가치 :		
1,000억 × 0.7118(12%, 3년의 현가계수)	≒	712억원
② 매년 현금으로 지급되는 이자의 현재가치 :		
100억 × 2.4018(12%, 3년의 연금현가계수)	≒	240억원
③ 사채의 발행가격 :		
① 712억 + ② 240억	=	952억원
④ 사채할인발행차금 :		
액면금액(1,000억) - ③ 발행가격(952억)	=	48억원

이와 같이 사채가 액면금액 1,000억원보다 낮은 952억원으로 발행되는 것을 할인발행이라고 한다. 액면금액과 발행가격의 차이 48억원을 사채할인발행차금이라고 한다.

〈박스 9-1〉 사채발행가격의 계산방법(첩경)—할인발행

(L. Spurrell이 *Issues in Accounting Education* 5 (1), 1990에 제시)

〈예제 9-3〉 시장이자율이 12%인 경우 사채할인발행차금은 매년 시장이자율 12%에 의한 이자 120억원을 지급하면 발생하지 않는다. 이는 매년 액면이자율 10%에 의한 이자 100억원만을 지급하기 때문에 발생한 것이다. 따라서 사채할인발행차금은 매년 (이 두 금액의 차이) 20억원의 현재가치로 다음과 같이 48억원으로 계산된다. 아래의 〈표 9-8〉과 같이 사채의 발행가격은 액면금액에서 이와 같이 계산된 사채할인발행차금을 차감하여 계산될 수 있다.

〈표 9-8〉 사채발행가격의 계산(첩경)—할인발행

① 액면발행을 가능하게 하는 시장이자율 12%에 의한 이자 :		
1,000억 × 12%	=	120억원
② 액면이자율 10%에 의한 현금 지급되는 이자 :		
1,000억 × 10%	=	100억원
③ ①과 ②의 차액 :		
120억 - 100억	=	20억원
④ 사채할인발행차금 = 매년 ③의 현재가치 :		
20억 × 2.4018(12%, 3년의 연금현가계수)	≒	48억원
⑤ 사채의 발행가격 :		
액면금액(1,000억) - ④ 할인발행차금(48억)	=	952억원

3.3 사채할인발행차금의 상각

사채가 할인발행되면 액면금액과 발행가격의 차이는 사채할인발행차금으로서 이는 현금지급이자 외에 사채상환시 사채권자에게 추가로 지급되는 보상이다. 따라서 할인발행시 사채기간 동안의 총이자비용은 현금지급이자와 사채할인발행차금을 합한 금액이다.

여기서 앞의 〈예제 9-3〉에서 (주)대한상사가 사채를 할인발행하였을 때를 예로 들어 보자. 할인된 발행가격을 가능하게 하는 시장이자율은 12%로 계산되었다. 이 경우 사채발행에 따른 3년간의 총이자비용은 아래의 〈표 9-9〉와 같이 (매년의 현금이자합계액) 300억원에 사채할인발행차금 48억원을 합한 348억원이다.

〈표 9-9〉 할인발행의 경우 사채에 대한 3년간의 총이자비용

① 현금지급이자 : 1,000억 × 10% × 3회	=	300억원
② 사채할인발행차금 : 1,000억 - 952억	=	48억원
총이자비용(① + ②)		348억원

이와 같이 사채할인발행차금은 사채기간 동안에 걸쳐 추가로 발생하는 이자비용이다. 따라서 이 할인발행차금은 적절한 방법에 의하여 배분되어 매년 이자비용으로 기록되어야 한다. 이런 과정을 '사채할인발행차금의 상각'이라고 한다. 상각방법으로는 유효이자율법과 정액법, 두 방법이 있다. 여기 본문에서는 유효이자율법을 설명하고 정액법은 〈박스 9-2〉에서 검토한다.

3.3.1 유효이자율법

유효이자율법은 사채의 연초 장부금액에 유효이자율(시장이자율)을 곱하여 이자비용을 계산하는 방법이다. 사채할인발행차금상각액은 이자비용에서 현금지급된 이자를 차감하여 계산된다.

〈예제 9-3〉에서 유효이자율법에 의한 20×1년도의 이자비용과 사채할인발행차금 상각액, 그리고 20×1년 말 사채의 장부금액은 아래의 〈표 9-10〉과 같이 계산된다.

〈표 9-10〉 사채할인발행차금의 상각─유효이자율법

① 20×1년의 이자비용 :

　20×1년 초 사채의 장부금액 × 유효이자율

　= 952억 × 12%　　　　　　　　　　　　　　　　　　≒　114억원

② 20×1년의 사채할인발행차금상각액 :

　① 20×1년의 이자비용 － 20×1년 12월 31일의 현금지급이자

　= 114억 － 100억　　　　　　　　　　　　　　　　　=　14억원

③ 20×1년 말 사채의 장부금액 :

　20×1년 초 장부금액 ＋ ② 사채할인발행차금상각액

　= 952억 ＋14억　　　　　　　　　　　　　　　　　=　966억원

　20×1년의 이자비용은 20×1년 초 사채의 장부금액에 유효이자율 12%를 곱한 금액인 114억원이다. 20×1년에 현금으로 지급하는 이자는 액면금액 1,000억원에 액면이자율 10%를 곱한 금액인 100억원이다. 이자비용 114억원에서 현금지급이자 100억원을 차감한 금액 14억원이 20×1년의 사채할인발행차금상각액이다. 이 상각액은 이자비용 중 현금지급되지 않은 부분이기에 추가 부채이다. 따라서 20×1년 말 사채의 장부금액은 20×1년 초 장부금액(원가 : 952억원)에 20×1년 사채할인발행차금상각액(14억원)을 합한 금액(상각후원가 : 966억원)이 된다.

　아래의 〈표 9-11〉은 20×2년과 20×3년에 위의 계산절차를 적용하여 매년의 이자비용, 사채할인발행차금상각, 그리고 매년 말의 사채장부금액을 계산한 표이다.

〈표 9-11〉 사채할인발행차금상각표－유효이자율법

(단위 : 억원)

날 짜	이자비용	현금지급이자	사채할인발행차금 상각액	사채장부금액 (상각후원가)
20×1년 1월 1일				952
20×1년 12월 31일	114	100	14	966
20×2년 12월 31일	116	100	16	982
20×3년 12월 31일	118	100	18	1,000
합 계	348	300	48	

위의 상각표에 나타난 것처럼 매년 사채할인발행차금상각액만큼 사채의 장부금액이 증가한다. 궁극적으로 만기일인 20×3년 12월 31일에는 사채의 장부금액이 액면금액 1,000억원이 된다.

3.3.2 유효이자율법 vs 정액법

유효이자율법에 의하면 사채의 기초장부금액에 유효이자율을 곱하여 이자비용이 계산된다. 때문에 매년 사채장부금액이 증가(할증발행의 경우 감소)함에 따라 이자비용이 증가(할증발행의 경우 감소)한다. 매년 변하는 사채의 장부금액에 비례하여 이자비용을 보고하는 유효이자율법이 매년 변하는 사채의 장부금액과 관계없이 일정 금액을 이자비용으로 보고하는 정액법(아래의 〈박스 9-2〉 참조)보다 합리적이라고 할 수 있다. (부채의 장부금액이 증가되면 이자비용이 보다 많이 보고되어야 한다는 논리임) K-IFRS[3]는 유효이자율법만을 허용하고 있다.

〈박스 9-2〉 정액법

정액법에서 사채할인발행차금은 사채기간 동안 매년 동일한 금액으로 상각된다. 〈예제 9-3〉에 정액법을 적용하면 사채할인발행차금의 매년 상각액은 다음과 같이 계산된다.

$$\frac{\text{사채할인발행차금의}}{\text{매년 상각액}} = \frac{\text{사채할인발행차금}}{\text{사채기간}} = \frac{48억}{3년} = 16억원$$

정액법을 적용할 경우 매년의 이자비용과 매년 말 사채의 장부금액은 아래의 〈표 9-12〉와 같다.

〈표 9-12〉 사채할인발행차금상각표—정액법

(단위 : 억원)

날 짜	현금지급이자	사채할인발행차금 상각액	이자비용	사채장부금액 (상각후원가)
20×1년 1월 1일				952
20×1년 12월 31일	100	16	116	968
20×2년 12월 31일	100	16	116	984
20×3년 12월 31일	100	16	116	1,000
합 계	300	48	348	

위의 상각표에 나타난 것처럼 매년 이자비용은 116억원이다. 이는 현금이자지급액 100억원에 사채할인발행차금상각액 16억원을 합한 금액이다.

정액법은 전체 사채기간 동안 사채할인발행차금상각액을 한 번 계산하기 때문에 상각금액을 매년 별도로 계산해야 하는 유효이자율법보다 사용이 간편하다는 장점이 있다. 그러나 상각표에서 볼 수 있듯이 정액법은 사채의 장부금액이 변동함에도 불구하고 이자비용이 매년 동일하게 보고된다는 한계점이 있다. 따라서 미국 회계기준은 이들 두 방법을 적용한 결과의 차이가 중요하지 않을 때에만 정액법을 사용할 수 있도록 하고 있다.

3.4 사채의 회계처리

3.4.1 재무상태표와 포괄손익계산서에 보고

K-IFRS[4]에 의하면 사채는 상각후원가로 측정·보고되어야 한다. 상각후원가란

사채의 원가, 즉 사채의 발행가격에 사채할인(할증)차금상각액을 가(감)조정한 후의 금액을 뜻한다. (3.4.1의 모든 분개의 단위는 억원임)

(1) 사채의 발행

① 액면발행의 경우

〈예제 9-3〉에서 사채가 액면발행되었을 경우의 분개는 다음과 같다.

(차) 현 금	1,000	(대) 사 채	1,000

② 할인발행의 경우

〈예제 9-3〉에서 사채가 할인발행되었을 경우의 분개는 다음과 같다.

(차) 현 금	952	(대) 사 채	952

(2) 사채이자비용 및 사채할인발행차금의 상각

① 액면발행의 경우

사채를 발행한 후 이자지급일이 되면 액면금액에 액면이자율을 곱하여 계산된 이자가 현금지급되어야 한다. 이자지급일인 20×1년 12월 31일, 20×2년 12월 31일, 20×3년 12월 31일 각각에 다음과 같은 분개가 작성되어야 한다.

(차) 이 자 비 용	100*	(대) 현 금	100

* 1,000억 × 10% = 100억원

사채가 액면발행되면 사채할인·할증발행차금의 상각이 없어 이자지급액이 바로 이자비용이다. 같은 이유로 사채의 상각후원가는 그냥 '원가'이다. 따라서 20×1년 말 재무상태표에 사채는 아래의 〈표 9-13〉과 같이 사채의 원가인 액면금액으로 표시된다.

〈표 9-13〉 **부분재무상태표—액면발행**

(주)대한상사   20×1년 12월 31일 현재   (단위 : 억원)

과 목	금 액
비유동부채	
사채	1,000

② 할인발행의 경우

현금지급된 이자를 기록하기 위한 분개에 추가하여 20×1년 말에 다음과 같은 사채할인발행차금의 상각을 기록하기 위한 분개를 작성해야 한다.

(차) 이자비용(20×1년)	14	(대) 사 채	14

위와 같은 분개의 결과 20×1년의 포괄손익계산서에는 이자비용 114억원이 보고되며 사채의 장부금액은 사채할인발행차금상각액인 14억원만큼 증가된다. 20×1년 12월 31일 현재의 재무상태표에는 사채가 아래의 〈표 9-14〉와 같이 상각후원가인 966억원으로 보고된다.

〈표 9-14〉 **부분재무상태표—할인발행**

(주)대한상사   20×1년 12월 31일 현재   (단위 : 억원)

과 목	금 액
비유동부채	
사채	966

이자지급 분개에 추가하여 20×2년 말에는 다음과 같은 분개가 작성되어야 한다.

(차) 이자비용(20×2년)	16	(대) 사 채	16

(3) 사채의 재분류

사채의 만기일이 재무상태표일로부터 1년 이내로 임박하면 사채는 유동성장기차입금으로 재분류되어야 한다.

① 액면발행의 경우

〈예제 9-3〉 액면발행의 경우 20×2년 12월 31일에 다음과 같은 분개가 작성되어
야 한다.

(차) 사 채	1,000	(대) 유동성장기차입금	1,000

② 할인발행의 경우

〈예제 9-3〉 할인발행의 경우에는 20×2년 말 사채의 장부금액이 982억원이다. 따
라서 다음과 같은 분개가 작성되어야 한다.

(차) 사 채	982	(대) 유동성장기차입금	982

(4) 사채의 상환

사채가 만기되면 발행회사는 액면금액을 사채권자에게 현금으로 갚아 사채를 상환
해야 한다.

① 액면발행의 경우

〈예제 9-3〉 액면발행의 경우 20×3년 12월 31일에 사채가 상환되면 다음과 같은
분개가 작성되어야 한다.

(차) 유동성장기차입금	1,000	(대) 현 금	1,000

② 할인발행의 경우

〈예제 9-3〉 할인발행의 경우 유동성장기차입금으로 재분류된 사채의 장부금액은
20×3년 사채할인발행차금 상각 전 금액이다. 따라서 20×3년 사채할인발행차금을 상각
하기 위하여 다음과 같은 분개가 작성되어야 한다.

(차) 이자비용(20×3년)	18	(대) 유동성장기차입금	18

이 분개를 통하여 비로소 유동성장기차입금의 장부금액이 상환금액인 액면금액이 된다. 사채상환 분개는 액면발행 때 작성된 것과 같다.

다음의 〈표 9-15〉는 〈예제 9-3〉에서 사채가 액면발행되었을 때와 할인발행되었을 때에 작성되어야 할 분개를 비교한 것이다.

〈표 9-15〉 사채 액면발행의 경우와 할인발행의 경우 분개

날짜	① 액면발행의 경우		② 할인발행의 경우	
20×1년 1월 1일	사채의 발행			
	차) 현 금 1,000	대) 사 채 1,000	차) 현 금 952	대) 사 채 952
20×1년 12월31일	20×1년 이자비용 및 사채할인발행차금상각			
	차) 이자비용(20×1년) 100	대) 현 금 100	왼쪽 액면발행의 경우와 같음	
			차) 이자비용(20×1년) 14	대) 사 채 14
20×2년 12월31일	20×2년 이자비용 및 사채할인발행차금상각			
	차) 이자비용(20×2년) 100	대) 현 금 100	왼쪽 액면발행의 경우와 같음	
			차) 이자비용(20×2년) 16	대) 사 채 16
20×2년 12월31일	사채의 재분류			
	차) 사 채 1,000	대) 유동성장기차입금 1,000	차) 사 채 982	대) 유동성장기차입금 982
20×3년 12월31일	20×3년 이자비용 및 사채할인발행차금상각			
	차) 이자비용(20×3년) 100	대) 현 금 100	왼쪽 액면발행의 경우와 같음	
			차) 이자비용(20×3년) 18	대) 유동성장기차입금 18
20×3년 12월31일	사채의 상환			
	차) 유동성장기차입금 1,000	대) 현 금 1,000	왼쪽 액면발행의 경우와 같음	

3.4.2 현금흐름표에 보고

사채의 발행, 이자의 지급, 사채의 상환 모두 재무활동이다. 또한 이자비용이 포괄손익계산서에 '기타비용'으로 보고되기 때문에 당기순이익에 영향을 미치나 영업활동 현금흐름에 영향을 미치지는 않는다. 여기서는 사채가 액면발행되었을 때(〈예제 9-3-1〉)와 할인발행되었을 때 〈예제 9-3-2〉의 재무활동 현금흐름과 영업활동 현금흐름을 비교·검토한다.

〈예제 9-3-1〉 사채와 현금흐름─**액면발행**

모든 것이 〈예제 9-3〉과 같고 (주)대한상사가 사채를 액면발행하였다. (주)대한상사의 20×1년, 20×2년, 20×3년 각각의 매출액과 영업비용은 아래의 〈표 9-16〉과 같이 동일하고 이들 항목 모두가 현금거래로 이루어졌다.

〈표 9-16〉 손익계산서─**액면발행**

(주) 대한상사   (단위 : 억원)

과 목	금 액		
	20×1년	20×2년	20×3년
매출액	2,300	2,300	2,300
영업비용	(-)1,800	(-)1,800	(-)1,800
영업이익	500	500	500
이자비용	(-)100	(-)100	(-)100
당기순이익	400	400	400

〈표 9-17〉 영업활동 현금흐름과 재무활동 현금흐름—액면발행

(주) 대한상사 (단위 : 억원)

항 목	금 액		
	20×1년	20×2년	20×3년
영업활동 현금흐름 :			
영업활동 현금유입	2,300	2,300	2,300
영업활동 현금유출	(−)1,800	(−)1,800	(−)1,800
영업활동 순현금	500	500	500
또는			
당기순이익	400	400	400
이자비용	100	100	100
영업활동 순현금	500	500	500
재무활동 현금흐름 :			
사채의 발행	1,000		
사채의 상환			(−)1,000
개별보고 항목 :			
이자지급	(−)100	(−)100	(−)100
재무활동 순현금	900	(−)100	(−)1,100

영업활동 순현금은 위의 〈표 9-17〉에서 볼 수 있는 바와 같이 영업활동 현금유입에서 영업활동 현금유출을 차감하여 직접 계산할 수 있다. 또는 당기순이익에 이자비용을 가산하여 간접 계산할 수 있다. 영업활동 순현금은 20×1년, 20×2년, 20×3년 각각에 500억원으로 동일하다. 〈예제 9-3-1〉과 같이 사채가 액면발행되었을 때에는 영업활동 현금흐름을 간접 계산할 때 당기순이익에 가산해야 하는 이자비용(100억원)과 재무활동 현금흐름으로 보고되는 이자지급(100억원)이 동일하다. 이자지급은 개별보고 항목이다. 또한 20×1년 재무활동 현금흐름으로 보고되는 사채의 발행(1,000억원)은 20×3년 재무활동 현금흐름으로 보고되는 사채의 상환(1,000억원)과 동일하다. 영업활동 순현금을 간접 계산하는 방법은 제11장 '현금흐름표'에서 자세히 검토된다.

〈예제 9-3-2〉 사채와 현금흐름―**할인발행**

　　모든 것이 〈예제 9-3〉과 같고 (주)대한상사가 사채를 할인발행하였다. (주)대한상사의 20×1년, 20×2년, 20×3년 각각의 매출액과 영업비용은 아래의 〈표 9-18〉과 같이 동일하고 이들 항목 모두가 현금거래로 이루어졌다.

〈표 9-18〉 손익계산서―할인발행의 경우

(주) 대한상사　　　　　　　　　　　　　　　　　　　　　　　　(단위 : 억원)

과　　목	금　　액		
	20×1년	20×2년	20×3년
매출액	2,300	2,300	2,300
영업비용	(−)1,800	(−)1,800	(−)1,800
영업이익	500	500	500
이자비용	(−)114	(−)116	(−)118
당기순이익	386	384	382

〈표 9-19〉 영업활동 현금흐름과 재무활동 현금흐름―할인발행

(주) 대한상사　　　　　　　　　　　　　　　　　　　　　　　　(단위 : 억원)

항　　목	금　　액		
	20×1년	20×2년	20×3년
영업활동현금흐름 :			
영업활동 현금유입	2,300	2,300	2,300
영업활동 현금유출	(−)1,800	(−)1,800	(−)1,800
**　영업활동 순현금**	500	500	500
또는			
**　당기순이익**	386	384	382
이자비용	114	116	118
**　영업활동 순현금**	500	500	500
재무활동 현금흐름 :			
사채의 발행	952		
사채의 상환			(−)1,000
**　개별보고 항목 :**			
이자지급	(−)100	(−)100	(−)100
**　재무활동 순현금**	852	(−)100	(−)1,100

이자비용 이외의 항목은 〈예제 9-3-1〉 액면발행하였을 때와 같이 매년 동일하기 때문에 영업활동 순현금은 매년 500억원이다. 재무활동 현금유입으로 보고된 20×1년 사채의 발행(952억원)은 사채발행금액이고 20×3년 재무활동 현금유출로 보고된 사채의 상환(1,000억원)금액은 사채액면가이다.

〈예제 9-3-2〉와 같이 사채가 할인발행되었을 때에는 〈표 9-19〉에서 볼 수 있는 바와 같이 영업활동 현금흐름을 간접 계산할 때 당기순이익에 가산해야 하는 이자비용과 재무활동 현금유출로 보고되는 이자지급이 다르다. 아래의 〈표 9-20〉은 이자비용과 이자지급과의 관계를 보여준다.

〈표 9-20〉 이자비용과 이자지급─할인발행

(단위 : 억원)

항 목	금 액		
	20×1년	20×2년	20×3년
이자비용	114	116	118
사채할인발행차금의 상각	(-)14	(-)16	(-)18
이자지급	100	100	100

〈표 9-20〉은 현금흐름표에 보고되는 이자지급은 포괄손익계산서에 보고된 이자비용에서 사채할인발행차금상각액(사채 장부금액의 증가)을 차감하여 계산할 수 있다는 것을 알려준다.

3.5 연중 사채발행

3.5.1 사채이자비용과 사채할인발행차금의 상각

지금까지 검토한 예제에서는 사채가 연초에 발행되었기 때문에 연말에 이자와 관련된 수정분개는 필요 없었다. 그러나 사채가 연중에 발행되면 연말에 이자비용과 관련된 수정분개를 작성해야 한다.

① 액면발행의 경우

사채가 액면발행된 경우 연말수정분개와 이자지급분개를 다음의 〈예제 9-3-3〉을 통해 살펴보자.

〈예제 9-3-3〉 연중 사채발행—액면발행

　　〈예제 9-3〉과 모든 것이 같으며 단지 (주)대한상사가 20×1년 7월 1일 에 사채를 액면 발행하였다. 단지 이자지급일과 만기일만이 다음과 같이 다 르다.

이자지급일	매년 6월 30일
만　기　일	20×4년 6월 30일

위의 〈예제 9-3-3〉에서는 앞에서 검토한 것과는 다르게 사채가 연초(1월 1일)에 발행되지 않고 연중(7월 1일)에 발행되었으며, 이자지급일도 매년 6월 30일이다. 매년 말, 그리고 이자지급일에 작성하여야 할 분개는 다음과 같다. (모든 분개의 단위는 억 원임)

(1) 20×1년 12월 31일 이자비용에 관련된 수정분개

사채에 대한 이자는 (20×2년, 20×3년, 20×4년) 매년 6월 30일에 100억원씩 현금으로 지급된다. 20×1년도에는 지급되는 이자가 없다. 그러나 연말에는 다음과 같이 사채발행일인 20×1년 7월 1일부터 20×1년 12월 31일까지 6개월의 경과기간에 대한 이자가 발생했다.

6개월의 경과기간에 대한 이자 발생액 = 1,000억 × 10% × 6개월/12개월 = 50억원

따라서 아래와 같은 수정분개를 작성하여 발생한 이자를 이자비용으로 기록하고 동시에 미지급이자라는 부채를 기록해야 한다.

(차)	이자비용(20×1년)	50	(대)	미지급이자	50

(2) 20×2년 6월 30일 사채이자지급에 대한 분개

이자지급일인 20×2년 6월 30일에는 사채이자 100억원이 현금으로 지급된다. 100억원 중에서 50억원은 20×1년 말에 부채로 보고된 미지급이자를 갚은 것이다. 나머지 50억원은 20×2년 이자비용을 지급한 것이다. 이 거래에 대한 분개는 다음과 같다.

(차)	미지급이자	50	(대)	현 금	100
	이자비용(20×2년)	50			

위의 (1)의 분개는 20×2년 말, 20×3년 말에 반복 작성되어야 한다. (2)의 분개는 20×3년 6월 30일과 20×4년 6월 30일에 반복 작성되어야 한다.

② 할인발행의 경우

사채가 할인 발행된 경우 연말수정분개를 다음의 〈예제 9-3-4〉를 통해 살펴보자.

> 〈예제 9-3-4〉 연중 사채발행─할인발행
>
> 〈예제 9-3-3〉과 모든 것이 같으며 단지 (주)대한상사가 20×1년 7월 1일에 사채를 952억원에 발행하였다.

회계기간 중에 사채가 할인발행된 경우에는 우선 사채발행일로부터 매년(사채연도) 1년치의 할인발행차금 상각액을 계산해야 한다. 그 다음 이 사채연도 상각액을 매 회계연도 내의 월수에 비례하여 회계연도 간에 배분해야 한다. 예를 들어, 〈예제 9-3-4〉와 같이 사채가 7월 1일에 할인 발행되었다면 사채할인발행차금상각액은 다음의 〈표 9-21〉에서와 같이 두 회계연도에 6 : 6의 비율로 배분되어야 한다.

〈표 9-21〉 사채할인발행차금의 상각

(단위 : 억원)

연 도	사채할인발행차금 상각				
	1월 1일부터 6월 30일까지		7월 1일부터 12월 31일까지		합 계
20×1			14 × 6/12	7	7
20×2	14 × 6/12	7	16 × 6/12	8	15
20×3	16 × 6/12	8	18 × 6/12	9	17
20×4	18 × 6/12	9			9

사채가 할인발행되면 사채가 액면발행되었을 때 작성되는 분개에 추가하여 아래의 (1)의 분개가 작성되어야 한다. 20×3년 말에 사채를 재분류하기 위한 분개의 금액[아래의 (2)]도 액면발행되었을 때와 다르다. (모든 분개의 단위는 억원임)

(1) 사채할인발행차금 상각을 기록하기 위한 추가 수정분개

20×1년 12월 31일

(차) 이자비용(20×1년)	7	(대) 사 채	7

20×2년 12월 31일

(차) 이자비용(20×2년)	15	(대) 사 채	15

20×3년 12월 31일

(차) 이자비용(20×3년)	17	(대) 사 채	17

20×4년 6월 30일

(차) 이자비용(20×4년)	9	(대) 유동성장기차입금	9

(2) 20×3년 12월 31일에 사채를 재분류하기 위한 분개

(차) 사 채	991	(대) 유동성장기차입금	991

다음의 〈표 9-22〉는 〈예제 9-3-3〉에서 사채가 액면발행되었을 때와 〈예제 9-3-4〉에서 사채가 할인발행되었을 때에 작성되어야 할 분개를 비교한 것이다.

〈표 9-22〉 사채 액면발행의 경우와 할인발행의 경우 분개

날짜	① 액면발행의 경우				② 할인발행의 경우			
20×1년 7월 1일	사채의 발행							
	차) 현 금	1,000	대) 사 채	1,000	차) 현 금	952	대) 사 채	952
20×1년 12월31일	20×1년 이자비용 및 사채할인발행차금상각							
	차) 이자비용(20×1년)	50	대) 미지급이자	50	왼쪽 액면발행의 경우와 같음			
					차) 이자비용(20×1년)	7	대) 사 채	7
20×2년 6월30일	이자지급							
	차) 이자비용(20×2년) 미지급이자	50 50	대) 현 금	100	왼쪽 액면발행의 경우와 같음			
20×2년 12월31일	20×2년 이자비용 및 사채할인발행차금상각							
	차) 이자비용(20×2년)	50	대) 미지급이자	50	왼쪽 액면발행의 경우와 같음			
					차) 이자비용(20×2년)	15	대) 사 채	15
20×3년 6월30일	이자지급							
	차) 이자비용(20×3년) 미지급이자	50 50	대) 현 금	100	왼쪽 액면발행의 경우와 같음			
20×3년 12월31일	20×3년 이자비용 및 사채할인발행차금상각							
	차) 이자비용(20×3년)	50	대) 미지급이자	50	왼쪽 액면발행의 경우와 같음			
					차) 이자비용(20×3년)	17	대) 사 채	17
20×3년 12월31일	사채의 재분류							
	차) 사 채	1,000	대) 유동성장기차입금	1,000	차) 사 채	991	대) 유동성장기차입금	991
20×4년 6월30일	이자지급							
	차) 이자비용(20×4년) 미지급이자	50 50	대) 현 금	100	왼쪽 액면발행의 경우와 같음			
20×4년 6월30일	20×4년 사채할인발행차금상각 및 사채상환							
					차) 이자비용(20×4년)	9	대) 유동성장기차입금	9
	차) 유동성장기차입금	1,000	대) 현 금	1,000	왼쪽 액면발행의 경우와 같음			

3.5.2 이자비용과 이자지급

① 액면발행의 경우

　사채 액면발행의 경우 (주)대한상사의 20×1년, 20×2년, 20×3년, 20×4년 포괄손익계산서에 보고되는 이자비용과 현금흐름표에 보고되는 이자지급은 아래의 〈표 9-23〉과 같다.

〈표 9-23〉 이자비용과 이자지급－액면발행

(단위 : 억원)

항　　목	금　　액			
	20×1년	20×2년	20×3년	20×4년
연말미지급이자	50	50	50	－
이자비용	50	100	100	50
미지급이자의 (증)감	(-)50	－	－	50
이자지급	－	100	100	100

　〈표 9-23〉은 현금흐름표에 보고되는 이자지급은 제5장에서 검토한 바와 같이 포괄손익계산서에 보고된 이자비용에 미지급이자의 (증)감을 가(감)하여 계산될 수 있다는 것을 보여준다.

② 할인발행의 경우

　사채할인발행의 경우 (주)대한상사의 20×1년, 20×2년, 20×3년, 20×4년 포괄손익계산서에 보고되는 이자비용과 현금흐름표에 보고되는 이자지급은 아래의 〈표 9-24〉와 같다.

〈표 9-24〉 이자비용과 이자지급—할인발행

(단위 : 억원)

항 목	금 액			
	20×1년	20×2년	20×3년	20×4년
연말미지급이자	50	50	50	–
이자비용	57	115	117	59
미지급이자의 (증)감	(–)50	–	–	50
사채할인발행차금상각액	(–)7	(–)15	(–)17	(–)9
이자지급	–	100	100	100

〈표 9-24〉는 현금흐름표에 보고되는 지급이자는 포괄손익계산서에 보고된 이자비용에 미지급이자의 (증)감을 가(감)하고 사채할인발행차금상각액(사채 장부금액의 증가)을 차감하여 계산될 수 있다는 것을 보여준다.

제4절

충당부채

4.1 충당부채의 의의

충당부채(provisions)는 빚을 갚아야 할 시기나 금액이 확정되지 않은 부채이다. 예를 들어 판매자가 판매한 제품에 대하여 결함이 생기면 무상으로 수리해주겠다고 보증하는 경우 보증의무가 생긴다. 이 경우 보증의무가 존재하지만 언제 무상수리서비스를 제공하게 될지, 무상수리서비스에 얼마의 원가가 투입되어야 할지는 판매시점에서 불확실하다. K-IFRS[5]에 의하면 1) 무상수리서비스를 제공해야 할 확률이 50% 이상이고 2) 무상서비스 금액을 신뢰성 있게 측정할 수 있다면 충당부채(제품보증충당부채)를 인식해야 한다. 그리고 의무에 대한 간략한 설명과 연중 충당부채의 증감 내용을 공시해야 한다.

충당부채는 비금융부채일 수도 있고 금융부채일 수도 있다. 위헤서 검토한 제품보증충당부채는 계약에 의해 발생하였지만 현금 등의 금융자산이 아닌 재화나 용역으로 결제되기 때문에 비금융부채이다. 아래에서 검토되는 환불충당부채는 계약에 의하여 발생하였고 현금 등의 금융자산으로 결제되기 때문에 금융부채이다.

K-IFRS[6]에 의하면 우발부채(contingent liabilities)는 미래에 발생할 사건에 의하여 존재여부가 결정되는 잠재적 의무 또는 위에서 설명한 충당부채의 인식조건 두 가지 중 하나만을 만족하는 현재의 의무이다. 패소 가능성이 50% 미만인 소송사건으로부터의 손실이 우발부채의 좋은 예이다. 우발부채는 주석으로 공시되어야 한다.

4.2 제품보증충당부채

아래의 〈예제 9-4〉를 이용하여 제품보증충당부채의 회계처리방법을 검토하자.

〈예제 9-4〉 제품보증충당부채

　　(주)대전자동차는 자동차를 제조판매하면서 5년간 무상수리 서비스를 보증하고 있다. 20×1년에 회사는 200만대의 모델 X를 판매하였다. 회사는 과거의 경험을 토대로 하여 판매수량의 20%는 대당 10만원의 수리비용, 그리고 5%는 대당 50만원의 수리비용이 발생할 것으로 추정하였다. 회사는 20×1년 중에 제품보증수리비 80억원을 지급하였다. (모든 분개의 단위는 억원임)

① 지출된 제품보증수리비의 기록

20×1년 중에 지급된 제품보증수리비 80억원은 20×1년 말에 설정될 제품보증충당부채를 갚은 것으로 처리된다.

(차)	제품보증충당부채	80	(대)	현　　　금	80

② 제품보증충당부채의 설정

20×1년에 판매된 모델 X 200만대에 대한 제품보증수리비 추정금액은 900억원이다. 20×1년 말에 회사는 이 금액만큼 제품보증충당부채를 설정해야 한다. 이 금액이 당해연도 제품보증비용이다.

(차)	제품보증비용	900*	(대)	제품보증충당부채	900

* 200만대 × 20% × 10만 + 200만대 × 5% × 50만 = 900억원

이 두 분개의 결과 20×1년 재무상태표에 보고되는 제품보증충당부채는 820억원이다[연말에 설정된 제품보증충당부채(900억원) - 실제 제공된 제품보증서비스(80억원)].

4.3 환불충당부채

기업은 판매를 촉진하기 위해 판매한 상품에 대하여 일정기간 동안 환불 서비스를 제공하기도 한다. 이 경우 기업은 고객이 구입한 상품에 만족하지 못하여 반품하고 환

불을 청구하면 판매대금을 돌려주어야 한다. 미래에 발생할 환불이 환불충당부채이다. 일반적으로 환불충당부채는 환불기간과 회사의 과거 환불경험 등을 분석하여 추정된다.

〈예제 9-5〉 환불충당부채

　　(주)대전인터넷몰은 20×1년 초에 사업을 시작하였다. 회사는 다양한 상품을 판매하면서 고객이 상품에 대해 만족하지 못하여 매입 후 3개월 이내에 반품하면 환불해주는 판매정책을 실시하고 있다. 20×1년에 회사는 1,000억원의 매출을 올렸다. 20×1년에 실제 환불된 금액은 20억원이었다. 고객의 반품 패턴을 고려할 때 판매된 상품의 3%가 반품된 것으로 추정되었다. 회사는 반품을 폐기처분하고 있다. 상품의 매입원가는 판매가의 60%이다. 20×1년 상품 매입은 850억원이었으며, 재고자산실사결과 기말재고상품은 250억원이었다. 회사는 실사법을 사용하고 있다. (모든 분개의 단위는 억원임)

---

① 환불된 현금의 기록

20×1년 중에 환불된 현금 20억원은 다음과 같이 20×1년 말에 설정할 환불충당부채를 갚은 것으로 처리된다.

(차) 환불충당부채	20	(대) 현　　　금	20

② 연말 환불충당부채의 설정

20×1년 상품판매에 대한 환불 추정금액은 30억원이다. 이 금액이 다음과 같이 매출에서 차감(또는 매출환입)과 환불충당부채로 기록되어야 한다.

(차) 매　　　출	30*	(대) 환불충당부채	30

* 1,000억 × 3% = 30억원

③ 연말 매출원가의 기록

매출원가를 기록하기 위하여 다음과 같은 수정분개가 작성되어야 한다.

(차)	매 출 원 가	600*	(대)	매	입	850
	상 품	250**				

* 1,000억 × 60% = 600억원
** 매입 − 매출원가 = 850억 − 600억 = 250억원 (재고자산실사로 검증되었음)

20×1년 말 재무상태표에는 상품 250억원과 환불충당부채 10억원[연말에 설정된 환불충당부채(30억) − 연중 실제 현금지급된 환불(20억)]이 보고된다. 포괄손익계산서에는 순매출액 970억원[총매출액(1,000억) − 매출환입(30억)]과 매출원가 600억원이 보고된다.

〈박스 9-3〉 환불충당부채 : 반품을 재판매하는 경우

〈예제 9-5〉와 모든 것이 같다. 단지 회사가 반품을 재판매하고 있으며 20×1년에 반품의 70%를 재판매하였다. 재판매가격이 정상가격의 80%이다. 재판매가격이 원가(정상 판매가격의 60%)보다 높기 때문에 반품은 원가로 기록되어야 한다. 재고자산실사결과 기말재고반품은 3.6억원이었다. (모든 분개의 단위는 억원임)

① 환불된 현금의 기록과 ② 연말 환불충당부채의 설정을 위함 분개는 〈예제 9-5〉에서 작성한 것과 같다.

③ 연말 매출원가의 기록

(차) 매 출 원 가	590.4	(대) 매	입	850
상 품	250*			
반 품	3.6**			
예 상 반 품	6***			

* 재고자산실사로 파악
** 환불지불액 × (원가/정상판매가격) × (1 − 판매비율) = 20억 × 60% × (1 − 70%) = 3.6억원 (재고자산실사로 검증되었음)
*** 연말환불충당부채잔액 × (원가/정상판매가격) = 10억 × 60% = 6억원

예상반품은 연말환불충당부채가 지급되면 회수될 반품을 뜻하며, K-IFRS[7]에 의하면 연말재고반품과 함께 연말재고상품에 포함되어야 한다. 만일 〈예제 9-5〉에서와 같이 반품이 폐기처분되면 환불충당부채가 지급되어도 회수되는 반품의 가치가 없기 때문에 예상반품을 기록할 필요가 없다. 그러나 본 예제와 같이 회수될 반품에 가치가 있는 경우에는 그 가치만큼의 예상반품이 상품재고자산으로 인식되어야 한다. 20×1년 말 재무상태표에는 상품 259.6억원[상품(250억) + 반품(3.6억) + 예상반품(6억)]과 환불충당부채 10억원이 보고된다.

반품매출액은 다음과 같이 계산된다.

반품매출액 : 환불지급액 × (재판매가격/정상가격) × 판매비율 = 20억 × 80% × 70% = 11.2억원

총매출액은 1,011.2억원[상품총매출액(1,000억) + 반품매출액(11.2억)]이다. 따라서 포괄손익계산서에는 순매출액 981.2억원[총매출액(1,011.2억) – 매출환입(30억)]과 매출원가 590.4억원이 보고된다.

반품의 재판매가격이 원가보다 낮을 수가 있다. 그러한 경우에는 재고반품과 재고예상반품은 7장에서 검토한 저가법에 의하여 재판매가격으로 평가되어야 한다.

제5절

관련재무비율

부채와 관련된 재무비율은 기업의 안전성(재무적)을 평가하는 비율이다. 이들 비율은 이자보상배율, 영업이익이자보상배율, 그리고 차입금의존도를 포함한다.

5.1 안전성(재무적) 평가 재무비율

(1) 이자보상배율

'이자보상배율'은 기업의 이자지불능력을 평가하는 비율이다. 기업이 이익을 더 많이 벌수록 이자를 감당할 수 있는 능력이 더 크다. 기업이 이자비용을 감당할 수 있는 이익은 이자비용과 법인세비용을 차감하기 전의 이익이다. 따라서 이자보상배율은 아래와 같이 이자비용과 법인세비용 차감전순이익을 이자비용으로 나누어 계산된다.

$$\text{이자보상배율} \quad = \quad \frac{\text{당기순이익 + 이자비용 + 법인세비용}}{\text{이자비용}}$$

(대한백화점의 비율)

$$20\times2년: \quad \frac{720억 + 190억 + 300억}{190억} = 6.37배$$

$$20\times1년: \quad \frac{260억 + 130억 + 120억}{130억} = 3.92배$$

대한백화점의 20×2년도 이자보상배율은 6.37배로 20×1년의 3.92배에 비해 크게 높아져 이자지불능력이 향상되었음을 알 수 있다.

일반적으로 이자보상배율이 최소한 '1' 이상은 되어야 이자비용을 감당할 수 있다. 만약 이 배율이 '1' 이하라면 이익으로 이자비용도 감당하지 못한다는 것을 의미하여 채권자의 위험부담이 상당히 높다고 평가된다. 왜냐하면 이익으로 이자비용조차 감당할 수 없다면 채권자가 이자와 원금을 회수하는 데 문제가 있을 가능성이 높기 때문이다.

(2) 영업이익이자보상배율

영업이익이자보상배율은 이자보상배율과 유사한 이자지불능력평가지표이다. 이자보상배율은 이자비용과 법인세비용 차감 전 모든 영업, 투자, 재무활동에 의한 이익의 이자비용에 대한 배율이다. 그러나 영업이익이자보상배율은 기업의 주된 영업활동에 의하여 창출된 영업이익의 이자비용에 대한 배율이다. 따라서 이 배율은 구체적으로 영업이익이 이자비용을 지불하기에 충분한가를 평가해 주는 지표이다. 영업이익이자보상배율은 아래와 같이 계산된다.

$$\text{영업이익이자보상배율} \quad = \quad \frac{\text{영업이익}}{\text{이자비용}}$$

(대한백화점의 비율)

$$20\times2년 : \quad \frac{1,150억}{190억} \quad = \ 6.05배^*$$

$$20\times1년 : \quad \frac{520억}{130억} \quad = \ 4배$$

* '이자보상배율'에 맞추어 배수로 표시되었음

대한백화점의 20×2년도 영업이익이자보상배율은 6.05배이다. 이는 20×1년도 4배에 비해 상승한 것이기에 회사의 이자지불능력이 크게 개선되었다고 평가할 수 있다.

만일 포괄손익계산서에 기타수익이 없고, 기타비용이 단지 이자비용으로 구성되어 있는 경우 이자비용과 법인세비용 차감전순이익은 영업이익과 같다. 이러한 경우 영업이익이자보상배율은 이자보상배율과 같다. 대한백화점의 경우 기타비용은 이자비용뿐만 아니라 유형자산처분손실도 포함하고 있어서 영업이익이자보상배율은 위의 이자보상배율과 다르다.

(3) 차입금의존도

부채 중 실제 소유주 이외의 타인으로부터의 차입금은 단기 및 장기 차입금 및 사채를 포함한다. 차입금의존도는 기업의 총자산의 어느 정도가 차입에 의해 조달되었는지를 알려주는 기업의 안전성(재무적) 평가지표이다. 차입금의존도는 다음과 같이 계산된다.

$$\text{차입금의존도} \quad = \quad \frac{\text{차입금}}{\text{총자산}}$$

(대한백화점의 비율)

$$20\times2\text{년}: \quad \frac{100\text{억} + 280\text{억} + 840\text{억} + 420\text{억}}{5,530\text{억}} = 29.66\%$$

$$20\times1\text{년}: \quad \frac{300\text{억} + 180\text{억} + 720\text{억} + 400\text{억}}{3,390\text{억}} = 47.2\%$$

대한백화점의 차입금은 단기차입금, 유동성장기차입금, 장기차입금, 사채로 구성되어 있다. 20×2년도의 차입금의존도는 29.66%로 20×1년도의 47.2%에 비해 낮아져 차입금의존도가 개선되었음을 알 수 있다.

■ 참고: 본 장에서 검토된 재무비율은 본서의 마지막 부분에 수록되어 있는 부록 2 〈표 B-1〉 '주요 재무비율'에 요약되어 있음

〈부록〉 현재가치와 미래가치

현재시점에서 일정 금액의 현금은 미래에 그 금액보다 더 큰 금액의 현금이 되는데, 이는 이자 때문이다. 예를 들어 지금 1,000억원을 10%의 이자율로 은행에 1년간 예금하면 1년 후에는 이자가 추가되어 1,100억원을 찾을 수 있다. 이와 같이 현재시점에서의 일정 금액을 미래 특정시점의 가치로 전환시켰을 때의 가치를 '미래가치'라고 한다. 한편 '현재가치'는 미래시점에서 받거나 주게 될 일정 금액을 현재시점의 가치로 전환시켰을 때의 가치이다.

다음의 〈그림 9-3〉은 미래가치와 현재가치의 관계를 보여준다.

〈그림 9-3〉 현재가치와 미래가치

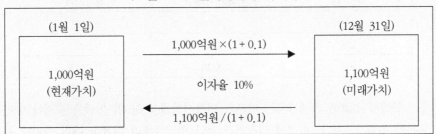

앞의 그림에서와 같이 이자율이 연간 10%라면 1월 1일의 1,000억원에 대한 1년 후 12월 31일의 미래가치는 1,100억원[1,000억원 × (1 + 0.1)]이다. 이는 1년 이자율이 10%인 경우 현재시점의 1,000억원이 1년 후의 1,100억원과 동일한 가치를 갖는다는 것을 의미한다. 한편 12월 31일의 1,100억원에 대한 1월 1일의 현재가치는 1,000억원[1,100억원 / (1 + 0.1)]이 된다. 이는 1년 이자율이 10%일 경우 1년 후의 1,100억원은 현재시점에서 1,000억원과 그 가치가 동일하다는 것을 의미한다.

미래가치와 현재가치는 동전의 앞뒷면과도 같다. 따라서 이자율과 기간이 주어질 경우 현재금액을 알면 미래가치를 구할 수 있다. 또한 미래금액을 알면 현재가치를 구할 수 있다. 미래가치(future value)를 FV, 현재가치(present value)를 PV, 이자율을 i, 기간을 t라고 할 경우 미래가치와 현재가치를 구하는 식을 다음과 같이 정리할 수 있다.

$$FV = \text{현재 금액} \times (1+i)^t$$
$$PV = \text{미래 금액} \times [1/(1+i)^t]$$

위의 식에서와 같이 미래가치를 구하기 위해서는 현재금액에 $(1+i)^t$을 곱하고, 현재가치를 구하기 위해서는 미래금액에 $[1/(1+i)^t]$를 곱한다. 만일 미래가치계수표와 현재가치계수표가 있다면 $(1+i)^t$ 또는 $[1/(1+i)^t]$을 일일이 계산할 필요 없이 계수표의 계수를 이용할 수 있다. 이자율과 기간을 알고 있으면 계수표에서 해당되는 계수를 찾아 현금금액에 곱하여 미래가치와 현재가치를 쉽게 계산할 수 있다.

예를 들어 이자율이 10%이며, 기간이 1년, 2년, 3년인 경우 1원의 미래가치계수와 현재가치계수는 아래의 〈표 9-25〉와 같다.

〈표 9-25〉 미래가치계수와 현재가치계수

기 간	미래가치계수	현재가치계수
1년	1.1000	0.9091
2년	1.2100	0.8264
3년	1.3310	0.7513

위에서 검토한 현재가치는 미래의 일정시점에서 한 번 현금을 주거나 받는 목돈의 현재가치였다. 미래에 일정기간 동안 일정금액의 현금을 매기 받거나 주는 경우 이를 연금(annuity)이라고 한다. 연금의 현재가치는 미래에 주거나 받는 각각의 현금의 현재가치를 합하여 계산된다. 예를 들어 이자율이 10%일 경우 3년 동안 매 연도 말에 1,000억원씩을 지급받는 연금의 현재가치는 아래의 〈표 9-26〉과 같이 계산된다.

〈표 9-26〉 연금의 현재가치계산

① 1년 후 1,000억원의 현재가치 $= 1{,}000억원 \times \dfrac{1}{(1+0.1)^1} =$ 909.1억원	
② 2년 후 1,000억원의 현재가치 $= 1{,}000억원 \times \dfrac{1}{(1+0.1)^2} =$ 826.4억원	
③ 3년 후 1,000억원의 현재가치 $= 1{,}000억원 \times \dfrac{1}{(1+0.1)^3} =$ 751.3억원	
연금의 현재가치(① + ② + ③)	2,486.8억원

　　그러나 연금현재가치계수를 이용하면 위와 같은 과정을 거치지 않고 연금의 현재가치를 쉽게 구할 수 있다. 이자율과 기간이 주어진 경우 연금의 현재가치계수표에서 해당되는 계수를 찾아 연금금액에 한 번만 곱하여 연금의 현재가치를 계산할 수 있다.

　　예를 들어 이자율이 10%이며, 기간이 1년, 2년, 3년 각각인 경우 연금의 현재가치계수는 아래의 〈표 9-27〉과 같다.

〈표 9-27〉 연금의 현재가치계수

기 간	연금의 현재가치계수
1년	0.9091
2년	1.7355
3년	2.4868

　　위의 예에서의 연금금액 1,000억원에 연금의 현재가치계수(10%, 3년) 2.4868을 곱하여 연금의 현재가치를 계산할 수 있다.

　　연금의 현재가치 ＝ 연금 × 연금의 현재가치계수
　　　　　　　　　 ＝ 1,000억원 × 2.4868
　　　　　　　　　 ＝ 2,486.8억원

K-IFRS 참조 (http://www.kasb.or.kr)

[1] 기업회계기준서 제1109호 '금융상품', 문단 4.2.1, 4.2.2, BA.6, BA.7 부록 A. 용어의 정의 : 공가당손익금융부채.

[2] 기업회계기준서 제1001호 '재무제표 표시', 문단 54(13), 82(2).

기업회계기준서 제1107호 '금융상품 : 공시', 문단 39(1), (3).

[3] 기업회계기준서 제1109호 '전게서', 문단 5.3.1, 4.2.1.

[4] 기업회계기준서 제1109호 '전게서', 부록 A. 용어의 정의 : 금융자산이나 금융부채의 상 각후원가.

[5] 기업회계기준서 제1037호 '충당부채, 우발부채, 우발자산', 문단 13(1), 14, 15, 84.

[6] '상계서', 문단 13(2), 27.

[7] 기업회계기준서 제1115호 '고객과의 계약에서 생기는 수익', IE115(3).

주요 용어

금융부채(financial liability) : 계약에 의해 발생되었으며 현금 등 금융자산으로 갚아야 할 부채 (p.412)

미래가치(future value) : 현재시점에서의 일정금액이 미래 특정시점에서 갖는 가치. (p.451)

비금융부채(non-financial liability) : 현금 등 금융자산으로 갚지 않거나 계약상의 의무가 아닌 부채 (p.413)

사채(bond) : 기업이 다수의 일반 대중들로부터 장기간 돈을 빌리고 그 증거로서 발행하는 증서 (p.418)

사채할인발행차금(discount on bonds payable) : 사채의 액면이자율이 시장이자율보다 낮아서 사채가 액면금액보다 낮은 금액으로 할인발행되는 경우 액면금액과 발행가격의 차이 (p.420)

상각후원가(amortized cost) : 사채의 원가에 사채할인(할증)차금상각액을 가(감)조정한 후의 증액 (p.428)

우발부채(contingent liability) : 미래 상황에 따라 부담할지도 모르는 잠재적 의무 또는 두
　　가지의 충당부채 인식조건 중 하나만을 만족하는 현재 의무 (p.443)

유동성장기차입금(current portion of long-term borrowings) : 장기차입금의 상환기일이
　　1년 이내로 임박하여 비유동부채에서 유동부채로 재분류된 것 (p.415)

유효이자율법(effective interest method) : [사채의 연초장부금액에 유효이자율(시장이자
　　율)을 곱하여 계산된] 사채이자비용과 (액면금액에 액면이자율을 곱하여 계산된) 현
　　금지급이자금액과의 차이만큼 사채할인(증)발행차금을 상각하는 방법 (p.425)

정액법(straight-line method) : 사채할인(증)발행차금을 사채기간 동안 매년 동일한 금액
　　으로 상각하는 방법 (p.427)

충당부채(provision) : 갚아야 할 시기나 금액이 확정되지 않은 의무로서 1) 변제 가능성
　　이 50% 이상이고 2) 금액이 신뢰도 있게 측정 가능하여 인식된 부채 (p.443)

현재가치(present value) : 미래 일정시점에서 받거나 주게 될 일정금액의 현재시점에서의
　　가치 (p.451)

연습문제

1. 장기차입금의 재분류

중산(주)는 20×1년 5월 1일에 은행에서 3,000억원을 차입하였다. 이자율은 연 12%이며, 20×3년 4월 30일에 일시상환하는 조건이다. 차입금에 대한 이자는 매년 4월 30일에 지급되며, 중산(주)의 회계연도는 12월 31일에 끝난다.

《물음》 다음 날짜에 필요한 분개를 하라.

(1) 20×1년 5월 1일

(2) 20×1년 12월 31일

(3) 20×2년 4월 30일

(4) 20×2년 12월 31일

(5) 20×3년 4월 30일

2. 유동부채와 비유동부채

다음은 20×2년 12월 31일 현재 한밭전자(주)의 차입금내역이다.

(단위 : 억원)

차입일 당시 분류	금 액	차입일	상환일
단기차입금	500	20×2년 7월 1일	20×3년 6월 30일
단기차입금	300	20×2년 10월 1일	20×3년 3월 31일
장기차입금	1,500	20×0년 12월 1일	20×3년 11월 30일
장기차입금	1,200	20×1년 5월 1일	20×4년 4월 30일
장기차입금	2,300	20×2년 11월 1일	20×4년 10월 31일

《물음》

(1) 20×2년 12월 31일 현재의 재무상태표에 유동부채로 보고되어야 하는 차입금은 얼마인가?

(2) 20×2년 12월 31일 현재의 재무상태표에 비유동부채로 보고되어야 하는 차입금은 얼마인가?

3. 사채의 발행가격 결정

대산(주)는 20×1년 1월 1일에 액면금액 1,000억원의 사채(3년 만기, 액면이자율 10%)를 발행할 계획이다.

현가계수표

이자율	목돈 1원의 현재가치			연금 1원의 현재가치		
	1년	2년	3년	1년	2년	3년
8%	0.9259	0.8573	0.7938	0.9259	1.7833	2.5771
10%	0.9091	0.8264	0.7513	0.9091	1.7355	2.4868
12%	0.8929	0.7972	0.7118	0.8929	1.6901	2.4018

《물음》

시장이자율이 다음과 같을 때 위의 현가계수표를 이용하여 사채의 발행가격을 계산하라.

(1) 시장이자율이 10%인 경우
(2) 시장이자율이 12%인 경우
(3) 시장이자율이 8%인 경우

4. 사채의 액면발행

극동상사(주)는 20×1년 1월 1일에 액면금액 1,000억원, 액면이자율 8%, 3년 만기의 사채를 발행하였다. 사채의 발행시점에서 시장이자율은 액면이자율과 동일하게 8%이었다. 이자지급일은 매년 12월 31일이며, 극동상사(주)의 회계연도는 12월 31일에 끝난다.

《물음》

(1) 사채의 발행가격은 얼마인가?
(2) 20×1년 1월 1일의 사채발행에 대한 분개를 작성하라.
(3) 20×1년 12월 31일의 이자지급에 대한 분개를 작성하라.
(4) 20×2년 12월 31일의 이자지급과 사채의 재분류에 대한 분개를 작성하라.
(5) 20×3년 12월 31일의 이자지급 및 사채상환에 대한 분개를 작성하라.

5. 사채할인(할증)발행차금상각표의 작성

주성산업(주)은 20×1년 1월 1일에 액면금액 1,000억원, 액면이자율 6%, 만기 3년인 사채를 발행하였다. 사채발행시점의 시장이자율은 8%이었다. 이자는 매년 12월 31일에 지급되며, 주성산업(주)의 회계연도는 12월 31일에 끝난다.

《물음》

(1) 사채의 발행가격을 계산하라. (3번 문제의 현가계수표를 사용할 것)
(2) 사채할인(할증)발행차금을 정액법으로 상각할 경우 사채할인(할증)발행차금상각표를 작성하라.
(3) 사채할인(할증)발행차금을 유효이자율법으로 상각할 경우 사채할인(할증)발행차금상각표를 작성하라.
(4) 사채할인(할증)발행차금의 상각방법으로 정액법보다 유효이자율법이 더 합리적인 이유를 설명하라.

6. 사채의 할인발행 ①

거산(주)는 20×1년 1월 1일에 액면금액 2,000억원, 액면이자율 8%, 3년 만기의 사채를 1,900억원에 발행하였다. 사채의 발행시점에서 시장이자율은 10%이었다. 이자지급일은 매년 12월 31일이며, 거산(주)의 회계연도는 12월 31일에 끝난다. 회사는 사채할인발행차금을 유효이자율법으로 상각한다.

《물음》

(1) 20×1년 1월 1일 사채발행에 대한 분개를 작성하라.
(2) 사채할인발행차금상각표를 작성하라.
(3) 20×1년 12월 31일의 이자지급 및 사채할인발행차금상각에 대한 분개를 작성하라.
(4) 20×1년 12월 31일 현재의 재무상태표에 이 사채가 어디에 어떻게 보고되는지를 제시하라.
(5) 20×2년 12월 31일의 이자지급 및 사채할인발행차금상각에 대한 분개를 작성하라.
(6) 20×2년 12월 31일 사채를 유동부채로 재분류하기 위한 분개를 작성하라.
(7) 20×3년 12월 31일의 이자지급 및 사채할인발행차금상각에 대한 분개를 작성하라.
(8) 20×3년 12월 31일의 사채상환에 대한 분개를 작성하라.

7. 사채의 할인발행 ②

상당전자(주)는 20×1년 1월 1일에 액면금액 1,000억원, 만기 3년의 사채를 발행하였다. 이자는 매년 12월 31일에 지급되며, 상당전자(주)의 회계연도는 12월 31일에 끝난다. 상당전자(주)는 아래와 같은 20×1년, 20×2년, 20×3년의 이자비용을 보고하였다.

(단위 : 억원)

과 목	20×1년	20×2년	20×3년
이자비용	66	68	69

상당전자(주)는 20×1년, 20×2년, 20×3년 말 재무상태표에 사채를 다음과 같이 보고하였다.

(단위 : 억원)

과 목	20×1년 12월 31일	20×2년 12월 31일	20×3년 12월 31일
사 채	963	–	–
유동성장기차입금	–	981	–

《물음》

(1) 20×1년, 20×2년, 20×3년의 이자지급일에 현금 지급되어야 하는 이자는 각각 얼마인가?

(2) 20×1년, 20×2년, 20×3년의 사채할인발행차금상각액은 각각 얼마인가?

(3) 이 사채는 얼마에 발행되었는가?

(4) 20×1년 말과 20×2년 말에 이자비용을 기록하기 위하여 작성되어야 하는 분개는?

(5) 20×2년 말에 사채를 유동부채로 재분류하기 위하여 작성되어야 하는 분개는?

(6) 20×3년 말에 이자비용과 사채상환을 기록하기 위하여 작성되어야 하는 분개는?

8. 사채의 할인발행 ③

(주)유성개발은 20×1년 1월 1일에 사채를 발행하고 다음과 같이 사채할인발행차금상각표를 작성하였다.

사채할인발행차금상각표

(단위 : 억원)

날 짜	이자비용	현금지급이자	사채할인발행차금상각액	사채장부금액 (상각후원가)
20×1년 1월 1일				1,850
20×1년 12월 31일	185	140	45	1,895
20×2년 12월 31일	190	140	50	1,945
20×3년 12월 31일	195	140	55	2,000
합 계	570	420	150	

8-1. 이자율의 계산

《물음》

(1) 사채의 액면금액은 얼마인가?

(2) 사채의 액면이자율은 얼마인가?

(3) 사채의 발행가격은 얼마인가?

(4) 사채의 발행 당시 시장이자율은 얼마인가?

8-2. 사채와 현금흐름

(주)유성개발의 20×1년, 20×2년, 20×3년 각 연도의 당기순이익이 아래의 표와 같다. 이자비용 이외의 모든 손익계산서 항목은 현금거래이었으며 사채발행 이외에 재무활동은 없다. 그리고 이자지급 분류에 예외가 허용되지 않는 것으로 가정한다.

당기순이익

(단위 : 억원)

항 목	20×1년	20×2년	20×3년
당기순이익	215	310	405

《물음》

(1) 20×1년, 20×2년, 20×3년 각 연도의 영업활동 순현금을 계산하라.

(2) 20×1년, 20×2년, 20×3년 각 연도의 재무활동 순현금을 계산하라.

9. 회계기간 중의 사채발행 ①

미산(주)는 20×1년 4월 1일에 액면금액 5,000억원, 액면이자율 10%, 3년 만기, 이자지급일이 매년 3월 31일인 사채를 4,760억원에 발행하였다. 사채발행시점에서 시장이자율은 12%이었다. 미산(주)의 회계연도는 12월 31일에 끝난다.

9-1. 정액법에 의한 사채할인발행차금의 상각

미산(주)는 정액법으로 사채할인발행차금을 상각한다.

《물음》

(1) 20×1년 12월 31일에 필요한 수정분개를 작성하라.

(2) 20×1년 12월 31일 현재의 재무상태표에 이 사채가 어디에 어떻게 보고되는지를 제시하라.

(3) 20×2년 3월 31일의 이자지급에 대한 분개를 작성하라.

(4) 20×2년 12월 31일에 필요한 수정분개를 작성하라.

9-2. 유효이자율법에 의한 사채할인발행차금의 상각

미산(주)는 유효이자율법으로 사채할인발행차금을 상각한다.

《물음》

(1) 20×1년 12월 31일에 필요한 수정분개를 작성하라.

(2) 20×1년 12월 31일 현재의 재무상태표에 이 사채가 어디에 어떻게 보고되는지를 제시하라.

(3) 20×2년 3월 31일의 이자지급에 대한 분개를 작성하라.

(4) 20×2년 12월 31일에 필요한 수정분개를 작성하라.

10. 환불충당부채

수원인터넷마트는 판매촉진책으로 환불정책을 실시하고 있다. 고객이 상품을 매입한 후 3개월 내에 반품을 하는 경우 회사는 판매대금 전액을 환불하고 있다. 수원인터넷 마트의 20×1년 매출은 2,000억원이었으며 고객의 반품 패턴을 고려하여 판매된 상품의 2%가 반품될 것으로 예상되었다. 수원인터넷마트는 20×1년에 실제로 상품이 반품되어 30억원을 지급하였다. 회사는 실사법을 사용한다.

10-1. 반품을 폐기처분하는 경우

회사는 반환된 상품을 폐기처분한다.

《물음》

(1) 20×1년에 실제로 발생한 환불에 대한 분개를 작성하라.

(2) 20×1년 말에 환불충당부채를 설정하기 위한 분개를 작성하라.

10-2. *반품이 재판매되는 경우

회사는 반품을 정상판매가격의 80%로 재판매한다. 20×1년에 반품된 상품의 70%가 재판매되었다. 상품의 원가는 정상판매가격의 60%이다. 20×1년 말 재고자산실사결과 재고자산 감모손실은 없는 것으로 나타났다.

《물음》

(1) 20×1년 말 재고반품을 계산하라.

(2) 20×1년 말 재고예상반품을 계산하라.

(3) 20×1년 반품매출액을 계산하라.

(4) 20×1년 순매출액을 계산하라.

(5) 20×1년 매출원가를 계산하라.

* 난이도가 높음

10

재무활동 - 자본

제10장 개요

본 장에서는 자본 구성항목에 영향을 미치는 주식발행, 배당지급 그리고 자기주식거래의 회계처리방법을 설명한다. 또한 자본구성항목의 변동내역을 보고하는 '자본변동표'를 검토한다. 마지막으로 자본 회계정보의 활용방안을 설명한다.

대한백화점의 사례

재 무 상 태 표(주석 2ⓐ)

20×2년 12월 31일 현재
20×1년 12월 31일 현재

대한백화점   (단위 : 억원)

과　목	20×2년 12월 31일		20×1년 12월 31일	
자산				
유동자산				
현금 및 현금성자산(주석 4)		450		410
매출채권(주석 3ⓑ)	300		200	
대손충당금(주석 3ⓑ, 5)	(−)40	260	(−)20	180
재고자산 :				
상품(주석 3ⓒ)		430		230
**　유동자산 합계**		**1,140**		**820**
비유동자산				
공가기포익금융자산(주석 3ⓓ, 6)		130		100
관계기업투자(주석 3ⓔ, 7)		240		−
유형자산(주석 8) :				
토지(주석 3ⓕ)		960		900
설비자산(주석 3ⓕ, 16)	3,100		1,600	
감가상각누계액(주석 3ⓕ)	(−)130	2,970	(−)30	1,570
무형자산(주석 3ⓖ) :				
산업재산권(주석 8)		90		−
**　비유동자산 합계**		**4,390**		**2,570**
자산 총계		**5,530**		**3,390**
부채				
유동부채				
매입채무		420		180
미지급이자		50		40
미지급급여		20		30
미지급법인세		140		50
원가금융부채(주석 3ⓘ) :		380		480
단기차입금(주석 9ⓐ)	100		300	
유동성장기차입금(주석 9ⓑ)	280		180	
충당부채 :				
환불충당부채(주석 3ⓗ, 11)		30		20
**　유동부채 합계**		**1,040**		**800**
비유동부채				
원가금융부채(주석 3ⓘ) :		1,260		1,120
장기차입금(주석 9ⓑ)	840		720	
상각후원가금융부채(주석 3ⓘ)				
사채(주석 10)	420		400	
**　비유동부채 합계**		**1,260**		**1,120**
부채 총계		**2,300**		**1,920**

자본			
자본금			
보통주(주석 13, 16)		1,500	1,000
자본잉여금			
보통주(주석 16)		600	100
기타포괄손익누계액		200	110
공가기포익금융자산평가이익누계액*(주석 3ⓓ, 6)	40		10
토지재평가잉여금(주석 3ⓕ, 8)	160		100
이익잉여금(주석 3ⓙ, 15)		930	260
자본 총계		3,230	1,470
부채 및 자본 총계		5,530	3,390

* 공가기포익 : 공정가치측정 기타포괄손익인식

자본변동표(주석 2ⓓ)

20×2년 1월 1일부터 20×2년 12월 31일까지
대한백화점　　20×1년 1월 1일부터 20×1년 12월 31일까지　　　　　　(단위 : 억원)

항 목	자본금	자본잉여금	이익잉여금	기타포괄이익누계액		총 계
	보통주	보통주		공가기포익금융자산평가이익누계액	토지재평가잉여금	
20×1년 1월 1일 현재 잔액	–	–	–	–	–	–
20×1년 자본변동 :						
보통주 발행(주석 13)	1,000	100				1,100
총포괄이익 (주석 3ⓓ, 3ⓕ, 6, 8)			260	10	100	370
20×1년 12월 31일 현재 잔액	1,000	100	260	10	100	1,470
20×2년 자본변동 :						
보통주 발행(주석 13)	500	500				1,000
현금배당(주석 14)			(−)50			(−)50
총포괄이익 (주석 3ⓓ, 3ⓕ, 6, 8)			720	30	60	810
20×2년 12월 31일 현재 잔액	1,500	600	930	40	160	3,230

《주석사항》

2. 재무제표 양식

ⓓ 자본변동표 양식

회사는 자본변동표에 각각의 '기타포괄이익' 항목과 그에 대응하는 '기타포괄이익누계액' 항목을 조정하여 총포괄이익을 표시한다.

3. 중요한 회계처리 방침

① 처분이익잉여금과 미처분이익잉여금의 보고

재무상태표상에서는 처분이익잉여금과 미처분이익잉여금을 합한 금액을 이익잉여금으로 보고하였다. 주석으로 공시되는 이익잉여금 처분계산서(안)에서만 이들을 구분하여 보고하였다.

13. 자본금

각 연도 말 자본금의 구성은 다음과 같다.

연도 말	주식유형	액면가	발행주식수
20×2	보통주	5,000원	3,000만주
20×1	보통주	5,000원	2,000만주

14. 배당금

연도별 배당금 산정내역과 배당성향은 다음과 같다.

(단위 : 억원)

연도	주식유형	배당 대상 주식수	액면배당률	배당금액*
20×2	보통주	3,000만주	10%	150
20×1	보통주	2,000만주	5%	50

* 회사의 정관에 의하여 주식발행일에 관계없이 모든 연말 유통주식에 동일한 배당률이 적용됨

(단위 : 억원)

연도	배당금액(1)	당기순이익(2)	배당성향[(1)/(2)]
20×2	150*	720	20.83%
20×1	50**	260	19.23%

* 경영진의 배당계획임. 20×3년 3월 15일 주주총회 의결에 의하여 확정되면 20×3년 3월 22일에 지급될 것임
** 20×2년 3월 14일 주주총회 의결에 의하여 확정되어 20×2년 3월 21일에 지급되었음

15. 이익잉여금의 처분

연도별 이익잉여금처분계획(안)은 다음과 같다.

이익잉여금처분계산서(안)

20×2년 1월 1일부터 20×2년 12월 31일까지

대한백화점　　　　20×1년 1월 1일부터 20×1년 12월 31일까지　　　　(단위 : 억원)

항 목	이익잉여금			
	법정적립금	임의적립금	미처분	합계
	이익준비금[*]	사업확장		
20×1년 초 잔액	–	–	–	–
20×1년 이익잉여금 변동 :				
당기순이익			260	260
이익준비금의 적립[**]	10		(−)10	
사업확장적립금의 적립[**]		20	(−)20	
현금배당[**]			(−)50	(−)50
20×1년 말 잔액	10	20	180	210
20×2년 이익잉여금 변동 :				
당기순이익			720	720
이익준비금의 적립[***]	20		(−)20	
사업확장적립금의 적립[***]		40	(−)40	
현금배당[***]			(−)150	(−)150
20×2년 말 잔액	30	60	690	780

[*]　자본금의 1/2이 될 때까지 매년 배당액의 10% 이상을 적립함
[**]　20×2년 3월 14일 주주총회 의결에 의하여 확정되었음
[***]　경영진의 처분계획이며 20×3년 3월 15일 주주총회 의결에 의하여 확정될 것임

사례 재무제표의 해설

■ 참고 : 위첨자 숫자는 당해 주제가 설명된 본문 쪽번호임

　　본 장과 관련된 계정과목은 (자본금으로 분류된) 보통주자본금, (자본잉여금으로 분류된) 보통주자본잉여금 그리고 이익잉여금이다. 여기서 중복해설을 피하기 위해 사

례해설은 20×2년 중심으로 하고 20×1년 해설은 생략한다. 20×2년 12월 31일 현재 대한백화점의 보통주자본금[472]은 1,500억원이다. 보통주자본잉여금[472]은 600억원 그리고 이익잉여금은 930억원이다. 주석 3①는 재무상태표의 이익잉여금은 (배당금 지급이 제한된) 처분이익잉여금과 (배당금 지급이 제한되지 않은) 미처분이익잉여금의 합계라는 것을 알려준다.[475]

대한백화점의 20×2년 자본항목 변동내역이 자본변동표[481]에 보고된다. 20×2년에 보통주 발행에 의하여 보통주자본금이 500억원 증가되었으며 보통주자본잉여금도 500억원 증가되었다. 그 결과 보통주(액면가 5,000원) 발행주식수는 1,000만주 증가되어 3,000만주(주석 13)가 되었다. 주석 2ⓐ에 설명된 바와 같이 총포괄이익은 항목별로 자본항목과 조정되어[481] 자본변동표에 표시된다. 당기순이익 720억원은 이익잉여금을 증가시켰다. 공가기포익금융자산평가이익[583] 30억원과 토지재평가차익[588] 60억원은 각각 공가기포익금융자산평가이익누계액과 토지재평가잉여금을 증가시켰다. 반면에 20×1년 배당[473]이나 20×2년에 지급된 현금배당 50억원(주석 14와 15)은 이익잉여금을 감소시켰다.

주석에는 자본항목에 대한 보다 세부적인 정보가 보고된다. 주석 14는 20×2년의 현금배당계획 150억원은 액면가의 10%[474]이며 배당성향[486]이 20.83%임을 보고한다. 주석 15는 익년 주주총회에 보고할 이익잉여금의 처분계획[475]을 보여준다. 이 계획에 의하면 이익잉여금이 이익준비금으로 20억원, 사업확장임의적립금으로 40억원, 배당금으로 150억원 처분될 예정이다. 이 계획이 익년도 주주총회에서 의결되면 20×2년 말 배당 가능한 미처분이익잉여금은 690억원이 된다.

제1절

주식의 발행

1.1 주식의 유형

기업이 주식을 발행하면 발행가격을 현금으로 받는다. 그리고 기업에 자금을 제공하고 주식을 받은 사람은 주주가 된다. 주식에 표시된 금액이 액면가이다. 주식의 액면가는 100원 이상이어야 하며, 액면가를 얼마로 할 것인지는 주식발행 기업 스스로 결정할 수 있다. 액면가가 얼마로 결정되든 발행된 모든 주식의 1주당 액면가는 동일해야 한다. 한편, 액면가가 없는 주식(무액면가 주식)이 발행될 경우에는 발행금액의 1/2 이상이 자본금으로 설정되어야 한다.

일반적으로 발행되는 주식은 보통주와 우선주이다. 보통주는 일반적인 주식이어서 일반주라고도 한다. 보통주 주주들은 주주총회에서 의결권을 행사하여 경영에 참여할 수 있고 배당금을 수취한다. 우선주는 특정사항에 대하여 보통주에 비해 우선적인 권리를 주주에게 부여하는 주식이다. 일반적으로 보통주에 우선하여 일정 배당금을 지급받을 권리가 주어진다. 그러나 주주총회에서의 의결권은 주어지지 않는다.

〈박스 10-1〉 우선주

우선주(preferred stock)는 특정우선권리가 부착된 주식이다. 일반적으로 우선주에는 보통주(common stock)에 비하여 일정률의 배당금을 우선적으로 지급받을 권리가 부착된다. 그러나 우선주에는 보통주에 주어져 있는 주주총회에서의 의결권은 부착되지 않는 것이 일반적이다.

부착된 배당에 대한 권리에 따라 우선주는 누적적 우선주와 참가적 우선주로 구분된다. 누적적 우선주는 특정 연도에 배당금이 지급되지 않은 경우 다음 연도에 그 배당액을 소급하여 지급받을 수 있는 권리를 포함한 우선주이다. 이러한 소급권리가 없는 우선주를 비누적적 우선주라고 한다.

참가적 우선주는 일정률의 배당금을 우선적으로 지급받은 후 보통주와 함께 추가로 배당에 참여할 수 있는 권리가 부착된 우선주이다. 추가로 배당에 참여할 권리가 없는 우선주를 비참가적 우선주라고 한다.

전환우선주는 미리 정해 놓은 요건이 충족되면 보통주로 전환할 수 있는 권리를 주주에게 부여하는 우선주이다. 또한 일정요건이 충족되었을 때 우선주를 상환할 수 있는 권리가 발행회사에게 주어진 경우도 있다. 이러한 권리가 주어진 우선주를 상환우선주라고 한다.

우리나라에는 구형과 신형 두 가지 우선주가 있다. 구형우선주는 보통주에 비해 액면가 기준 1%를 추가로 배당받는 참가적 우선주이다. 신형우선주는 정관에 정해 놓은 액면가 기준 최저배당률 이상을 배당받는 우선주이다. 신형우선주 중에는 당해연도에 배당이 지급되지 않으면 다음 해에 미배당액을 누적하여 받는 누적적 우선주도 있고, 3~10년 일정기간이 지나면 주주가 보통주로 전환할 수 있는 전환우선주도 있다.

1.2 주식발행의 회계처리

주식을 발행한다는 것은 기업 입장에서 보면 돈을 출자하는 주주에게 주식증서를 파는 것이다. 이때 파는 금액이 바로 주식의 발행가격이다. 발행가격이 액면가와 동일한 경우를 액면발행이라고 한다. 주식이 항상 액면가로만 발행되는 것은 아니며, 액면가보다 많게 발행될 수도 있고 적게 발행될 수도 있다. 주식이 액면가보다 많게 발행되는 경우를 '할증발행'이라고 하고, 액면가보다 적게 발행되는 경우를 '할인발행'이라고 한다. 한국에서는 상법에 의하여 할인발행이 극히 제한되고 있어 실제로 주식이 할인발행되는 경우는 거의 없다.

주식발행의 회계처리를 다음의 〈예제 10-1〉을 통해 살펴보자.

〈예제 10-1〉 주식의 발행

(주)대한상사는 회사설립 후 추가자금이 필요하여 보통주 2천만주(주당 액면가 5,000원)를 주당 7,000원에 발행하여 주주들로부터 현금 1,400억원을 조달하였다.

이 거래는 다음과 같이 분개되어야 한다.

(단위 : 억원)

(차)	현 금	1,400	(대)	보통주자본금	1,000
				보통주자본잉여금	400

우선주가 발행되었을 때에는 액면금액은 '우선주자본금'으로 그리고 할증금액은 '우선주자본잉여금'으로 기록되어야 한다.

K-IFRS[1]는 발행된 주식별로 1) 수권주식수, 2) 발행주식수, 3) 액면가, 4) 유통주식수 조정표를 공시할 것을 요구하고 있다. 수권주식수란 주식회사 정관에 표시된 최대 발행가능 주식수이다. 유통주식수 조정표는 기초부터 기말까지 연중 유통주식수의 변동을 보여주는 표이다.

유통주식수는 외부의 주주들이 보유하여 유통되는 주식수를 뜻한다. 따라서 아래의 식에서와 같이 발행주식수와 유통주식수의 차이는 자기주식수이다.

발행주식수 - 유통주식수 = 자기주식수

자기주식은 제3절에서 검토된다.

제2절

배당금

배당금이란 주주들에게 분배해 준 이익이다. 배당금의 재원은 이익잉여금이며 배당금은 이익잉여금 이외의 자본항목으로는 지급될 수 없다. 배당금은 현금으로 지급되는 것이 보통이지만 경우에 따라 주식으로 지급되기도 한다. K-IFRS[2]에 의하면 배당금과 주당배당금은 재무제표나 주석으로 공시되어야 한다.

2.1 현금배당

현금배당이란 주주에게 현금으로 지급된 배당금이다. 현금배당이 지급되면 그 배당액만큼 현금이 기업 외부로 빠져나가게 된다. 따라서 현금배당의 지급 여부와 그 규모를 결정할 때에는 기업의 현금사정을 충분히 고려해야 한다. 만약 현금사정이 좋지 않은 기업이 지나치게 많은 현금배당을 지급할 경우 자칫 현금부족으로 어려움을 겪을 수도 있기 때문이다.

현금배당의 회계처리를 아래의 〈예제 10-2〉를 통해 살펴보자.

〈예제 10-2〉 현금배당

(주)대한상사는 20×1년 12월 31일 현재 보통주 2천만주(주당 액면가 5,000원)를 발행하였다. 회사는 20×2년 3월 15일에 주당 500원의 현금배당을 지급하였다.

배당금지급일에 작성되어야 할 분개는 다음과 같다.

(단위 : 억원)

(차) 이익잉여금*	100	(대) 현　　　금	100**

* 배당금계정에 기록되었다가 마감분개를 통하여 이익잉여금계정에 마감되기도 함

** (2천만 × 500) = 100억원

위의 분개에서 볼 수 있듯이 현금배당이 지급되면 배당액만큼 이익잉여금과 현금이 감소된다. 이익잉여금은 자본계정이기 때문에 현금배당지급의 경우 배당액만큼 자본 총액이 줄어들게 된다.

〈박스 10-2〉 액면배당률 vs 시가배당률

액면배당률은 주식의 액면가에 대한 배당금의 비율이다. 시가배당률은 회계연도 마지막 날인 배당기준일의 주식의 시가에 대한 배당금의 비율이다. 만일 주식의 시가가 액면가와 상당한 차이가 있는 경우 액면배당률은 투자자의 투자수익률이라고 할 수 있는 배당수익률을 보여주지 못하는 문제점이 있다.

A 회사의 예를 들어보자. A 회사 보통주 액면가는 5,000원이고 배당기준일에 주식시장에서 100만원에 거래되고 있다. 당해연도에 A 회사는 2만원의 현금배당을 계획하고 있다. 이 경우 액면배당률은 400%(2만/5천)이나 시가배당률은 2%(2만/100만)이다. 우리가 이 주식 1주를 산 후 배당금을 받으면 투자수익률은 실제로 2%이지 400%가 아니다.

바로 이러한 이유 때문에 한국 증권거래법은 2003년부터 상장등록법인이 배당을 공시할 때 시가배당률을 공시할 것을 요구하고 있다. 그러나 우선주배당금이 액면배당률(구형의 경우 보통주의 액면배당률, 그리고 신형의 경우 우선주의 액면배당률)에 의하여 결정되기 때문에 아직도 상당수의 회사가 보통주의 경우에도 액면배당률을 공시하고 있다.

2.2 주식배당

주식배당은 배당으로 현금 대신 교부된 회사의 주식이다. 주식배당이 교부되면 주식의 액면가만큼 이익잉여금이 감소되고 동일한 금액만큼 자본금이 증가된다. 주주의 보유주식수는 주식배당만큼 증가된다. 그러나 주식이 소유지분에 비례하여 교부되기 때문에 주식배당이 교부된 후에도 주주 각각의 소유지분비율에는 변동이 없다.

주식배당의 회계처리를 아래의 〈예제 10-3〉을 통해 알아보자.

〈예제 10-3〉 주식배당

　　(주)대한상사의 20×1년 12월 31일 현재 보통주 발행주식수는 2,000만주 (주당 액면가 5,000원)이다. 회사는 20×2년 3월 15일에 10%의 주식배당을 교부하였다.

주식배당 교부일에 작성되어야 할 분개는 다음과 같다.

(단위 : 억원)

(차) 이익잉여금*	100	(대) 보통주자본금	100**

* 　배당금계정에 기록되었다가 마감분개를 통하여 이익잉여금계정에 마감되기도 함
** 　(2,000만 × 10%) × 5,000 = 100억원

　　이익잉여금과 보통주자본금은 모두 자본계정이다. 따라서 주식배당의 경우 자본 (이익잉여금)의 감소와 자본(보통주자본금)의 증가가 동시에 일어나기 때문에 자본 총액은 변하지 않는다.

　　주식배당이 20～30% 이상이면 주식분할로 간주된다. 주식분할이 있으면 분할되는 만큼 주식의 액면가가 작아지고 발행주식수가 증가할 뿐 분개되어야 할 사항이 없다. 다만, 메모장에 이러한 사실을 기록해야 한다.

〈박스 10-3〉 이익잉여금처분계산서의 구성

　　이익잉여금의 처분은 주주에게 배당으로 얼마의 이익을 지급하고 얼마의 이익을 배당 제한할 것인지를 결정하는 과정이다. 배당제한은 채권자 보호를 위하여 상법의 요구에 따라 강제적으로 이루어지기도 하고, 기업 스스로의 필요에 따라 이루어지기도 한다. 전자의 경우와 같이 법에 의하여 처분된 이익잉여금을 '법정적립금'이라 한다. 후자의 경우와 같이 기업이 임의로 처분된 이익잉여금을 '임의적립금'이라고 한다. 법정적립금으로는 상법에 의한 이익준비금(누적금액이 자본

금의 50%가 될 때까지 당해연도 현금배당의 10% 이상 적립)이 있다. 임의적립금의 예는 사업확장을 위한 **사업확장적립금**과 안정적인 배당금지급을 위한 **배당평균적립금**을 포함한다. 미처분이익잉여금은 이익잉여금 중 법적으로나 임의적으로 처분되지 않아 배당에 제한을 받지 않는 이익잉여금이다. 이는 차기로 이월되어 차기에 배당 가능한 이익잉여금이 된다.

이익잉여금처분계산서는 경영진의 이익잉여금의 처분계획을 보여주는 보고서이다. 이 처분계획은 주주총회에서 승인되어야 비로소 확정된다. 과거에는 이익잉여금처분계산서가 기본재무제표 중에 하나였다. 그러나 K-IFRS[3]는 이를 기본재무제표에 포함하지 않으며, 재무상태표에 이익잉여금을 제반 적립금과 미처분이익잉여금으로 분류할 것을 요구하지 않는다. 그러나 이익잉여금의 처분은 주주에게 지급할 수 있는 배당에 대한 제약사항이기 때문에 이익잉여금처분계산서를 주석으로 공시할 것을 요구한다.

이익잉여금처분계산서에 제시된 당해연도 배당계획은 이듬해에 열리는 주주총회에서 승인된 후에 실시된다. 따라서 이익잉여금처분계산서에 수록된 배당계획과 실제 배당지급 사이에는 1년의 시간차이가 있다.

제3절

자기주식

3.1 자기주식의 의의

자기주식(treasury stock)은 주식발행 기업이 주로 주가관리 목적으로 다시 사들여 보유하고 있는 주식이다. 기업이 자기주식을 취득하면 그만큼 주식시장에서 일반투자자들이 사고팔 수 있는 주식수(유통주식수)가 줄어든다. 자기주식에 대하여는 배당도 되지 않고 주주총회에서의 의결권도 주어지지 않는다.

K-IFRS[4]는 자기주식을 재무상태표에 취득원가로 자본 총액에 대한 차감항목으로 보고할 것을 요구하고 있다. 또한 자기주식의 수량을 주석으로 공시할 것도 요구하고 있다.

기업은 자기주식을 다시 팔 수도 있다. 자기주식의 장부금액을 초과하는 매각금액은 자본금의 변화 없이 자기주식에 의하여 납입된 자본이기 때문에 자기주식자본잉여금이라고 한다. 자기주식의 매각금액이 자기주식의 장부금액에 미달하는 경우 미달금액은 우선 자기주식자본잉여금계정에 차기되어야 한다. 자기주식자본잉여금계정에 잔액이 없는 경우에는 미달금액이 주주에게 지급된 배당금과 같다고 간주하여 이익잉여금계정에 차기된다.

3.2 자기주식의 회계처리

자기주식의 취득과 매각의 회계처리를 아래의 〈예제 10-4〉를 통해 알아본다.

〈예제 10-4〉 자기주식의 취득과 매각

　　(주)유성상사는 설립일인 20×1년 3월 1일에 액면가 5,000원 보통주 5,000만주를 주당 6,000원에 발행하였다. 다음의 〈표 10-1〉은 자기주식에 관한 거래이다.

〈표 10-1〉 자기주식 거래

번호	날 짜	거 래
①	20×4년 3월 15일	보통주 400만주를 주당 8,000원에 현금 매입하였다.
②	20×4년 8월 27일	자기주식 200만주를 주당 9,000원에 현금 매각하였다.
③	20×5년 6월 26일	자기주식 100만주를 주당 7,000원에 현금 매각하였다.
④	20×6년 11월 11일	자기주식 100만주를 주당 6,000원에 현금 매각하였다.

다음은 〈예제 10-4〉의 거래를 분개한 것이다. (모든 분개의 단위는 억원임)

① 20×4년 3월 15일 : 자기주식의 취득

(차) 자기주식	320*	(대) 현　　금	320

* 400만 × 8,000 = 320억원

② 20×4년 8월 27일 : 자기주식의 매각

(차) 현　　금	180*	(대) 자 기 주 식	160**
		자기주식자본잉여금	20

* 200만 × 9,000 = 180억원
** 200만 × 8,000 = 160억원

20×4년 12월 31일에 재무상태표가 작성되면 보통주자본금과 자기주식, 그리고 이들과 관련된 자본잉여금은 아래의 〈표 10-2〉와 같이 보고된다.

〈표 10-2〉 부분재무상태표

(주)유성상사   20×4년 12월 31일 현재   (단위 : 억원)

과 목	금	액
자본		
자본금		2,500
보통주	2,500	
자본잉여금		520
보통주	500	
자기주식	20	
이익잉여금		×××
기타포괄손익누계액		×××
공가기포익금융자산평가이익*	×××	
기타자본구성요소		(−)160
자기주식	(−)160	
자본 총계		×××

* 공가기포익 : 공정가치측정 기타포괄손익인식

재무상태표에 자기주식자본잉여금 20억원은 자본잉여금의 한 항목으로 보고된다. '기타자본구성요소'인 자기주식 160억원은 자본의 차감항목으로 보고된다.

③ 20×5년 6월 26일 : 자기주식의 매각

(차) 현 금	70*	(대) 자 기 주 식	80**
자기주식자본잉여금	10		

* 100만 × 7,000 = 70억원
** 100만 × 8,000 = 80억원

매각금액(70억원)이 취득원가(80억원)에 미달하는 금액은 10억원이다. 이 미달금액은 전년도로부터 이월된 자기주식자본잉여금 20억원보다 작기 때문에 전액 자기주식자본잉여금계정에 차기된다. 20×5년 12월 31일 현재의 재무상태표에 보고되는 자기주식자본잉여금 잔액은 10억원이 된다.

④ 20×6년 11월 11일 : 자기주식의 매각

(차) 현 금	60*	(대) 자 기 주 식	80**
자기주식자본잉여금	10		
이 익 잉 여 금	10		

* 100만 × 6,000 = 60억원
** 100만 × 8,000 = 80억원

　　매각금액(60억원)의 취득원가(80억원)에 미달하는 금액은 20억원이다. 전년도로부터 이월된 자기주식자본잉여금은 10억원이다. 따라서 미달금액 20억원 중 10억원은 자기주식자본잉여금계정에 차기되어야 하고 나머지 10억원은 주주에 대한 배당으로 간주하여 (주주로부터 1주를 8,000원에 사서 6,000원에 되파는 식의 배당) 이익잉여금계정에 차기된다.

제4절

자본변동표

4.1 자본변동표의 의의

자본변동표는 한 회계기간 동안 발생한 자본의 구성항목인 자본금, 자본잉여금, 이익잉여금, 기타포괄손익누계액, 기타자본구성요소의 변동과 그 변동의 발생이유를 보고하는 재무제표이다. K-IFRS[5]는 기타포괄손익누계액이 포괄손익계산서의 기타포괄이익과 조정될 수 있도록 자본변동표나 주석에 구성항목별로 보고할 것을 요구한다.

4.2 자본변동표의 작성예제

〈예제 10-5〉 자본변동표의 작성

다음의 〈표 10-3〉과 〈표 10-4〉 각각은 다음은 (주)유성상사의 20×1년 12월 31일과 20×2년 12월 31일 현재 자본부분을 나타내는 부분재무상태표와 20×2년 1월 1일부터 20×2년 12월 31일까지의 당기순이익과 기타포괄손익을 나타내는 부분포괄손익계산서이다.

〈표 10-3〉 부분재무상태표

(주)유성상사   (단위 : 억원)

과 목	금 액			
	20×2년 12월 31일		20×1년 12월 31일	
자본				
자본금		1,400		1,000
보통주	1,400		1,000	
자본잉여금		900		600
보통주	800		600	
자기주식	100		–	
이익잉여금		1,040		800
기타포괄손익누계액		200		140
공가기포익금융자산평가이익 누계액*	200		140	
기타자본구성요소		–		(–)300
자기주식	–		(–)300	
자본 총계		3,540		2,240

* 공가기포익 : 공정가치측정 기타포괄손익인식

〈표 10-4〉 부분포괄손익계산서

20×2년 1월 1일부터
(주)유성상사   20×2년 12월 31일까지   (단위 : 억원)

과 목	금 액	
당기순이익		420
기타포괄손익		60
공가기포익금융자산평가이익*	60	
총포괄이익		480

* 공가기포익 : 공정가치측정 기타포괄손익인식

(1) 자본항목의 T 계정분석

　자본변동표를 작성하기 위해서는 T 계정분석을 실시하여 자본항목 각각이 얼마나 변동했으며 그 이유는 무엇인지를 파악해야 한다. 다음의 〈그림 10-1〉은 각 자본항목별 T 계정분석 결과이다. 분석은 각 계정의 연중 차변분개와 대변분개의 내용을 추적하는 식으로 이루어졌다.

〈그림 10-1〉 T 계정분석

자본금－보통주

		기초	1,000(대)
① 보통주발행	400	기말	1,400(대)

자본잉여금－보통주

		기초	600(대)
① 보통주발행	200	기말	800(대)

자본잉여금－자기주식

		기초	－
② 자기주식 매각	100	기말	100(대)

자기주식

		기초	300(대)
② 자기주식 매각	300	기말	－

이익잉여금

			기초	800(대)
③ 현금배당	180			620(대)
		당기순이익* 420	기말	1,040(대)

* 포괄손익계산서에서 입수

공가기포익금융자산평가이익누계액

평가이익*	60	기초	140(대)
		기말	200(대)

* 포괄손익계산서에서 입수. 부록에서 검토됨

T 계정 분석에 의해 입수된 정보는 아래의 〈표 10-5〉와 같다.

〈표 10-5〉 추가정보

	거 래
①	액면가 400억원인 보통주를 600억원에 발행하였다.
②	취득원가 300억원인 자기주식을 400억원에 매각하였다.
③	현금배당 180억원을 지급하였다.

(2) 자본변동표의 작성

다음의 〈표 10-6〉은 위의 T 계정 분석결과를 반영하여 작성한 (주)유성상사의 20×2년도 자본변동표이다.

〈표 10-6〉 자본변동표

(주)유성상사 20×2년 1월 1일부터 20×2년 12월 31일까지 (단위 : 억원)

항 목	자본금 보통주	자본잉여금 보통주	자본잉여금 자기주식	이익 잉여금	기타포괄손익누계액 공가기포익금융자산평가이익누계액*	기타자본구성요소 자기주식	총 계
20×2년 1월 1일 현재 잔액	1,000	600	–	800	140	(–)300	2,240
20×2년 자본변동 :							
현금배당				(–)180			(–)180
보통주발행	400	200					600
자기주식 매각			100			300	400
총포괄이익				420	60		480
20×2년 12월 31일 현재 잔액	1,400	800	100	1,040	200	–	3,540

* 공가기포익 : 공정가치측정 기타포괄손익인식

앞의 표를 보면 자본변동표는 자본구성요소 각각의 세부 변동사항을 보고하는 것을 알 수 있다. 그러나 이 표는 연중 자본변동유형 각각에 의한 자본변동금액 총액도 보고한다. 자본변동유형별 자본변동금액 총액은 현금배당 180억원, 추가 발행한 보통주발행금액 600억원, 자기주식 매각 400억원, 그리고 총포괄이익 480억원을 포함한다.

제5절

관련재무비율

자본과 관련이 있는 재무비율은 기업의 수익성을 평가할 수 있는 배당성향, 기업의 안전성(재무적)을 평가할 수 있는 주당순자산, 그리고 주가배수인 주가순자산비율을 포함한다.

5.1 수익성 평가 재무비율

(1) 배당성향

배당성향(payout ratio)은 당기순이익의 얼마의 비율이 보통주 배당금으로 지불되었는지를 보여준다. 배당성향은 다음과 같이 보통주 현금배당액을 보통주 주주에게 돌아가는 당기순이익으로 나누어 계산한다. 분자는 분모인 당기순이익에 대응되는 것이어야 한다. 따라서 주석으로 공시되는 이익잉여금처분계산서에 제시된 경영진의 당해연도 배당계획이 적절한 분자이다. 대부분의 경우 배당계획은 원안대로 주주총회에서 의결된다. 배당계획이 수정 의결되면 배당성향이 재계산되어야 한다. 보통주 주주에 돌아가는 이익은 당기순이익에서 우선주배당금을 차감한 금액이다.

$$\text{배당성향} = \frac{\text{보통주 현금배당액}}{\text{당기순이익} - \text{우선주배당금}}$$

(대한백화점의 비율)

$$20 \times 2년 : \quad \frac{150억}{720억} \quad = \ 20.83\%$$

$$20 \times 1년 : \quad \frac{50억}{260억} \quad = \ 19.23\%$$

　　대한백화점의 경우 우선주가 발행되지 않았기 때문에 우선주배당금은 없다. 20×1
년 보통주 현금배당액은 이익잉여금처분계산서의 경영진의 20×1년 배당계획 50억원이
다. 이 배당금은 이듬해에 실제 지급되어 20×2년 자본변동표와 현금흐름표에 보고되었
다. 20×2년 배당계획 150억원은 이듬해인 20×3년에 주주총회의 의결을 거쳐 지급될
것이다. 이것도 20×3년 재무제표에 보고될 것이다. 대한백화점의 20×2년도 배당성향
은 20.83%로 20×1년(19.23%)에 비해 다소 높아졌다.

　　배당성향이 높으면 기업이 벌어들인 이익의 많은 부분을 주주에게 돌려준다는 것
을 의미한다. 그러나 배당성향이 높을수록 이익 중 재투자를 위한 유보액의 비율은 낮
아진다. 따라서 배당성향은 주주와의 관계, 미래의 투자계획 등을 고려하여 적정수준에
서 결정되어야 한다.

5.2 안전성(재무적) 평가 재무비율

(1) 주당순자산

　　주당순자산은 보통주 1주당 돌아갈 수 있는 순자산의 장부금액을 말한다. 따라서
영어로 주당순자산을 주당장부금액(BPS: book-value per share)이라고 한다. 순자산
은 자산총액에서 부채총액을 차감한 금액, 즉 자본이다. 주당순자산은 다음과 같이 자
본의 장부금액에서 우선주자본금을 차감한 금액을 연말유통보통주식수로 나누어 계산
한다. 우선주자본금을 차감하는 이유는 보통주에 귀속되는 순자산을 분자로 사용해야
하기 때문이다. 유통주식수는 발행주식수에서 자기주식수를 차감한 것이다.

$$\text{주당순자산(BPS)} \quad = \quad \frac{\text{자본의 장부금액 } - \text{ 우선주자본금}}{\text{연말유통보통주식수}}$$

(대한백화점의 비율)

$$20\times2년 : \frac{3,230억}{3,000만주} = 10,767원$$

$$20\times1년 : \frac{1,470억}{2,000만주} = 7,350원$$

대한백화점의 경우 우선주가 발행되지 않았기 때문에 순자산장부금액(즉 자본의 장부금액)이 수정 없이 분자로 사용된다. 대한백화점의 20×2년과 20×1년 연말유통보통 주식수는 각각 3,000만주와 2,000만주이다. 대한백화점은 자기주식을 소유하고 있지 않기 때문에 연말 유통보통주식수는 주석 14의 연말 발행 보통주식수와 같다. 대한백화점의 20×2년도 말 주당순자산은 10,767원이다. 이는 20×1년 말의 주당순자산 7,350원에서 3,417원 증가한 것이다.

5.3 주가배수

(1) 주가순자산비율

주가순자산비율은 주식가격이 주당순자산에 비해 얼마나 높게 형성되었는지를 알려주는 지표이다. 위에서 설명하는 바와 같이 영어로 주당순자산을 주당장부금액이라고 한다. 그렇기 때문에 영어로 이 지표를 주가장부금액비율(PBR: price book-value ratio)이라고 한다. 이 비율은 아래와 같이 계산한다.

$$\text{주가순자산비율(PBR)} \quad = \quad \frac{\text{보통주주가}}{\text{주당순자산(BPS)}}$$

(대한백화점의 비율)

대한백화점의 20×2년 말과 20×1년 말 현재 보통주주가는 각각 15,000원, 10,000원으로 가정하였다.

$$20×2년 : \frac{15,000}{10,767} = 1.39배$$

$$20×1년 : \frac{10,000}{7,350} = 1.36배$$

대한백화점의 주가순자산비율은 20×1년 말의 1.36배에 비해 20×2년 말에는 1.39 배로 약간 증가하였음을 알 수 있다. 주가순자산비율이 높다는 것은 일반적으로 기업 의 기대되는 향후 성장가능성이 커서 주식이 주당순자산보다 높은 가격에 형성되고 있 음을 의미한다.

■ 참고 : 본 장에서 검토된 재무비율은 본서의 마지막 부분에 수록되어 있는 부록 2 〈표 B-1〉 '주요 재무비율'에 요약되어 있음

K-IFRS 참조 (http://www.kasb.or.kr)

[1] 기업회계기준서 제1001호 '재무제표 표시', 문단 79(1)(가). (나), (다), (라), 82(2).

[2] '상계서', 문단 107.

[3] '상계서', 문단 79(1)(마), 137(1), 한138.1.

[4] 기업회계기준서 제1032호 '금융상품 : 표시', 문단 33, 34.
기업회계기준서 제1001호 '전계서', 문단 79(1)(바).

[5] 기업회계기준서 제1001호 '전계서', 문단 106(4)(나), 106A.

주 요 용 어

배당금(dividends) : 현금이나 자기회사의 주식으로 이익을 주주에게 배분하는 것 (p.473)

보통주(common stock) : 기업의 소유권을 나타내는 일반적인 주식 (p.470)

우선주(preferred stock) : 보통주에 비해 특정의 권리에 있어서 우선하는 주식 (p.470)

이익잉여금처분계산서(statement of retained earning) : 이익잉여금의 처분계획을 보여주는 보고서 (p.475)

자기주식(treasury stock) : 주식 발행기업이 다시 사들여 보유하고 있는 자기회사의 주식 (p.477)

연습문제

1. **이익과 배당의 자본과의 관계**

다음은 동산(주)의 20×1년 재무제표에서 얻은 자료이다.

(단위 : 억원)

항 목	금 액	항 목	금 액
자산(기초)	4,000	부채(기초)	2,300
총 수 익	3,000	총 비 용	2,000
배 당 금	200		

《물음》 20×1년 말 자본을 계산하라.

2. **주식의 발행과 재무상태표 표시**

서산(주)는 20×1년 1월 1일에 액면가가 5,000원인 보통주 2천만주를 주당 8,000원에 발행하여 조달된 자금 1,600억원으로 설립되었다. 또한 서산(주)는 20×1년 7월 1일에 액면가가 5,000원인 우선주 1천만주를 주당 5,000원에 발행하여 추가로 자금 500억원을 조달하였다.

《물음》

(1) 아래의 날짜에 주식발행에 대한 분개를 하라.

   1) 20×1년 1월 1일   2) 20×1년 7월 1일

(2) 발행된 주식이 20×1년 12월 31일 현재의 재무상태표에 어떻게 보고되는지를 표시하라.

3. **현금배당과 주식배당**

동양전자의 20×1년 12월 31일 현재 보통주자본금은 5,000억원(발행주식수 1억주, 주당 액면가 5,000원), 이익잉여금은 3,700억원이다. 동양전자는 20×2년 3월 10일에 주당 400원의 현금배당을 하고 20×2년 9월 10일에 10%의 주식배당을 하였다.

《물음》

(1) 20×2년 3월 10일의 현금배당과 20×2년 9월 10일의 주식배당에 관한 분개를 하라.

(2) 20×2년 9월 10일의 주식배당 후 1) 보통주자본금과 2) 이익잉여금은 얼마인가?

4. 이익잉여금처분계산서

다음은 대산(주)의 20×1년 12월 31일 현재 처분된 이익잉여금 내역이다.

처분된 이익잉여금 내역

대산(주)   20×1년 12월 31일 현재   (단위 : 억원)

항 목	금 액	
이익잉여금		
법정적립금		1,000
이익준비금	1,000	
임의적립금		3,000
사업확장적립금	1,800	
배당평균적립금	1,200	
미처분이익잉여금		2,000
합 계		6,000

대산(주) 경영진은 20×2년 당기순이익 3,300억원을 다음과 같이 처분하기로 결정하고 20×3년 3월 9일의 주주총회에 상정하기로 하였다.

① 이익준비금 : 100억원

② 사업확장적립금 : 300억원

③ 배당평균적립금 : 100억원

④ 현금배당 : 1,000억원

《물음》

대산(주)의 20×2년 이익잉여금처분계산서(안)를 작성하라.

5. **자본의 분류**

다음은 수원(주)의 20×1년 12월 31일 현재 재무상태표상 자본을 구성하는 과목들의 내역이다.

(단위 : 억원)

과 목	금 액	과 목	금 액
자기주식자본잉여금	50	보통주자본잉여금	1,130
이 익 잉 여 금	1,200	보 통 주 자 본 금	3,500
자 기 주 식	70	우 선 주 자 본 금	1,500

《물음》

수원(주)의 20×1년 12월 31일 현재 재무상태표의 자본부분에 아래의 항목들은 각각 얼마로 보고되는가?

(1) 자본금 　　　　　(2) 자본잉여금 　　　　　(3) 이익잉여금

(4) 기타자본구성항목 　　(5) 총자본

6. **자기주식의 취득과 매각**

SB 회사는 설립일인 20×1년 3월 1일에 액면가가 5,000원인 보통주 8,000만주를 주당 6,000원에 발행하고 현금 4,800억원을 수취하였다. 다음은 자기주식에 관한 현금거래이다.

① 20×4년 3월 15일 : 보통주 400만주를 주당 10,000원에 매입하고 400억원을 지급하였다.

② 20×4년 8월 27일 : 자기주식 200만주를 주당 11,000원에 매각하고 220억원을 수취하였다.

③ 20×5년 6월 26일 : 자기주식 100만주를 주당 9,000원에 매각하고 90억원을 수취하였다.

④ 20×6년 11월 11일 : 자기주식 100만주를 주당 7,000원에 매각하고 70억원을 수취하였다.

《물음》

(1) 자기주식거래에 대한 분개를 작성하라.

(2) 보통주자본금과 자기주식, 그리고 이들 주식과 연관된 자본잉여금을 보여주는 20×4년 12월 31일 현재 부분재무상태표를 작성하라.

7. 자본거래의 재무상태표 표시

다음은 20×1년 12월 31일 현재 북산(주)의 재무상태표의 자본에 관한 부분이다.

부분재무상태표

북산(주)　　　　　　　　　20×1년 12월 31일 현재　　　　　　　(단위 : 억원)

과　　　목	금　　액	
자본		
자본금		1,000
보통주자본금	1,000	
자본잉여금		400
보통주자본잉여금	400	
이익잉여금		100
자본 총계		1,500

20×2년에 다음과 같은 현금거래가 발생하였다.

① 2월 15일 : 액면가가 5,000원인 보통주 400만주를 주당 7,000원에 발행하고 280억
　　　　　　원을 수취하였다.
② 3월 11일 : 50억원의 배당금을 지급하였다.

《물음》
북산(주)의 20×2년 12월 31일의 재무상태표에 다음은 각각 얼마로 보고되는가? (20×2
년 당기순이익은 120억원이었음)

(1) 보통주자본금　　　　　(2) 보통주자본잉여금　　　　　(3) 이익잉여금

8. 자본의 변동

덕명(주)는 회사설립일인 20×1년 1월 1일에 액면가가 5,000원인 보통주 1,000만주를
주당 7,000원에 발행하고 현금 700억원을 수취하였다. 다음은 20×1년부터 20×3년까지
이 회사의 자본거래이다.

① 20×1년 당기순이익 : 140억원
② 20×2년 3월 14일 : 주당 400원 총 40억원의 현금배당을 지급하였다.
③ 20×2년 당기순이익 : 160억원
④ 20×3년 3월 15일 : 보통주 1주당 0.1주의 주식배당을 교부하였다.
⑤ 20×3년 당기순이익 : 190억원

《물음》

다음은 20×3년 12월 31일, 그리고 20×2년 12월 31일 현재 덕명(주)의 자본부분을 나타내는 부분재무상태표이다. 빈칸에 적절한 금액을 기입하라.

부분재무상태표

덕명(주)   (단위 : 억원)

과 목	금 액	
	20×3년 12월 31일	20×2년 12월 31일
자본		
자본금		
보통주자본금	( )	( )
자본잉여금		
보통주자본잉여금	( )	( )
이익잉여금	( )	( )
자본 총계	( )	( )

9. 자본변동표

다음은 청주(주)의 20×2년 12월 31일과 20×1년 12월 31일 현재 자본부분을 보여주는 부분재무상태표와 20×2년 부분포괄손익계산서이다.

부분재무상태표

(주)청주 (단위 : 억원)

과 목	금 액			
	20×2년 12월 31일		20×1년 12월 31일	
자본				
자본금		750		500
보통주자본금	750		500	
자본잉여금		540		300
보통주자본잉여금	450		300	
자기주식자본잉여금	90		–	
이익잉여금		590		460
기타포괄손익누계액		70		40
공가기포익금융자산평가이익누계액*	70		40	
기타자본구성요소		–		(–)80
자기주식	–		(–)80	
자본 총계		1,950		1,220

* 공가기포익 : 공정가치측정 기타포괄손익인식

부분포괄손익계산서

(주)청주　　　　　20×2년 1월 1일부터 20×2년 12월 31일까지　　　　　(단위 : 억원)

과 목	금 액	
당기순이익		210
기타포괄손익		30
공가기포익금융자산평가이익	30	
총포괄이익		240

다음은 청주(주)의 자본계정을 T 계정분석하여 파악된 20×2년 현금거래이다.

① 액면가가 5,000원인 보통주 500만주를 주당 8,000원에 발행하였다.

② 배당금 80억원을 지급하였다.

③ 보통주 100만주를 주당 8,000원에 취득하였다.

④ 총소유 자기주식 200만주를 주당 10,000원에 매각하였다.

《물음》

20×2년 청주(주)의 자본변동표를 작성하라.

10. **주가순자산비율과 배당성향**

다음은 인계(주)의 20×1년도 재무제표에서 얻은 자료이다.

(단위 : 억원)

항　　목	금　액	항　　목	금　액
자　　산(기말)	5,500	부　채(기말)	3,100
당 기 순 이 익	670	현 금 배 당*	230

* 20×1년 재무제표 주석으로 공시된 이익잉여금처분계산서의 20×1년 배당계획

연말 유통 보통주주식수는 2,000만주이었으며 연말 보통주 1주의 시가는 14,000원이었다.

《물음》

인계(주)의 다음 재무비율을 계산하라.

(1) 주당순자산(BPS)　　　　(2) 주가순자산비율(PBR)　　　　(3) 배당성향

11

현금흐름표

제11장 개요

본 장에서는 복수의 분류방법이 허용된 항목과 같은 주요 이슈를 자세히 검토하고, 각 영업활동, 투자활동, 그리고 재무활동별로 현금흐름을 보고하는 방법을 설명한다. 특히 법인세비용차감전순이익에 일정 항목을 가감조정하여 영업에서 창출된 현금을 산출하는 간접법을 상세히 검토한다. 본 장의 마지막 부분에서는 손익계산서와 재무상태표를 이용하여 현금흐름표를 작성하는 종합예제를 제시한다. 그리고 현금흐름표 정보를 이용한 재무비율을 설명한다.

대한백화점의 사례

현금흐름표(주석 2ⓒ)

20×2년 1월 1일부터 20×2년 12월 31일까지
대한백화점   20×1년 1월 1일부터 20×1년 12월 31일까지   (단위 : 억원)

항 목	20×2년		20×1년	
영업활동 현금흐름				
법인세비용차감전순이익(법비차전익)		1,020		380
조 정(주석 2ⓒ) :				
개별보고 항목과 관련된 법비차전익 비용				
이자비용		190		130
비영업활동에 의한 이익과 손실		(-)60		10
유형자산처분손실(주석 8)	–		10	
지분법이익(주석 7)	(-)60		–	
현금유출이 없는 영업비용				
감가상각비		100		30
영업활동으로 인한 자산과 부채의 변동		(-)40		(-)180
매출채권의 증가	(-)80		(-)180	
상품의 증가	(-)200		(-)230	
매입채무의 증가	240		180	
미지급급여의 증가(감소)	(-)10		30	
환불충당부채의 증가(주석 11)	10		20	
영업에서 창출된 현금		1,210		370
개별보고 항목 :				
법인세납부(주석 2ⓒ)		(-)210		(-)70
영업활동 순현금		1,000		300
투자활동 현금흐름				
토지의 처분(주석 8)		–		390
개별보고 항목 :				
배당금수취(주석 7)		20		
공가기포익금융자산의 매입(주석 6)		–		(-)90
관계기업주식의 취득(주석 7)		(-)200		–
토지의 매입(주석 8)		–		(-)1,200
설비자산의 매입(주석 8)		(-)1,500		(-)1,000
무형자산의 매입(주석 8)		(-)90		
투자활동 순현금		(-)1,770		(-)1,900
재무활동 현금흐름				
단기차입금의 차입(주석 9ⓐ)		100		300
장기차입금의 차입(주석 9ⓑ)		400		900
사채의 발행(주석 10)		–		390
보통주의 발행(주석 13)		1,000		500
단기차입금의 상환(주석 9ⓐ)		(-)300		–
유동성장기차입금의 상환(주석 9ⓑ)		(-)180		

개별보고 항목:				
이자지급(주석 2ⓒ)	(−)160		(−)80	
배당금지급(주석 2ⓒ, 14)	(−)50		−	
재무활동 순현금		810		2,010
현금 및 현금성자산의 순증가		40		410
기초 현금 및 현금성자산(주석 4)		410		−
기말 현금 및 현금성자산		450		410

《주석사항》

2. 재무제표 양식

ⓒ 현금흐름표 양식

회사는 현금흐름표를 간접법으로 작성한다. 영업에서 창출된 현금을 계산하기 위하여 법인세비용 차감전 순이익(법비차전익)에 조정하는 항목을 개별보고 항목과 관련된 법비차전익 수익과 비용, 비영업활동에 의한 이익과 손실, 현금유출이 없는 영업비용, 영업활동으로 인한 자산과 부채의 변동으로 분류한다. 또한 법인세납부는 영업활동으로, 배당금수취는 투자활동으로, 그리고 이자지급과 배당금지급은 재무활동으로 분류하고, 이들 항목을 개별보고한다.

4. 현금 및 현금성자산

현금 및 현금성 자산은 보유중인 현금, 은행예금, 그리고 정해진 금액의 현금으로 즉시 전환할 수 있고 취득 당시 만기일이 3개월 이내여서 가치변동 위험이 미미한 금융상품을 포함한다. 현금성자산은 활성시장의 공시가격으로 평가된다. 현금흐름표의 '현금 및 현금성자산'은 재무상태표의 '현금 및 현금성자산'과 같다.

6. 공정가치측정 기타포괄손익인식(공가기포익)금융자산

회사는 장기투자 목적으로 다음의 주식을 취득하였으며 취득일에 이 투자주식을 공가기포익금융자산으로 분류하기로 결정하였다. 이들 자산은 공시가격(시가)으로 평가된다.

(단위 : 억원)

투자주식	취득일	주식수	주당 기준가		주당 연말 시가	평가이익
KM마트	20×1년 11월 1일	1백만주	20×1년	9,000원 (취득원가)	10,000원	1,000원 × 1백만주 = 10
			20×2년	10,000원 (연초시가)	13,000원	3,000원 × 1백만주 = 30

7. 관계기업투자

다음은 관계기업투자의 구성과 관계기업투자의 변동내역을 보여주는 관계기업투자 조정표이다.

관계기업투자의 구성

관계기업	취득일	주식수	지분율
(주)소한	20×2년 1월 2일	20,000주	20%

관계기업투자조정표

(단위 : 억원)

20×2년 초 잔액	20×2년 변동액			20×2년 말 잔액
	투자액	가산 : 지분법이익	감산 : 배당금수취	
–	200	60	20	240

8. 유·무형자산의 취득 및 처분

연도별 유형·무형자산의 취득과 처분 내역은 다음과 같다.

(단위 : 억원)

항 목		토지	설비자산	무형자산
20×1년	기 초 금 액	–	–	–
	현 금 취 득	1,200	1,000	–
	주식발행취득	–	600	–
	처 분	(-)400*	–	–
	재 평 가 차 익	100	–	–
	기 말 금 액	900	1,600	
20×2년	현 금 취 득	–	1,500	90**
	재 평 가 차 익	60	–	–
	기 말 금 액	960	3,100	90

* 처분대가는 390억원이었음
** 20×2년 말에 취득한 산업재산권(특허권)

9. 단기 및 장기차입금의 내역

ⓐ 단기차입금

회사는 운전자금 용도로 아래와 같은 차입금을 단기 차입하였다.

(단위 : 억원)

차입일	차입처	이자율	차입금액	조건
20×1년 4월 1일	서울은행	연 10%	300	차입기간 1년 (이자 : 매 6개월 후급)
20×2년 4월 1일	부산은행	연 10%	100	차입기간 1년 (이자 : 매 6개월 후급)

ⓑ 장기차입금

(1) **장기차입금 내역** : 20×2년 말과 20×1년 말 현재의 장기차입금 내역은 다음과 같다.

(단위 : 억원)

차입일	차입처	이자율	잔액		조건
			20×2년 말	20×1년 말	
20×1년 3월 1일	대한 캐피탈	연 12%	720	900	5년 분할상환 (이자 : 매 6개월 후급)
20×2년 5월 1일	기업은행	연 12%	400	–	4년 분할상환 (이자 : 매년 후급)
합 계			1,120	900	

(2) **장기차입금 상환일정** : 장기차입금 연도별 상환금액은 다음과 같다.

(단위 : 억원)

연 도	상 환 금 액
20×2	180
20×3	280
20×4	280
20×5	280
20×6	280

(3) 유동성장기차입금 : 회사는 위의 장기차입금 상환일정에 따라 20×2년 말과 20×1년 말 각각에 장기차입금 280억원과 180억원을 유동성장기차입금으로 재분류하였다.

(단위 : 억원)

분류	과　　　목	20×2년 말	20×1년 말
유동부채	유동성장기차입금	280	180
비유동부채	장　기　차　입　금	840	720
	합계	1,120	900

10. 사　채

20×2년 말과 20×1년 말 사채의 내역은 다음과 같다.

(단위 : 억원)

종　류	발행일	만기일	액면이자율	액면금액	발행가액
무보증사채	20×1년 7월 1일	20×6년 6월 30일	연 6%*	500	390

* 이자는 매 6개월마다 후급으로 지급됨. 유효이자율은 연 12%임

11. 환불충당부채

다음의 조정표는 환불충당부채의 변동내역을 보여준다.

환불충당부채 조정표

(단위 : 억원)

항　목		환불충당부채
20×1년	기　초　금　액	–
	실제발생환불	(−)10
	추　정　환　불	30*
	기　말　금　액	20
20×2년	실제발생환불	(−)20
	추　정　환　불	30*
	기　말　금　액	30

* 반품된 상품은 폐기처분되며 추정환불금액은 매출에서 차감됨

13. 자본금

각 연도 말 자본금의 구성은 다음과 같다.

연도 말	주식유형	액면가	발행주식수
20×2	보통주	5,000원	3,000만주
20×1	보통주	5,000원	2,000만주

14. 배당금

연도별 배당금 산정내역과 배당성향은 다음과 같다.

(단위 : 억원)

연도	주식유형	배당 대상 주식수	액면배당률	배당금액*
20×2	보통주	3,000만주	10%	150
20×1	보통주	2,000만주	5%	50

* 회사의 정관에 의하여 주식발행일에 관계없이 모든 연말유통주식에 동일한 배당률이 적용됨

(단위 : 억원)

연도	배당금액(1)	당기순이익(2)	배당성향[(1)/(2)]
20×2	150*	720	20.83%
20×1	50**	260	19.23%

* 경영진의 배당계획임. 20×3년 3월 15일 주주총회 의결에 의하여 확정되면 20×3년 3월 22일에 지급될 것임
** 20×2년 3월 14일 주주총회 의결에 의하여 확정되어 20×2년 3월 21일에 지급되었음

16. 현금흐름표 : 비현금거래

연도별 중요한 비현금 투자와 재무거래는 다음과 같다.

(단위 : 억원)

내 역	금 액	
	20×2년	20×1년
주식발행에 의한 설비자산의 취득	–	600*

* 취득한 설비자산의 현금판매가격임. 회사는 설비자산을 취득하기 위하여 20×1년 7월 1일에 액면가 5,000원인 보통주 1,000만주를 발행하여 판매자에게 배부하였음

사례 재무제표의 해설

■ 참고 : 위첨자 숫자는 당해 주제가 설명된 본문 쪽번호임

　　본 장과 관련된 대한백화점의 재무제표는 현금흐름표와 이에 대한 주석사항이다. 우선 주석 2ⓒ에 의하면 대한백화점은 간접법[518]에 의하여 포괄손익계산서의 법인세비용차감전순이익(법비차전익)을 조정하여 영업에서 창출된 현금을 계산하고 있다는 것을 알 수 있다. 그리고 대한백화점은 개별보고 항목으로 보고되는 법인세납부는 영업활동으로, 배당금수취는 투자활동으로, 그리고 이자지급과 배당금지급은 재무활동으로 분류하고 있다.[511] 주석 4는 현금흐름표의 현금 및 현금성자산[511]은 재무상태표의 현금 및 현금성자산과 같다는 것을 알려준다.

　　여기서는 중복해설을 피하기 위해 구체적인 사례해설은 20×2년 중심으로 하고 20×1년 해설은 생략한다. 대한백화점은 20×2년에 영업활동에서 1,210억원의 순현금이 유입되었고, 투자활동에서 1,770억원의 순현금이 사용되었으며, 재무활동에서 810억원의 순현금이 유입되어 40억원의 현금증가가 있었다. 따라서 현금증가액 40억원을 기초현금잔액 410억원에 더하여 기말현금잔액 450억원이 보고되었다.

　　영업에서 창출된 현금을 계산하기 위해 법비차전익에 조정한 항목은 주로 1) 개별보고 항목과 관련된 법비차전익 수익과 비용[519], 2) 비영업활동에 의한 이익과 손실[520], 3) 현금유출이 없는 영업비용[522], 그리고 4) 영업활동으로 인한 자산과 부채의 변동[522]이다. 20×2년 법비차전익은 1,020억원이었다. 여기에 개별보고 항목과 관련된 법비차전익 수익과 비용으로 이자비용 190억원이 가산 조정되었다.[519] 20×2년에 비영업활동에 의한 이익으로는 지분법이익[522] 60억원(주석 7)이 감산 조정되었다. [또한 20×1년에 유형자산처분손실[520](주석 8)이 가산 조정된 바 있음] 현금유출이 없는 영업비용으로는 감가상각비[522]100억원이 가산 조정되었다. 영업활동으로 인한 자산과 부채의 변동[522]으로는 매출채권의 증가 80억원과 상품의 증가 200억원이 감산 조정되었고, 매입채무의 증가 240억원과 환불충당부채의 증가 10억원(주석 11)이 가산 조정되었다. 또한 미지급급여의 감소 10억원이 감산 조정되었다. (반대로 20×1년에는 미지급급여의 증가가 가

산 조정된 바 있음) 이러한 조정의 결과 20×2년 영업에서 창출된 현금은 1,210억원이었다. 그 다음 개별보고 항목은 법인세납부[524] 210억원(법인세비용 300억 – 미지급법인세 증가 90억)이었다. 영업에서 창출된 현금에서 이 항목이 차감되어 '영업활동 순현금'으로 1,000억원이 계산되었다.

투자활동에서는 개별보고 항목인 배당금수취(주석 7)로 20억원이 유입되었다.[525] 그리고 관계기업투자주식의 취득으로 200억원(주석 7), 설비자산의 매입으로 1,500억원(주석 8) 그리고 무형자산의 매입으로 90억원(주석 8)의 현금이 유출되었다. 그 결과 '투자활동 순현금'으로 1,770억원의 유출이 보고되었다.[525] 재무활동에서는 단기차입금의 차입으로 100억원(주석 9ⓐ), 장기차입금의 차입으로 400억원(주석 9ⓑ) 그리고 보통주 발행으로 1,000억원(주석 13)이 유입되었다.[527] 그리고 단기차입금 상환으로 300억원(주석 9ⓐ), 유동성장기차입금 상환으로 180억원(주석 9ⓑ)이 유출되었으며 추가로 개별보고 항목인 이자지급으로 160억원(이자비용 190억 – 미지급이자 증가 10억 – 사채할인발행차금상각 20억)과 배당금지급으로 50억원(20×1년 배당금)(주석 14)이 유출되었다.[527] 그 결과 '재무활동 순현금'으로 810억원의 유입이 보고되었다.

주석 16은 20×1년 7월 1일에 발생한 보통주 발행에 의한 설비자산의 취득은 비현금거래[528]이었다는 것을 알려준다. 따라서 이는 현금흐름표에 보고되지 않았으나 중요한 투자 및 재무활동이기 때문에 주석으로 공시되었다.

제1절

주요 이슈

현금흐름표는 1년 동안 현금이 기업의 여러 활동을 통하여 얼마나 들어오고 나갔는지를 보고한다. 따라서 현금흐름표를 보면 기업에서 1년 동안 현금이 어떻게 변화되었는지를 알 수 있다.

본서는 현금흐름표의 이해를 돕기 위하여 아래의 〈표 11-1〉과 같이 각 장에서 현금흐름표와 연관된 내용을 검토하였다. 본 장에서는 아직까지 검토되지 않은 부분, 특히 간접법에 의한 작성법을 주로 검토한다.

〈표 11-1〉 검토된 주제

본문	검토된 주제
1장	기업의 3가지 활동과 현금흐름표
2장	현금흐름표(직접법)의 의의 및 구성요소
3장	현금흐름표(직접법)의 작성
4장	현금주의 vs 발생주의 (기초잔액이 없는 경우)
5장	현금주의 vs 발생주의 (기초잔액이 있는 경우)
6장	매출, 매출채권과 현금흐름
7장	매입, 재고자산, 매출원가, 매입채무와 현금흐름
8장	감가상각비와 현금흐름
9장	장기차입금의 차입과 유동성장기차입금의 상환 사채이자비용, 미지급이자, 사채할인발행차금의 상각과 현금흐름
10장	자기주식의 매매와 배당금지급

1.1 현금 및 현금성자산

현금흐름표의 현금을 무엇으로 할 것인가? 현금흐름표의 현금은 현금과 현금성자산으로 한다. 현금은 지폐, 동전, 수표, 은행예금을 포함한다. 기업이 일시적으로 여유현금이 생겼을 때에 그 현금을 금고에 보관하고 있기보다는 안정적 수익을 얻을 수 있으며 시장성이 있어 쉽게 팔 수 있는 금융상품에 투자한다. 그리고 다시 현금이 필요할 때 이들 상품을 팔아 현금매각대금을 쓴다. 현금흐름표의 현금은 이러한 기업 실무를 반영하여 현금과 같은 지불수단으로 사용될 수 있는 금융상품을 포함한다. 이러한 금융상품을 현금성자산(cash equivalents)이라고 한다. K-IFRS[1]에 의한 현금성자산이 되기 위해서는 금융상품이 정해진 금액의 현금으로 즉시 전환될 수 있고 만기일이 3개월 이내이어서 가치변동 위험이 미미하여야 한다. 예는 MMF(money market fund), CD(certificate of deposit : 양도성예금증서), 3개월 이내 만기되는 국공채와 사채이다. 현금성자산은 활성시장의 공시가격으로 평가된다. 재무상태표의 현금 및 현금성자산은 현금흐름표의 그것과 같다. 본서의 현금흐름표에서는 '현금 및 현금성자산'을 간편하게 '현금'으로 표시하였다.

1.2 복수의 분류방법이 허용된 항목

기업들이 이자수취, 배당금수취, 이자지급, 배당금지급, 법인세납부와 같은 현금흐름을 여러 가지 방법으로 분류한다. K-IFRS[2]는 이들을 통일하기보다는 이들 방법을 모두 허용한다. 다만, 이들 항목을 개별항목으로 보고하도록 하여 단순한 가감 조정을 하면 기업 간의 비교가 용이하도록 하였다. (본서는 이들 항목이 개별로 보고되어야 한다는 것을 부각시키기 위하여 현금흐름표에 '개별보고 항목'이라는 캡션을 표시하였다. 이들 항목을 개별로 보고되는 한 캡션은 생략되어도 된다.)

1) 이자수취와 배당금수취 그리고 이자지급과 배당금지급

이론적으로 이자수취와 배당금수취는 투자의 대가이기 때문에 투자활동으로 분류되어야 한다. 한편 이자지급은 자금을 조달하는 재무활동에 들어간 돈이기 때문에 재무활동으로 분류되어야 한다. 이렇게 이론대로 이들 항목을 분류하면 포괄손익계산서의 영업이익을 계산할 때에 적용되는 영업활동과 현금흐름표의 영업현금흐름을 계산할 때에 적용되는 영업활동이 동일하다.

기업은 이자수취와 배당금수취 그리고 이자지급을 위에서 설명한 바와 같이 이론대로 분류하기도 하고 과거 한국회계기준이 요구했던(현 미국 회계기준이 요구하는) 바와 같이 영업활동 현금흐름으로 분류하기도 한다. 이렇게 이론에 어긋나는 예외가 허용되어 기업은 포괄손익계산서의 당기순이익을 계산할 때와 같은 분류방법을 적용하여 영업활동 현금흐름을 계산할 수 있다. 다시 말하면, 이자수취, 배당금수취, 이자지급은 각각 당기순이익 계산 시 포함되는 이자수익, 배당금수익, 이자비용과 관련이 있기 때문에 영업활동으로 분류하는 것이다. 이러한 분류방법은 회계정보 이용자들이 당기순이익과 영업활동 현금흐름 두 수치를 별도의 조정 작업을 거치지 않고 쉽게 상호 비교할 수 있는 장점이 있다. 그러나 포괄손익계산서에서의 영업활동과 현금흐름표의 영업활동이 다른 요소로 구성되어 혼돈을 초래하는 단점이 있다.

배당금지급은 이자지급과 마찬가지로 자금조달과 관련된 것이기 때문에 이론적으로는 재무활동으로 분류되어야 한다. 기업은 이론대로 배당금지급을 재무활동으로 분류하기도 한다. 그러나 영업에서 창출한 현금으로 배당금을 지급한다는 것을 고려하여 기업은 예외적으로 배당금지급을 영업활동으로 분류하기도 한다.

K-IFRS[3]는 위에서 설명한 이론, 과거 한국회계기준, 그리고 배당금지급에 대한 예외적 실무를 전부 수용한다. 따라서 다음의 〈표 11-2〉에서와 같이 기업이 이자수취와 배당금수취는 각각 투자활동 또는 영업활동으로, 이자지급과 배당금지급은 각각 재무활동 또는 영업활동으로 분류할 수 있도록 하였다. 이렇게 4가지 종목 각각에 2가지 분류방법을 허용한 기준은 이들 4종목을 $16(2 \times 2 \times 2 \times 2)$개의 다른 방식으로 보고할 수 있게 한다.

〈표 11-2〉 K-IFRS 분류−이자와 배당

구 분	투자활동	재무활동	영업활동
이자수취	O		O
배당금수취	O		O
이자지급		O	O
배당금지급		O	O

2) 법인세납부

법인세는 영업활동뿐 아니라 투자활동이나 재무활동에서 발생한 이익에 대해서도 납부한다. 그러나 법인세를 활동별로 구분하기가 어렵다. 나아가 법인세가 활동별로 구분된다 해도 지불시기가 법인세 유발 거래 발생시기와 달라 법인세납부를 활동별로 보고하기가 거의 불가능하다. 이러한 이유 때문에 포괄손익계산서의 법인세비용이 영업손익과 기타손익에 대한 금액으로 구분되지 않고 총액으로 보고된다. 따라서 K-IFRS[4]는 아래의 〈표 11-3〉에 제시된 바와 같이 법인세의 구분이 용이한 경우에는 현금흐름표에 법인세납부를 각 활동별로 보고하고, 그렇지 않은 경우에는 전액을 영업활동으로 보고하도록 하고 있다. 현금흐름표에 법인세를 각 활동별로 보고하는 경우에는 총납부금액을 주석으로 공시해야 한다.

〈표 11-3〉 K-IFRS 분류−법인세납부

구 분	활동별 구분가능			활동별 구분 불가능		
	영업활동	투자활동	재무활동	영업활동	투자활동	재무활동
법인세납부	해당금액	해당금액	해당금액	총액		

본서는 대부분 기업의 실무를 따라 법인세의 활동분류가 불가능하다고 가정하고 법인세 총액을 영업활동으로 분류한다.

3) 이자수취, 배당금수취, 이자지급, 배당금지급, 법인세납부의 개별보고

위에서 검토한 복수의 분류방법은 기업이 각 활동별 현금흐름의 구성요소를 상이하게 보고할 수 있게 하기 때문에 회계정보의 기업 간의 비교가능성을 저해할 수 있다. K-IFRS[5]는 기업이 이들 항목을 무슨 활동으로 분류하든지 개별 항목으로 현금흐름표에 표시하도록 하고, 또한 이들 항목 전부가 배제된 '영업에서 창출된 현금'을 현금흐름표에 별도로 보고할 것을 요구한다. 그렇게 하여 회계정보 이용자가 한 기업의 현금흐름과 다른 기업의 현금흐름을 쉽게 비교할 수 있도록 하였다.

4) 복수분류 방법의 4가지 예

복수분류방법이 허용된 항목은 이자수취, 배당금수취, 이자지급, 배당금지급이다. 〈예제 11-1〉을 이용하여 이들 항목의 4가지 상이한 분류방법의 예를 검토한다.

〈예제 11-1〉 복수의 분류방법

다음의 〈표 11-4〉는 20×2년 송호상사의 현금흐름표를 작성하기 위하여 수집한 자료이다.

〈표 11-4〉 현금흐름표 작성자료

(단위 : 억원)

항 목	금 액
영업에서 조달된 현금	470
이자와 배당금수취 이외의 투자활동 현금흐름	(−)620
이자와 배당금지급 이외의 재무활동 현금흐름	290
개별보고 항목:	
법인세납부	(−)60
이자수취	20
배당금수취	80
이지지급	(−)70
배당금지급	(−)90

〈표 11-5〉 4가지 다른 분류방법에 의한 현금흐름표

20×2년 1월 1일부터 20×2년 12월 31일까지

송호상사 (단위 : 억원)

항 목	이론	과거 기준	최대 영업활동 순현금	최소 영업활동 순현금
영업활동 현금흐름				
영업에서 조달된 현금	470	470	470	470
개별보고 항목 :				
법인세납부	(-)60	(-)60	(-)60	(-)60
이자수취		20	20	
배당금수취		80	80	
이자지급		(-)70		(-)70
배당금지급				(-)90
영업활동 순현금	410	440	510	250
투자활동 현금흐름				
이자와 배당금수취 이외의 투자활동 현금흐름	(-)620	(-)620	(-)620	(-)620
개별보고 항목 :				
이자수취	20			20
배당금수취	80			80
투자활동 순현금	(-)520	(-)620	(-)620	(-)520
재무활동 현금흐름				
이자와 배당금지급 이외의 재무활동 현금흐름	290	290	290	290
개별보고 항목 :				
이자지급	(-)70		(-)70	
배당금지급	(-)90	(-)90	(-)90	
투자활동 순현금	130	200	130	290
현금의 순증가	20	20	20	20

〈표 11-5〉는 K-IFRS가 허용하고 있는 16가지의 분류방법 중 4개를 보여주고 있다. 이 표에서 볼 수 있듯이 '영업에서 창출된 현금'은 개별보고 항목 보고 전 영업활동 현금흐름이다. 이들 개별보고 항목은 ('이론' 난에서 제시된 것과 같이) 이론에 의하여 분류될 수 있고, ('과거 기준' 난에 제시된 것과 같이) 과거 회계기준에 의하여 분류될 수 있다. 보고기업의 유인에 따라 이들 항목은 '최대 영업활동 순현금' 난과 '최소 영업활동 순현금' 난과 같이 분류될 수 있다. '최대 영업활동 순현금'은 다른 양식에 비

해 영업활동 순현금을 최대로 보고할 수 있는 양식이다. 이 양식에서는 현금이 유입되는 (이자수취와 배당금수취는) '영업활동'으로 분류되고, 현금이 유출되는 (이자지급과 배당금지급은) '재무활동'으로 분류된다. 반면에 '최소 영업활동 순현금'은 다른 양식에 비해 영업활동 순현금을 최소로 보고할 수 있는 양식이다. 이 양식에서는 현금이 유출되는 (이자지급과 배당금지급은) '영업활동'으로 분류되고 현금이 유입되는 (이자수취와 배당금수취는) '투자활동'으로 분류된다.

본서는 '이론', 즉 앞에서 설명된 이론에 기초한다. 이자수취와 배당금수취는 투자활동으로, 그리고 이자지급과 배당금지급은 재무활동으로 분류한다.

제2절

영업활동 현금흐름

영업활동 순현금은 영업에서 창출된 현금에서 개별로 보고해야 하는 항목을 가감하여 계산된다. 앞에서 기술한 바와 같이 영업에서 창출된 현금을 계산하는 방법으로는 직접법과 간접법, 두 가지 방법이 있다. 어떤 방법을 이용하든 영업에서 창출된 현금은 같게 산출된다. 실무에서는 표의 작성이 쉽기 때문에 대부분의 기업이 간접법을 이용한다.

2.1 직접법

앞의 제3장에서부터 제5장까지는 직접법에 의한 현금흐름표 작성방법이 검토되었다. 다음의 〈표 11-6〉은 직접법으로 영업에서 창출된 현금을 현금흐름표에 표시하는 양식을 보여준다.

〈표 11-6〉 직접법에 의한 현금흐름표 양식

항 목	금	액
영업활동 현금흐름 :		
고객으로부터의 수취현금	×××	
공급자와 종업원에게 지급된 현금	(-)×××	
영업에서 창출된 현금	×××	
개별보고 항목 :		
법인세납부	(-)×××	
영업활동 순현금		×××

영업활동 현금흐름이 직접법으로 계산되는 경우 고객으로부터의 수취현금에서 공급자와 종업원에게 지급된 현금이 차감되어 영업에서 창출된 현금이 우선 산출된다. 그 다음 개별보고 항목이 가감된다. 개별보고 항목의 구성은 위에서 검토한 바와 같이

이자수취, 배당금수취, 이자지급, 배당급지급, 그리고 법인세납부의 분류방법에 의하여 결정된다. 본서는 위에서 설명한 바와 같이 이론에 의한 분류방법을 채택한다. 따라서 법인세납부만을 영업활동 개별보고 항목으로 보고한다.

직접법에 의한 현금흐름표는 영업활동에 의한 현금유입과 유출을 그 발생 원인별로 구분하여 보고하기 때문에 회계를 잘 모르는 사람들도 현금흐름표를 보면 영업활동을 통해 어디서 얼마의 현금이 들어왔는지, 그리고 어디에 얼마의 현금을 썼는지를 쉽게 알 수 있다. 또한 직접법은 현금흐름을 발생원천별로 보고하여 미래현금흐름을 쉽게 예측할 수 있게 해준다. 이러한 이유로 K-IFRS[6]는 직접법을 권장하고 있다. 그러나 직접법으로 영업활동 현금흐름을 보고하기 위해서는 많은 수고가 필요하다. 고객이나 공급처와의 거래는 빈번히 일어날 뿐만 아니라 현금으로 이루어지기도 하고 외상으로 이루어지기도 한다. 고객으로부터의 수취현금과 공급자와 종업원에게 지급된 현금을 계산하려면 이를 별도로 구분·집계해야 한다. 그 과정은 매우 복잡하고 번거롭다. 따라서 현금흐름표를 직접법으로 작성 공시한다고 하여도 간접법에 의존하여 각 항목별 금액을 계산하게 된다(5.6 '간접법에 의한 직접법 현금흐름표의 작성' 참조). 실무에서 대부분의 기업(과거 기업회계기준 적용 시 우리나라의 모든 상장기업)이 간접법을 이용하는 이유는 사용하기 쉽기 때문이다.

2.2 간접법

간접법은 이미 작성되어 있는 재무상태표와 포괄손익계산서를 이용하여 포괄손익계산서상의 일정 이익에 조정항목을 가감하여 간접적으로 영업에서 창출된 현금을 계산하는 방법이다. 포괄손익계산서상의 어느 이익이 조정되어도 되나 기타포괄손익은 현금흐름을 발생시키지 않기 때문에 당기순이익이나 법인세비용차감전순이익이 조정된다. 본서는 K-IFRS[7]가 제시하는 예시와 같이 영업에서 창출된 현금을 계산하기 위하여 법인세비용차감전순이익을 조정한다.

영업에서 창출된 현금을 계산하기 위하여 법인세비용차감전순이익(법비차전익)에 조정해야 하는 항목을 조정항목이라 한다. K-IFRS는 예시에서 조정항목을 '조정'이라는 캡션으로 보고하고 있다. 다음의 〈표 11-7〉은 조정항목의 이해를 돕기 위하여 이

제2절 영업활동 현금흐름 **519**

들을 유형별로 분류한 것이다. 조정항목은 1) 개별보고 항목과 관련된 법비차전익 수익과 비용, 2) 비영업활동에 의한 이익과 손실, 3) 현금유출이 없는 비용, 그리고 4) 영업활동으로 인한 자산과 부채의 변동으로 분류된다.

〈표 11-7〉 간접법에 의한 현금흐름표 양식

항 목	금 액	
영업활동 현금흐름		
법인세비용차감전순이익(법비차전익)		×××
조정 :		
개별보고 항목과 관련된 법비차전익 수익과 비용		×××
이자수익	(−)×××	
배당금수익	(−)×××	
이자비용	×××	
비영업활동에 의한 이익과 손실		(−)×××
유형자산처분이익	(−)×××	
지분법이익	(−)×××	
부채상환손실	×××	
현금유출이 없는 영업비용		×××
감가상각비	×××	
영업활동으로 인한 자산과 부채의 변동		
영업활동으로 인한 자산의 증가	(−)×××	
영업활동으로 인한 자산의 감소	×××	
영업활동으로 인한 부채의 증가	×××	
영업활동으로 인한 부채의 감소	(−)×××	
영업에서 창출된 현금		×××
개별보고 항목 :		
법인세납부		(−)×××
영업활동 순현금		×××

(1) 개별보고 항목과 관련된 법비차전익 수익과 비용

영업에서 창출된 현금흐름을 계산하기 위해 법인세비용차감전순이익(법비차전익)에 조정해야 할 첫 번째 항목은 개별보고 항목과 관련된 법비차전익 수익과 비용이다. 이들 항목을 조정해야 하는 이유는 이들 항목을 이중 보고하지 않게 하기 위해서이다.

개별보고 항목은 영업에서 창출된 현금이 제시된 뒤에 개별 제시되어야 한다. 〈표 11-8〉에서 볼 수 있듯이 이자수익, 배당금수익, 이자비용은 이미 법비차전익에 반영되어 있다. 만일 역조정 없이 이들 항목이 개별보고되면 이들은 법비차전익이 보고될 때 한 번 보고되고, 개별 항목으로 또 한 번 보고되어 이중 보고의 문제가 생긴다. 따라서 법비차전익에 이자수익과 배당금수익은 감산되고 이자비용은 가산되어야 한다. 법인세비용과 배당금지급은 법비차전익에 반영되지 않았기 때문에 이들 항목을 조정할 필요가 없다.

〈표 11-8〉 개별보고 항목과 관련된 법비차전익 수익과 비용의 조정

구 분	개별보고 항목				
법인세비용차감전순이익 (법비차전익)	이자수익	배당금수익	이자비용	법인세비용	배당금지급
	'후'	'후'	'후'	'전'	'전'
현금흐름표에서의 조정	감산조정	감산조정	가산조정	–	–

법비차전익을 조정하는 대신 당기순이익을 조정하여 영업에서 창출된 현금을 계산할 수도 있다. 당기순이익은 법인세비용 차감 '후' 금액이다. 따라서 당기순이익에 위의 세 가지 항목(이자수익, 배당금수익, 이자비용)을 우선 조정하고, 그 다음 법인세비용을 추가 가산 조정하여 이중 보고하지 않게 해야 한다.

(2) 비영업활동에 의한 이익과 손실

비영업활동은 투자활동과 재무활동이다. 투자활동과 재무활동에 의한 이익과 손실은 현금흐름의 유무에 관계없이 영업활동에 의한 것이 아니기 때문에 영업활동 현금흐름에 포함되어서는 안 된다. 그러나 이들 손익은 법비차전익에 반영된다. 따라서 영업에서 창출된 현금을 계산하기 위하여 비영업활동에 의한 이익과 손실 각각은 법비차전익에 감산, 그리고 가산되어야 한다.

비영업활동에 의한 이익의 대표적인 예는 유형자산처분이익이다. 이는 토지나 설비 자산과 같은 유형자산을 장부금액보다 비싸게 팔아 생긴 이익이다. 유형자산을 파는 것은 영업활동이 아니라 투자활동이다. 따라서 유형자산처분이익은 영업활동 현금흐름에 포함되어서는 안 된다. 그러나 유형자산처분이익이 법비차전익에 포함되었기 때문에 영업에서 창출된 현금을 계산하기 위해서는 유형자산처분이익이 법비차전익에서 차감되어야 한다.

다음의 〈예제 11-2〉는 법비차전익에 대한 유형자산처분이익의 조정을 보여준다.

〈예제 11-2〉 유형자산처분이익의 조정

다음의 〈표 11-9〉는 (주)대한상사의 20×1년 요약손익계산서이다. 유형자산처분이익은 장부금액이 1,200억원인 토지를 1,300억원에 처분하여 발생한 것이다. 감가상각비는 없고 모든 수익과 비용은 현금으로 이루어졌다. 법인세납부액은 법인세비용과 동일하다.

〈표 11-9〉 요약손익계산서

(주)대한상사　　20×1년 1월 1일부터 20×1년 12월 31일까지　　(단위 : 억원)

과　　　목	금　　액
매출	3,000
매출원가	(−)2,300
급여비용	(−)200
유형자산처분이익	100
법인세비용차감전순이익(법비차전익)	600
법인세비용	(−)120
당기순이익	480

다음의 〈표 11-10〉은 간접법과 직접법에 의하여 (주)대한상사의 20×1년 영업활동 현금흐름을 계산한 것이다.

〈표 11-10〉 영업활동 현금흐름(직접법과 간접법)

(주)대한상사　　20×1년 1월 1일부터 20×1년 12월 31일까지　　(단위 : 억원)

항　　　목	간접법	직접법
매출	3,000	3,000
매출원가	(−)2,300	(−)2,300
급여비용	(−)200	(−)200
유형자산처분이익	100	
법인세비용차감전순이익(법비차전익)	600	
조정 : 유형자산처분이익	(−)100	
영업에서 창출된 현금	500	500
법인세납부	(−)120	(−)120
영업활동 순현금	380	380

(주)대한상사의 20×1년 법비차전익은 600억원이고 직접법으로 계산된 영업에서 창출된 현금은 500억원이다. 이들 두 항목의 차이는 유형자산처분이익 100억원이다. 따라서 간접법으로 영업에서 창출된 현금을 계산하려면 유형자산처분이익 100억원을 법비차전익에서 차감해야 한다. 한편 영업활동 순현금은 영업에서 창출된 현금 500억원에서 법인세납부액 120억원을 차감한 380억원이다.

부채상환손익도 비영업활동에서 발생한 것이다. 이 항목에 대한 자세한 내용은 중급회계 과목에서 다루어질 것이다. 부록에서 검토될 지분법이익도 비영업활동에 의한 것이다.

(3) 현금유출이 없는 영업비용

현금유출이 없는 영업비용은 법비차전익에는 반영되었으나 현금흐름을 수반하지 않기 때문에 영업에서 창출된 현금에 포함되어서는 안 된다. 따라서 현금유출이 없는 영업비용은 법비차전익에 가산해야 한다.

현금유출이 없는 영업비용의 대표적인 예는 감가상각비이다. 감가상각비와 현금흐름과의 관계는 이미 제8장에서 검토되었다. 감가상각비 이외에 현금유출이 없는 영업비용의 예는 유형자산손상차손과 무형자산상각비이다. 유형자산손상차손과 무형자산상각비는 제8장에서 검토한 바와 같이 감가상각비와 같은 유형의 영업비용이다. 사채할인발행차금상각액은 제9장에서 검토한 바와 같이 현금유출이 없는 이자비용이다. 이자비용은 영업비용이 아니기 때문에 사채할인발행차금상각액은 아래의 '3.2 (2)'에서 이자지급을 계산할 때에 고려되어야 한다.

(4) 영업활동으로 인한 자산과 부채의 변동

제5장 제1절 보충자료에서 현금흐름표의 정보와 손익계산서의 정보의 차이를 자세히 검토하였다. 그 차이는 영업에서 조달된 현금을 계산하기 위하여 법비차전익에 조정해 주어야 하는 영업활동으로 인한 자산과 부채의 변동이다. 따라서 중복설명을 피하기 위하여 여기에서는 이들 영업활동으로 인한 자산과 부채의 변동을 법비차전익에

어떻게 조정해야 하는지를 검토한다.

영업활동으로 인한 자산과 부채의 변동이란 해당 자산과 부채의 기초잔액 대비 기말잔액의 증감액을 말한다. 영업에서 창출된 현금을 계산하기 위해서는 아래의 〈표 11-11〉에 제시된 바와 같이 이들 자산의 증가와 부채의 감소는 법비차전익에서 차감해야 한다. (논리 : 현금거래의 경우 자산이 증가하거나 부채가 감소하면 현금이 감소한다.) 그리고 자산의 감소와 부채의 증가는 법비차전익에 가산해야 한다. (논리 : 현금거래의 경우 자산이 감소하거나 부채가 감소하면 현금이 증가한다.)

〈표 11-11〉 영업활동으로 인한 자산과 부채의 증감 조정

구 분	법인세비용차감전순이익(법비차전익)에 조정	
	증 가	감 소
영업활동과 관련된 자산 (매출채권, 미수수익, 재고자산, 선급비용)	(−)	(+)
영업활동과 관련된 부채 (선수수익, 매입채무, 미지급비용)	(+)	(−)

개별보고 항목과 관련된 자산과 부채의 변동은 영업활동으로 인한 자산과 부채의 변동이라 하더라도 영업활동으로 인한 자산과 부채의 변동에 포함되지 않는다. 그 이유는 이들 자산과 부채의 변동은 개별보고 항목이 계산될 때 고려되어야 하기 때문이다. 예를 들면 선급법인세나 미지급법인세는 영업활동과 관련된 자산과 부채이다. 그러나 이들 항목의 변동은 영업활동에 의한 자산과 부채의 변동으로 보고되지 않는다. 그 이유는 선급법인세나 미지급법인세의 변동은 개별보고 항목인 법인세납부가 계산될 때 고려되어야 하기 때문이다. (아래의 (5) '개별보고 항목 : 법인세납부'를 참조할 것)

(5) 개별보고 항목과 관련된 자산과 부채의 변동

영업활동 순현금은 영업에서 창출된 현금에서 개별보고 항목을 가감하여 계산된다. 본서는 이론에 의한 분류방법을 도입하고 법인세납부액을 영업, 투자, 재무활동으로 분류하지 못한다고 가정하였기 때문에 단지 법인세납부 총액이 영업활동에 개별보고 항목으로 보고된다. 법인세납부는 선급법인세와 미지급법인세의 변동을 법인세비용에 아래의 〈표 11-12〉와 같이 조정하여 계산된다.

〈표 11-12〉 법인세납부의 계산

구 분	계 산		
법인세납부 (-)×××	법인세비용 (-)×××	선급법인세	증가 (-)××× 감소 (+)×××
		미지급법인세	증가 (+)××× 감소 (-)×××

제3절

투자와 재무활동 현금흐름

3.1 투자활동 현금흐름

투자활동은 기업이 토지나 설비자산을 사고팔며, 돈을 대여하거나 대여한 돈을 회수하는 활동을 포함한다. 투자활동 현금흐름은 아래의 〈표 11-13〉에 제시된 바와 같이 각 거래를 현금유입과 유출로 구분하여 보고된다. 본서는 이론에 의한 분류방법을 도입하였기 때문에 대여금을 대여한 경우 생기는 이자수취와 주식에 투자하여 생기는 배당금수취는 투자활동 개별보고 항목으로 보고된다.

〈표 11-13〉 **투자활동으로 인한 현금유입과 유출**

투자활동으로 인한 현금유입	단기대여금의 회수, 장기대여금의 회수, 토지의 처분, 설비자산의 처분
	개별보고 항목 : 이자수취, 배당금수취
투자활동으로 인한 현금유출	단기대여금의 대여, 장기대여금의 대여, 토지의 취득, 설비자산의 취득, 주식투자

(1) 자산의 취득과 처분, 대여금의 대여와 회수

토지나 설비자산이 취득되면 해당 자산이 증가된다. 이들 자산이 처분되면 해당 자산이 감소된다. 또한 대여가 이루어지면 대여금이 증가되고, 대여금이 회수되면 대여금이 감소된다. 투자활동으로 인해 관련자산이 증가만 하거나 감소만 하는 경우에는 재무상태표에서 관련자산의 증감을 통하여 투자활동의 규모를 파악할 수 있다. 그러나 관련자산의 증가와 감소가 함께 있는 경우에는 이들이 서로 상쇄되어 해당 자산의 재무상태표상의 순증감액만으로는 투자활동의 규모를 파악할 수 없다. 따라서 투자활동으로 인한 현금유입과 현금유출을 파악하기 위해서는 T 계정분석을 실시하여 관련된 재무상태표 계정의 증가분과 감소분을 파악해야 한다. 증가분과 감소분을 파악하기 위한 T 계정분석은 제5절 '현금흐름표작성 종합예제'에서 자세히 검토된다.

(2) 개별보고 항목과 관련된 자산과 부채의 변동

투자활동 개별항목으로 보고되는 이자수취와 배당금수취는 아래의 〈표 11-14〉와 같이 계산된다. 이자수취는 미수이자와 선수이자의 변동을 이자수익에 조정하여 계산된다. 배당금수취는 미수배당금의 변동을 배당금수익에 조정하여 계산된다.

〈표 11-14〉 이자수취와 배당금수취의 계산

구 분	계 산		
이자수취 (+)×××	이자수익 (+)×××	미수이자	증가 (−)××× 감소 (+)×××
		선수이자	증가 (+)××× 감소 (−)×××
배당금수취 (+)×××	배당금수익 (+)×××	미수배당금	증가 (−)××× 감소 (+)×××

3.2 재무활동 현금흐름

재무활동은 주식 또는 사채를 발행하고 사채를 상환하거나, 돈을 차입하거나 빌린 돈을 갚는 것과 같은 자금조달과 관련된 활동이다. 재무활동 현금흐름은 아래의 〈표 11-15〉에 제시된 바와 같이 각 거래를 현금유입과 유출로 구분하여 보고된다. 본서는 이론에 의한 분류방법을 도입하였기 때문에 차입에 따른 이자지급과 주주에 대한 배당금지급은 재무활동 개별보고 항목으로 보고된다.

〈표 11-15〉 **재무활동으로 인한 현금유입과 유출**

재무활동으로 인한 현금유입	단기차입금의 차입, 장기차입금의 차입, 사채의 발행, 주식의 발행
재무활동으로 인한 현금유출	단기차입금의 상환, 유동성장기차입금의 상환
	개별보고 항목 : 이자지급, 배당금지급

(1) 차입금의 차입과 상환

투자활동에서와 같이 전년도 말과 당해연도 말 재무상태표를 비교해서는 재무활동 현금유입과 현금유출이 파악되지 않는다. 따라서 재무활동 현금유입과 현금유출을 파악하기 위해서는 관련 재무상태표 계정을 T 계정분석하여 증가분과 감소분을 파악해야 한다.

(2) 개별보고 항목과 관련된 자산과 부채의 변동

재무활동 개별보고 항목으로 보고되는 이자지급과 배당금지급은 아래 〈표 11-16〉과 같이 계산된다. 이자지급은 선급이자와 미지급이자의 변동과 사채할증 또는 할인발행차금상각액(제9장에서 검토)을 이자비용에 조정하여 계산된다. 배당금지급은 미지급배당금의 변동을 배당금에 조정하여 계산된다.

〈표 11-16〉 **이자지급와 배당금지급의 계산**

구 분	계 산		
이자지급 (-)×××	이자비용 (-)×××	선급이자	증가 (-)××× 감소 (+)×××
		미지급이자	증가 (+)××× 감소 (-)×××
		사채(*)발행차금상각액	(*) 할증 (-)××× (*) 할인 (+)×××
배당금지급 (-)×××	배당금 (-)×××	미지급배당금	증가 (-)××× 감소 (+)×××

제4절

비현금거래

　　현금흐름표는 일정기간 동안 기업에서 일어나는 현금의 유입과 유출을 보고한다. 따라서 현금흐름표에는 현금흐름을 수반한 거래들만이 보고되고, 현금흐름을 수반하지 않은 거래(비현금거래)는 보고되지 않는다. 그러나 기업의 중요한 투자활동과 재무활동 중에는 비현금거래도 있을 수 있다. 예를 들면 기업이 현금을 지급하는 대신 주식을 발행해 주고 자산을 취득할 수도 있다. 그러한 경우 현금흐름이 없었기 때문에 그 거래는 현금흐름표에 보고되지 않는다. 그러나 그 거래는 자산과 자본을 변동시키는 중요한 투자 및 재무거래이기 때문에 재무제표 이용자에게 보고해야 한다. 따라서 K-IFRS[8]는 비현금 투자와 재무거래의 주석공시를 요구하고 있다.

제5절

현금흐름표작성 종합예제

　영업활동 현금흐름을 직접법과 간접법으로 계산하는 과정, 그리고 투자와 재무활동으로 인한 현금흐름을 보고하는 방법을 앞에서 살펴보았다. 여기서는 2개년도 비교재무상태표와 손익계산서를 이용하여 간접법에 의한 현금흐름표를 작성하는 방법을 소개한다. 추가로 간접법의 결과물을 이용하여 직접법으로 현금흐름표를 작성하는 방법을 제시한다.

　본서가 제시하는 간접법은 참조표를 사용하기 때문에 '참조표 방법'이라고 할 수 있다. 현금의 유입이나 유출이 있으면 기업의 재무상태가 변동한다. 참조표 방법은 이러한 논리를 역으로 적용하여 재무상태의 변동을 참조표를 이용하여 현금유입과 유출로 설명하는 방법이다.

5.1 재무상태표와 손익계산서

　다음의 〈표 11-17〉과 〈표 11-18〉 각각은 희망백화점의 20×1년 말과 20×2년 말의 재무상태표, 20×2년의 손익계산서이다. 회사는 법인세납부를 영업활동으로 분류하고 이자수취는 투자활동으로 분류하고 이자지급과 배당금지급은 재무활동으로 분류한다.

〈표 11-17〉 재무상태표

희망백화점 (단위 : 억원)

과 목	20×2년 12월 31일		20×1년 12월 31일	
자산				
유동자산				
현금		170		130
매출채권		180		430
단기대여금		250		200
미수이자		20		30
선급보험료		30		20
상품		290		170
비유동자산				
토지		800		560
건물	1,090		670	
감가상각누계액	(−)340	750	(−)280	390
자산 총계		2,490		1,930
부채				
유동부채				
매입채무		260		180
단기차입금		150		220
유동성장기차입금		110		50
선수임대료		10		40
미지급이자		40		20
미지급법인세		30		20
비유동부채				
장기차입금		360		170
사채		190		180
부채 총계		1,150		880
자본				
보통주자본금		1,200		1,000
보통주자본잉여금		20		20
이익잉여금		120		30
자본 총계		1,340		1,050
부채 및 자본 총계		2,490		1,930

〈표 11-18〉 손익계산서

희망백화점   20×2년 1월 1일부터 20×2년 12월 31일까지   (단위 : 억원)

과 목	금 액	
매출액		2,110
매출원가		(−)1,240
매출총이익		870
영업비용		(−)690
급여비용	(−)470	
감가상각비	(−)60	
보험비용	(−)160	
기타영업수익		50
임대수익	50	
영업이익		230
기타수익		100
이자수익	10	
유형자산처분이익	90	
기타비용		(−)90
이자비용	(−)90	
법인세비용차감전순이익(법비차전익)		240
법인세비용		(−)60
당기순이익		180

5.2 T 계정분석

재무상태표계정 중 T 계정분석이 필요한 계정과 불필표한 계정은 아래의 〈표 11-19〉에 제시되었다. 분석을 요구하지 않는 계정은 연초와 연말 잔액의 차액을 현금 흐름표에 직접 보고하는 계정이다. 분석을 요구하는 계정은 연초와 연말 잔액의 차액을 발생시킨 증가요소와 감소요소를 현금흐름표에 보고하는 계정이다. 각 계정의 증가 요소와 감소요소는 해당계정의 연중 차변분개와 대변분개를 분석하여 계산된다.

〈표 11-19〉 T 계정분석 대상계정

불필요	필요
현금, 매출채권, 미수이자. 선급보험료, 상품, 매입채무, 선수임대료, 미지급이자, 미지급법인세	단기대여금, 토지, 건물, 감가상각누계액, 단기차입금, 유동성장기차입금, 장기차입금, 사채, 보통주자본금, 이익잉여금

다음의 〈그림 11-1〉은 T 계정분석 대상 희망백화점의 재무상태표 계정을 분석한 결과이다.

〈그림 11-1〉 T 계정분석

(단위 : 억원)

단기대여금

			기초	200(차)
① 대여	300			500(차)
		② 회수	250	기말	250(차)

토 지

			기초	560(차)
③ 취득	400			960(차)
		④ 처분	160	기말	800(차)

건 물

			기초	670(차)
⑤ 취득	420		기말	1,090(차)

감가상각누계액

			기초	280(대)
		ⓚ 감가상각비	60	기말	340(대)

ⓚ : 손익계산서에서 입수

단기차입금

				기초	220(대)
		⑥ 차입	300		520(대)
⑦ 상환	370			기말	150(대)

유동성장기차입금

				기초	50(대)
⑧ 상환	50				–
		⑨ 재분류	110	기말	110(대)

장기차입금

				기초	170(대)
		⑩ 차입	300		470(대)
⑨ 재분류	110			기말	360(대)

사 채

			기초	180(대)
	⑪ 할인차금상각 10		기말	190(대)

보통주자본금

			기초	1,000(대)
	⑫ 보통주발행 200		기말	1,200(대)

이익잉여금

				기초	30(대)
		① 법비차전익 240			270(대)
⑩ 법인세비용	60				210(대)
⑬ 배당금	90			기말	120(대)

①⑩ : 손익계산서에서 입수

다음의 〈표 11-20〉은 T 계정분석에 사용된 손익계산서 항목을 요약한 것이다.

〈표 11-20〉 T 계정분석에 사용된 손익계산서 항목

	손익계산서 항목
ⓚ	감가상각비가 60억원이었다.
ⓛ	법비차전익이 240억원이었다.
ⓜ	법인세비용이 60억원이었다.

다음의 〈표 11-21〉은 T 계정분석에 의하여 수집된 추가정보를 요약한 것이다.

〈표 11-21〉 T 계정분석에 의한 추가정보

	추가정보
①	300억원을 단기로 대여하였다.
②	단기대여금 250억원을 회수하였다.
③	토지를 취득하고 400억원을 지급하였다.
④	취득원가가 160억원인 토지를 처분하였다.
⑤	건물을 매입하고 420억을 지급하였다.
⑥	300억원을 단기차입하였다.
⑦	단기차입금 370억원을 상환하였다.
⑧	유동성장기차입금 50억원을 상환하였다.
⑨	장기차입금 110억원을 유동성장기차입금으로 재분류하였다.
⑩	300억원을 장기차입하였다.
⑪	사채할인발행차금상각액이 10억원이었다.
⑫	보통주 (주당 액면가 5,000원) 400만주를 액면가에 발행하고 현금 200억원을 수취하였다.
⑬	배당금 90억원을 지급하였다.

5.3 참조표의 작성

간접법에 의한 현금흐름표를 효과적으로 작성하려면, 아래의 〈표 11-22〉, 〈표 11-23〉 그리고 〈표 11-24〉와 같이 1) 재무상태표에 당해연도 재무상태의 변동을 계산하고 [자산의 증가와 부채의 감소는 (-)로 표시하고 자산의 감소와 부채의 증가는

(+)로 표시] 참조 난을 설정하고, 2) 포괄손익계산서에 참조 난을 설정한 후 3) 참조 난이 설정된 현금흐름표의 형식을 작성한다.

〈표 11-22〉 재무상태표 참조표

희망백화점 (단위: 억원)

과 목	20×2년 12월 31일	20×1년 12월 31일	변 동	참 조
자산				
유동자산				
현금	170	130	(−)40	
매출채권	180	430	250	
단기대여금	250	200	(−)50	
미수이자	20	30	10	
선급보험료	30	20	(−)10	
상품	290	170	(−)120	
비유동자산				
토지	800	560	(−)240	
건물	1,090	670	(−)420	
감가상각누계액	(−)340	(−)280	60	
	750	390	(−)360	
자산 총계	2,490	1,930	(−)560	
부채				
유동부채				
매입채무	260	180	80	
단기차입금	150	220	(−)70	
유동성장기차입금	110	50	60	
선수임대료	10	40	(−)30	
미지급이자	40	20	20	
미지급법인세	30	20	10	
비유동부채				
장기차입금	360	170	190	
사채	190	180	10	
부채 총계	1,150	880	270	
자본				
보통주자본금	1,200	1,000	200	
보통주자본잉여금	20	20	−	
이익잉여금	120	30	90	
자본 총계	1,340	1,050	290	
부채 및 자본 총계	2,490	1,930	560	

〈표 11-23〉 손익계산서 참조표

희망백화점   20×2년 1월 1일부터 20×2년 12월 31일까지   (단위 : 억원)

과 목	금	액	참 조
매출액		2,110	
매출원가		(−)1,240	
매출총이익		870	
영업비용		(−)690	
급여비용	(−)470		
감가상각비	(−)60		
보험비용	(−)160		
기타영업수익		50	
임대수익	50		
영업이익		230	
기타수익		100	
이자수익	10		
유형자산처분이익	90		
기타비용		(−)90	
이자비용	(−)90		
법인세비용차감전순이익(법비차전익)		240	
법인세비용		(−)60	
당기순이익		180	

〈표 11-24〉 현금흐름표 참조표

희망백화점　　　　20×2년 1월 1일부터 20×2년 12월 31일까지　　　（단위 : 억원）

항　목	금　액	참 조*
영업활동 현금흐름		
법인세비용차감전순이익(법비차전익)		
조정 :		
개별보고 항목과 관련된 법비차전익 수익과 비용		
이자수익		
이자비용		
비영업활동에 의한 이익		
유형자산처분이익		
현금유출이 없는 영업비용		
감가상각비		
영업활동으로 인한 자산과 부채의 변동		
매출채권의 감소		
선급보험료의 증가		
상품의 증가		
매입채무의 증가		
선수임대료의 감소		
영업에서 창출된 현금		
개별보고 항목 :		
법인세납부		
영업활동 순현금		
투자활동 현금흐름		
토지의 처분		
단기대여금의 회수		
개별보고 항목 :		
이자수취		
단기대여금의 대여		
토지의 취득		
건물의 취득		
투자활동 순현금		
재무활동 현금흐름		
단기차입금의 차입		
장기차입금의 차입		
보통주의 발행		
단기차입금의 상환		
유동성장기차입금의 상환		
개별보고 항목 :		
이자지급		
배당금지급		
재무활동 순현금		
현금의 순증가		
기초현금		
기말현금		

5.4 상호참조

참조표 방법은 참조표 간에 상호참조를 통하여 현금흐름표를 작성한다. 현금흐름표 항목은 재무상태 변동으로 설명이 되는 항목과 재무상태 변동으로 설명이 되지 않는 항목으로 구분된다. 후자의 항목은 손익계산서 항목이다.

5.4.1 재무상태 변동으로 설명이 안 되는 항목

| 손익계산서 | ⇨ | 현금흐름표 |

재무상태 변동으로 설명이 안 되는 현금흐름표 항목은 법비차전익에 반영된 항목으로서 활동을 재분류해야 하는 항목이다. 이들은 (1) 개별보고 항목과 관련된 것과 (2) 비영업활동과 관련된 것으로 분류될 수 있다.

(1) 개별보고 항목과 관련된 법비차전익 수익과 비용

개별보고 항목과 관련된 법비차전익 수익과 비용을 손익계산서에서 찾는다. 희망백화점의 경우 이자수익과 이자비용이 별도보고 항목과 관련된 법비차전익 수익과 비용이다. 이자수익 10억원과 이자비용 90억원을 아래의 〈표 11-25〉와 같이 손익계산서 참조표에서 식별하고 각각 Ⓤ와 Ⓥ로 표시한다. 그리고 아래의 〈표 11-26〉과 같이 현금흐름표 참조표에 Ⓤ와 Ⓥ를 표시하고 금액을 증가와 감소로 두 번 기록한다.

〈표 11-25〉 손익계산서 참조표－이자수익과 이자비용

희망백화점   20×2년 1월 1일부터 20×2년 12월 31일까지   (단위 : 억원)

과 목	금 액	참 조
기타수익		
이자수익	10	Ⓤ
기타비용		
이자비용	(−)90	Ⓥ

〈표 11-26〉 현금흐름표 참조표－이자수취와 이자지급

희망백화점   20×2년 1월 1일부터 20×2년 12월 31일까지   (단위 : 억원)

항 목	금 액	참 조*
영업활동 현금흐름		
개별보고 항목과 관련된 법비차전익 수익과 비용	80	
이자수익	(−)10	Ⓤ
이자비용	90	Ⓥ
투자활동 현금흐름		
개별보고 항목 :		
이자수취		Ⓤ 10**
재무활동 현금흐름		
개별보고 항목 :		
이자지급		Ⓥ (−)90***

* 단지 한 항목만 있는 경우 금액을 '금액' 난에 기록함
** 아래의 [5.1.2 (2) 2)]에서 1개의 항목이 추가되기 때문에 금액을 '참조' 난에 기록함
*** 아래의 [5.1.2 (2) 2)와 5.1.2 (3) 2)]에서 2개의 항목이 추가되기 때문에 금액을 '참조' 난에 기록함

(2) 비영업활동에 의한 이익과 손실

손익계산서에서 비영업활동에 의한 이익과 손실을 찾는다. 희망백화점의 경우 유형자산처분이익이 비영업활동에 의한 이익이다. 유형자산처분이익 90억원을 아래의 〈표 11-27〉과 같이 손익계산서 참조표에서 식별하여 Ⓧ로 표시한다. 그리고 아래의 〈표 11-28〉과 같이 현금흐름표 참조표에 Ⓧ를 표시하고 금액을 증가와 감소로 두 번 기록한다.

〈표 11-27〉 손익계산서 참조표－유형자산처분이익

희망백화점 20×2년 1월 1일부터 20×2년 12월 31일까지 (단위: 억원)

과 목	금 액		참 조
기타수익			
유형자산처분이익		90	Ⓧ

〈표 11-28〉 현금흐름표 참조표－토지의 처분

희망백화점 20×2년 1월 1일부터 20×2년 12월 31일까지 (단위: 억원)

항 목	금 액		참 조*
영업활동 현금흐름			
비영업활동에 의한 이익		(−)90	
유형자산처분이익	(−)90		Ⓧ
투자활동 현금흐름			
토지의 처분			Ⓧ 90**

* 단지 한 항목만 있는 경우 금액을 '금액' 난에 기록함
** 아래의 [5.1.2 (3) 2)]에서 한 항목이 추가되기 때문에 금액을 '참조' 난에 기록함

5.4.2 재무상태 변동으로 설명되는 항목

대부분의 현금흐름표 항목은 재무상태 변동으로 설명되는 항목이다. 이들 항목은 (1) 재무상태의 증감으로 직접 설명되는 항목, (2) 손익계산서 항목으로서 T 계정분석에 의하여 설명되는 항목, 그리고 (3) T 계정분석에 의하여 설명되는 항목으로 분류될 수 있다.

(1) 재무상태표 ⇨ 현금흐름표

1) 영업활동에 의한 자산과 부채의 변동

재무상태표에서 영업활동에 의한 자산과 부채의 변동을 찾는다. 희망백화점의 경우 매출채권의 감소, 선급보험료의 증가, 상품의 증가, 매입채무의 증가, 선수임대료의 감소가 영업활동에 의한 자산과 부채의 변동이다. 아래의 〈표 11-29〉와 같이 재무상

태표 참조표에서 매출채권의 감소 250억원을 찾아 ⓐ로, 선급보험료의 증가 10억원을 찾아 ⓑ로, 상품의 증가 120억원을 찾아 ⓒ로, 매입채무의 증가 80억원을 찾아 ⓓ로, 선수임대표의 감소 30억을 찾아 ⓔ로 표시한다. 그리고 아래의 〈표 11-30〉과 같이 현금흐름표 참조표에 ⓐ, ⓑ, ⓒ, ⓓ, ⓔ를 표시하고 금액을 기록한다.

〈표 11-29〉 재무상태표 참조표−영업활동에 의한 자산과 부채의 변동

희망백화점   (단위 : 억원)

과 목	20×2년 12월 31일	20×1년 12년 31일	변 동	참 조*
매 출 채 권	180	430	250	ⓐ
선 급 보 험 료	30	20	(−)10	ⓑ
상 품	290	170	(−)120	ⓒ
매 입 채 무	260	180	80	ⓓ
선 수 임 대 료	10	40	(−)30	ⓔ

* 단지 한 항목만 있는 경우 금액을 기록하지 않음

〈표 11-30〉 현금흐름표 참조표−영업활동에 의한 자산과 부채의 변동

희망백화점   20×2년 1월 1일부터 20×2년 12월 31일까지   (단위 : 억원)

항 목	금 액		참 조*
영업활동 현금흐름			
영업활동에 의한 자산과 부채의 변동		170	
매출채권의 감소	250		ⓐ
선급보험료의 증가	(−)10		ⓑ
상품의 증가	(−)120		ⓒ
매입채무의 증가	80		ⓓ
선수임대료의 감소	(−)30		ⓔ

* 단지 한 항목만 있는 경우 금액을 '금액' 난에 기록함

2) 개별보고 항목과 관련된 자산과 부채의 변동

재무상태표에서 개별보고 항목과 관련된 자산과 부채의 변동을 찾는다. 희망백화점의 경우 미수이자의 감소, 미지급이자의 증가, 그리고 미지급법인세의 증가가 개별보고 항목과 관련된 의한 자산과 부채의 변동이다. 아래의 〈표 11-31〉과 같이 재무상태표 참조표에서 미수이자의 감소 10억원, 미지급이자의 증가 20억원, 그리고 미지급법

인세의 증가 10억원을 찾아 각각 ⓟ, ⓠ와 ⓡ로 표시한다. 그리고 아래의 〈표 11-32〉와 같이 현금흐름표 참조표에 ⓟ, ⓠ와 ⓡ을 표시하고 금액을 기록한다. 추가로 ⓤ 10억원과 ⓟ 10억원을 합하여 합계 20억원을 현금흐름표 참조표에 이자수취로 기록한다.

〈표 11-31〉 재무상태표 참조표―개별보고 항목과 관련된 자산과 부채의 변동

희망백화점   (단위 : 억원)

과 목	20×2년 12월 31일	20×1년 12월 31일	변동	참 조*
미수이자	20	30	10	ⓟ
미지급이자	40	20	20	ⓠ
미지급법인세	30	20	10	ⓡ

* 단지 한 항목만 있는 경우 금액을 기록하지 않음

〈표 11-32〉 현금흐름표 참조표―개별보고 항목

희망백화점   20×2년 1월 1일부터 20×2년 12월 31일까지   (단위 : 억원)

항 목	금 액		참 조
영업활동 현금흐름			
개별보고 항목 :			
법인세납부			ⓡ 10*
투자활동 현금흐름			
개별보고 항목 :			
이자수취	20		ⓤ 10 ⓟ 10**
재무활동 현금흐름			
개별보고 항목 :			
이자지급			ⓥ (-)90 ⓠ 20***

*   아래의 [5.1.2 (3) 1)]에서 한 항목이 추가되기 때문에 금액을 '참조' 난에 기록함
**   '참조' 난에 ⓟ 10을 기록하고 ⓤ 10억원과 ⓟ 10억원을 합하여 20억원을 이자수취로 기록함
*** 아래의 [5.1.2 (3) 2)]에서 한 항목이 추가되기 때문에 '참조' 난에 ⓠ 20을 기록하고 이자지급 금액은
      계산하지 않음

(2) | 손익계산서 | ⇨ | T 계정분석 | ⇨ | 현금흐름표 |

　　〈표 11-20〉의 T 계정분석에 사용된 손익계산서 항목을 아래의 〈표 11-33〉과 같이 손익계산서 참조표에 Ⓚ, Ⓛ, Ⓜ (대문자)으로 표시한다. 그리고 아래의 〈표 11-34〉와 〈표 11-35〉와 같이 재무상태표 참조표와 현금흐름표 참조표 각각에 ⓚ, ⓛ, ⓜ (소문자)을 표시하고 금액을 기록한다. 추가로 ⓡ 10억원과 Ⓜ (-)60억원을 합하여 (-)50억원을 현금흐름표 참조표에 법인세납부로 기록한다.

〈표 11-33〉 손익계산서 참조표-T 계정분석

희망백화점　　　　　　20×2년 1월 1일부터 20×2년 12월 31일까지　　　　(단위: 원)

과 목	금 액		참 조
영업비용			
감가상각비	(-)60		Ⓚ
법인세비용차감전순이익(법비차전익)		240	Ⓛ
법인세비용		(-)60	Ⓜ

〈표 11-34〉 재무상태표 참조표-(손익계산서 → T 계정분석)

희망백화점　　　　　　　　　　　　　　　　　　　　　　　　(단위: 억원)

과 목	20×2년 12월 31일	20×1년 12월 31일	변동	참 조*
감가상각누계액	(-)340	(-)280	60	ⓚ
이익잉여금	120	30	90	ⓛ 240 ⓜ (-)60

* 단지 한 항목만 있는 경우 금액을 기록하지 않음

〈표 11-35〉 현금흐름표 참조표-(손익계산서 → T 계정분석)

희망백화점　　　　　　20×2년 1월 1일부터 20×2년 12월 31일까지　　　(단위: 억원)

항 목	금 액		참 조*
영업활동 현금흐름			
법인세비용차감전순이익(법비차전익)		240	ⓛ
현금유출이 없는 영업비용			
감가상각비	60		ⓚ
개별보고 항목:			
법인세납부		(-)50	ⓡ 10 ⓜ (-)60**

* 단지 한 항목만 있는 경우 금액을 '금액' 난에 기록함
** '참조' 난에 ⓜ (-)60을 기록하고 ⓡ 10억원과 ⓜ (-)60억원을 합하여 (-)50억원을 법인세납부로 기록함

(3) | T 계정분석 | ⇨ | 현금흐름표 |

〈표 11-21〉의 T 계정분석에서 입수된 정보를 아래의 〈표 11-36〉과 같이 재무상태표 참조표에 ① ~ ⑬로 표시한다. 그리고 아래의 〈표 11-37〉과 같이 현금흐름표 참조표에 ① ~ ⑬ 를 표시하고 금액을 기록한다. 추가로 ⓧ 90억원과 ④ 160억원을 합하여 250억원을 현금흐름표 참조표에 토지의 처분으로 기록한다. ⓥ (-)90억원, ⑨ 20억원 그리고 ⑪ 10억원을 합하여 (-)60억원을 이자지급으로 기록한다.

〈표 11-36〉 재무상태표 참조표—T 계정분석

희망백화점 (단위 : 억원)

과 목	20×2년 12월 31일	20×1년 12월 31일	변동	참 조*
단기대여금	250	200	(-)50	① (-)300 ② 250
토지	800	560	(-)240	③ (-)400 ④ 160
건물	1,090	670	(-)420	⑤
단기차입금	150	220	(-)70	⑥ 300 ⑦ (-)370
유동성장기차입금	110	50	60	⑧ (-)50 ⑨ 110
장기차입금	360	170	190	⑨ (-)110 ⑩ 300
사채	190	180	10	⑪
보통주자본금	1,200	1,000	200	⑫
이익잉여금	120	30	90	① 240 ⓜ (-)60 ⑬ (-)90

* 단지 한 항목만 있는 경우 금액을 기록하지 않음

〈표 11-37〉 현금흐름표 참조표―T 계정분석

희망백화점   20×2년 1월 1일부터 20×2년 12월 31일까지   (단위 : 억원)

항 목	금 액		참 조*
투자활동 현금흐름			
토지의 처분	250		Ⓧ 90 ④ 160**
단기대여금의 회수	250		②
단기대여금의 대여	(-)300		①
토지의 취득	(-)400		③
건물의 취득	(-)420		⑤
재무활동현금흐름			
단기차입금의 차입	300		⑥
장기차입금의 차입	300		⑩
보통주의 발행	200		⑫
단기차입금의 상환	(-)370		⑦
유동성장기차입금의 상환	(-)50		⑧
개별보고 항목:			
이자지급	(-)60		Ⓥ (-)90 ⑨ 20 ⑪ 10***
배당금 지급	(-)90		⑬

* 단지 한 항목만 있는 경우 금액을 '금액' 난에 기록함
** '참조' 난에 ④160을 기록하고 Ⓧ90억원과 ④160억원을 합하여 250억원을 토지의 처분으로 기록함
*** '참조' 난에 ⑪10을 기록하고 Ⓥ(-)90억원, ⑨20억원, 그리고 ⑪10억원을 합하여 (-)60억원을 이자지급으로 기록함

5.4.3 현금계정

재무상태표 참조표와 현금흐름표 참조표에 현금계정의 기초잔액과 기말잔액, 변동을 다음의 〈표 11-38〉과 〈표 11-39〉와 같이 각각 ⓕ, ⑧, ⓗ로 표시한다.

〈표 11-38〉 재무상태표 참조표―현금

희망백화점   (단위 : 억원)

과 목	20×2년 12월 31일	20×1년 12월 31일	변 동	참 조
현금	170⑧	130ⓕ	(-)40	ⓗ

〈표 11-39〉 현금흐름표 참조표−현금

희망백화점   20×2년 1월 1일부터 20×2년 12월 31일까지   (단위 : 억원)

항　목	금　액	참　조
현금의 순증가	40	ⓗ*
기초의 현금	130	ⓕ
기말의 현금	170	ⓖ

* 재무상태표에 자산의 증가가 (−)로 표시되었기 때문에 현금흐름표에는 현금의 증가가 (+)40억원으로 보고됨

5.5 완료된 참조표

　　모든 상호참조가 완료된 후의 재무상태표 참조표, 손익계산서 참조표, 현금흐름표 참조표는 각각 다음의 〈표 11-40〉, 〈표 11-41〉, 〈표 11-42〉와 같다. 손익계산서 항목인 ⓤ, ⓥ, ⓧ 항목만 제외한 모든 현금흐름표 항목이 재무상태의 변동으로 설명된 것을 알 수 있다.

〈표 11-40〉 재무상태표 참조표-완료

희망백화점 (단위 : 억원)

과 목	20×2년 12월 31일	20×1년 12월 31일	변 동	참 조*
자산				
유동자산				
현금	170ⓖ	130ⓕ	(-)40	ⓗ
매출채권	180	430	250	ⓐ
단기대여금	250	200	(-)50	① (-)300 ② 250
미수이자	20	30	10	ⓟ
선급보험료	30	20	(-)10	ⓑ
상품	290	170	(-)120	ⓒ
비유동자산				
토지	800	560	(-)240	③ (-)400 ④ 160
건물	1,090	670	(-)420	⑤
감가상각누계액	(-)340	(-)280	60	ⓚ
	750	390	(-)360	
자산 총계	2,490	1,930	(-)560	
부채				
유동부채				
매입채무	260	180	80	ⓓ
단기차입금	150	220	(-)70	⑥ 300 ⑦ (-)370
유동성장기차입금	110	50	60	⑧ (-)50 ⑨ 110
선수임대료	10	40	(-)30	ⓔ
미지급이자	40	20	20	ⓠ
미지급법인세	30	20	10	ⓡ
비유동부채				
장기차입금	360	170	190	⑨ (-)110 ⑪ 300
사채	190	180	10	⑪
부채 총계	1,150	880	270	
자본				
보통주자본금	1,200	1,000	200	⑫
보통주자본잉여금	20	20	-	
이익잉여금	120	30	90	① 240 ⓜ (-)60 ⑬ (-)90
자본 총계	1,340	1,050	290	
부채 및 자본총계	2,490	1,930	560	

* 단지 한 항목만 있는 경우 금액을 기록하지 않음

〈표 11-41〉 손익계산서 참조표—완료

희망백화점　　　　20×2년 1월 1일부터 20×2년 12월 31일까지　　　（단위 : 억원）

과　목	금　액		참조*
매출액		2,110	
매출원가		(−)1,240	
매출총이익		870	
영업비용		(−)690	
급여비용	(−)470		
감가상각비	(−)60		Ⓚ
보험비용	(−)160		
기타영업수익		50	
임대수익	50		
영업이익		230	
기타수익		100	
이자수익	10		Ⓤ
유형자산처분이익	90		Ⓧ
기타비용		(−)90	
이자비용	(−)90		Ⓥ
법인세비용차감전순이익(법비차전익)		240	Ⓛ
법인세비용		(−)60	Ⓜ
당기순이익		180	

* 단지 한 항목만 있는 경우 금액을 기록하지 않음

〈표 11-42〉 현금흐름표 참조표-완료

희망백화점　　　　　　20×2년 1월 1일부터 20×2년 12월 31일까지　　　　　（단위: 억원）

항　목	금　액	참 조*
영업활동 현금흐름		
법인세비용차감전순이익(법비차전익)	240	①
조정 :		
개별보고 항목과 관련된 법비차전익 수익과 비용	80	
이자수익	(-)10	ⓤ
이자비용	90	ⓥ
비영업활동에 의한 이익	(-)90	
유형자산처분이익	(-)90	ⓧ
현금유출이 없는 영업비용	60	
감가상각비	60	ⓚ
영업활동으로 인한 자산과 부채의 변동	170	
매출채권의 감소	250	ⓐ
선급보험료의 증가	(-)10	ⓑ
상품의 증가	(-)120	ⓒ
매입채무의 증가	80	ⓓ
선수임대료의 감소	(-)30	ⓔ
영업에서 창출된 현금	460	
개별보고 항목 :		
법인세납부	(-)50	ⓡ 10 ⓜ (-)60
영업활동 순현금	410	
투자활동 현금흐름		
토지의 처분	250	ⓧ 90 ④ 160
단기대여금의 회수	250	②
개별보고 항목 :		
이자수취	20	ⓤ 10 ⓟ 10
단기대여금의 대여	(-)300	①
토지의 취득	(-)400	③
건물의 취득	(-)420	⑤
투자활동 순현금	(-)600	
재무활동 현금흐름		
단기차입금의 차입	300	⑥
장기차입금의 차입	300	⑩
보통주의 발행	200	⑫
단기차입금의 상환	(-)370	⑦
유동성장기차입금의 상환	(-)50	⑧
개별보고 항목 :		
이자지급	(-)60	ⓥ (-)90 ⓠ 20 ⑪ 10
배당금지급	(-)90	⑬
재무활동 순현금	230	
현금의 순증가	40	ⓗ
기초현금	130	ⓕ
기말현금	170	ⓖ

* 단지 한 항목만 있는 경우 금액을 금액 난에 기록함

5.6 간접법에 의한 직접법 현금흐름표의 작성

5.6.1 영업에서 창출된 현금의 계산

직접법에 의한 영업에서 창출된 현금은 고객으로부터의 수취현금에서 공급자와 종업원에 지급된 현금의 차감하여 계산된다. 이는 간접법에 의한 현금흐름표의 정보를 사용하여 다음의 〈표 11-43〉과 같이 계산될 수 있다.

〈표 11-43〉 간접법 정보를 이용한 직접법 영업에서 창출된 현금의 계산

(단위 : 억원)

항 목	계 산			금 액
	항 목	금 액	참 조	
고객으로부터의 수취현금	매출	2,110	*	2,380
	임대수익	50	*	
	매출채권의 감소	250	ⓐ	
	선수임대료의 감소	(-)30	ⓔ	
공급자와 종업원에게 지급된 현금	매출원가	(-)1,240	*	(-)1,920
	영업비용	(-)690	*	
	감가상각비	60	ⓚ	
	선급보험료의 증가	(-)10	ⓑ	
	상품의 증가	(-)120	ⓒ	
	매입채무의 증가	80	ⓓ	
영업에서 창출된 현금				460

* 손익계산서에서 입수

5.6.2 직접법 현금흐름표의 작성

〈표 11-43〉의 정보를 사용해서 작성된 직접법 현금흐름표는 아래의 〈표 11-44〉와 같다.

〈표 11-44〉 현금흐름표(직접법)

희망백화점   20×2년 1월 1일부터 20×2년 12월 31일까지   (단위 : 억원)

항 목	금 액	참 조
영업활동 현금흐름		
고객으로부터의 수취현금	2,380	〈표 11-43〉
공급자와 종업원에게 지급된 현금	(-)1,920	〈표 11-43〉
영업에서 창출된 현금	460	

나머지 부분의 현금흐름표는 간접법에서와 같다.

제6절

관련재무비율

현금흐름관련 재무비율은 수익성을 평가하는 주당현금흐름과 총자산영업현금흐름비율, 안전성(재무적)을 평가하는 영업현금유동부채보상비율, 영업현금총부채보상비율, 영업현금이자보상배율, 그리고 주가배수인 주가현금흐름비율이다.

6.1 수익성 평가 재무비율

(1) 주당현금흐름

주당현금흐름(CPS : cash-flows per share)은 영업활동을 통하여 얻어진 현금이 보통주 1주당 얼마나 되는지를 보여준다. 이는 (다음과 같이) 영업현금흐름에서 우선주 배당금을 차감한 금액을 가중평균유통보통주식수로 나누어 계산된다.

$$\text{주당현금흐름(CPS)} = \frac{\text{영업현금흐름 - 우선주 배당금}}{\text{가중평균유통보통주식수}}$$

대한백화점의 20×2년과 20×1년에 가중평균유통보통주식수는 각각 2,500만주와 1,500만주이며 우선주배당금은 없었다.

(대한백화점의 CPS)

$$20\times2년 : \frac{1,000억}{2,500만주} = 4,000원$$

$$20\times1년 : \frac{300억}{1,500만주} = 2,000원$$

대한백화점의 20×2년 주당현금흐름은 4,000원으로 20×1년의 2,000원에 비해 큰 폭으로 증가하였음을 알 수 있다.

주당현금흐름은 주당이익과 상대되는 지표이다. 주당이익은 경영성과지표로서 널리 이용되며, 주당이익이 클수록 경영성과가 양호한 것으로 평가된다. 그러나 이익은 발생주의를 적용하여 계산된 것이기 때문에 현금주의에 기초하여 계산되는 영업활동현금흐름과는 다를 수 있다. 이익만큼 현금이 들어오지 않으면 주당현금흐름은 주당이익보다 작게 보고된다. 주당이익이 같을 경우 주당현금흐름이 크면 클수록 당기순이익이 보다 더 건실한 것이다. 따라서 기업의 경영성과를 제대로 평가하려면 주당현금흐름을 주당이익의 보충적인 지표로 이용해야 한다.

(2) 총자산영업현금흐름비율

당기순이익은 발생주의에 의한 이익이고, 영업현금흐름은 현금주의에 의한 이익이다. 따라서 총자산영업현금흐름비율은 총자산에 대한 현금주의 이익의 비율이다. 이는 제5장에서 검토한 총자산이익률(ROA)을 보완하는 수익성 평가 재무비율로 사용되어야 한다. 일반적으로 지속적인 이익은 주로 현금흐름을 수반하는 이익이다. 때문에 총자산영업현금흐름비율은 이익의 지속성을 감안한 투자수익률(ROI)이라고 할 수 있다.

총자산영업현금흐름비율은 다음과 같이 계산된다.

$$\text{총자산영업현금흐름비율} = \frac{\text{영업현금흐름}}{\text{평균총자산}}$$

(대한백화점의 비율)

$$20×2년: \frac{1,000억}{(5,530억 + 3,390억)/2} = 22.42\%$$

$$20×1년: \frac{300억}{3,390억^*} = 8.85\%$$

* 사업 첫 연도이기 때문에 20×1년 말 총자산금액을 이용하였음

대한백화점의 총자산영업현금흐름비율은 20×1년의 8.85%에 비해 20×2년에는

22.42%로 상승하였다. 대한백화점의 경우 20×2년과 20×1년의 총자산이익률은 각각 16.14%와 7.67%이다. 20×2년과 20×1년의 총자산영업현금흐름비율이 총자산이익률보다 높음을 알 수 있다.

6.2 안전성(재무적) 평가 재무비율

(1) 영업현금흐름유동부채보상비율

영업현금흐름유동부채보상비율은 기업의 단기채무 지급능력을 알아보는 비율이다. 이 비율은 다음의 계산식에서 볼 수 있듯이 영업현금흐름이 유동부채를 갚기에 충분한지를 보여준다.

$$\text{영업현금흐름유동부채보상비율} \quad = \quad \frac{\text{영업현금흐름}}{\text{유동부채}}$$

(대한백화점의 비율)

$$20\times2년 : \quad \frac{1,000억}{1,040억} = 96.15\%$$

$$20\times1년 : \quad \frac{300억}{800억} = 37.5\%$$

대한백화점의 20×2년도 영업현금흐름유동부채보상비율은 96.15%로 20×1년의 37.5%에 비해 큰 폭으로 상승하여 영업현금흐름에 의한 유동부채상환능력이 크게 향상되었음을 알 수 있다.

일반적으로 유동비율(유동자산/유동부채)이 기업의 단기채무지급능력을 평가하는 지표로 많이 이용된다. 유동비율이 높으면 단기채무 지급능력이 높다고 평가된다. 그러나 유동자산 중 재고자산이나 매출채권처럼 즉시 지불수단으로 이용될 수 없는 자산의 비중이 크면 유동비율이 높아도 단기채무를 갚는 데 어려움을 겪을 수 있다. 영업현금흐름유동부채보상비율은 유동자산이 아닌 현금흐름에 의해 단기채무의 지급능력을 평가하는 것이기 때문에 이와 같은 유동비율의 문제점을 보완할 수 있다. 따라서 기업의 단기채무 지급능력을 효과적으로 평가하기 위해서 영업현금흐름유동부채보상비율을 유동비율과 함께 이용하는 것이 바람직하다.

(2) 영업현금흐름총부채보상비율

영업현금흐름총부채보상비율은 다음과 같이 계산된다. 이 비율은 영업현금흐름이 기업의 총부채를 갚기에 충분한가를 보여준다.

$$\text{영업현금흐름총부채보상비율} \quad = \quad \frac{\text{영업현금흐름}}{\text{총 부 채}}$$

(대한백화점의 비율)

$$20\times2년 : \quad \frac{1,000억}{2,300억} = 43.48\%$$

$$20\times1년 : \quad \frac{300억}{1,920억} = 15.63\%$$

대한백화점의 영업현금흐름총부채보상비율은 20×1년의 15.63%에 비해 20×2년에는 43.48%로 상승하여 영업현금흐름에 의한 총부채상환능력이 크게 향상되었음을 알 수 있다.

(3) 영업현금흐름이자보상배율

영업현금흐름이자보상배율은 이자와 법인세를 지급하기 전 영업현금흐름이 이자를 지급하기에 충분한지를 평가할 수 있는 재무비율이다. 이자와 법인세를 지급하기 전 영업현금흐름이 기업이 실제로 이자를 지급할 수 있는 현금이다. 따라서 이 지표는 기업의 실질적인 이자지급능력을 보여주는 지표라고 할 수 있다.

영업현금흐름이자보상배율은 다음과 같이 계산된다.

$$\text{영업현금흐름이자보상배율} \quad = \quad \frac{\text{영업현금흐름 + 이자 + 법인세}}{\text{이자}}$$

이자지급과 이자비용의 금액이 비슷하거나 법인세납부와 법인세비용의 금액이 비슷한 경우 이자지급은 이자비용으로, 그리고 법인세납부는 법인세비용으로 대체될 수 있다.

(대한백화점의 비율)

$$20 \times 2 \text{년} : \quad \frac{1,000\text{억} + 160\text{억} + 210\text{억}}{160\text{억}} = 8.56\text{배}^*$$

$$20 \times 1 \text{년} : \quad \frac{300\text{억} + 80\text{억} + 70\text{억}}{80\text{억}} = 3.46\text{배}$$

* '이자보상배율'에 맞추어 배수로 표시되었음

대한백화점의 영업현금흐름이자보상배율은 20×1년의 3.46배에서 20×2년에 8.56배로 상승하였다. 따라서 이자와 법인세를 지급하기 전 영업현금흐름에 의한 이자지불능력이 상당히 향상되었음을 알 수 있다.

6.3 주가배수

(1) 주가현금흐름비율

주가현금흐름비율(PCR : price cash-flows ratio)은 보통주 주가에 주당현금흐름이 얼마나 반영되었는지를 보여주는 비율이다. 이는 다음과 같이 계산된다.

$$\text{주가현금흐름비율(PCR)} \quad = \quad \frac{\text{보통주주가}}{\text{주당현금흐름(CPS)}}$$

대한백화점의 20×2년 말과 20×1년 말 보통주주가는 각각 15,000원과 10,000원이었다.

(대한백화점의 PCR)

$$20\times2년 : \frac{15,000}{4,000} = 3.75배$$

$$20\times1년 : \frac{10,000}{2,000} = 5배$$

대한백화점의 주가현금흐름비율은 20×1년 말의 5배에서 20×2년 말에는 3.75배로 감소하였음을 알 수 있다.

주가현금흐름비율은 기업의 기대미래성장성의 영향을 받는다. 주가현금흐름비율은 주가이익비율(보통주 1주당 시가/주당이익)과 함께 주식시장에서 유용한 투자지표로 사용된다.

　■ 참고 : 본 장에서 검토된 재무비율은 본서의 마지막 부분에 수록되어 있는 부록 2
　　〈표 B-1〉 '주요 재무비율'에 요약되어 있음

K-IFRS 참조 (http://www.kasb.or.kr)

[1] 기업회계기준서 제1007호 '현금흐름표', 문단 7.
[2] '상게서', 문단 31, 35.
[3] '상게서', 문단 31.
[4] '상게서', 문단 35, 36.
[5] '상게서', 문단 31, 35.
[6] '상게서', 문단 19.
[7] '상게서', 부록 A.
[8] '상게서', 문단 43.

주요 용어

간접법(indirect method) : 포괄손익계산서의 일정 이익(예 : 법인세비용차감전순이익)을 조정하여 간접적으로 영업활동 현금흐름을 계산하여 보고하는 방법 (p.518)

개별보고 항목(individually reporting items) : 현금흐름표에 복수의 분류방법이 허용되어 개별로 보고되어야 하는 이자수취. 배당금수취. 이자지급, 배당금지급, 법인세납부 (p.511)

개별보고 항목과 관련된 법비차전익 수익과 비용(NIBITE revenues and expense related with individually reporting items) : 포괄손익계산서의 법인세비용차감전순이익에 반영된 개별보고 항목과 관련된 이자수익, 배당금수익, 이자비용 (p.519)

개별보고 항목과 관련된 자산과 부채의 변동(changes in assets and liabilities related with individually reporting items) : 개별보고 항목과 관련된 자산(미수수익과 선급비용)과 부채(선수수익과 미지급비용)의 증감 (p.541)

비영업활동에 의한 이익과 손실(gain and loss from non-operating activities) : 영업활동이 아닌 투자활동이나 재무활동에서 발생한 이익과 손실 (p.520)

비현금 투자와 재무거래(non-cash investing and financing transactions) : 현금을 수반하지 않는 중요한 투자활동과 재무활동 거래이며 이들은 현금흐름표에 보고되지 않으나 재무제표 주석으로 공시됨 (p.528)

영업활동으로 인한 자산과 부채의 변동(changes in assets and liabilities from operating activities) : 영업활동과 관련하여 생긴 (매출채권, 미수수익, 재고자산, 선급비용과 같은) 자산의 증감과 (매입채무, 미지급비용, 선수수익과 같은) 부채의 증감 (p.522)

직접법(direct method) : 현금유입이 있는 수익과 현금유출이 있는 비용을 나열하여 영업활동 현금흐름을 직접 계산하여 보고하는 방법 (p.517)

현금성자산(cash equivalents) : 정해진 금액의 현금으로 즉시 전환할 수 있고 만기일이 3개월 이내이어서 가치변동 위험이 미미한 금융상품 (p.511)

현금유출이 없는 영업비용(operating expense without cash outflows) : 감가상각비와 같이 현금흐름이 없는 영업비용 (p.522)

연습문제

■ 참고 : 모든 연습문제에 이론에 의한 분류방법이 적용됨. 따라서 법인세납부는 영업
활동으로 분류되어야 하고 이자수취와 배당금수취는 투자활동으로 분류되어야 하며
이자지급과 배당금지급은 재무활동으로 분류되어야 함

1. 활동별 현금흐름의 계산

다음은 (주)한밭의 20×1년의 현금유입 및 현금유출에 관한 자료이다.

(단위 : 억원)

항 목	금 액	항 목	금 액
종업원의 급여 지급	80	상품의 현금매입	220
상품의 현금판매	550	상품외상매입대금의 지급	160
기계장치의 매입	360	단기차입금의 차입	120
상품외상판매대금의 회수	170	장기차입금의 조기상환	60
장기차입금의 차입	150	차입금 이자지급	20
단기차입금의 상환	50	건물의 처분	130
배당금지급	40	보험료지급	30
법인세납부	70	임차료지급	10

《물음》

(1) 현금흐름표에 아래의 활동별로 보고되는 금액을 계산하라.

　　1) 영업활동　　　　2) 투자활동　　　　3) 재무활동

(2) 현금흐름표에 보고되는 현금의 순증가(감소)는 얼마인가?

2. 매출에 의한 현금유입

한밭(주)의 20×2년 포괄손익계산서에 보고된 매출액은 5,600억원이다. 한밭(주)의
20×2년 12월 31일과 20×1년 12월 31일 현재의 재무상태표에 보고된 매출채권은 다음
과 같다.

(단위 : 억원)

과 목	20×2년 12월 31일	20×1년 12월 31일
매 출 채 권	740	450

《물음》 한밭(주)의 20×2년 매출에 의한 현금유입을 계산하라.

3. **매입에 의한 현금유출**

한양(주)의 20×2년 포괄손익계산서에 보고된 매출원가는 3,400억원이다. 한양(주)의
20×2년 12월 31일과 20×1년 12월 31일 현재의 재무상태표에 보고된 상품과 매입채무는
다음과 같다.

(단위 : 억원)

과 목	20×2년 12월 31일	20×1년 12월 31일
상 품	330	520
매 입 채 무	470	240

《물음》 한양(주)의 20×2년 상품매입으로 인한 현금유출을 계산하라.

4. **매출에 의한 현금유입, 상품매입에 의한 현금유출, 감가상각비, 배당금지급의 계산**

다음은 대전(주)의 20×1년 12월 31일과 20×2년 12월 31일 현재의 재무상태표이다.

재무상태표

대전(주) (단위 : 억원)

과 목	20×2년 12월 31일	20×1년 12월 31일
현 금	360	220
매 출 채 권	540	380
상 품	400	300
토 지	200	200
건 물	2,800	2,400
감 가 상 각 누 계 액	(−)800	(−)600
자 산 총 계	3,500	2,900
매 입 채 무	380	320
장 기 차 입 금	1,520	1,400
보 통 주 자 본 금	600	400
이 익 잉 여 금	1,000	780
부 채 및 자 본 총 계	3,500	2,900

〈추가자료〉

① 대전(주)의 20×2년 매출액, 매출원가, 당기순이익은 각각 4,800억원, 2,000억원 그리고 260억원이었다.

② 20×2년 중 회사는 장부금액이 320억원(취득원가 600억원, 감가상각누계액 280억원)인 건물을 팔고 현금 360억원을 수취하였다.

《물음》 20×2년 대전(주)의 다음 항목을 계산하라.

(1) 매출에 의한 현금유입

(2) 상품매입에 의한 현금유출

(3) 감가상각비

(4) 배당금지급

5. 현금흐름표의 구조 ①

다음은 영업활동 현금흐름을 간접법으로 계산하여 보고하는 경우의 현금흐름표 양식이다.

현금흐름표

항 목		금 액	
영업활동 현금흐름			
법인세비용차감전순이익(법비차전익)		×××	
조정 :			
개별보고 항목과 관련된 법비차전익 수익과 비용 :		×××	
(1))		(−)×××	
(2))		(−)×××	
(3))		×××	
비영업활동에 의한 이익과 손실	Ⓐ		×××
현금유출이 없는 영업비용	Ⓑ		×××
영업활동으로 인한 자산과 부채의 변동			×××
영업활동으로 인한 자산의 증가	Ⓒ	(−)×××	
영업활동으로 인한 자산의 감소	Ⓓ	×××	
(4))	Ⓔ	×××	
영업활동으로 인한 부채의 감소	Ⓕ	(−)×××	
영업에서 창출된 현금			×××
개별보고 항목 :			
(5))			(−)×××
영업활동 순현금			×××

《물음》

(1) 현금흐름표에 표시된 다음의 번호에 적합한 항목을 기술하라.

1) _____   2) _____

3) _____   4) _____

5) _____

(2) 현금흐름표에 표시된 다음 항목의 내용으로 적합한 것을 아래의 표에서 찾아 번호를 기입하라.

Ⓐ 비영업활동에 의한 이익과 손실 : _____

Ⓑ 현금유출이 없는 영업비용 : _____

Ⓒ 영업활동으로 인한 자산의 증가 : _____

Ⓓ 영업활동으로 인한 자산의 감소 : _____

Ⓔ 영업활동으로 인한 부채의 증가 : _____

Ⓕ 영업활동으로 인한 부채의 감소 : _____

① 감가상각비	② 미수용역수수료의 감소
③ 유형자산처분이익	④ 매입채무의 감소
⑤ 매출채권의 증가	⑥ 상품의 감소
⑦ 미지급급여의 감소	⑧ 선수임대료의 증가
⑨ 선급임차료의 증가	⑩ 유형자산처분손실

6. 현금흐름표의 구조 ②

다음은 (주)유성의 20×1년 현금흐름표이다.

현금흐름표

(주)유성   20×1년 1월 1일부터 20×1년 12월 31일까지   (단위: 억원)

항 목	금	액
영업활동 현금흐름		
법인세비용차감전순이익(법비차전익)		(④)
조정 :		
개별보고 항목과 관련된 법비차전익 비용		200
이자비용	200	
비영업활동에 의한 이익과 손실		(−)10
유형자산처분이익	(−)40	
유형자산처분손실	(②)	
현금유출이 없는 영업비용		1,600
감가상각비	1,600	
영업활동으로 인한 자산·부채의 변동		(−)1,500
매출채권의 증가	(−)700	
상품의 증가	(③)	
매입채무의 증가	500	
미지급임차료의 감소	(−)50	
영업에서 창출된 현금		930
개별보고 항목 :		
법인세납부		(−)140
영업활동 순현금		(①)
투자활동 현금흐름		
비품의 처분	100	
기계장치의 처분	300	
건물의 취득	(⑤)	
투자활동 순현금		(−)5,300
재무활동 현금흐름		
장기차입금의 차입	(⑥)	
단기차입금의 상환	(−)1,600	
개별보고 항목 :		
이자지급	(−)220	
재무활동 순현금		4,530
현금의 증가(감소)		(⑦)
기초의 현금		(⑧)
기말의 현금		110

《물음》 현금흐름표에 표시된 ①, ②, ③, ④, ⑤, ⑥, ⑦, ⑧ 각각의 금액을 계산하라.

7. 영업활동 현금흐름의 계산 (간접법) ①

다음은 항도(주)의 20×2년 손익계산서와 영업활동과 관련이 있는 자산과 부채를 보여주는 20×1년 12월 31일과 20×2년 12월 31일 현재의 부분재무상태표이다.

손익계산서

항도(주)　　　　　20×2년 1월 1일부터 20×2년 12월 31일까지　　　　(단위 : 억원)

과　　목	금　　액
매출	1,350
매출원가	(−)710
급여비용	(−)60
감가상각비	(−)80
유형자산처분이익	20
법인세비용차감전순이익(법비차전익)	520
법인세비용	(−)90
당기순이익	430

부분재무상태표

항도(주)　　　　　　　　　　　　　　　　　　　　　　　　　　(단위 : 억원)

과　　목	20×2년 12월 31일	20×1년 12월 31일
매 출 채 권	150	220
상　　　품	200	180
매 입 채 무	130	160

《물음》 간접법에 의한 영업활동 현금흐름을 보여주는 항도(주)의 20×2년 부분현금흐름표를 작성하라.

8. 영업활동 현금흐름의 계산 (간접법) ②

한신(주)은 20×1년 현금흐름표에 영업에서 창출된 현금 190억원을 보고하였다. 다음은 영업에서 창출된 현금을 간접법으로 계산하기 위해 법인세비용차감전순이익에 조정된 항목들이다.

(단위: 억원)

항 목	금 액	항 목	금 액
매출채권의 증가	200	상품의 감소	160
매입채무의 감소	150	미지급급여의 증가	70
미수용역수수료의 감소	50	선급임차료의 감소	80
선수임대료의 감소	30	감가상각비	100

《물음》 한신(주)의 20×1년 법인세비용차감전순이익을 계산하라.

9. 영업활동 현금흐름의 계산 (간접법) ③

보동(주)의 20×2년 법인세비용차감전순이익(법비차전익)은 4,500억원이었다. 다음은 영업활동 현금흐름을 간접법으로 계산하기 위하여 필요한 자료이다.

손익계산서 자료

(단위: 억원)

과 목	금 액
감가상각비	800
유형자산처분이익	150
유형자산처분손실	200
이자수익	120
이자비용	350
법인세비용	1,250

재무상태표 자료

(단위: 억원)

과 목	20×2년 12월 31일	20×1년 12월 31일	증(감)
매 출 채 권	2,200	2,700	(-)500
상 품	1,100	1,500	(-)400
선 급 보 험 료	500	300	200
미 수 임 대 료	180	150	30
매 입 채 무	1,000	1,700	(-)700
미 지 급 임 차 료	400	200	200

《물음》 간접법에 의한 영업활동 현금흐름을 보여주는 보동(주)의 20×2년 부분현금흐름표를 작성하라.

10. 투자활동 현금흐름의 계산

다음은 고밀(주)의 20×2년 12월 31일과 20×1년 12월 31일 현재의 재무상태표에서 발췌한 자료이다.

(단위 : 억원)

과 목	20×2년 12월 31일	20×1년 12월 31일
단기대여금	1,000	800
토 지	4,500	3,200

다음은 단기대여금 및 토지에 관련된 20×2년 현금거래의 일부이다.

① 거래처에 500억원을 단기대여하였다.

② 토지를 매입하고 3,300억원을 지급하였다.

③ 토지를 처분하고 2,400억원을 수취하였다.

《물음》

(1) 다음을 계산하라.

　　1) 단기대여금의 회수　　　2) 토지처분손익

(2) 20×2년 투자활동 현금흐름을 보여주는 부분현금흐름표를 작성하라.

11. 재무활동 현금흐름의 계산

다음은 단양(주)의 20×2년 12월 31일과 20×1년 12월 31일 현재의 재무상태표에서 발췌한 자료이다.

(단위 : 억원)

과 목	20×2년 12월 31일	20×1년 12월 31일
단기차입금	500	450
사 채	4,500	4,000

다음은 단기차입금 및 사채에 관련된 20×2년 현금거래의 일부이다.

① 은행에서 400억원을 단기차입하였다.

② 액면가가 2,000억원인 사채를 액면가에 발행하였다.

《물음》

(1) 다음을 계산하라.

　　1) 단기차입금의 상환　　　2) 사채의 조기상환

　　(단기차입금상환손익과 사채조기상환손익은 없음)

(2) 20×2년 재무활동 현금흐름을 보여주는 부분현금흐름표를 작성하라.

12. 현금흐름표의 작성

다음은 (주)덕명의 20×1년 12월 31일과 20×2년 12월 31일 현재의 재무상태표와 20×2
년 손익계산서이다.

재무상태표

(주)덕명　　　　　　　　　　　　　　　　　　　　　　　　　　　(단위 : 억원)

과　목	20×2년 12월 31일	20×1년 12월 31일
현　　　　　금	100	90
매　출　채　권	1,040	880
상　　　　　품	830	560
토　　　　　지	1,400	800
건　　　　　물	2,900	2,930
감 가 상 각 누 계 액	(−)360	(−)400
자　산　총　계	5,910	4,860
매　입　채　무	1,700	1,000
미　지　급　급　여	400	600
미 지 급 임 차 료	280	440
단　기　차　입　금	220	400
장　기　차　입　금	400	320
보　통　주　자　본　금	1,000	750
보 통 주 자 본 잉 여 금	910	760
이　익　잉　여　금	1,000	590
부　채　및　자　본　총　계	5,910	4,860

손익계산서

(주)덕명 　　　20×2년 1월 1일부터 20×2년 12월 31일까지 　　　(단위 : 억원)

과 목	금 액	
매출액		3,660
매출원가		(-)1,780
매출총이익		1,880
영업비용		(-)1,200
급여비용	(-)770	
감가상각비	(-)80	
임차비용	(-)350	
영업이익		680
이자비용		(-)70
유형자산처분손실		(-)30
법인세비용차감전순이익(법비차전익)		580
법인세비용		(-)80
당기순이익		500

〈현금거래에 관한 추가자료〉

① 영업용 토지를 600억원에 매입하였다.

② 장부금액이 430억원인 건물(취득원가 550억원, 감가상각누계액 120억원)을 400억원에 매각하였다.

③ 건물을 520원에 매입하였다.

④ 단기차입금 180억원을 상환하였다.

⑤ 장기차입금 220억원을 조기상환하였다.

⑥ 은행에서 300억원을 장기차입하였다.

⑦ 주당 액면금액이 5,000원인 보통주 500만주를 주당 8,000원에 발행하고 400억원을 수취하였다.

⑧ 배당금 90억원을 지급하였다.

12-1. 간접법에 의한 직접법 현금흐름표의 작성

《물음》

(1) 간접법 현금흐름표를 작성하라.

(2) 간접법 현금흐름표를 이용하여 영업에서 창출된 현금을 직접법에 의하여 계산하라.

12-2. 3가지 다른 분류방법에 의한 현금흐름표

다음의 표는 (주)덕명의 현금흐름표를 요약한 것이다.

현금흐름표

(주)덕명   20×2년 1월 1일부터 20×2년 12월 31일까지   (단위: 억원)

항 목	금 액
영업활동 현금흐름	
영업에서 창출된 현금	670
개별보고 항목 :	
법인세납부	(−)80
영업활동 순현금	590
투자활동 현금흐름	
투자활동 순현금	(−)620
재무활동 현금흐름	
이자지급과 배당금지급외의 현금흐름	200
개별보고 항목 :	
이자지급	(−)70
배당금지급	(−)90
재무활동 순현금	40
현금의 순증가	10

《물음》

이자지급과 배당금지급이 1) 과거기준 2) 최대의 영업활동 순현금을 가능하게 하는 방법 3) 최소의 영업활동 순현금을 가능하게 하는 방법 각각으로 분류되는 경우 (주)덕명의 영업활동 현금흐름, 투자활동 현금흐름, 그리고 재무활동 현금흐름을 계산하라.

부록 1
특별주제

대한백화점의 사례

재 무 상 태 표(주석 2ⓐ)

20×2년 12월 31일 현재
20×1년 12월 31일 현재

대한백화점 (단위 : 억원)

과　　목	20×2년 12월 31일		20×1년 12월 31일	
자산				
유동자산				
현금 및 현금성자산(주석 4)		450		410
매출채권(주석 3ⓑ)	300		200	
대손충당금(주석 3ⓑ, 5)	(−)40	260	(−)20	180
재고자산 :				
상품(주석 3ⓒ)		430		230
유동자산 합계		1,140		820
비유동자산				
공가기포익금융자산(주석 3ⓓ, 6)		130		100
관계기업투자(주석 3ⓔ, 7)		240		−
유형자산(주석 8) :				
토지(주석 3ⓕ)		960		900
설비자산(주석 3ⓕ, 16)	3,100		1,600	
감가상각누계액(주석 3ⓕ)	(−)130	2,970	(−)30	1,570
무형자산(주석 3ⓖ) :				
산업재산권(주석 8)		90		−
비유동자산 합계		4,390		2,570
자산 총계		5,530		3,390
부채				
유동부채				
매입채무		420		180
미지급이자		50		40
미지급급여		20		30
미지급법인세		140		50
원가금융부채(주석 3ⓘ) :		380		480
단기차입금(주석 9ⓐ)	100		300	
유동성장기차입금(주석 9ⓑ)	280		180	
충당부채 :				
환불충당부채(주석 3ⓗ, 11)		30		20
유동부채 합계		1,040		800
비유동부채				
원가금융부채(주석 3ⓘ) :		1,260		1,120
장기차입금(주석 9ⓑ)	840		720	
상각후원가금융부채(주석 3ⓘ)				
사채(주석 10)	420		400	
비유동부채 합계		1,260		1,120
부채 총계		2,300		1,920

		20×2년		20×1년
자본				
자본금				
보통주(주석 13, 16)		1,500		1,000
자본잉여금				
보통주(주석 16)		600		100
기타포괄손익누계액		200		110
공가기포익금융자산평가이익누계액*(주석 3ⓓ, 6)	40		10	
토지재평가잉여금(주석 3ⓕ, 8)	160		100	
이익잉여금(주석 3ⓙ, 15)		930		260
자본 총계		3,230		1,470
부채 및 자본 총계		5,530		3,390

* 공가기포익 : 공정가치측정 기타포괄손익인식

포괄손익계산서(주석 2ⓑ)

20×2년 1월 1일부터 20×2년 12월 31일까지
대한백화점 20×1년 1월 1일부터 20×1년 12월 31일까지 (단위 : 억원)

과 목		20×2년		20×1년
매출액(주석 3ⓐ)		4,300		2,200
매출원가		(−)2,300		(−)1,180
매출총이익		2,000		1,020
영업비용		(−)850		(−)500
급여비용	(−)430		(−)260	
대손상각비(주석 3ⓑ)	(−)40		(−)20	
감가상각비(주석 3ⓕ)	(−)100		(−)30	
임차비용	(−)240		(−)120	
기타영업비용	(−)40		(−)70	
영업이익		1,150		520
기타수익		60		−
지분법이익(주석 7)	60		−	
기타비용		(−)190		(−)140
금융비용(주석 2ⓑ) :				
이자비용	(−)190		(−)130	
유형자산처분손실(주석 8)	−		(−)10	
법인세비용차감전순이익		1,020		380
법인세비용		(−)300		(−)120
당기순이익		720		260
기타포괄손익		90		110
당기손익으로 재분류되지 않는 항목 :				
토지재평가차익(주석 3ⓕ, 8)	60		100	
후속적으로 당기손익으로 재분류될 수 있는 항목 :				
공가기포익금융자산평가이익(주석 3ⓓ, 6)	30		10	
총포괄이익		810		370
주당이익(주석 12)		2,880원		1,733원

현금흐름표(주석 2ⓒ)

20×2년 1월 1일부터 20×2년 12월 31일까지

대한백화점　　　20×1년 1월 1일부터 20×1년 12월 31일까지　　　(단위 : 억원)

항 목	20×2년	20×1년
영업활동 현금흐름		
법인세비용차감전순이익(법비차전익)	1,020	380
조 정(주석 2ⓒ) :		
개별보고 항목과 관련된 법비차전익 비용		
이자비용	190	130
비영업활동에 의한 이익과 손실	(−)60	10
유형자산처분손실(주석 8)	–	10
지분법이익(주석 7)	(−)60	
현금유출이 없는 영업비용		
감가상각비	100	30
영업활동으로 인한 자산과 부채의 변동	(−)40	(−)180
매출채권의 증가	(−)80	(−)180
상품의 증가	(−)200	(−)230
매입채무의 증가	240	180
미지급급여의 증가(감소)	(−)10	30
환불충당부채의 증가(주석 11)	10	20
영업에서 창출된 현금	1,210	370
개별보고 항목 :		
법인세납부(주석 2ⓒ)	(−)210	(−)70
영업활동 순현금	1,000	300
투자활동 현금흐름		
토지의 처분(주석 8)	–	390
개별보고 항목 :		
배당금수취(주석 7)	20	
공가기포익금융자산의 매입(주석 6)	–	(−)90
관계기업주식의 취득(주석 7)	(−)200	
토지의 매입(주석 8)	–	(−)1,200
설비자산의 매입(주석 8)	(−)1,500	(−)1,000
무형자산의 매입(주석 8)	(−)90	–
투자활동 순현금	(−)1,770	(−)1,900
재무활동 현금흐름		
단기차입금의 차입(주석 9ⓐ)	300	300
장기차입금의 차입(주석 9ⓑ)	200	900
사채의 발행(주석 10)	–	390
보통주의 발행(주석 13)	1,000	500
단기차입금의 상환(주석 9ⓐ)	(−)300	–
유동성장기차입금의 상환(주석 9ⓑ)	(−)180	–
개별보고 항목 :		
이자지급(주석 2ⓒ)	(−)160	(−)80
배당금지급(주석 2ⓒ, 14)	(−)50	–
재무활동 순현금	810	2,010
현금 및 현금성자산의 순증가	40	410
기초 현금 및 현금성자산(주석 4)	410	–
기말 현금 및 현금성자산	450	410

자본변동표(주석 2ⓓ)

대한백화점

20×2년 1월 1일부터 20×2년 12월 31일까지
20×1년 1월 1일부터 20×1년 12월 31일까지 (단위 : 억원)

항 목	자본금 보통주	자본잉여금 보통주	이익잉여금	기타포괄이익누계액 공가기포익 금융자산 평가이익 누계액	기타포괄이익누계액 토지 재평가 잉여금	총 계
20×1년 1월 1일 현재 잔액	-	-	-	-	-	-
20×1년 자본변동 :						
보통주 발행(주석 13)	1,000	100				1,100
총포괄이익 (주석 3ⓓ, 3ⓕ, 6, 8)			260	10	100	370
20×1년 12월 31일 현재 잔액	1,000	100	260	10	100	1,470
20×2년 자본변동 :						
보통주 발행(주석 13)	500	500				1,000
현금배당(주석 14)			(-)50			(-)50
총포괄이익 (주석 3ⓓ, 3ⓕ, 6, 8)			720	30	60	810
20×2년 12월 31일 현재 잔액	1,500	600	930	40	160	3,230

《주석사항》

3. 중요한 회계처리 방침

ⓓ 금융자산의 분류

금융자산은 원가금융자산, 상각후원가금융자산, 공정가치측정 당기손익인식(공가당손익) 금융자산, 그리고 공정가치측정 기타포괄손익인식(공가기포익) 금융자산으로 분류될 수 있다. 상각후원가란 금융자산의 할증(할인)발행차금을 유효이자율법에 의하여 상각한 후의 원가를 뜻한다. (회사는 20×1년과 20×2년 12월 31일 현재 상각후원가금융자산과 공가당손익금융자산을 보고하고 있지 않음) 공가기포익금융자산평가손익은 금융자산이 처분될 때 당기손익으로 재분류될 수 있기 때문에 후속적으로 '당기손익으로 재분류될 수 있는 항목'으로 보고된다. 그리고 이들 이익의 누계액은 재무상태표 자본에 '공가기포익금융자산평가이익누계액'으로 보고된다.

ⓔ 관계기업투자의 평가

피투자회사의 의결권 있는 주식의 20% 이상에 투자하여 피투자회사에 중대한 영향력의 행사를 할 수 있는 경우 해당 투자주식은 '관계기업투자'로 보고된다. 관계기업투자는 지분법으로 평가되고 있으며 지분법이익은 포괄손익계산서에 '기타수익'으로 보고된다.

ⓕ 유형자산의 취득원가, 감가상각방법 및 재평가 등

(3) 토지는 3년을 주기로, 또는 공정가치에 중대한 변동이 있을 때에 외부의 독립된 감정기관에 의해 결정된 감정가액으로 재평가된다. 토지의 재평가로 인한 장부금액의 증가액인 재평가차익은 포괄손익계산서의 기타포괄손익 항목이다. 이 재평가차익은 '당기손익으로 재분류되지 않는 항목'으로 보고된다. 재평가차익의 누계액은 토지재평가잉여금이라는 항목으로 재무상태표의 자본에 보고된다.

6. 공정가치측정 기타포괄손익인식(공가기포익) 금융자산

회사는 장기투자 목적으로 다음의 주식을 취득하였으며 취득일에 이 투자주식을 공가기포익금융자산으로 분류하기로 결정하였다. 이들 자산은 공시가격(시가)으로 평가된다.

(단위 : 억원)

투자주식	취득일	주식수	주당 기준가		주당 연말 시가	평가이익
KM마트	20×1년 11월 1일	1백만주	20×1년	9,000원 (취득원가)	10,000원	1,000원 × 1백만주 = 10
			20×2년	10,000원 (연초시가)	13,000원	3,000원 × 1백만주 = 30

7. 관계기업투자

다음은 관계기업투자의 구성과 관계기업투자의 변동내역을 보여주는 관계기업투자 조정표이다.

관계기업투자의 구성

관계기업	취득일	주식수	지분율
(주)소한	20×2년 1월 2일	20,000주	20%

관계기업투자조정표

(단위 : 억원)

20×2년 초 잔액	20×2년 변동액			20×2년 말 잔액
	투자액	가산 : 지분법이익	감산 : 배당금수취	
–	200	60	20	240

사례 재무제표의 해설

■ 참고 : 위첨자 숫자는 당해 주제가 설명된 본문 쪽번호임

　　본 부록과 관련된 계정과목은 재무상태표의 공정가치측정 기타포괄손익인식(공가기포익) 금융자산, 관계기업투자, 토지, 공가기포익금융자산평가이익누계액, 토지재평가잉여금과 포괄손익계산서의 지분법이익, 공가기포익금융자산평가이익, 토지재평가차익을 포함한다. 현금흐름표에는 간접법으로 영업에서 창출된 현금을 계산하기 위한 조정항목으로 지분법이익이 보고되었으며[599] 공가기포익금융자산의 매입[587]과 관계기업주식의 취득과 배당금수취가 투자활동으로 보고되었다.[599] 자본변동표에는 기타포괄손익이 총포괄이익의 일부로 보고되었고 기타포괄손익누계액 구성항목 각각에 반영되어 있다. 여기서 사례해설의 중복을 피하기 위해서 20×2년 항목은 구체적으로 해설하고 20×1년 해설은 생략한다.

　　대한백화점의 20×2년 12월 31일 현재 재무상태표에는 공가기포익금융자산[582] 130억원과 토지 960억원이 보고되었다. 주석 3ⓐ와 주석 6에 의하면 회사는 공가기포익금융자산을 공시가격(시가)에 의해 평가한다. 대한백화점은 20×2년과 20×1년 공가기포익금융자산평가이익으로 각각 30억원과 10억원을 인식하였다. 이들 이익은 포괄손익계산서에 '후속적으로 당기손익으로 재분류될 수 있는 항목'[583]으로 분류되는 기타포괄손익으로 보고되었다. 또한 자본변동표에서 볼 수 있듯이 각 연도의 공가기포익금융자산의 평가손익은 공가기포익금융자산평가이익누계액에 누적되어 20×2년도 말 현재 40억원이 되었다. 주석 3ⓕ(3)과 8에 의하면 20×2년과 20×1년에 각각 60억원과 100억원의 토지재평가차익[588]이 인식되었다. 이들은 '당기손익으로 재분류되지 않는 항목'[588]으로 분류되는 기타포괄이익으로 보고되었다. 자본변동표는 각 연도의 토지재평가차익이 토지재평가잉여금에 누적되어 20×2년 말 현재 160억원이 되었다는 것을 보여준다.

　　회사의 20×2년 12월 31일 현재 관계기업투자[596]는 240억원이다. 이는 주석 7에 기술된 바와 같이 20×2년 1월 20일 (주)소한의 보통주 20%를 200억원에 취득한 결과이다. 이 관계회사주식의 취득은 현금흐름표에 투자활동으로 보고되었다. 대한백화점은

이 투자에 의하여 (주)소한에게 중대한 영향력을 행사할 수 있게 되어 이를 관계기업투자로 분류하고 지분법[596]으로 평가한다. (주)소한은 20×2년에 300억원의 순이익을 보고하였다. 대한백화점은 (주)소한의 보고이익의 20%에 해당하는 60억원을 지분법이익으로 포괄손익계산서에 보고하였다. 이 지분법이익은 비영업활동(투자활동)에 의한 이익이기 때문에 현금흐름표에서 영업에서 창출된 현금을 간접법으로 계산하기 위하여 법인세비용차감전순이익(법비차전익)에서 차감되었다.[600] (주)소한으로부터 수취한 배당금[600] 20억원은 관계기업투자를 감소시켰으며 이는 현금흐름표에 투자활동으로 인한 현금유입의 '개별보고 항목'으로 보고되었다.

제1절

기타포괄손익과 당기순이익

1.1 기타포괄손익

일반적으로 수익에서 비용을 뺀 것을 당기순이익이라 한다. 그러나 일정 유형의 이익은 당기순이익에 포함되는 것이 허용되지 않는다. 왜냐하면 이들이 당기순이익에 포함되면 당기순이익을 왜곡시키거나 기간 간 당기순이익의 변동성을 증가시킬 수 있기 때문이다. 이러한 이유 때문에 당기순이익에 포함되지 않는 이익(또는 손실)을 '기타포괄손익'이라고 한다. 기타포괄손익은 대개 자산을 공정가치로 평가하여 생긴 평가손익으로 구성된다. 예는 공정가치측정 기타포괄손익인식(공가기포익) 금융자산평가손익과 유형자산재평가차익이다.

K-IFRS[1]에 의하면 기타포괄이익은 '후속적으로 당기손익으로 재분류될 수 있는 항목'과 '당기손익으로 재분류되지 않는 항목' 두 종류로 분류된다. 공가기포익금융자산평가손익은 전자의 예이고 유형자산재평가차익은 후자의 예이다.

공가기포익금융자산의 취득목적은 시세차익을 얻는 것이다. 따라서 공가기포익금융자산 처분손익은 처분대가와 취득원가와의 차이로 계산된다. 처분손익의 계산기준이 취득원가이기 때문에 처분 전까지 인식된 평가손익이 당기손익 항목인 처분손익에 포함된다. 따라서 공가기포익금융자산평가손익은 '후속적으로 당기손익으로 재분류될 수 있는 항목'으로 분류된다.

유형자산의 취득 목적은 영업활동을 전개하기 위한 것이지 공가기포익금융자산과 같이 시세차익을 얻기 위한 것이 아니다. 따라서 재평가된 유형자산의 처분손익은 처분대가와 처분된 자산의 장부금액의 차이로 계산된다. 처분손익의 기준이 장부금액이기 때문에 처분 전에 인식된 재평가차익은 당기손익 항목인 처분손익에 포함되지 않는다. 따라서 유형자산재평가차익은 '당기손익으로 재분류되지 않는 항목'으로 분류된다.

본서는 기타포괄손익에 대한 법인세가 없는 것으로 가정하였다. 기타포괄손익에 대한 법인세효과는 중급회계에서 검토될 것이다.

총포괄손익은 당기순이익에 기타포괄손익을 합한 금액을 의미한다. 다음 〈그림 A-1〉은 이러한 관계를 보여준다.

〈그림 A-1〉 기타포괄손익과 당기순이익

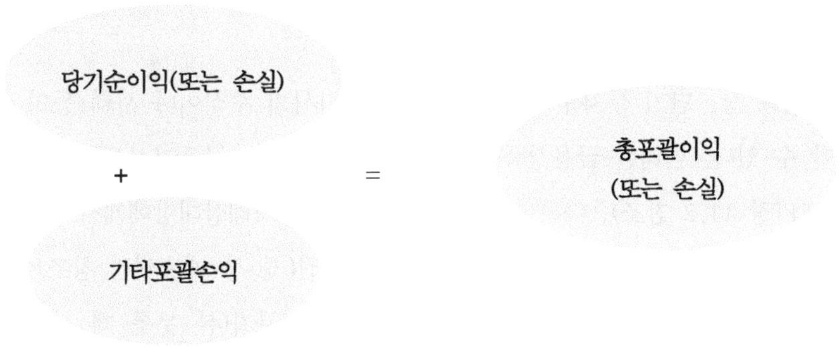

당기순이익(또는 손실)

\+

기타포괄손익

\=

총포괄이익
(또는 손실)

1.2 이익잉여금과 기타포괄손익누계액

포괄손익계산서의 당기순이익은 이익잉여금에 마감된다. 그러나 기타포괄손익은 기타포괄손익누계액에 마감된다. 다음 〈그림 A-2〉는 이러한 관계를 보여준다.

〈그림 A-2〉 당기순이익과 이익잉여금, 기타포괄손익과 기타포괄손익누계액

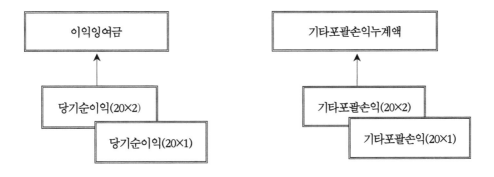

제2절

공정가치측정 기타포괄손익인식 금융자산 회계

2.1 금융자산의 의의 및 분류

기업은 장·단기 투자수익의 획득을 위해 타사의 주식이나 사채 등의 금융상품을 매입할 수 있다. 이러한 금융상품을 금융자산이라 한다. 금융자산에는 현금 및 현금성자산(제11장 11.2 참조), 다른 기업의 주식과 사채, 거래상대방에게서 현금과 같은 금융자산을 수취할 계약상 권리인 대여금과 수취채권(제6장 매출채권 참조)이 포함된다. K-IFRS[2]에 의하면 현금 및 현금성자산과 관계기업투자(본 부록 제4절 참조)를 제외한 금융자산은 상각후원가금융자산, 공정가치측정 당기손익인식(공가당손익) 금융자산, 공정가치측정 기타포괄손익인식(공가기포익) 금융자산으로 분류된다.

상각후원가란 금융자산의 할증(할인)발행차금을 유효이자율법에 의하여 상각한 후의 원가이다(제9장 제3절 사채 참조). 할증(할인)발행차금이 없는 경우 상각후원가는 원가이다. (본서는 교육목적으로 원가금융자산을 상각후원가금융자산으로부터 분리하였다.) 회사가 할증(할인)발행된 사채를 취득하여 만기까지 보유하는 경우('만기보유') 그 투자사채는 상각후원가금융자산으로 분류된다. 일반적으로 회사가 대여한 대여금은 원가금융자산으로 분류된다.

공가기포익금융자산은 공정가치로 측정하여 평가손익을 기타포괄손익으로 인식하겠다고 회사가 취득 시에 결정한 투자주식을 포함한다. 또한 '만기보유'뿐 아니라 '매도'의 목적으로 취득한 투자사채도 공가기포익금융자산에 포함된다. 상각후원가금융자산과 공가기포익금융자산에 포함되지 않는 금융자산은 공가당손익금융자산으로 분류된다. 회사는 회계 불일치 해결을 위하여 상각후원가금융자산 또는 공가기포익금융자산을 공가당손익금융자산으로 지정할 수 있다. 회계 불일치는 서로 다른 기준에 의하여 자산과 부채를 측정하여 발생한 손익을 인식하여 발생하는 비일관성이다.

2.2 공정가치측정 기타포괄손익인식(공가기포익) 금융자산 의 평가와 처분

공가기포익금융자산은 취득 시에 취득원가로 기록된다. 취득 이후에는 공정가치로 측정된다. 공정가치(fair value)는 활성시장이 있는 경우에는 시장가격이다. 만일 활성시장이 없다면 가치를 평가하기 위하여 평가기법이 이용된다. 기말에 공가기포익금융자산의 공정가치가 장부금액과 다르면 공정가치로 평가되어야 하고 평가차액은 평가손익으로 보고되어야 한다. 이 평가손익은 '후속적으로 당기손익으로 재분류될 수 있는 항목'으로 분류되는 기타포괄손익으로 보고된다. 앞서 설명한 바와 같이 공가기포익금융자산평가손익은 공가기포익금융자산평가손익누계액에 누적된다.

공가기포익금융자산이 처분된 경우, 위에서 검토한 바와 같이 당기순이익에 반영되는 처분이익은 처분금액과 처분된 자산의 취득원가의 차이이다. 따라서 K-IFRS[3]는 처분된 공가기포익금융자산의 평가이익누계액이 이중 보고되지 않게 평가이익누계액을 기타포괄손실로 재분류 조정할 것을 요구하고 있다. (반대로 누적손실은 기타포괄이익으로 재분류되어야 한다.)

〈예제 A-1〉 공가기포익금융자산의 평가와 처분

대한(주)는 20×1년 7월 1일에 투자수익을 얻을 목적으로 소한(주) 주식 100만주를 주당 10,000원에 취득하였고 이를 공가기포익금융자산으로 분류하기로 결정하였다. 20×1년 12월 31일과 20×2년 12월 31일의 소한(주)의 주가는 12,000원과 11,000원이었다. 20×3년 1월 2일에 대한(주)는 보유하고 있던 소한(주) 주식 전부를 주당 13,000원에 처분하였다.

---

(1) 분개

소한(주) 주식의 취득일인 20×1년 7월 1일부터 처분일인 20×3년 1월 2일까지 작성되어야 할 분개는 다음과 같다. (모든 분개의 단위는 억원임)

20×1년 7월 1일 :

| (차) 공가기포익금융자산 | 100 | (대) 현　　　금 | 100* |

* 100만주 × 10,000 = 100억원

20×1년 12월 31일 :

| (차) 공가기포익금융자산 | 20 | (대) 공가기포익금융자산평가이익 | 20* |

* 100만주 × (12,000 - 10,000) = 20억원

20×1년 12월 31일(마감분개) :

| (차) 공가기포익금융자산평가이익 20 | (대) 공가기포익금융자산평가이익누계 20 |

20×2년 12월 31일 :

| (차) 공가기포익금융자산평가손실 10* | (대) 공가기포익금융자산 | 10 |

* 100만주 × (12,000 - 11,000) = 10억원

20×2년 12월 31일(마감분개) :

| (차) 공가기포익금융자산평가이익누계 10 | (대) 공가기포익금융자산평가손실 10 |

20×3년 1월 2일 :

| (차) 재분류조정 | 10* | (대) 공가기포익금융자산 | 10 |

| (차) 현　　　금 | 130 | (대) 공가기포익금융자산 | 100 |
| | | 공가기포익금융자산처분이익 | 30** |

* 공가기포익금융자산 계정을 취득원가로 전환하기 위하여 공가기포익금융자산 계정에 포함되어 있는 평가이익 10억원[= 100만주 × (11,000 - 10,000)] 을 재분류 조정함. 재분류조정은 '당기손익에 포함된 이익의 재분류조정' 이라는 항목으로 포괄손익계산서에 기타포괄손실로 보고되어야 함

** 100만주 × (13,000 - 10,000) = 30억

20×3년 12월 31일(마감분개) :

(차) 공가기포익금융자산처분이익	30	(대) 이익잉여금	30
공가기포익금융자산평가이익누계	10	재분류조정	10*

   * 기타포괄손실로 보고된 재분류조정은 공가기포익금융자산평가이익누계액에 마감됨. 이 마감분개의
      결과 공가기포익금융자산평가이익누계액계정 잔액은 '0'이 됨

(2) 포괄손익계산서와 재무상태표

다음의 〈표 A-1〉과 〈표 A-2〉 각각은 (1)의 분개를 전기한 후 작성된 부분포괄
손익계산서와 부분재무상태표이다.

〈표 A-1〉 부분포괄손익계산서

소한(주)   (단위 : 억원)

과 목	금 액		
	20×3년	20×2년	20×1년
기타수익			
공가기포익금융자산처분이익	Ⓧ 30	–	–
법인세비용차감전순이익(법비차전익)	Ⓜ 30	–	–
기타포괄손익			
후속적으로 당기손익으로 재분류될 수 있는 항목 :			
공가기포익금융자산평가(손)익	–	Ⓑ (-)10	Ⓐ 20
당기손익에 포함된 이익의 재분류조정	Ⓒ (-)10	–	–
총포괄손익	20	(-)10	20

〈표 A-2〉 부분재무상태표

소한(주)   (단위 : 억원)

과 목	금 액		
	20×3년 말	20×2년 말	20×1년 말
자산			
비유동자산			
공가기포익금융자산	–	110	120
자본			
기타포괄손익누계액			
공가기포익금융자산평가이익누계액	–	10	20

(3) 현금흐름표

1) T 계정분석

다음의 〈그림 A-3〉은 현금흐름표 작성을 위한 T 계정분석이다.

〈그림 A-3〉 T 계정분석

공가기포익금융자산

① 취득	100				100(차)
ⓐ 평가익	20			20×1년 말	120(차)
		ⓑ 평가손	10	20×2년 말	110(차)
		ⓒ 재분류	10		100(차)
		② 처분	100	20×3년 말	–

참고 : ⓐ, ⓑ, ⓒ는 포괄손익계산서의 Ⓐ, Ⓑ, Ⓒ임

이익잉여금

		ⓜ 법비차전익	20	20×3년 말	20(대)

참고 : ⓜ은 포괄손익계산서의 Ⓜ임

공가기포익금융자산평가이익누계액

		ⓐ 평가익	20	20×1년 말	20(대)
ⓑ 평가손	10			20×2년 말	10(대)
ⓒ 재분류	10			20×3년 말	–

참고 : ⓐ, ⓑ, ⓒ는 포괄손익계산서의 Ⓐ, Ⓑ, Ⓒ임

2) 현금흐름표 작성

ⓐ, ⓑ, ⓒ는 비현금거래이어서 현금흐름표에 보고되지 않는다. 다음의 〈표 A-3〉은 부분포괄손익계산서 정보와 T 계정분석에서 확인된 정보를 이용하여 작성된 현금흐름표이다.

〈표 A-3〉 부분현금흐름표

소한(주)   (단위 : 억원)

항 목	금 액		
	20×3년	20×2년	20×1년
영업활동 현금흐름			
법인세비용차감전순이익(법비차전익)	ⓜ 30	-	-
비영업활동에 의한 이익			
공가기포익금융자산처분이익	Ⓧ (-)30	-	-
영업활동 순현금	-		
투자활동 현금흐름			
공가기포익금융자산의 처분	Ⓧ 30 + ② 100 = 130	-	-
공가기포익금융자산의 취득	-	-	① (-)100
투자활동 순현금	130	-	(-)100

제3절

유형자산재평가 회계

3.1 유형자산재평가의 의의

K-IFRS[4]는 유형자산의 취득 이후에 그 자산의 공정가치를 신뢰성 있게 측정할 수 있는 경우에는 유형자산을 공정가치로 재평가할 수 있도록 하고 있다. 한 개의 유형자산이 재평가될 경우 해당 자산이 속해 있는 유형자산 부류 전체가 재평가되어야 한다. 유형자산 부류의 예는 토지, 건물, 기계장치, 선박, 항공기, 차량운반구, 가구 및 설비, 사무기기 등을 포함한다. 자산이 공정가치로 재평가된 경우에는 평가일의 공정가치에서 재평가 이후의 감가상각누계액과 손상차손누계액을 차감한 금액을 장부금액으로 한다. 공정가치는 거래에 대하여 박식하고 거래의사가 있는 독립된 당사자 간에 정상적인 거래에서 주고받을 교환금액이다. 전문감정기관의 감정금액이 공정가치가 될 수 있다.

K-IFRS[5]는 이미 재평가된 자산의 공정가치의 변화가 중요할 때 매년 재평가를 실시할 것을 요구하고 있다. 공정가치의 변화가 중요하지 않을 때에는 재평가를 매 3년 또는 5년마다 실시할 수 있다.

3.2 유형자산의 재평가와 처분

재평가로 인하여 자산의 장부금액이 증가된 경우에 그 증가액이 재평가차익으로 보고되어야 한다. 재평가차익은 '당기손익으로 재분류되지 않는 항목'으로 분류되는 기타포괄이익이다. 재평가차익은 연말에 자본항목인 재평가잉여금에 마감된다. K-IFRS[6]는 장부금액이 재평가로 인하여 감소된 경우에 그 자산에 대한 재평가잉여금의 잔액을 한도로 감소액을 재평가차손으로 보고할 것을 요구하고 있다. 만일 장부금액이 재평가로 인하여 최초 취득원가 이하로 감소될 경우에는 그 감소액은 당기손실로 보고되어야 한다. 재평가손실이 당기손실로 인식된 후 재평가로 인하여 장부금액이 증가된 경우에는 과거에 당기손실로 보고된 금액을 한도로 증가액은 당기이익으로 인식되어야 한다.

재평가한 자산을 처분한 경우 처분손익은 취득원가에 의하여 계산되지 않고 장부금액에 의하여 계산되기 때문에 재평가차익의 이중보고 문제가 제기되지 않는다. 다만 재평가잉여금을 이익잉여금으로 대체할 것인지 아닌지의 문제가 제기된다. 이러한 항목 간의 대체를 한다 해도 자본 내에서 이루어지기 때문에 자본 총액에는 아무런 영향을 미치지 않는다. K-IFRS[7]는 이러한 잉여금 간의 대체 여부를 기업이 결정하도록 하고 있다.

〈예제 A-2〉 유형자산의 재평가와 처분

　　대한(주)는 20×1년 1월 1일에 취득원가 100억원의 토지를 취득하였다. 회사는 이 토지를 매년 말 재평가하기로 결정하였다. 다음의 〈표 A-4〉는 4년 동안 토지의 공정가치이다.

〈표 A-4〉 토지의 공정가치

(단위 : 억원)

날　짜	공정가치
20×1년 12월 31일	130
20×2년 12월 31일	110
20×3년 12월 31일	80
20×4년 12월 31일	110

　　대한(주)는 20×5년 4월 3일에 재평가한 토지를 매각하고 현금 130억원을 수취하였다.

---

(1) 분개

다음은 대한(주)가 20×1년 1월 1일부터 20×5년 12월 31일까지 작성해야 할 분개이다. (모든 분개의 단위는 억원임)

20×1년 1월 1일

(차) 토 지	100	(대) 현 금	100

20×1년 12월 31일

(차) 토 지	30	(대) 토지재평가차익 (기타포괄손익)	30

20×1년 12월 31일(마감분개)

(차) 토지재평가차익 (기타포괄손익)	30	(대) 토지재평가잉여금	30

20×2년 12월 31일

(차) 토지재평가차손 (기타포괄손익)	20	(대) 토 지	20

20×2년 12월 31일(마감분개)

(차) 토지재평가잉여금	20	(대) 토지재평가차손 (기타포괄손익)	20

이 마감분개 후 재평가잉여금 10억원이 된다.

20×3년 12월 31일

(차) 토지재평가차손 (기타포괄손익)	10	(대) 토 지	30
토지재평가손실 (당기손익)	20		

재평가감소액 30억원 중 20×2년 말 토지재평가잉여금 잔액에 해당하는 10억원은 기타포괄이익으로 분류되는 토지재평가차손으로 인식되어야 하고, 추가 감소액 20억원은 당기손익에 반영되는 토지재평가손실로 인식되어야 한다.

20×3년 12월 31일(마감분개)

(차) 이익잉여금	20	(대) 토지재평가손실 (당기손익)	20

(차) 재평가잉여금	10	(대) 토지재평가차손 (기타포괄손익)	10

이 마감분개 후 재평가잉여금은 '0'이 된다.

20×4년 12월 31일

(차) 토 지	30	(대) 토지재평가이익 (당기손익) 토지재평가차익 (기타포괄손익)	20 10

이 경우는 과거에 당기순손실로 인식된 토지재평가손실 20억원이 있다. 따라서 재평가증가액 30억원 중 20억원은 토지재평가이익으로 보고되어 당기손익에 반영되어야 한다. 나머지 10억원은 기타포괄이익으로 분류되는 토지재평가차익으로 보고되어야 한다.

20×4년 12월 31일(마감분개)

(차) 토지재평가이익 (당기손익)	20	(대) 이익잉여금	20

(차) 토지재평가차익 (기타포괄손익)	10	(대) 재평가잉여금	10

이 마감분개 후 토지재평가잉여금은 10억원이 된다.

20×5년 4월 3일

(차) 현　　　　금	130	(대) 토　　　　지	110
		토지처분이익	20
		(당기손익)	

처분이익 20억원은 당기순이익에 포함된다.

20×5년 12월 31일(마감분개)

| (차) 토지처분이익 | 20 | (대) 이익잉여금 | 20 |
| (당기손익) | | | |

처분된 토지와 관련하여 토지재평가잉여금이 10억원 있다. 기업은 다음의 두 가지 회계처리 방법 중 하나를 선택할 수 있다.

① 토지재평가잉여금을 재분류하는 경우

| (차) 토지재평가잉여금 | 10 | (대) 이익잉여금 | 10 |

토지처분에 의하여 토지재평가잉여금이 실현되었기 때문에 이를 이익잉여금계정에 대체한다. 이 재분류 후 이익잉여금은 30억원(처분이익 20억원 + 재분류 10억원)이고 토지재평가잉여금계정 잔액은 '0'이어서 자본 총액이 30억원이 된다.

② 토지재평가잉여금을 재분류하지 않는 경우

| 분개 없음 |

이 경우 이익잉여금이 20억원(처분이익)이고 토지재평가잉여금이 10억원이어서 자본 총액이 30억원이 된다. 이와 같이 자본 총액은 위의 (1)과 같이 재분류를 실시할 때와 같다.

(2) 포괄손익계산서와 재무상태표

다음의 〈표 A-5〉와 〈표 A-6〉 각각은 (1)의 분개를 전기한 후 작성한 부분포괄손익계산서와 부분재무상태표이다.

〈표 A-5〉 부분포괄손익계산서

대한(주)   (단위 : 억원)

과 목	금 액				
	20×5년	20×4년	20×3년	20×2년	20×1년
기타수익					
토지처분이익	Ⓧ 20	–	–	–	–
토지재평가이익	–	Ⓛ 20	–	–	–
기타비용					
토지재평가손실	–	–	Ⓚ (–)20	–	–
법인세비용차감전순이익(법비차전익)	Ⓖ 20	Ⓕ 20	Ⓔ (–)20	–	–
기타포괄손익					
당기손익으로 재분류되지 않는 항목 :					
토지재평가차익	–	Ⓓ 10	–	–	Ⓐ 30
토지재평가차손	–	–	Ⓒ (–)10	Ⓑ (–)20	–
총포괄손익	20	30	(–)30	(–)20	30

〈표 A-6〉 부분재무상태표

대한(주)   (단위 : 억원)

과 목	금 액					
	20×5년 말		20×4년 말	20×3년 말	20×2년 말	20×1년 말
	재분류					
	Yes	No				
자산						
비유동자산						
토지	–	–	110	80	110	130
자본						
이익잉여금	30	20	–	(–)20	–	–
기타포괄손익누계액						
토지재평가잉여금	–	10	10	–	10	30

(3) 현금흐름표

1) T 계정분석

다음의 〈그림 A-4〉는 현금흐름표 작성을 위한 T 계정분석이다.

〈그림 A-4〉 T 계정분석

토 지

① 취득	100				100(차)
ⓐ 재평가차익	30			20×1년 말	130(차)
		ⓑ 재평가차손	20	20×2년 말	110(차)
		ⓒ 재평가차손	10		100(차)
		ⓚ 재평가손실	20	20×3년 말	80(차)
① 재평가이익	20				100(차)
ⓓ 재평가차익	10			20×4년 말	110(차)
		② 처분	110	20×5년 말	–

참고 : ⓐ, ⓑ, ⓒ, ⓓ, ⓚ, ①은 포괄손익계산서의 Ⓐ, Ⓑ, Ⓒ, Ⓓ, Ⓚ, Ⓛ임

이익잉여금

ⓔ 법비차전익	20			20×3년 말	20(차)
		ⓕ 법비차전익	20	20×4년 말	–
		ⓖ 법비차전익	20	20×5년 말	20(대)
재분류하는 경우 :					
		ⓡ 재분류	10	20×5년 말	30(대)

참고 : ⓔ, ⓕ, ⓖ는 포괄손익계산서의 Ⓔ, Ⓕ, Ⓖ임

토지재평가잉여금

		ⓐ 재평가차익	30	20×1년 말	30(대)
ⓑ 재평가차손	20			20×2년 말	10(대)
ⓒ 재평가차손	10			20×3년 말	–
		ⓓ 재평가차익	10	20×4년 말	10(대)
재분류하는 경우 :					
ⓡ 재분류	10			20×5년 말	–

참고 : ⓐ, ⓑ, ⓒ, ⓓ는 포괄손익계산서의 Ⓐ, Ⓑ, Ⓒ, Ⓓ임

2) 현금흐름표 작성

ⓐ, ⓑ, ⓒ, ⓓ, (재분류하는 경우 ⓡ)는 기타포괄이익 및 비현금거래이어서 현금흐름표에 보고되지 않는다. 다음의 〈표 A-7〉은 포괄손익계산서정보와 T 계정분석에서 확인된 정보를 이용하여 작성된 부분현금흐름표이다.

〈표 A-7〉 부분현금흐름표

대한(주) (단위 : 억원)

항 목	금 액				
	20×5년	20×4년	20×3년	20×2년	20×1년
영업활동 현금흐름					
법인세비용차감전순이익(법비차전익)	⑧ 20	⑤ 20	⑥ (−)20	−	−
비영업활동에 의한 이익과 손실					
토지재평가이익	−	Ⓛ (−)20	−	−	−
토지재평가손실	−	−	Ⓚ 20	−	−
토지처분이익	Ⓧ (−)20	−	−	−	−
영업활동 순현금	−	−	−	−	−
투자활동 현금흐름					
토지재평가이익	−	Ⓛ 20	−	−	−
재평가이익에 의한 토지의 증가	−	Ⓘ (−)20	−	−	−
토지재평가손실	−	−	Ⓚ (−)20	−	−
재평가손실에 의한 토지의 감소	−	−	ⓚ 20	−	−
토지의 처분	Ⓧ 20 + ② 110 = 130	−	−	−	−
토지의 취득	−	−	−	−	(−)100
투자활동 순현금	130	−	−	−	(−)100

제4절

지분법과 연결재무제표

4.1 관계기업투자

기업은 유휴자금의 일시적인 활용이나 장기 투자수익을 얻을 목적으로 다른 기업의 주식을 보유할 수 있다. 경우에 따라서는 투자기업은 피투자기업에 중대한 영향력을 행사할 목적으로 의결권이 있는 주식에 투자하기도 한다. 이러한 목적으로 행한 주식투자를 '관계기업투자'라 한다. 여기서 관계기업은 투자기업이 유의적인 영향력을 행사할 수 있는 피투자기업을 말한다.

일반적으로 투자기업이 피투자기업의 의결권이 있는 주식을 많이 보유하면 할수록 투자기업이 피투자기업에 대하여 보다 큰 영향력을 행사할 수 있다. K-IFRS[8]에 의하면 투자기업이 피투자기업의 의결권이 있는 주식을 직·간접적으로 20% 이상 보유한 경우에 다른 반대 물증이 없는 한 투자기업이 중대한 영향력을 행사할 수 있다고 본다.

4.2. 지분법과 원가법

투자기업이 관계기업의 배당금에 의한 이익의 처분에 중대한 영향력을 행사할 수 있다면 투자기업의 의지대로 관계기업이 배당하도록 할 수 있다. 따라서 관계기업이 이익을 보고하는 순간에 그 이익 중 투자기업의 몫을 투자기업 이익으로 인식할 수 있다. 이러한 사고에서 관계기업이 이익을 보고하는 순간에 투자기업이 그 보고이익 중 자기의 지분에 해당하는 금액을 지분법이익으로 인식하고 관계기업투자자산을 그만큼 상향 조정하는 회계처리방법이 지분법이다.

지분법 하에서 관계기업투자계정은 관계기업이 순이익을 보고할 때마다 매기 상향 조정된다. 그러나 관계기업이 배당을 지급하면 인식된 배당받은 만큼 관계기업투자계정잔액이 감소되어야 한다. 그 이유는 배당금은 인식된 관계기업의 이익을 현금으로 전환하는 것이기 때문이다.

투자기업이 피투자기업에 영향력을 행사할 수 없는 경우에는 원가법이 적용되어야 한다. K-IFRS[9]에 의하면 한국에서와 같이 연결재무제표(지분법이익이 연결당기순이익에 반영됨)의 추가 작성이 요구되는 별도재무제표에서는 관계기업투자가 원가법으로 처리될 수 있다. (4.3 '연결재무제표 참조') 원가법에서는 투자주식이 원가로 기록되고 수취되는 배당금이 수익으로 인식된다.

〈예제 A-3〉 지분법과 원가법

대한(주)는 20×1년 1월 1일에 서울(주)의 의결권이 있는 주식 30%를 100억원에 취득하여 중대한 영향력을 행사할 수 있다. 서울(주)는 20×1년 12월 31일에 당기순이익 200억원을 보고하고 20×2년 4월 15일에 100억원의 배당금을 지급하였다. 회사는 20×2년 12월 31일에 당기순이익 300억원을 보고하였다.

---

(1) 분개

1) 지분법

다음은 대한(주)가 지분법을 적용할 때 작성해야 할 분개이다. (모든 분개의 단위는 억원임)

20×1년 1월 1일 : 관계기업 주식 매입

| (차) 관계기업투자 | 100 | (대) 현　　　금 | 100 |

20×1년 12월 31일 : 관계기업 순이익 보고

| (차) 관계기업투자 | 60 | (대) 지분법이익 | 60* |

* 200억 × 30% = 60억원

20×2년 4월 15일 : 관계기업 배당금 수취

| (차) 현　　　금 | 30 | (대) 관계기업투자 | 30* |

* 100억 × 30% = 30억원

20×2년 12월 31일 : 관계기업 순이익 보고

(차) 관계기업투자	90	(대) 지분법이익	90*

  * 300억 × 30% = 90억원

2) 원가법

다음은 대한(주)가 원가법을 적용할 때 작성해야 할 분개이다. (모든 분개의 단위는 억원임)

20×1년 1월 1일 : 관계기업 주식 매입

(차) 관계기업투자	100	(대) 현　　　금	100

20×2년 4월 15일 : 관계기업 배당금 수취

(차) 현　　　금	30	(대) 배당금수익	30*

  * 100억 × 30% = 30억원

3) 지분법 분개와 원가법 분개의 비교

다음의 〈표 A-8〉은 지분법 분개와 원가법 분개를 비교한 것이다.

〈표 A-8〉 지분법과 원가법 분개

(단위 : 억원)

날짜	지분법				원가법			
20×1년 1월 1일	관계기업 주식 매입							
	차) 관계기업투자	100	대) 현금	100	지분법과 같음			
20×1년 12월 31일	관계기업 순이익 보고							
	차) 관계기업투자	60	대) 지분법이익	60	분개없음			
20×2년 4월 15일	관계기업 배당금 수취							
	차) 현금	30	대) 관계기업투자	30	차) 현금	30	대) 배당금수익	30
20×2년 12월 31일	관계기업 순이익 보고							
	차) 관계기업투자	90	대) 지분법이익	90	분개없음			

(2) 손익계산서, 재무상태표, 현금흐름표

1) 지분법

다음의 〈표 A-9〉와 〈표 A-10〉 각각은 지분법이 적용될 경우에 보고되는 부분손익계산서와 부분재무상태표이다.

〈표 A-9〉 부분손익계산서 - 지분법

대한(주)　　　　　　　　　　　　　　　　　　　　　　　　　　　　(단위 : 억원)

과　목	금　액	
	20×2년	20×1년
기타수익		
지분법이익	Ⓛ 90	Ⓚ 60
법인세비용차감전순이익(법비차전익)	Ⓝ 90	Ⓜ 60

〈표 A-10〉 부분재무상태표 - 지분법

대한(주)　　　　　　　　　　　　　　　　　　　　　　　　　　　　(단위 : 억원)

과　목	금　액	
	20×2년 말	20×1년 말
자산		
비유동자산		
관계기업투자	220	160

다음의 〈그림 A-5〉는 지분법을 적용하는 경우 현금흐름표 작성을 위한 T 계정분석이다.

〈그림 A-5〉 T 계정분석 - 지분법

관계기업투자

① 취득	100				100(차)
ⓚ 지분법이익	60				20×1년 말 160(차)
		② 배당금	30		20×2년 말 130(차)
ⓛ 지분법이익	90				220(차)

참고 : ⓚ, ⓛ은 손익계산서의 Ⓚ, Ⓛ임

이익잉여금

	ⓜ 법비차전익	60	20×1년 말 60(대)	
	ⓝ 법비차전익	90	20×2년 말 150(대)	

참고 : ⓜ, ⓝ은 손익계산서의 Ⓜ, Ⓝ임

다음의 〈표 A-11〉은 손익계산서와 T 계정분석에서 확인된 정보를 이용하여 작성된 부분현금흐름표—지분법이다.

〈표 A-11〉 부분현금흐름표 — 지분법

대한(주)   (단위: 억원)

항 목	금 액	
	20×2년	20×1년
영업활동 현금흐름		
법인세비용차감전순이익(법비차전익)	ⓝ 90	ⓜ 60
비영업활동에 의한 이익		
지분법이익	① (−)90	ⓚ (−)60
영업활동 순현금	−	−
투자활동 현금흐름		
개별보고 항목 :		
배당금수취	② 30	−
관계기업주식의 취득	−	① (−)100
투자활동 순현금	30	(−)100

2) 원가법

다음의 〈표 A-12〉와 〈표 A-13〉 각각은 원가법을 적용할 경우에 보고되는 부분손익계산서와 부분재무상태표이다.

〈표 A-12〉 부분손익계산서 — 원가법

대한(주)   (단위: 억원)

과 목	금 액	
	20×2년	20×1년
기타수익		
배당금수익	ⓚ 30	−
법인세비용차감전순이익(법비차전익)	Ⓛ 30	−

〈표 A-13〉 부분재무상태표 - 원가법

대한(주)　　　　　　　　　　　　　　　　　　　　　　　　　　　(단위 : 억원)

과　목	금　액	
	20×2년 말	20×1년 말
자산		
비유동자산		
관계기업투자	100	100

다음의 〈그림 A-6〉은 원가법을 적용하는 경우 현금흐름표 작성을 위한 T 계정분석이다.

〈그림 A-6〉 T 계정분석 - 원가법

관계기업투자

① 취득　　　　100		100(차)

이익잉여금

	① 법비차전익　30	20×2년 말　30(대)

　　참고 : ①은 손익계산서의 Ⓛ임

다음의 〈표 A-14〉는 손익계산서와 T 계정분석에서 확인된 정보를 이용하여 작성된 부분현금흐름표-원가법이다.

〈표 A-14〉 부분현금흐름표 - 원가법

대한(주)　　　　　　　　　　　　　　　　　　　　　　　　　　　(단위 : 억원)

항　목	금　액	
	20×2년	20×1년
영업활동 현금흐름		
법인세비용차감전순이익(법비차전익)	① 30	-
개별보고항목과 관련된 법비차전익 수익		
배당금수익	Ⓚ (-)30	-
영업활동 순현금	-	-
투자활동 현금흐름		
개별보고 항목 :		
배당금수취	Ⓚ 30	-
관계기업주식의 취득	-	① (-)100
투자활동 순현금	30	(-)100

4.3 연결재무제표

(1) 연결재무제표의 의의

투자기업이 지배력을 행사할 목적으로 다른 기업의 주식을 보유할 때, 앞에서 검토한 바와 같이 그러한 보유주식을 관계기업투자라 한다. K-IFRS[10]에 의하면 만일 투자기업이 피투자기업으로부터의 투자수익에 대한 권리가 있고, 투자기업의 권력으로 그 수익에 영향을 미칠 수 있다면, 투자기업은 피투자기업에 대한 지배력을 갖는 것으로 간주한다. 이러한 지배력을 갖게 될 때, 투자기업을 지배기업이라 한다. 종속기업은 지배기업의 지배를 받고 있는 기업을 의미한다. 이러한 경우 지배기업의 경영자는 종속기업의 경영 전반을 통제할 수 있기 때문에, 지배기업과 종속기업은 하나의 회계실체로 간주될 수 있다. 따라서 지배기업은 두 기업을 하나의 기업으로 간주한 연결재무제표를 작성할 필요가 있다. [한국에서는 '주식회사의 외부감사에 관한 법률'에 의하여 연결재무제표가 지배기업만을 회계객체로 하는 별도재무제표에 추가되어 작성되어야 하고, K-IFRS(KAI 제정)[11]은 이들 재무제표를 작성할 때에 국제회계기준을 적용할 것을 요구하고 있음]

(2) 연결재무제표의 작성

연결재무제표는 두 개 이상의 기업이 법률적으로 별개의 기업으로 존재하지만 경제적으로는 지배기업의 통제를 받는 하나의 기업으로 간주할 수 있을 때 작성된다. 연결재무제표도 개별재무제표와 마찬가지로 연결재무상태표, 연결포괄손익계산서, 연결현금흐름표, 연결자본변동표로 구성된다. 이러한 연결재무제표는 기본적으로 지배기업의 재무제표와 종속기업의 재무제표를 합하여 작성된다. 다음의 간단한 예제를 이용하여 연결재무상태표, 연결손익계산서 연결현금흐름표, 연결자본변동표를 작성해 보자.

〈예제 A-4〉 연결재무제표의 작성

P 회사는 20×1년 1월 1일에 설립되었다. P 회사는 20×1년에 80억원을 투자하여 80% 소유 종속기업 S 회사를 설립하였다. 다음의 〈표 A-15〉와 〈표 A-16〉 각각은 P 회사와 S 회사의 20×1년 손익계산서와 20×1년 말 재무상태표이다.

〈표 A-15〉 손익계산서

20×1년 1월 1일부터 20×1년 12월 31일까지   (단위 : 억원)

항 목	금 액	
	P 회사	S 회사
매 출 액	1,000	500
비 용	700	300
당 기 순 이 익	300	200

〈표 A-16〉 재무상태표

20×1년 12월 31일 현재   (단위 : 억원)

항 목	금 액		항 목	금 액	
	P 회사	S 회사		P 회사	S 회사
일반자산	1,200	500	부채	500	200
관계기업투자	80	–	자본 : 　보통주자본금 　이익잉여금	480 300	100 200
자산 총계	1,280	500	부채와 자본 총계	1,280	500

먼저 연결손익계산서는 아래의 〈표 A-17〉과 같이 작성된다. 연결매출은 1,500억원(1,000억원 + 500억원)이고 연결비용은 1,000억원(700억원 + 300억원)이어서 연결당기순이익은 500억원(300억원 + 200억원)이다. 연결당기순이익은 지배기업 소유주지분 460억원과 비지배지분 40억원으로 구분된다. K-IFRS[12]에 의하면 비지배지분은 "종속기업지분 중 지배기업에 직·간접적으로 귀속되지 않은 부분"으로 정의된다.

〈표 A-17〉 연결손익계산서

20×1년 1월 1일부터 20×1년 12월 31일까지　　　　　(단위 : 억원)

항　목	금　액		
	P 회사	S 회사	연　결
매　출　액	1,000	500	1,500
비　　용	700	300	1,000
당 기 순 이 익	300	200	500
지배기업 소유주지분	300	200 × 80%	460
비 지 배 지 분		200 × 20%	40

　　　그 다음 연결재무상태표는 다음의 〈표 A-18〉과 같이 작성되어야 한다. P 회사의 관계기업투자 80억원은 연결자산에 포함되지 않고 S 회사의 보통주자본금 80억원은 연결자본에 포함되지 않는다. 그 이유는 P 회사가 S 회사에 80억원 투자한 거래는 연결기업 내 거래이기 때문에 연결재무상태표에 영향을 미치지 않기 때문이다. 따라서 연결자산은 1,700억원(1,200억원 + 500억원), 연결부채는 700억원(500억원 + 200억원)이다. 연결자본 1,000억원은 지배기업 소유주지분 940억원(보통주자본금 480억 + 이익잉여금 460억)과 비지배지분 60억원(비지배지분 증가 20억 + 이익잉여금 40억)으로 구분된다.

〈표 A-18〉 연결재무상태표

20×1년 12월 31일 현재　　　　　(단위 : 억원)

항　목	금　액			항　목	금　액			
	P 회사	S 회사	연결		P 회사	S 회사	연결	
일반자산	1,200	500	1,700	부채	500	200		700
관계기업투자	80			자본				1,000
상계	(-)80			지배기업 소유주지분			940	
				보통주자본금	480		480	
				이익잉여금	300	160(200×80%)	460	
				비지배지분				60
				보통주자본금		100		
				상계		(-)80	20	
				이익잉여금		40(200×20%)	40	
자산 총계			1,700	부채와 자본 총계				1,700

연결흐름표(간접법)는 연결손익계산서와 연결재무상태표를 이용하여 아래의 〈표 A-19〉
와 같이 작성된다.

〈표 A-19〉 연결현금흐름표(간접법)

P 회사   20×1년 1월 1일부터 20×1년 12월 31일까지   (단위 : 억원)

항 목	금	액
영업활동 현금흐름*		
당기순이익	500	
영업활동 순현금		500
투자활동 현금흐름		
80% 소유 종속기업 S 회사의 매입**	(-)80	
일반자산의 취득(1,700 - 300 × 80%)	(-)1,460	
투자활동 순현금		(-)1,540
재무활동현금흐름		
차입금의 차입(700 - 200 × 80%)	540	
보통주의 발행	480	
비지배분의 증가(100 × 20%)	20	
재무활동 순현금		1,040
현금의 순증가		-
기초현금		-
기말현금		-

* 간접법으로 작성되는 경우 고객으로부터의 수취현금 1,500억원에서 공급자와 종업원에게 지급된 현금
1,000억원을 차감하여 계산된 순액 500억원이 영업활동 현금흐름으로 보고됨

** 80% 소유종속기업 S 회사 취득 내역 공시 – K-IFRS[13]

자산 (300억 × 80%)	240억원
부채 (200억 × 80%)	(-)160억원
현금지급액	80억원

　　연결자본변동표는 연결재무상태표 자본계정을 분석하여 아래의 〈표 A-20〉과 같이 작성된다.

〈표 A-20〉 연결자본변동표

20×1년 1월 1일부터 20×1년 12월 31일까지 　　　　(단위 : 억원)

항　　목	지배기업 소유주지분		비지배지분	총계
	보통주 자본금	이익잉여금		
20×1년 1월 1일 현재 잔액	−	−	−	−
20×1년 자본 변동 :				
보통주 발행	480			480
당기순이익		460	40	500
비지배지분의 증가			20	20
20×1년 12월 31일 현재 잔액	480	460	60	1,000

K- IFRS 참조 (http://www.kasb.or.kr)

[1] 기업회계기준서 제1001호 '재무제표 표시', 문단 82A.

[2] 기업회계기준서 제1109호 '금융상품', 문단 4.1.2, 4.1.2A, 4.1.4.

[3] '상게서', 문단 5.7.10.
 기업회계기준서 제1001호 '전게서', 문단 93, 94.

[4] 기업회계기준서 제1016호 '유형자산', 문단 31, 36.

[5] '상게서', 문단 34.

[6] '상게서', 문단 40.

[7] '상게서' 문단 41.

[8] 기업회계기준서 제1028호 '관계기업과 공동기업에 대한 투자', 문단 5.

[9] 기업회계기준서 제1027호 '별도재무제표', 문단 10.

[10] 기업회계기준서 제1110호 '연결재무제표', 문단 5, 6, 7, 19.

[11] '상게서', 문단 한3.1.
 기업회계기준서 제1027호 '전게서', 문단 한1.1.

[12] 기업회계기준서 제1110호 '전게서', 부록 A. 용어의 정리.

[13] 기업회계기준서 제1007호 '현금흐름표', 문단 39, 40.

주 요 용 어

공정가치측정 기타포괄이익인식(공가기포익) 금융자산[fair value through other comprehensive income(FVOCI) financial assets] : 공정가치로 측정하여 평가손익을 기타포괄이익으로 인식하겠다고 회사가 취득 시에 결정한 금융자산 (p.580)

공정가치측정 당기손익인식(공가당손익) 금융자산[fair value through profit or loss (FVPL) financial assets] : 상각후원가 금융자산과 공가기포익 금융자산에 포함되지 않는 금융자산 (p.582)

관계기업투자(investments in associates) : 피투자기업에 중대한 영향력을 행사할 목적으로 투자기업이 투자한 의결권이 있는 피투자기업 주식 (p.596)

금융자산(financial assets) : 장·단기 투자수익을 얻기 위해 매입한 타사의 주식이나 사
　　채 (p.582)

별도재무제표(separate financial statements) : 지배기업이 종속기업을 제외하고 지배기업
　　만을 회계객체로 하여 작성하는 재무제표 (p.602)

비지배지분(non-controlling interest) : 종속기업지분 중 지배기업에 직·간접적으로 귀속
　　되지 않은 부분 (p.603)

연결재무제표(consolidated financial statements) : 지배기업이 지배기업과 종속기업 전부
　　를 회계객체로 하여 작성하는 재무제표 (p.602)

원가법(cost method) : 투자주식이 원가로 기록되고 수취되는 배당금이 수익으로 인식되
　　는 회계처리방법 (p.597)

재평가잉여금(revaluation surplus) : 재평가차익의 누적금액 (p.588)

재평가차익(gain on revaluation) : 자산의 재평가로 인하여 증가된 장부금액 (p.580)

종속기업(subsidiary) : 지배기업의 지배를 받고 있는 기업 (p.602)

지배기업(parent) : 피투자기업에 대한 지배력을 갖고 있는 투자기업 (p.602)

지분법(equity method) : 피투자기업의 보고이익 중 자기지분에 해당하는 금액을 이익으
　　로 인식하고 관계기업투자를 상향조정하는 회계처리방법 (p.596)

부록 2
주요 재무비율

〈표 B-1〉 주요 재무비율

특성	재무비율	산식	용도	본문*
I. 수익성	매출액순이익률	$\dfrac{\text{당기순이익}}{\text{매출액}}$	매출액 1원에 대하여 어느 정도의 순이익이 창출되는지를 평가함	p.224
	매출액영업이익률	$\dfrac{\text{영업이익}}{\text{매출액}}$	매출액 1원에 대하여 어느 정도의 영업이익이 창출되는지를 평가함	p.225
	총자산이익률 (ROA: return on assets)	$\dfrac{\text{당기순이익}}{\text{평균총자산}}$	총자산에 대하여 어느 정도의 순이익이 창출되는지를 평가함	p.226
	자기자본이익률 (ROE: return on equity)	$\dfrac{\text{당기순이익}}{\text{평균자본}}$	자본에 대하여 어느 정도의 순이익이 창출되는지를 평가함	p.227
	주당이익 (EPS : earnings per share)	$\dfrac{\text{당기순이익} - \text{우선주 배당금}}{\text{가중평균유통보통주식수}}$	보통주 1주당 어느 정도의 순이익이 창출되는지를 평가함	p.229
	배당성향	$\dfrac{\text{보통주 현금배당액}}{\text{당기순이익} - \text{우선주 배당금}}$	보통주에 귀속되는 이익이 어느 정도 현금 배당되는지를 평가함	p.486
	주당현금흐름 (CPS : cash-flows per share)	$\dfrac{\text{영업현금흐름} - \text{우선주 배당금}}{\text{가중평균유통보통주식수}}$	보통주 1주당 어느 정도의 영업현금흐름이 창출되는지를 평가함	p.552
	총자산영업현금흐름비율	$\dfrac{\text{영업현금흐름}}{\text{평균총자산}}$	총자산에 대하여 어느 정도의 영업현금흐름이 창출되는지를 평가함	p.553
II. 성장성	매출액성장률	$\dfrac{\text{당기매출액} - \text{전기매출액}}{\text{전기매출액}}$	매출액이 전년대비 어느 정도 성장하는지를 평가함	p.230
	총자산성장률	$\dfrac{\text{당기말총자산} - \text{전기말총자산}}{\text{전기말총자산}}$	총자산이 전년대비 어느 정도 성장하는지를 평가함	p.231
	영업이익성장률	$\dfrac{\text{당기영업이익} - \text{전기영업이익}}{\text{전기영업이익}}$	영업이익이 전년대비 어느 정도 성장하는지를 평가함	p.231
	당기순이익성장률	$\dfrac{\text{당기순이익} - \text{전기순이익}}{\text{전기순이익}}$	당기순이익이 전년대비 어느 정도 성장하는지를 평가함	p.232

* 음영처리된 것 : 기본 재무비율

특성	재무비율	산식	용도	본문
III. 활 동 성	총자산회전율	$\dfrac{매출액}{평균총자산}$	매출을 창출하기 위하여 자산이 어느 정도 효율적으로 운영되는지를 평가함	p.232
	매출채권회전율	$\dfrac{매출}{평균매출채권}$	매출채권이 1년에 몇 회 회수되는지를 평가함	p.290
	매출채권회수기간	$\dfrac{365일}{매출채권회전율}$	매출채권의 평균회수기간을 평가함	p.291
	재고자산회전율	$\dfrac{매출원가}{평균재고자산}$	재고자산이 1년에 몇 회 팔리는지를 평가함	p.346
	재고자산판매기간	$\dfrac{365일}{재고자산회전율}$	재고자산의 평균판매기간을 평가함	p.347
	매입채무회전율	$\dfrac{매입액}{평균매입채무}$	매입채무가 1년에 몇 회 상환되는지를 평가함	p.348
	매입채무상환기간	$\dfrac{365일}{매입채무회전율}$	매입채무의 평균상환기간을 평가함	p.348
	영업주기	매출채권회수기간 + 재고자산판매기간	상품을 고객에게 외상으로 판매하고 판매대금을 회수하는 데 소요되는 기간을 평가함	p.349
	현금영업주기	매출채권회수기간 + 재고자산판매기간 - 매입채무상환기간	매입채무에 의하여 조달된 자금 이외의 추가자금이 매출채권과 재고자산에 묶여 있는 기간을 평가함	p.350
	설비자산 평균내용연수	$\dfrac{평균설비자산취득원가}{감가상각비}$	설비자산내용연수 추정의 보수성 정도를 평가함	p.391
	설비자산 평균경과연수	$\dfrac{설비자산감가상각누계액}{감가상각비}$	설비자산의 노후화 정도를 평가함	p.392
	비유동자산회전율	$\dfrac{매출액}{평균비유동자산}$	매출을 창출하기 위해 비유동자산이 어느 정도 효율적으로 사용되는지를 평가함	p.393
IV. 안 전 성 (재 무 적)	부채비율	$\dfrac{부채}{자본}$	자본 대비 부채의존도를 평가함	p.233
	자기자본비율	$\dfrac{자본}{총자산}$	주주가 전체 자산의 어느 정도를 제공하는지를 평가함	p.234
	당좌비율	$\dfrac{당좌자산}{유동부채}$	유동부채에 비하여 당좌자산이 충분한지를 평가함	p.235
	유동비율	$\dfrac{유동자산}{유동부채}$	유동부채에 비하여 유동자산이 충분한지를 평가함	p.235

특성	재무비율	산식	용도	본문
IV. 안전성(재무적)	순운전자본	유동자산 - 유동부채	생산설비투자에 추가하여 투입된 자금이 어느 정도인지를 평가함	p.236
	매출채권 회수불능위험도	$\dfrac{\text{대손충당금}}{\text{매출채권}}$	매출채권이 회수되지 않을 위험도를 평가함	p.292
	고정장기적합률	$\dfrac{\text{비유동자산}}{\text{비유동부채 + 자본}}$	어느 정도의 비유동자산이 장기자금으로 취득되는지를 평가함	p.393
	이자보상배율	$\dfrac{\text{당기순이익 + 이자비용 + 법인세비용}}{\text{이자비용}}$	이자와 법인세 차감전순이익이 이자를 지급하기에 충분한지를 평가함	p.448
	영업이익이자보상배율	$\dfrac{\text{영업이익}}{\text{이자비용}}$	영업이익이 이자를 지급하기에 충분한지를 평가함	p.449
	차입금의존도	$\dfrac{\text{차입금}}{\text{총자산}}$	총자산 중 외부차입에 의하여 조달된 부분이 어느 정도인지를 평가함	p.450
	주당순자산(BPS : book-value per share)	$\dfrac{\text{자본의 장부금액 - 우선주자본금}}{\text{연말유통보통주식수}}$	보통주 1주당 자본의 장부금액이 얼마인지를 평가함	p.487
	영업현금흐름유동부채 보상비율	$\dfrac{\text{영업현금흐름}}{\text{유동부채}}$	유동부채를 상환하기에 영업현금흐름이 충분히 창출되는지를 평가함	p.554
	영업현금흐름총부채보상 비율	$\dfrac{\text{영업현금흐름}}{\text{총부채}}$	총부채를 상환하기에 영업현금흐름이 충분히 창출되는지를 평가함	p.555
	영업현금흐름이자보상배율	$\dfrac{\text{영업현금흐름 + 이자 + 법인세}}{\text{이자}}$	이자를 갚기에 이자와 법인세 차감전 영업현금흐름이 충분히 창출되는지를 평가함	p.555
V. 주가배수	주가이익비율 (PER : price earnings ratio)	$\dfrac{\text{보통주주가}}{\text{주당이익}}$	보통주주가에 주당이익 몇 배가 반영되는지를 평가함	p.236
	주가순자산비율(PBR : price book-value ratio)	$\dfrac{\text{보통주주가}}{\text{주당순자산}}$	보통주주가에 주당순자산 몇 배가 반영되는지를 평가함	p.488
	주가현금흐름비율 (PCR : price cash-flows ratio)	$\dfrac{\text{보통주주가}}{\text{주당현금흐름}}$	보통주주가에 주당현금흐름 몇 배가 반영되는지를 평가함	p.556

용어번역(한글-영어) 및 찾아보기

| 대여금의 대여와 회수 | making and collecting loans | 525 |
| 대차대조표 | balance sheet (B/S) | 11, 33 |

ㄹ

| 레버리지효과 | leverage effect | 229 |

ㅁ

마감분개	closing journal entries	108, 125
마감후시산표	post-closing trial balance	113, 125
매매기업	merchandising company	3
매입	purchase	49, 142, 309, 312
매입에누리	purchase allowance	315
매입운임	freight-in	315
매입운임 포함 순매입액	delivered cost of net purchases	315
매입채무	trade payables	42, 142, 306, 351
매입채무상환기간	days' sales in trade payables	348, 611
매입채무회전율	trade payables turnover	348, 611
매입할인	purchase discounts	315
매입환출	purchase returns	315
매출	sales	142, 270
매출수익	sales revenue	50, 270, 293
매출액	sales	270
매출액성장률	sales growth rate	230, 610
매출액순이익률	profit margin on sales	224, 227, 228, 610
매출액영업이익률	operating income to sales ratio	225, 610
매출에누리	sales allowance	271
매출원가	cost of goods sold, cost of sales	49, 51, 142, 149, 306, 308, 351
매출채권	trade receivables	40, 142, 152, 270, 293

ㅂ

바코드	bar code	308
반기재무제표	semi-annual financial statements	22
받을어음	notes receivable	40, 270, 271 293
받을어음 배서양도	endorsement of notes receivable	288
받을어음 할인	discount of notes receivable	288
발생주의	accrual basis	140, 181
발행주식수	number of shares issued	472
배당금	dividends	111, 473, 490
배당금수취	dividends received	65, 511, 526
배당금지급	dividends paid	65, 512, 527
배당성향	payout ratio	486, 610
배당평균적립금	appropriated retained earnings for stable dividend payments	476
벌었다	earned	145
법비차전익 : 법인세비용차감전순이익	NIBITE : net income before income tax expense	56, 518
법인세납부	income tax paid	65, 513, 524
법인세비용	income tax expense	52, 150
법인세비용차감전순이익 (법비차전익)	net income before income tax expense (NIBITE)	56, 518
법정적립금	legally appropriated retained earnings	475
별도재무제표	separate financial statements	23, 602, 608
보강적 질적 특성	enhancing qualitative characteristics	24
보통주	common stock	45, 46, 470, 490
보통주자본금	share capital-common stock	45, 472
보통주자본잉여금	share premium-common stock	45, 472
보험료	insurance premium	53
보험비용	insurance expense	53
복수분류방법−현금흐름표	multiple classification methods—statement of cash flows	514

ㅅ

연수합계법	sum-of-years'-digits method	374, 395
연중사채발행	issuance of bonds during the year	436
연차재무제표	annual financial statements	22, 26
영구계정	permanent account	112
영업권	goodwill	386, 396
영업비용	operating expense	49, 52
영업수익	operating revenue	50
영업에서 창출된 현금	cash generated from operations	513
영업이익	income from operations	55
영업이익성장률	operating income growth rate	231, 610
영업이익이자보상배율	operating income interest coverage ratio	449, 612
영업주기	operating cycle	349, 611
영업현금흐름 유동부채 보상비율	operating cash flows current liability coverage ratio	554, 612
영업현금흐름 이자보상 배율	operating cash flows interest coverage ratio	555, 612
영업현금흐름 총부채보 상비율	operating cash flows total liability coverage ratio	555, 612
영업활동	operating activities	5, 7, 8, 26
영업활동 순현금	net cash from operating activities	118
영업활동 현금흐름	cash flows from operating activities	117, 517
영업활동으로 인한 자산 과 부채의 변동	changes in assets and liabilities due to operating activities	522, 540, 558
예상반품	merchandise expected to be returned	447
외상매입금	accounts payable	42, 306, 352
외상매출금	accounts receivable	40, 270, 293
외상매출금의 양도	transfer of accounts receivable	287
요약식 방법	summary method	282
용역수수료수익	service fee revenue	50
용역수익	service revenue	50, 144, 270
우발부채	contingent liability	288, 443, 455

재무보고의 목적	objective of financial reporting	13
재무비율	financial ratio	224
재무상태	financial position	11
재무상태표	statement of financial position	11, 32, 76
재무상태표―계정식	statement of financial position― account format	34
재무상태표―보고식	statement of financial position―report format	36
재무상태표―상품매매 기업	statement of financial position― merchandising company	115, 210
재무상태표―서비스기업	statement of financial position― service company	178
재무상태표 등식	statement of financial position equation	35
재무제표	financial statements	11, 26
재무제표 재작성	restating financial statements	321
재무제표의 가정	assumption of financial statements	72
재무제표의 한계	limitations of financial statements	72
재무활동	financing activities	5, 7, 8, 26
재무활동 순현금	net cash from financing activities	118
재무활동 현금흐름	cash flows from financing activities	118, 326
재무회계	financial accounting	16
재분류	reclassification	414
재평가	revaluation	588
재평가잉여금	revaluation surplus	46, 588, 608
재평가차익	gain on revaluation	580, 588, 608
저가법	LCNRV : lower cost or net realizable value	339, 352
저작권	copyright	386
적시성	timeliness	24
적정의견	unqualified opinion	21
전기	posting	98, 105, 125
전달	communicate	10
전자공시시스템	electronic disclosing system	23

전진법	prospective adjustment	284
전통식 방법	traditional method	280
전환우선주	convertible preferred stock	471
접대비	entertainment expense	52, 149
정률법	fixed rate on diminishing balance method	372, 396
정보비용 제약	information cost constraint	25
정액법―감가상각비	straight line method―depreciation	372, 396
정액법―사채할인발행차금상각	straight line method―amortization of discount on bonds payable	427, 455
제조간접원가	manufacturing overhead	306
제조기업	manufacturing company	3, 26
제품	finished goods	41
제품보증충당부채	provision for product warrant	443
조정항목―현금흐름표	adjusting items―statement of cash flows	518
조합기업	partnership	4
종속기업	subsidiary	602, 608
주가순자산비율	PBR : price book-value ratio	488, 612
주가이익비율	PER : price earnings ratio	57, 236, 612
주가장부금액비율	PBR : price book-value ratio	488
주가현금흐름비율	PCR : price cash-flows ratio	556, 612
주당순자산	BPS : book-value per share	487, 612
주당이익	EPS : earnings per share	56, 114, 229, 610
주당장부금액	BPS : book-value per share	487
주당현금흐름	CPS : cash-flows per share	552, 610
주식배당	stock dividends	474
주식분할	stock split	475
주식회사	corporation	4
주주 몫	stockholders' claim	10
주주지분	stockholders' equity	33
중간재무제표	interim financial statements	22, 26
중대한 영향력	significant influence	596

지급어음	notes payable	42, 306, 352
지배기업	parent	602, 608
지배기업 소유주지분	owners of parent	603
지분법	equity method	596, 608
지분법이익	equity income from associate	522, 596
직접노무원가	direct labor cost	306
직접법-감가상각비	direct method-depreciation	375
직접법-현금흐름표	direct method-statement of cash flows	65, 116, 517, 558
직접상각법	direct write-off method	272, 293
직접재료원가	direct material cost	306
질적 정보	qualitative information	73
질적 특성	qualitative characteristics	24
집합손익	income summary	108, 125
집합추정법	group estimation method	275

ㅊ

차감계정	contra account	273, 274
차변	debit (Dr.)	33, 95
차입금의 차입과 상환	borrowings and paying off borrowings	527
차입금의존도	borrowings to total assets ratio	450, 612
참가적 우선주	participative preferred stock	471
참조표 방법	reference table method	529
참조표 작성	preparation of reference tables	534
참조표(완료)-손익계산서	reference table (finished)-income statement	548
참조표(완료)-재무상태표	reference table (finished)-statement of financial position	547
참조표(완료)-현금흐름표	reference table (finished)-statement of cash flows	549
채권자	creditor	5, 26
청산가치	liquidation value	72
체감잔액법	diminishing balance method	372, 396

특허권	patent	386
T 계정	T account	94
T 계정분석	T account analysis	118, 125
T 계정분석—자본변동표	T account analysis—statement of changes in equity	119, 482
T 계정분석—현금흐름표	T account analysis—statement of cash flows	531

ㅍ

판매마진	sales margin	55
판매비	selling expense	49, 52
판매수수료비용	sales commission expense	150
판매운임	freight-out	315
판매촉진비	sales promotion expense	52
팩토링	factoring	287
포괄손익계산서	comprehensive income statement	12, 47, 76
포괄손익계산서—다단계	comprehensive income statement— multiple-step	54
포괄손익계산서—단일 보고서 형식	comprehensive income statement— single report format	48, 59, 62
포괄손익계산서—단일 단계	comprehensive income statement— single-step	54
포괄손익계산서—두 개 의 보고서 형식	comprehensive income statement— two reports format	48, 60
포괄이익	comprehensive income	47, 53
표면이자율	surface interest rate	419
표시이자율	stated interest rate	419
프랜차이즈	franchise	386

ㅎ

한국채택국제회계기준	K-IFRS : Korean International Financial Reporting Standards	19, 27
한국회계기준원	KAI : Korea Accounting Institute	19
한정의견	qualified opinion	21
할인발행—사채	issuance at a discount—bonds	420, 423

▌지은이에 대하여 ▌

이 대 선
미국 오자크 대학교 회계학사
미국 네브라스카 주립대학교(석·박사,
　　회계학전공)
현재, 서강대학교 경영학과 명예교수
　　미국공인회계사

정 경 만
서강대학교 경영학사
서강대학교 대학원(석·박사, 회계학 전공)
현재, 부산디지털대학교
　　경영학과 교수

박 성 환
서강대학교 경영학사
서강대학교 대학원(석·박사, 회계학 전공)
현재, 한밭대학교 경영회계학과 교수
　　한국공인회계사

송 기 신
서강대학교 경영학사
서강대학교 대학원(석사, 회계학 전공)
고려대학교 대학원(박사, 회계학 전공)
현재, 백석대학교 경상학부 교수

이 호 갑
청주대학교 경영학사
고려대학교 대학원(석사, 회계학 전공)
서강대학교 대학원(박사, 회계학 전공)
전, 한밭대학교 경영회계학과 교수

제3판 국제기준 **회 계 원 리**(한글판)

초 판 1쇄 발행 2010년 8월 30일
제2판 1쇄 발행 2011년 9월 5일
제3판 5쇄 발행 2021년 8월 10일

지은이   이대선 · 송기신 · 정경만
          이호갑 · 박성환

펴낸이   박 기 남
펴낸곳   율곡출판사

08590 서울시 금천구 가산디지털1로 84(에이스하이엔드 8차),
803호
Tel 718-9872~3 Fax 718-9874
http://www.yulgokbooks.co.kr
e-mail : yulgokbook@naver.com
등록 1989.11.10. 제2014-000031호

정   가   **34,000**원   ISBN 979-11-87897-44-6 93320